이 정 표

里程標

이정표

2011년 3월 25일 초판 인쇄
2011년 3월 30일 1쇄 발행

지은이 김 종 두
펴낸이 이 명 수
발행처 도서출판 세줄(등록번호 2- 4000)
서울시 중구 인현동 115-1 ☎ 02-2265-3749
총 판 / 선교횃불 ☎ 02)2203-2739
　　　　FAX. 2203-2738
ISBN 978-89-92211-43-7　03230

값 14,000 원

저자 연락처 H.P 010-9526-9100, eidos03@hanmail.net

이정표

里 程 標

김종두 지음

도서출판 세줄

만우(晚雨) 김종두목사의 『이정표(里程標)』

지난 6월 첫 날 제 친구 김형준목사가 섬기는 서울동안장로교회 특별새벽기도회 강사로 다녀왔습니다. 새벽기도회가 끝난 후 김목사와 함께 KTX 열차편으로 대구로 내려오던 중 (김목사는 그날 밀양에 조문가는 일정이 잡혀있지요) 김목사가 다음과 같은 이야기를 해 주어 서로 웃었습니다.

"지난 주일 네가 우리 교회 새벽기도회 특별강사로 온다는 광고를 듣고 엄마가 내게 '종두 가 설교 디게 어려운데' 하시더니 아예 어젯밤에는 교회기도실에서 거의 4시간동안 기도했다는 것 아니냐. 우리 신자들이 잘 이해하도록." 김목사 모친은 거의 40여년 간 제게도 친 어머니같은 분입니다. 저는 거의 30여년 전 부산진교회(당시 동평교회)에서 교육전도사로 섬긴 적이 있는데 그때 그분은 그 교회 핵심 권사님 중 한 분이셨지요. 김목사 가족이 그 교회의 주요한 개척멤버였거든요. 당시 저는 담임목사님의 배려로 매주 수요일 저녁설교를 전담하게 되었는데 그분이 그때 했던 제 설교를 기억하셨던 것이지요.

흔히 "김종두 목사의 글은 어렵다"고들 합니다. 대중성이 떨어진다는 뜻이겠고 또 쉽게 전달하는 능력이 모자란다는 지적일 것입니다. 어쩌면 어려운 이야기를 쉽게 전달할 만큼의 내공이 여물지 못했다는(충실하지 못하다는) 비판으로도 읽을 수 있겠지요.

제가 이전에 교단지 「활천」에 발표했던 몇 몇 꼭지글들은 지금 제가 읽기에도 얼굴이 붉어질 정도로 민망하더군요. '덜 여물었다' 는 증거겠지요. 그러기에 '쉽고 재미있으면서도 깊이가 있는 글' 다시 말해 '대중적이면서도 전문적인 글'은 이 시대 모든 글쟁이들과 출판업자들의 한결 같은 희망일 것입니다. 명예와 부와 영향력(그것 자체가 엄연한 권력이지요)을 동시에 얻게 되는 지름길이기 때문입니다. 당연히 저에게도 여전한 과제이자 현안입니다.

하지만 저는 아직도 '쉽고 재미있으면서도 깊이가 있는 글'을 제대로 만나본 적이 없는 것 같습니다. 오히려 '쉽고 재미있는 글'에 익숙해진 독자들을 걱정스러워하고 있으니까요. 주제넘게 말입니다. 언젠가 교단잡지 「활천」편집장인 H목사님이 제게 1년 12개월 "철학"에 대한 이야기를 연재해 달라 하더군요. 쉽게 써 달라는 부탁과 함께.

분에 넘치는 제안을 받은 저는 숙고 끝에 "죄송하지만 이번에는 어렵겠다"고 정중하게 양해를 구했습니다. 제가 "이번에는"이라고 표현했지만 교단내 글쟁이들이 넘쳐나고 H목사님이 다시 제게 그런 제안을 할 리 없으니 그 제안은 이미 물건너 간 것이겠지요. ㅎㅎㅎ

사실 그때 제게는 글쓰기와 관련한 중요한 개인적 현안이 있었기에 도무지 다른 글제에 집중할 여력이 없었지요. 하지만 무엇보다 "독자들이 철학전문가들이 아닌데 그들이 쉽게 읽을 수 있도록 쉽게 써 달라"는 편집자의 요청을 충족시킬 자신이 없더군요.

'철학' 혹은 '철학적'이라는 말 자체가 자연과학이나 다른 인문학과 달리 인간의 '근원적 사태'를 그저 지시하는 말일 뿐인데 '그것을' 쉽게 읽을 수 있도록 쉽게 써 줄 수 있는 방법을 저는 도무지 알 수 없었거든요. 그런 점에서 저의 글은 별로 환영받지 못할 가능성이 많습니다.

이 책의 일부 내용은 꽤 오래 전부터 제가 가끔 교단지 「활천」과 교단신문 「성결신문」에 발표한 글들입니다. 얼굴이 붉어질 정도로 민망한 글들이지만 거의 수정없이 그대로 옮겨두었습니다. 저 자신의 성장과정이기도 했지만 무엇보다 그 글들을 발표했던 동기가 제게는 여전히 중요했기 때문입니다. 그 무렵 저는 오직 하나의 목표에 집중했거든요. 교단의 젊은 교역자들이나 신학생들에게 공부할 꺼리를 제공하고 싶다는 희망. 그것은 제대로 된 학문에 목말랐던 신학생시절을 거친 저의 아픔이기도 했지요.

또 이 책의 일부는 우리 시대의 중요한 화두 중 하나였던 '설교비평'과 관련하여 제가 역시 교단지 「활천」과 「기독교사상」에 발표한 글들입니다. 나머지 부분은 '설교비평'과 관련해 우리 (성결)교단내 주요 인터넷매체인 「성결광장」에 올렸던 후속글들과 이것이 인연이 되어 역시 「성결광장」에 올린 '형이상학'에 관한 글들입니다. 대체로 2008년 11월부터 2010년 12월까지 썼던 글들을 모은 것이지요.

이제 이 글들은 어떤 인연에서건 이 글을 읽게 될 독자들의 몫으로 돌아갑니다. 비록 못생기고 못난 글들이지만 누군가에게는 그들의 삶과 신앙의 여정에서 이름없는 이정표가 되었으면 더 바랄 것이 없겠습니다.

늘 내게 영감의 원천이 되어주는 수성교회 교우들과 오랜 세월 불평없이 함께 해 준 아내와 두 딸아이에게 특별한 감사와 사랑을 표합니다.

모두 모두 사랑합니다.

2011년 3월

목차

제 4 부 ■ 교단에 대한 발언들

제5부 ■ 정용섭목사의 설교비평에 대한 논쟁들

제6부 ■ 사유가 있는 풍경 그리고 샤갈님과의 대화

제 1 부

교회와 나

교회와 나 ① - 입교

　중3 말, 그 천둥벌거숭이 때 맨 처음 교회에 나갔습니다. 초등학교친구 성기(聖基)녀석이 "교회에 예쁜 여학생들 많다"고 끈질기게 나를 꼬드겼기 때문입니다. 참 기가 막힌 것은 그 당시 우리 사는 것이 그리 넉넉지않았고 그런 중에도 가난한 부모님들이 나를 부산으로 유학을 보낸 것인데 나는 공부에 집중해야 할 그때 오히려 '엉덩이에 뿔난 못된 송아지' 가 되어 엉뚱한 것에 한눈팔고 있었던 것이지요.

　그런데 그 당시 성기녀석이 말한 '예쁜 여학생들 누구 누구' 는 애초 내게 그렇게 매력있는 아이들이 아니었거든요. 사실을 말씀드리면 그냥 그런 〈분위기〉에 빠져든 것인데 바로 그것이 당시 내 정신상태였던 것 같군요. '정신적 미숙' 과 '열악한 환경' 의 가장 고약한 결합.

　돌이켜보면 내인생의 가장 암담했던 한 시간들이었는데 그런데 그때, 장난스럽게 다니기 시작한 교회가 오늘의 나를 만들고 말았군요. 어쩌면 누군가가 말한 바 "예수 믿을 팔자" 였던 지도 모르겠군요.

　참 신기한 것은 교회다닌 지 얼마 되지않아 '성경이 하나님의 말씀' 이라는 사실이 그냥 믿어졌다는 것인데 어째서 그런 일이 내게 그처럼 자연스럽게 일어났는 지 아직도 잘 알 수가 없군요. 왜냐하면 중2여름방학을 전후해서 전국 '자유교양경시대회' 라는 고전읽기대회가 생겼는데 당시 제가 학교대표중의 한사람으로 뽑혀 소위 집중교육을 받았거든요.

그때 제가 받은 책(교재)들 중에 노란색표지의 한국고전들과 청색표지의 『그리이스 로마신화』 또 『신약성경』이 있었는데 한국의 고전들과 그리이스 로마신화는 대단히 재미있게 읽었지만 신약성서는 도무지 읽어낼 수가 없더군요.

마태복음의 "낳고 낳고 낳고..."나 '사람이 물위를 걸었다는 이야기' 는 그렇다치더라도 책속에 가로 세로로 배치되어 있던 숫자들의 의미를 도대체 알 수가 없었거든요.(나중에 알고보니 그것이 바로 장, 절표시더군요.)

다행히 전국경시대회가 무산되어 시험을 치뤄야하는 불상사는 면했지만 그 당시 내게 굳게 닫혀있던 신약성서의 기억은 아직도 이상하리만치 생생하게 기억되는군요. 하긴 그 당시 나는 성서가 기독교경전이라는 가장 기본적인 생각조차 해 본 적이 없었거든요.

교회나간 지 얼마 되지않았음에도 내게 일어난 또 하나의 중요한 변화는 누가 시킨 것도 아닌데 언제부터인가 '나는 신학을 해야하는 사람' 이라는 지금 생각하면 가당치도 않고 터무니없는 생각이 확고해졌다는 사실이지요. 내가 맨 처음 나간 교회가 '성결교회' 였으니 '서울신학대학' 은 애초부터 제게 거의 운명적인 것이 되고 말았군요.

교회와 나 ② – 신학교로

고3말 대학입학시험을 준비하던 그때 나는 입학원서를 구하기위해 부천까지 다녀와야 했더랬지요. 서울신학대학원서를 어디에서 구하는지를 몰라 수소문하다가 시간을 놓쳐 어쩔 수 없이 직접 나설 수 밖에 없었거든요. (서울신학대학 역사중에 아마 입학원서를 구하기 위해 부산에서 부천까지 다녀온 바보는 제가 유일하지 싶군요.)

나중에 알고 보니 규모가 큰 성결교회에는 학교에서 입학원서를 몇 장씩 보내 주었다는데 우리 교회는 너무 규모가 작아 애초부터 해당사항이 없었고 목사님도 연세가 너무 많으셔서 그 시스템을 전혀 모르셨던 게지요. 서울신학대학의 당시 인지도가 크게 높지 않았으니(?) 담임선생님께도 제대로 된 정보가 없었던 것이고요.

부산역에서 밤차를 타고 영등포역에 도착하니 여전히 한밤중이었는데 부천가는 시외버스를 타고 소사삼거리에 도착했을 때, 얼마나 황량하던지. 기억나는 것이라고는 여관 하나, 쌀집 하나 또 희미한 가로등 아래 길게 펼쳐져 있던 오르막길 그리고 그 끝에 덩그랗게 솟아있던 어두운 2층 캠퍼스와 그 뒷편 기숙사.

하지만 얼마나 좋았던지 그 밤과 새벽에 그 오르막길을 오르내리면서 한없이 가슴이 뜨거웠다가 날이 밝아 학장실옆 기도실에서 기도하고 교무처에서 입학원서를 얻어 귀가할 때 온 천하를 얻은 것처럼 황홀했더랬지요.

교회와 나 ③ – 휴학

78년 가을, 2년째 고통스러운 투병으로 심신이 지쳐가던 그 즈음 나는 가을여행을 결행했습니다. 홀로 지리산 천왕봉을 넘고 오산리 금식기도원을 거쳐 늘 그리웠던 서울신대교정을 방문하기로 한 것이지요. 그러니까

77년 1월 힘겨운 겨울여행중에 속초에서 쓰러진 이후 2년째 휴학을 하고 있었지만 새학기 등록기만 되면 마음은 언제나 그 교정과 그 사람들이 보고싶어 감당하기 어려운 홍역을 앓곤 했었거든요..

　하지만 2년여의 시간속에서 그 학교와 그 사람들은 이미 나와는 전혀 다른 세계에 서 있었고 모처럼 방문한 그곳에서 나를 기억하는 사람들은 거의 한 사람도 없었군요. 어찌된 일인지 76년 한 햇동안 함께 고락을 나누었던 동기녀석들 중에도 나를 진정으로 반기는 친구가 하나도 없더군요.
　하긴 76년 가을 학기에 내가 과대표로 한 학기 그들을 섬겼고 그해 겨울 여행 중에 쓰러져 2년째 투병하고 있다는 사실을 잘 알고 있으면서도 전화 한 통, 엽서 한 장 보내 주지 않던 철없는 녀석들이었으니 애초 기대할 것 아무 것도 없었지만.

　한없이 서운하고 서운해서 기도실에 들러 "주님! 이미 저는 이곳에서 완벽한 이방인이었군요"라고 기도하며 "주님! 지금 제 눈물을 꼭 기억해 주십시요"라고 호소했지요. 서울신대에 대한 나의 마음이, 그 사람들과 그 교정에 대한 한없는 그리움이 전혀 일방적인 짝사랑이었다는 사실을 절절이 깨닫게된 순간이었지요. 서울신대라는 내마음의 고향에서 철저히 소외된 내 서러움을 주님께서 기억하셨을까요? 식당에 들러 줄을 서서 차례를 기다리고 내 차례가 되어 식판을 내밀었더니 배식하던 식당 권사님 한 분이 저를 보시더니 정확하게 제이름을 기억하며 "김종두씨, 오랜만입니다"라고 인사하고 곁에서 함께 배식하던 권사님, 집사님들 중에 웃으며 제게 인사를 하는 분들이 있더군요. 깜짝 놀랐지요.

　사정은 이런 것입니다. 76년 초겨울, 새벽기도를 위해 일찍 일어난 저는 생활관 416호 그 춥고 그늘지고 어두운 방, 뿌옇게 성에가 서린 창문을 통해 새벽 일찍부터 바깥 간이주방을 오가며 열심히 아침식탁을 준비하던 주방 권사님,집사님들을 지켜 보면서 '아, 참 춥겠다'는 생각을 한 것이고 그날 교회봉사를 마치고 돌아오면서 가까운 영등포시장에서 목수건을 몇 장 사다 드렸는데 그 조그만 친절을 잊지않고 그분들은 거의 1년 반이 지났고 그동안 서로 얼굴본 적 없었음에도 정확히 제이름을 기억하고 계셨던 것이지요.

소외감으로 한없이 서러웠던 소자(小子)의 중심을 헤아리셨던 주님은 그 권사님들과 집사님들을 통해 꼭 한 번 〈내 이름〉을 불러 주심으로써 나를 또 한 번 눈물겹게 하셨더랬지요. 제가 여전히 서울신대를 모교로 품을 수 있었던 강한 동기이기도 했고요.

교회와 나 ④ – 군복무

82년 11월 4일 만기 전역했습니다. 아니 정확하게 말씀드리면 만기보다 1주일을 더 복무하고도 각서까지 써 주고 전역해야 했습니다. 나라사랑이 지극하다고요? '국방부시계는 꺼꾸로 매달려도 간다'는 대한민국 육군사병들의 영원한 표어처럼 이 땅의 어느 병사가 자원하여 만기를 넘어 복무하고 싶어 했겠습니까? 당연히 사정이 있었습니다. 그러니까 80년 8월 1일 논산훈련소에 입소한 이래 약 2년 4개월동안의 군생활중에 제게 도대체 어떤 일이 일어난 것일까요?

76년 신학대학입학 신체검사에서 확인된 '폐결핵' 발병은 결국 76년 봄에 실시된 '군목시험' 에서 탈락된 이유였지요. 혹시나 싶어 친구들과 함께 군목시험에 응시했지만 아니나다를까 저혼자 따로 국방부로 호출되어 재신체검사를 받는 순간 군목에 대한 꿈은 접어야 했군요.

77년 1월 겨울여행중 속초에서 쓰러진 다음 2년간 어쩔 수없이 휴학을 하게 되었는데 휴학생에게는 예외없이 신체검사통보가 나오더군요. 당시에는 신체검사 판정을 유보하는 소위 '무종제도' 가 있었는데 '무종' 판정을 3회 받게 되면 자동으로 '병역면제' 처분이 내려졌거든요.

기가 막힌 것은 77년과 78년에 2회연속 '무종' 판정을 받았는데 80년 2월 3회째 신검에서 '현역판정' 을 받은 것이지요. 징집관 군의관은 나와 나의 병적기록부를 보더니 "정상적으로 처리하면 당신은 '병역면제대상' 인데 대학생이기 때문에 면제판정할 수 없으니 일단 입대해보라"면서 "현역입영"판정을 내리데요. "훈련받기전에 다시 한번 신검하는데 그때 '귀가조치' 될 수도 있을 것이라"는 참으로 친절한(?) 멘트와 함께. 당연히 '하나님의 뜻이거니' 하고 담담히 입대준비를 서둘렀지요.

논산훈련소에 입소한 후 보름만에 훈련병생활을 시작했는데 징집관의 예고처럼 훈련에 들어가기전 먼저 신검을 하는데 저의 기대와는 달리 '이상무' 라는 판정이 나오더군요.당연히 본격적인 기초훈련이 시작되었고 저도 현실에 집중할 수밖에 없었지요. 다행스럽게도 4주간의 기초훈련후 부여받은 주특기별로 하반기교육을 위해 재편성될 때 저는 '카투사' 로 분류되어 '평택' 카투사훈련소로 입소하게 되었지요. 논산훈련소와 평택카투사교육원은 그야말로 〈하늘과땅 ,천국과 지옥〉의 차이더군요.

그런데 문제는 그곳에서 약 50여일 교육을 받은 후 자대배치전에 다시 한번 신체검사를 받게 되었는데 이번에는 내 건강상태가 폐결핵active 으로 판정이 났고 "이 병(病)은 카투사교육이전의 질병이기 때문에 다시 한국군으로 되돌려 보낸다"는 통보를 받은 것이지요. 남들은 하반기 주특기교육을 받고 자대배치 후 곧 바로 실전 교육과 훈련에 투입되어 정예병사로 길러지는 동안 나는 한국군에서는 아무짝에도 쓸모없을 카투사교육을 받았고 그 곳에서도 쫓겨나 101보충대와 25사단 보충대를 거쳐 파주군 적성면 설마리 소위 632대대 c포대유선병으로 재배치를 받게 된 것이지요. 25사단 예하 155mm포단소속 최말단 부대였죠.더욱이 이 부대는 각 부대에서 차출된 병력과 사단교육대에서 갓 기초훈련을 마친 신병들을 묶어 새로 만들어진 부대라 밤마다 우리 졸병들은 '한따까리' (?)하지 않고는 불안해서 잠들지 못할 지경이었고 부대간부들은 의도적으로 그러한 야만적인 행위들을 '군기잡는다' 는 명목으로 묵인하곤 했었지요.

문제는 이러한 야만적이고 살인적인 부대형편상 환자로 분류되어 최전방까지 떠밀려온 나의 건강문제는 그들의 관심을 받을 하등의 조건이 못되더라는 것이었고, 나는 다른 병사들처럼 혹독한 자대생활을 거치게 됐는데, 후반기교육을 받지 않고 자대배치된 대가를 톡톡히 덤으로 치뤄야만 했지요.

그해 겨울 우리 통신(유, 무선)분대는 포단소속 각 예하부대의 전투력측정 및 향상을 대비한 집중교육을 받기위해 대대본부로 출, 퇴근하게 되지요. 그 과정중에 나의 귓볼주변이 부어오르는 증상을 지켜보던 고참이 나를 대대의무대에 데리고 갔는데 고대출신의 대대 군의관이 내 형편을 살피더니 아무래도 '결핵성임파선' 같다면서 나를 사단의무대로 진찰가도록 주선해 주었지요. 나를 의무대로 데리고 간 고참은 그날 밤 자대에 돌아가

'쓸데없는 짓 했다' 고 박살이 났고요.

어쨌거나 그해 겨울 나는 101야전병원과 57후송병원을 거쳐 마산통합병원까지 후송되었지요. 그리고 그곳에서 약 5개월 동안 치료를 받았더랬지요. 하지만 문제는 통합병원시스템상 일정한 기간이 지나면 의무적으로, 자대복귀를 시키던지 혹은 의가사제대를 시키던지 결정을 하게 되는데 당시 나를 진료하던 군의관은 나를 졸병이라는 이유로 자대복귀시키기로 방향을 잡았던 것이지요. 나는 당시 나의 자각증세를 말하며 자대복귀 결정이 잘못된 것을 호소했지만 군의관은 '폐' 는 신경이 없어 자각증세가 있을 수 없다면서 내가 졸병이라 자대복귀가 싫어 꾀병하는 것으로 간주하더군요.

어쩔 수없이 다시 자대복귀하여 열심히 복무하던 중 얼마 지나지않아 다시 오른쪽 귀주변이 심하게 부어오르는 증상이 재발했고 동일한 과정을 거쳐 두 번째 마산통합병원으로 후송되었군요. 이번에도 역시 약4개월 치료받은 후 '다 나았다' 면서 자대복귀를 명하기에 다시 자대로 돌아가게 되었는데 어느덧 내 계급이 '상병' 이 되더군요.

82년 가을 우리는 대대A.T.T.를 대비하여 밤낮이 뒤바뀐 생활훈련과 장비준비로 눈코 뜰새없이 바쁜 일정을 소화해야 했는데 문제는 우리 분대 인원이 휴가와 파견근무로 절반이상이 빠져나갔고 나는 분대 상급자로서 나머지 인원으로 그 모든 준비를 마쳐야 했는데 피곤이 누적되고 있었다는 사실이지요.

대대훈련 첫날 밤 나는 야외에 임시로 설치한 우리 통신분대막사에서 야간경계근무를 나가야하는 시점에 엄청난 각혈을 하게 됐는데 동료들이 거의 감당할 수 없을 지경이었지요. 그 다음날 아침에 대대장 1호차로 자대로 돌아가 개인짐을 정리하여 곧 바로 사단의무대로 후송되었고 다시 꼭같은 절차를 거쳐 마산통합병원으로 세 번째 후송된 것이지요. 사단 의무대에 잠깐 머물 동안 같은 부대에서 근무하던 동료가 진료차 왔다가 나를 보고 "김상병, 특명 나왔더라"고 전해주었는데(당시 나는 교련혜택으로 6개월복무단축을 받았거든요) 이미 나는 자대로 돌아갈 수 없는 신세가 되고만 것이지요.

병이 얼마나 깊었던지 101야전병원에서 57후송병원으로 환자들을 후송하기위해 앰블런스가 준비되었는데 내 각혈이 너무 심해 출발시각을 자꾸 미루어야 했을 정도였고 57후송병원에 도착했을 때는 상태가 너무 나빠 군의관들과 간호장교들이 공공연히 "김상병은 못살 것"이라고 했다데요. 참 재미있는 것은 세 번째 후송된 마산통합병원군의관들이 이번에는 나를 퇴원시킬 수 없다고 우기는데 그 이유가 내가 바깥에 나가 혹 잘못되기라도 한다면 자기들이 책임을 져야하기 때문이라데요. 그래서 나는 그들에게 '설령 잘못돼서 바깥에서 내가 죽어도 당신들에게 책임을 묻지않겠다'는 각서를 써 주고 겨우 전역할 수 있었던 것이지요. 만기를 꼭 1주일 지난 날에. 절반은 거의 죽은 모습으로.

전역후 나는 정말 집중적으로 병을 다스렸고 약 6개월만에 완쾌판정을 받았으며 그때 이후 지금까지 단 한 번도 재발하지 않았습니다. 97년 신장기증을 위해 이식수술을 했을 때도 '폐'로 인한 핸디캡은 전혀 문제되지 않았지요. 그처럼 자주 재발하여 병에대한 내성만 키워 이제는 처방할 약조차 제대로 없었을텐데 그처럼 신속하게 치료된 것은 또 한 형태의 〈신유(神癒)〉가 아니었을까요?

Epilogue

몇 년 후 나는 파주군 적성면 설마리 632대대와 우리 C포대가 있던 골짜기를 일부러 시간을 내어 찾아 보았습니다. 사단본부가 있던 신산리, 가끔 외출나갔던 적성면을 돌아 보았습니다. 무엇보다 응급으로 후송되던 때 훈련장에서 다시 나를 떠나보내며 비상금 5천원을 급히 내 손에 쥐어주던 부대동기 C상병의 집이 신산리 부근인 것을 기억하고 수소문해 하룻밤 그 친구의 집에 묵었습니다. 하지만 나의 동선(動線)은 '그곳에서 복무할 때' 와 꼭 마찬가지로 오직 단 하나의 질문에 집중되어 있었지요. '주님! 왜 제가 여기 와 있어야 했습니까? 제가 이곳에 굳이 와 있어야 했던 이유(의미)가 대체 무엇이었습니까?

주님께서 내게 주신 응답이 있었냐고요? "신앙의 틀로 해석되지 않는 세계와, 의미로 환원되지 않는 시간조차도 인생의 한 부분이고 감사의 조건인 것을 인정하라"는 것이었죠. 뭐. 가끔씩 우리 교회 교우들은 나와 함께 "하나님께서 행하시는 모든 일은 언제나 의롭고 선하며 또 항상 합당한 것입니다"라는 우리 방식의 신앙고백을 함께 고백하곤 하지요.

교회와 나 ⑤ – 목사 팔자(?)

2009년 2월 지지난 주 토요일 지방회내 선배 L목사님댁 혼사가 있어 결혼식장인 D장로교회 3층 대예배실에 들어갈 기회가 있었습니다. D교회는 대구의 중심부에 대규모 교회타운을 형성하고 있는 유력한 교회였고 또 몇 년전 새로 부임한 K목사님이 총신교수로 있던 유학파 출신학자이고 탁월한 설교자로 소문이 나서 평소 꼭 한번 방문하여 만나보고 싶었던 터라 내심 상당한 기대를 가지고 그분의 예식집례방식을 주목하고 그분의 주례사를 경청하고 있었습니다.

그런데 그저 평범한 예식은 그렇다 치더라도 약 30여분에 걸친 그분의 주례사는 처음부터 끝까지 '잔소리에서 시작하여 잔소리로 끝나고' 말더군요. 목회자들의 전형적인 설교패턴인 '3 fold ideas' 를 주례사에 고스란히 반영하고 있었을 뿐 아니라 자주 자기 교회에 청년들이 많이 모여들고 있다고 자랑하더군요. 한마디로 〈함량미달〉이라는 실망감을 떨쳐버릴 수 없더군요. 예식후에 따로 잠깐 K목사님과 악수하고 인사를 나누었지만 그 '이상한 배신감' 은 쉽게 사라지지 않더군요. 하여 약 2천명 정도 함께 예배할 수 있을 것같은 아름다운 예배실과 넓은 주차장 또 잘 구비된 부대시설들을 둘러 보면서 홀로 '목사 팔자 교회(교단)만나기에 달렸구만' 하고 투덜거렸지요. 그 주간 본 교회 여자 집사님 한분이 내게 "여자 팔자 남편 만나기 탓" 이라기에 "웬 올드 패션이냐"고 공박했는데 그 잔영이 고스란히 내게 남아 있었던게지요.

겨우 단 한번 예배설교도 아닌 예식설교를 듣고 대구의 기독교회를 대표할 만한 목사님을 폄하하는 것이 너무 경솔한 것이 아닌가 걱정하시는 분들이 계시겠지만 이런 유형의 제 실망감은 이번이 처음이 아니었군요. 그러니까 몇 년 전 제가 지방회장으로 섬기고 있을 때 대구기독교총연합(대기총)에 교단대표로 참여하게 되었는데 그해 가을 어느 밤에 대구CBS 창립 50주년 기념식이 대구 두류공원 야외운동장에서 김삼환목사님을 강사로 모시고 열렸더랬지요. 그때 저는 헌금기도순서를 맡아 강단 뒷편에 앉아 있었는데 바로 제곁에 대구에서 손꼽을만한 S교회의 L목사님이 앉아 계시더군요. L목사님은 그 교회에서 은퇴하신 아버지의 대를 이어 새 목사로 취임했고 목회 잘하고 설교 잘 한다고 소문이 자자했는데 그날 밤 제보기에는 너무 가벼워서 대구기독교회를 대표할 만한 그릇으로는 아무래도 함량미달의 철부지로 보이더군요. 하지만 나의 판단이 항상 옳은 것만은 아닐테지요. 또 그래야 하고요.

지난 2월 10일 우리 지방회 토의시간에 저는 총회대의원 문제를 제기했더랬지요. 총회의 비정상적인 정치카르텔을 해소하고 총회에 우리 지방회의 입장을 강력하게 전달할 수 있어야 하며 또 지방회내의 젊은 목회자들과 장로님들에게도 총회정치의 현장을 경험할 수 있는 기회를 드릴 수 있도록 "〈3회이상 연속으로 총회 대의원이 될 수없다〉는 제한규정을 두자"고 주장했지요. 선배목사님 한분이 흔쾌히 동의해 주셨고 또 한분 선배목사님과 장로님은 스스로 올해 대의원권을 반납해 주셔서 저의 제안에 호응해 주셨지요. 당연히 저의 제안은 헌법규정에 위배되는 터라(제가 당시 심리부장이었지요) 정식 결의할 수는 없었지만 이후 우리 지방회의 '내규'로 작동될 듯 싶군요. 총회대의원권을 누군가가 자신이 은퇴할 때까지 독점할 수 있다고 생각하는 공동체는 공정하지도 정의롭지도 않다고 생각되는군요.

교회와 나 ⑥ - 그해 여름의 자화상

그해 여름은 유난스런 5월 가뭄과 함께 찾아왔습니다. 온 나라가 가뭄과의 전쟁으로 땀흘리고 있었고 교회강단에서는 '박통의 쌀막걸리시판이 유죄'라는 푸념도 심심찮게 흘러나왔습니다. 그 무렵 정확히 78년 5월에

서 8월 초'까지 나는 자연 가뭄 못잖은 신체적, 영적 갈증 속에서 휴학 2
년째의 암담한 날들을 보내고 있었습니다. 그러니까 77년 1월, 까닭 모를
불안과 억제되지 않는 젊은 날의 광기에 내몰려 준비없이 떠난 겨울여행
이 화근이었습니다. '근원적 문제 해결의 끈을 찾지 못하면 설악산 눈구덩
이 속에나 울릉도 파도 속에 나를 묻어버리고 말리라'던 치열함도 단순한
치기(稚氣)였던 듯 합니다. 유난히 춥고 눈도 많았던 어느 금요일 밤 속초의
어느 캄캄하고 초라한 여인숙방에서 끔찍한 각혈과 함께 쓰러져버린 순간
나는 초라한 패잔병일 뿐이었으니까요.

　　달라진 것은 아무 것도 없었습니다. 여전히 나는 빈손이었고 외로왔으
며 죄책감으로 괴로왔습니다. 작은 골방에 격리되어 독한 약과 또 순간순
간 엄습하는 죽음의 공포와 싸워야 하는 것도 결코 쉬운 일은 아니었습니
다. 게다가 당시의 시국은 나 같은 사람조차도 집요하게 압박하는, 또 하
나의 엄연한 현실이었습니다. 항도 부산은 예나 지금이나 여전히 억압만
으로는 침묵시킬 수 없는 '야성의 도시'라 불러도 과언이 아닐 것입니다.
당시 내가 임시로 출석하고 있던 도청 옆 부산 영락교회 대학부와 청년회
도 외관상의 평온과는 달리 내면적으로는 시대적 아픔과 갈등이 격렬히
소용돌이치고 있었습니다. 그런 연유로 해서 '시국기도회' 참석을 시작으
로 78년 7월 15일 소위 '부산대프린팅' 사건공판을 방청하려다가 서부서
로 강제 연행되기까지 나는 비로소 조국과 역사를 주체적이고 구체적으로
각성하기 시작했던 것입니다. 지고한 윤리적 규범을 사유하면서도 실제로
는 머리끝에서 발끝까지 처절한 오욕덩어리인 자신의 모순성과 또 질식할
것 같은 허위와 억압구조 아래 무참하게 함몰해가면서도 침묵과 순응을
강요당하는 개인의 무력감, 이 두 가지 주제는 그 사유과정의 졸렬함에도
불구하고 당시 나 자신을 출구없는 자기 소외에로 빠져들게 했던 원천이

었습니다.

　신학을 포기할 모진 결심과 함께 건강이 허락되지 않았음에도 하루 6시간씩 '수학II의 정석'을 새로 공부하기 시작한 것도, 술취해 잠들었던 다음날 아침 '눈에 가득 눈물을 담고 나를 지그시 그저 지켜보기만 하던' 어떤 시선을 아프게 느껴야 했던 것도 바로 이 무렵이었습니다. 수 년 전 구원의 기쁨에 넘쳐 마산무학산십자바위에 엎드려 매서운 칼바람을 맞으며 신학을 하겠다고 서원할 때의 비장함은 이미 기억 속의 화석이 되고 말았습니다.

　그 무렵 영락교회 대학부는 약 40여 명의 회원들이 참석한 중에 7월 27일부터 29일까지 김중은 지도목사님(현재 장신대 구약학 교수)을 강사로 모시고 가덕도에서 여름수련회를 가졌습니다. 강사는 예레미야 33장 3절을 주제로 ①예레미야의 시대적 상황과 배경 ②인간 예레미야 ③그의 신학과 사상을 세 강좌에 걸쳐 평소처럼 차분하게 강의했을 뿐이고 다른 프로그램들도' 모처럼 쉬어가자' 는 강사의 뜻대로 느슨하게 진행되고 있었습니다. 그러나 '오직 나 하나를 위해 준비된 수련회' 라는 강한 암시가 첫 번째 강의가 시작된 지 얼마 지나지 않아서 저 밑바닥에서 치밀어 오르는 알 수 없는 흥분과 더불어 쇠잔한 내 영혼에 사정없이 엄습해 온 것입니다. B.C.586년 예루살렘 함락을 전후한 극한 상황을 오직 하나님의 말씀에 사로잡혀 정면으로 돌파해 나가던 예레미야, 그의 처절한 감성과 고뇌가 그대로 나의 것으로 동일시(Identify) 되었기 때문입니다. 수련회를 마치고 귀가한 즉시 나는 예레미야서와 애가서를 R.S.V., T.E.V.번역과 공동번역으로 번갈아 정독하면서 다시 몇 날을 뜨거운 몰입 속에서 보냈습니다.

　그 다음해 봄학기에 1차로 건강을 회복한 나는 아무런 망서림없이 복학했습니다. 지금도 나는 가장 외롭고 쓰라린 자리에 던져질 때 구원의 확신과 소명의식이 흐려질 때 비천하고 헐벗은 자화상에 몸서리쳐질 때 - 어쩌라, 삶의 길이만큼 '새벽녘의 빈손'(눅 5:5)은 여전히 반복되는데 - 그해 여름의 특별했던 경험을 떠올리며 예레미야서와 애가서를 한 자리에서 통독하곤 합니다. 단지 이 거룩한 문서를 내 익숙한 모국어로 이처럼 자유롭고 풍요롭게 읽을 수 있다는 기적의 무게를 온몸으로 사랑하면서. (활천,1994년 8월호)

교회와 나 ⑦ – 나의 사랑 에클레시아(Ecclesia)
교회란 무엇인가? – 자각적 이해

교부 키프리아누스는 "교회밖에 구원없다"(extra ecclesiam nulla salus)라는 명제를 정초(定礎)했지만 내 젊은 날의 스승중 한분인 A.J.Cronin은 그의 『천국의 열쇠』에서 "교회는 순례자들에게 어머니와 같다. 하지만 어떤 순례자는 고아처럼 처절하게 외로와도 홀로 그 길을 간다"라고 가르쳤지요. 제가 지금 그의 소위 '기독교적 휴머니즘' 이나 교회론을 문제삼는 것이 아니라 〈교회=어머니〉라고 표상한 그의 문학적 상상력에서 40여년 내 교회생활의 본질을 통찰하는 중이지요.

이 땅의 모든 아들들이 어머니 혹은 모성(母性)에 대한 이중성 곧 모성에 대한 구심력과 원심력의 변증을 살듯이 나의 교회생활도 어머니인 교회에 대한 애증(愛憎)의 변증을 살았던 것 같군요. 제 소견에 사도 바울의 저 유명한 "교회는《그리스도의 몸》"이라는 해명은 오랜 숙고 끝에 도달한 위대한 깨달음의 결과로 보입니다.

전통적 견해를 따르면 제3차 선교여행 중 에베소 사역에 전념하고 있던 바울은 고린도교회의 제반문제를 접하게 되고 이에 고린도전서를 집필하게 됩니다. 이 무렵 사도바울은 교육수준이 높지 않은 비유대인 신자들에게 새로운 '영적 실재'(a spiritual reality)로서의 교회를 해명하거나 이해시키기 위한 방법을 찾기 위해 매우 고심한 흔적을 보여주고 있습니다. 왜냐하면 바울은 고린도교회만이 아니라 그 당시 모든 지교회들의 당면한 문제들 중 대부분이 정당한 교회론의 결핍이나 오해에서 비롯된 것으로 간주했을 가능성이 크기 때문입니다. 이러한 바울의 숙고 이면에는 그분이《에클레시아》라는 개념자체가 이미 기존의 역사적 문화적 그물망(network)에 의해 상당부분 왜곡된 측면과 왜곡될 가능성을 이해하고 있었다는 뜻이기도 합니다.

신약성서에서 교회는 희랍어《에클레시아 ekklesia》로서 대체로 한 지역의 그리스도인 회중 the Church, as a body of Christians을 의미하는 말이며《ek(밖으로)+kaleo(calling 부름받음)》의 합성어로 알려져 있습니다. 에클레시아의 원래적 의미는 '합법적으로 소집된 시민들의 공적모임' assembly duly summoned 이었으나 유대인들은 그말을 '이스라엘 회중' the Jewish congregation을 지칭하는 말로 사용하기도 했대지요. 초대교회가《에클레시아》라는 개념의 이중적 의미 즉 현실적, 영적 의미를 이미 주목하고 있었다는 사실은 놀라운 일로 간주되어야 할 것입니다.

바울사도는 그러므로 교회를《하나님의 밭》이나《하나님의 집》(고전3:9)으로, 또《하나님의 성전》(고전3:17)으로 설명해 보지만 그 분 스스로 충분하지 않다고 느꼈던 듯합니다. 이 문제를 잠깐 접어두고 고린도교회의 제반문제들을 정돈해 나가던 중 사도바울은 마침내 교회는《그리스도의 몸》이라는 깨달음에 도달합니다(고전12:27). '몸' 이라는 신체어를 통해 완벽하게 새로운 영적 실재로서의 교회를 해명하는 그분의 천재성은 언제나 찬탄을 자아내게 하는군요. "교회는《그리스도의 몸》"이라는 사도바울의 위대한 교회론은 고린도전서가 집필된 때로부터 약 7년 후 로마 옥중에서 집필된 에베소서에서 한층 더 진전된 모습으로 확고하게 드러나고 있습니다. "교회는 그리스도의 몸이니 만물 안에서 만물을 충만케 하시는 자의 충만이니라"(엡2:23, 참조4:1-16).

그리스도의 몸된 교회는 필연적으로 그리스도의 마음(심장)을 담지하고 있어야 한다고 볼 때 그리스도의 마음은 곧 '하나님의 나라' 일 것입니다. 따라서 그리스도의 몸인 교회는 그리스도의 마음인 하나님의 나라를 표현하고 실현하는 "영적 실재"이자 "역사적 공동체"일 수밖에 없고, 흔히 교회의 본질적 사명(기능)으로 분류되는 케리그마(kerygma/복음 선포), 코이노니아(koinonia/사귐 혹은 교제), 디아코니아(diakonia/교육, 섬김 혹은 봉사), 디다케(didache/교육)는 필연적으로《하나님 나라(복음)를 위한 그리스도의 몸》이라는 성서적 교회론의 터 위에서만 그 본래적 의미가 분명하게 드러나게 되는 것이겠지요.

역사적 공동체로서의 교회는 우선 서방교회인 'Roman Catholic' 과 동방교회인' Greek Orthodox' 에서 그 본질적 원류를 찾아볼 수 있겠지요.

① 그리스도의 몸된 교회-Catholic 교회; Catholic 이란 말이 본래 희랍어 "kata+holos" (전체에 의하면, 전체로 보면)이고 이 말이 후에 라틴어 "universus" (보편적인/universal)로 번역되어 흔히들 교회를《카톨릭 교회 즉 보편(적)교회》라고 칭하듯이 그리스도의 교회는 보편교회이자 하나의 교회입니다. 우리는 이러한 보편교회이자 하나의 교회, 전 우주적 교회의 본성을

따라 교회일치 사역에 헌신해야 할 뿐 아니라 그리스도의 장성한 분량에까지 자라가야 할 생명공동체 입니다. 이 지점에서 우리는 《그리스도의 몸》으로서의 카톨릭교회는 어쩔 수 없이 《이념적, 가치 지향적 영적 실재》임을 확인하게 됩니다. 이러한 인식은 오늘날 현실교회들이 지나치게 제도적, 규범적 교회론에 매몰되어 있다는 반성을 가능하게 합니다. 양자가 상호모순관계는 아닐지라도 본말이 전도되지 않도록 각성되어 있어야 할 것입니다.

②그리스도의 몸된 교회-Orthodox 교회; Orthodox 란 말이 본래 희랍어 "ortho(upright, straight, right) +dox(reception,entertainment,teaching)" 즉 '올바른 가르침' 이라고 한정할 수 있다면 우리는 동방교회를 〈Ortho-dox 교회 즉 정통교회〉라고 규정할 수 있겠군요.

하여 〈보편성과 정통성〉의 문제는 2천년 교회사를 관통해 여전히 이 시대 우리 교회문제의 핵심으로 보이는군요.

제 2 부

■

목회현장에서

철원평화교회 교통사고건이 어떻게 진행되고 있는가요?

3년 전 2월 설 지난지 얼마되지 않은 어느 날 아침 김00집사님의 다급한 전화를 받았습니다. "목사님, 우리 아들 죽었어요. 우리 아들 죽었어요." 통곡 반, 울부짖음 반 거의 실신 상태인 집사님을 간신히 추스린 후 대충 재구성한 사태는 이러했습니다. 30대 후반에 청상이 된 김집사님은 어느 덧 60대 중반이 되었는데 다행히 식당을 운영하며 키운 두 아들이 요즘 보기드문 효자들이라 항상 아들들을 자랑하곤 했지요. 집사님의 한결같은 희망이기도 했고요. 김집사님은 식당운영을 할 때 주의 종들을 기쁘게 섬겼고 또 신학생들을 많이 도왔다는데 언젠가부터 교회생활에 염증이 나서 오래 교회를 쉬고 있던 중 어떤 계기에 우리 교회 이야기를 듣고 "이번이 마지막이거니" 결심하고 우리 교회에서 신앙생활을 다시 시작했던 것이지요. 그리고 자타가 공인하는 모범적인 신앙생활을 하고 계셨고요.

두 아들중 형인 00씨는 당시 대구의 모 미션 고등학교에서 서무(재무)행정을 담당하며 초등학교 4학년이었던 00이라는 딸아이를 두었고 동생 00씨는 호주유학 후 부부가 함께 인테리어일을 하고 있었는데 당시 초등학교 3학년이었던 00이 00이라는 쌍둥이 딸 아이들을 두었지요. 형 00씨는 그의 직장 안에 있는 학교 교회의 재정책임자로 섬겼지만 우리 교회를 오히려 자기 교회보다 더 사랑해서 재정책임을 벗기만 하면 우리 교회에서 어머니와 함께 신앙생활하겠다고 어머니에게 이미 약속한 상태였고 동생 00씨는 당시 사업이 너무 바빠 교회출석을 못했지만 어릴 때부터 형을 너무 사랑하고 따라서 시간여유만 생기면 형을 따라 우리 교회에서 온 식구가 함게 신앙생활하기로 약속했었고요.

그런데 형 00씨가 그 날 학교에 갔다가 지하보일러실 점검차 내려갔다가 졸지에 감전사한 것인데 그의 나이 당시 42세였군요. 학교장(學校葬)으로 장례절차를 밟는 중에도 김집사님은 집에서 두문불출하면서 "왜 착한 내 아들을 죽게 하셨느냐? 이럴 수는 없습니더 이럴 수는 없습니더"라고 하나님을 원망하고 계셨는데 동생 00씨가 모든 장례절차를 주도했지만 그에게도 그처럼 따르며 사랑하던 형의 죽음을 받아들일 준비가 전혀 되어있지 않아 밤마다 형의 유골을 안치해 둔 곳을 찾아 방황하곤 했었지요.

약 2년여에 걸쳐 김집사님을 위로하고 "이제 조금 안정되었나" 생각하는 순간에 김집사님은 결국 작년 하반기에 "나는 교회와 잘 맞지 않은 모양이라" 면서 교회를 떠나고 말았는데 이 시간까지 여전히 목회자의 큰 고통으로 남아있군요.

00씨의 죽음과 관련하여 후에 들리는 이야기는 소위 '음모론' 인데 00씨가 다녔던 학교가 대개의 미션스쿨들이 대체로(?) 그러하듯이 족벌체제인데다 재정적인 부정이 있었던 모양이고 성품이 곧았던 00씨는 스스로 서무 행정을 떠나 관리쪽으로 업무방향을 돌렸던 것인데 00씨가 학교측의 재정부정에 대해 너무 많이 알고 있는 것을 불안해한 사람들측에서 그를 의도적으로 살해한 것이라는 것이었죠. 제가 알기로 아직 소송 중이라지요.

1986년 3월 제가 초임전도사 2년차 되던 봄 이화마을 박00집사님(지금은 권사)이 제게 "전도사님, 김00집사님, 형님집에 안 좋은 일이 생겼어예"라고 걱정스런 소식을 전해주더군요. 당시 제가 섬겼던 〈수하교회〉는 교회가 위치한 수서1동 20여 세대와 수서2동 약 50여세대 그리고 이화마을 10여

세대를 아우르는 작은 교회였는데 수서2동은 소위 완강한 박씨 씨족마을이라 복음전도가 애초 거의 불가능했고 수서1동은 교회의 소재지였음에도 신자들이 별로 없어 이화마을 가족들이 주된 신자들이었는데 얼마나 순박하고 착한 신자들인지 아직도 그분들 생각에 마음이 짠~ 해지는군요.

이화마을 사람들도 거의 하나의 씨족공동체를 이루고 살았는데 10여 세대 중 6가정이 신자였고 그 중 한 분 김OO권사님이 가장 중심되는 어른이셨는데 연세가 많으셔서 당시 제가 오토바이로 모시고 다니곤 했지요. 박OO집사님은 김OO집사님의 막내 자부로서 당시 나이가 거의 40대 초반이었는데도 이화마을에서는 항상 '새댁'으로 부르더군요.

다들 연세들이 꽤 많았다는 뜻이지요. 그러니까 박OO집사님이 제게 알려준 "김OO집사님, 형님"은 박집사님이 평소 형님으로 모셨던 김OO집사님의 손위 동서 분을 지칭한 것인데 이 분은 85년 겨울 농한기에 동서인 김OO집사님과 이화마을 성도들의 전도로 가끔씩 교회를 다니기 시작한 어린 신자였지요. 참 순박하고 착한 성품을 가진 분이셨고요.

마늘과 양파를 주로 재배하고 가끔 사과과수원을 가진 분들도 있어 3월은 농가마다 분주해지기 시작하는 때라서 김OO집사님 동서분이 교회출석을 안해도 그저 "바쁜 모양이구나"라고만 생각하고 있었는데 박집사님의 근심어린 전언에 화들짝 놀라 사태를 점검해본 결과 참 기가막힌 사연이 드러난 것이지요.

사연은 이러했습니다. 김OO집사님 동서분에게 당시 25살 된 외아들이 있었는데 고등학교 졸업 후 서울에서 직장생활을 하고 있었다는군요. 그 아들이 하숙하고 있던 집이 모 교회 장로님댁이었는데 그 집에는 외아들보다 한 살 적은 아들이 있어 둘은 거의 친구처럼 잘 어울렸다는데 그 운명의 날, 그 날은 외아들의 월급날이라 친구를 불러내어 거나하게 취하도록 술마신 것까지는 좋았는데 굳이 2차 가자고 조르는 데에서 문제가 발생했군요. 주인집 아들은 장로 아버지가 마음에 걸려 그만 집으로 돌아갔고 2차 간다고 따로 나간 이 아들은 그 후 소식이 끊어졌는데 시골의 부모가 이 아들의 소식을 접한 것은 사고난 지 15일 후 그것도 부모가 살던 이화마을을 관할하는 '우보파출소'를 통해서라는군요.

자초지종은 이러했습니다. 그날 주인집 아들과 헤어져 2차를 간 이 아들은 인사불성이 되어 길거리에서 잠들었던 것인데 밤길에 길거리에서 잠든 젊은이를 인지하지 못한 차량에 의해 죽음을 맞이한 것이지요.
피해자의 신분을 증명할 아무런 단서를 찾지못한 경찰이 지문조회를 통해 그 부모에게 아들의 죽음을 고지하기까지 15일이 걸렸다는군요.

그런데 김00집사님 동서분의 남편 곧 이 외아들의 아버지가 서울현장에 가보니 사건은 술취해 길거리에 제멋대로 잠들어 있었던 아들의 일방적인 과실로 종결되어 있었고 가해차량은 보험에도 가입되어 있지 않았다고 하더군요. 순박한 시골 노인이 이 사태를 해결하기 위해 그 바쁜 농번기에 농사를 팽개치고 서울을 오르내리기를 수없이 반복하며 소송을 했다는데 피해자측에 유리한 결과는 거의 없었다는군요.

너무 엄청난 사태앞에서 이제 갓 사역을 시작한 2년차 초임시골 전도사는 기도외 아무 것도 할 일이 없더군요. 참 고통스런 시간을 보내던 중 크게 용기를 내어 이화마을 김00집사님 동서분을 찾아 뵈었는데 햇볕 가득한 마당에서 콩을 손질하고 있던 그 동서 분은 저를 보고는 제 손을 잡고 그저 눈물만 흘리시는데 저도 아무 말도 못하고 함께 눈물만 흘리다가 돌아왔군요. 그런데 참 놀라운 일은 그 동서 분의 머리카락이 두어 달 사이에 거의 백발이 되어버렸더군요. 감당할 수없는 정신적 충격이 그 짧은 시간에 신체적 변화를 초래한 것인데 어찌나 눈물겨운지 아직도 그때 일이 생생하게 기억나는군요.

목회현장에서 이런 일들을 겪게 되면 목회자는 몇 번이고 자신이 목회자인 것에 대해 절망하게 되지요. "차라리 주님, 제 생명을 취하시는 것이 더 나을 뻔 했습니다"라고 탄식하면서.

철원평화교회 교통사고건이 어떻게 진행되고 있는가요? 한 순간 숨을 멈추게 하는 아득한 소식이어서 그냥 가슴앓이를 계속하고 있을 뿐 현장에 계실 그 분들께 아무런 도움이 되지 않는군요. 그저 해석되지 않는 비극의 심연속에 깊이 고통하고 계실 분들에게 주님의 한없는 "자비와 긍휼"을 청할 뿐입니다.

(이 글은 철원평화교회 봉고차량이 장례식에 참여했던 성도들을 태우고 교회로 돌아가다가 운전기사의 졸음운전으로 중앙선을 침범했고 다수의 사상자가 발생했다는 소식을 듣고 쓴 글입니다.)

자신을 긍휼히 여길 줄 아는 사람들에게

꽤 오래 전 이야기입니다. 주일이어서 아내와 아이들은 교회학교예배와 찬양대봉사를 위해 먼저 교회로 갔고 저도 주일낮 공동예배 집례를 위해 막 집을 나서려는데 전화벨이 울리더군요. 수화기를 들자마자 "야! 김종두, 이ㅇㅇ야. 너같은 놈이 어떻게 목사가 되었는지 모르겠다." 앙칼지고 증오로 가득 찬 목소리가 울려 나오더군요. 너무 황당하여 뭐라고 대응하기도 전에 그 전화는 그렇게 끊어지고 말았습니다.

무엇보다 정확히 제 이름을 거명하며 욕한 것을 감안할 때 그저 실수로 잘못 걸려온 전화가 아닌 것만은 분명해 보였고 그러기에 제 심기는 더욱 뒤틀릴 수밖에 없었군요. 한 순간 망연자실 별별 생각이 다 떠 올랐는데 무엇보다 지금 곧 예배집례자로 강단에 서야하는 자신의 처지가 그렇게 막막할 수 없더군요.

어쩔 수없이 잠깐 자신을 추스르며 묵상을 할 수밖에 없었는데 곰곰이 생각해보니 그 여자분의 일방적인 이야기가 그렇게 터무니없는 말도 아니더군요. 아니 어쩌면 정곡을 찌르고 있는 말이기도 했지요.

하여 "주님! 정말 생각해보면 저같은 놈이 어떻게 지금까지 이렇게 목사 노릇하고 있었는지 제가 생각해도 참 기가막힌 일입니다" 라고 기도할 수 밖에 없었는데 문득 내 영혼의 저 밑바닥에서부터 자신의 헐벗은 영혼을 스스로 불쌍해하는 속깊은 눈물이 솟아오르더군요. 그리고 "그러기에 더욱 주님의 긍휼을 청할 수 밖에 없습니다" 라는 간절한 간구가 이어지더군요.

다음날 월요일 오후 바깥 약속이 있어 늦게 집에 돌아왔는데 아내가 제게 "아까 어떤 여자가 전화를 했는데 한사코 당신을 바꿔달라기에 지금 외출 중이라고 했더니 나중에 다시 전화한다고 하던데 이상한 것은 자구 '용서해달라' 고 하는데 무슨 일인지 모르겠어요 "하더군요. 아니나 다를까 조금 있으니 정말 그 여자에게서 전화가 왔는데 이번에도 자신이 누군지에 대해서는 일체 말하지 않고 일방적으로 "목사님, 살려주세요. 살려주세요.

목사님이 용서해주지 않으면 전 죽어요"하면서 절규를 하더군요.

저는 이 여자분이 어제 내게 악담하고 일방적으로 전화를 끊었던 그 사람이라고 직감하고 "내가 어떻게 하면 당신을 살려줄 수 있느냐?"고 물었더니 "무조건 당신을 용서한다고 말해 주면 된다"고 반복하기에 그렇게 했더니 그제야 "감사하다"면서 전화를 끊더군요. 그때에야 비로소 저는 지난 주일 오전과 월요일 저녁사이에 갑작스럽게 제게 일어난 황당한 사태의 전후사정을 대충 추정할 수 있게 되었는데 사연은 이렇습니다.

그러니까 지난 금요일 오전 한 달에 한 번씩 교회에서 연합구역모임을 모이는 우리 교회의 관례대로 우리는 연합구역모임을 가졌습니다. 대체로 우리의 구역모임은 모인 분들이 함께 점심식사를 하는 것으로 공식적인 모임은 마무리되는 것이지만 모인 식구들끼리 서로 차를 마시며 한담하다가 자유롭게 헤어지는 것이 상례라 그날도 구역모임에 모인 교회식구들이 삼삼오오 모여 한담을 하고 있었고 저는 목양실에서 주일준비를 하고 있었습니다. 그런데 교회학교 유,초등부장을 맡고 있는 J집사님이 저를 찾아와서 "목사님 돈 3만원만 빌려 주세요"하더군요.내가 의아해하며 "왜 그러는데?"라고 되물었더니 아무 말없이 고개를 돌려 바깥을 바라보라는 시늉을 하더군요. 제가 목양실 밖으로 나갔더니 낯선 젊은 여인 하나가 거만한 (?) 자세로 식탁에 앉아 있었는데 J집사님에게 3만원을 빌려달라고 했다는군요. 자신이 교회 주변에 살고 또 이 교회 자주 나오는 신자라고 하면서.

가끔 있는 일이었고 웬만하면 그 여자 분이 원하는 것을 기꺼이 주고 말았겠지만 그날은 왠지 마음이 내키지 않더군요. 그 젊은 여자의 안하무인 격인 태도와 전혀 일면식이 없는 여자가 자신을 이 교회 신자인 것처럼 위장하는 것 등등이 마음에 걸려 저도 꽤 냉정하게 그냥 돌려보내고 말았던 것인데 그 여자 분에게는 양심의 원인이 되고만 것이지요.

　그 날 밤 저는 다시 주님 앞에 깊이 엎드리지 않을 수 없었군요. 터무니 없이 황당한 사태를 통해 이러한 사태를 초래한 저 자신의 못난 자화상과 그럼에도 여전히 깊이 상처받은 저를 설교자로 다시 회복시켜 주시던 그 분의 긍휼이 어찌 그렇게 절절하든지 오랫동안 그저 그렇게 눈물 흘리며 엎드려 있었군요.

목회일기 - 공판중에 있는 OOO집사님께

　7월의 장마와 폭염속에서도 돌아보니 내 주변의 모든 살아있는 것들은 '여전히 그 자리에 그렇게' 싱싱하게 살아 남았습니다. 교회앞 수돗가옆 작은 화단에 누가 씨를 뿌렸는지 봉숭아 두어 포기가 자라더니 제대로 자라지도 못한 채 앙증맞은 꽃송이를 먼저 맺는군요. 붉은 꽃송이들이 고마워 자주 쓰다듬어 주고 "너 참 이쁘다" 라고 칭찬해 주었지요. 봉숭아곁에 또 누가 심었는지 알 수 없는 호박넝쿨 하나가 돋아나더니 이번 장마와 폭염중에도 오히려 싱싱하게 뻗어나 지금은 꽤 많은 호박꽃을 피웠군요. 집 사람이 어제새벽에는 새벽기도 후에 호박잎 몇 장을 따 왔는데 어쩌면 내일쯤 호박잎 쌈을 먹게 될 지도 모르겠군요. 호박넝쿨이 뻗어나가는 방향으로 끝부분에는 장미가 몇 포기 자라고 있는데 지금 핑크빛 장미꽃이 흐드러지게 피었지만 이상하게 꽃잎들이 병든 것처럼 일찍 사그러지는군요. 땅의 영양상태가 매우 나쁘기 때문일 것입니다. 교회벽을 타오르는 담쟁이는 교회 앞면을 금방이라도 짙푸르게 덮어버릴 것 같은 태세고, 교회 앞 등나무는 한층 물이 올라 곁을 지나던 사람들의 발걸음을 한 번씩 멈춰 서게 합니다. 지난 달에 OOO집사와 OOO집사 또 OOO집사가 땡볕 아래 땀흘리면서 등나무 아래 커다란 평상을 만들어 놓았습니다. 주일 오후에 나가보면 꽤 많은 사람들이 거기 둘러앉아 담소하고 있더군요. 어쩌면 거기가 바로 작은 천국인 지도 모르겠습니다.

올해 8월은 폭염주의보와 함께 시작되는군요. 대구는 올해 7월 중 큰 비가 없었고 태풍조차 지나가지 않았으니 아무래도 올해 8월은 매우 무덥겠다는 걱정이 앞서는군요. 2년 전 주택가에 있던 3층 사택은 얼마나 더웠던지 그해 여름 폭염 때문에 밤에 도무지 잠을 이룰 수 없었던 기억이 새삼 떠오르는군요. 폭염은 낮보다 밤이 훨씬 견디기 어렵다는 것을 그때 뼈저리게 알게 되었지요. 그래서 주택사정이 좋지못한 대구의 서민들이 올해 8월 더위에 많이 힘들겠다는 걱정도 되고요. 하지만 바깥에 있는 사람들 걱정보다 집사님처럼 격리된 좁은 공간에 있는 분들 걱정이 훨씬 실제적인 것입니다. 거기는 어쩌면 제대로 거동하기조차 힘겨울 정도로 많은 사람들이 수용되어 있을 테니까요. 어차피 힘겨운 여름을 함께 견뎌내야겠지요.

소설가 황석영씨는 최근 그의 트위터에 "오늘은 날씨도 서늘하고 달이 밝군요. 바닷가에 있는 분들 오늘 같은 여름밤이 기억속에 오래 남겠지요. 그렇지만 여름의 불볕더위 속에 이미 가을이 다가와 있어요. 시간은 그런 것(……) 8월 7일이면 입추랍니다. 낮에는 별로 모르다가 입추 무렵 저녁이 되면 어느새 귀뚜라미가 울고 있어요. 다다음 주말이면 가을의 시작이랍니다" 라는 글을 올렸다지요. 시간이란 것, 아니 인생사 모든 것이 언제나 이중성을 지니기 마련이지요. 여름의 불볕 더위 아래서 입추의 귀뚜라미 소리를 함께 들을 수 있는 눈과 귀는 결국 '의미를 창출하는 인간' 의 자기의식인 것이지요.

　　교회는 7월 셋째 주간에 중고등부 수련회와 유초등부 하계캠프를 실시
했습니다. 00이는 친구 한 명을 전도해서 함께 성학수련회에 참석했는데
매우 의젓한 모습을 보여 주더군요. 알게 모르게 조금씩 자랐다는 즐거운
느낌을 주더군요. 하지만 00이는 지금 한창 사춘기의 정서불안을 겪고있
는 중이라지요. 00이는 성주 동일교회수련원에서 열린 여름캠프에 참석하
고 돌아왔고요. 제가 직접 그 곳에 가 보았는데 참 좋은 프로그램이었다는
생각이 들더군요. 여러모로 가족에 대한 걱정이 많으리라 여깁니다.

　　000집사님이 생각보다 훨씬 의연하게 자기자리를 잘 지켜주고 있다는
소식도 전해드려야겠군요. 000집사님이 곁에서 친구로서 아니 마치 언니
처럼 아주 많이 잘 돕는다는 이야기도 들리는군요. 다행이지요.

　　7월 27일에 보낸 글 중에서 '황량한 가슴속에도 받아들일 수 있는 또 다
른 문이 있다' 는 글귀는 얼마나 좋은지 오히려 내가 그 글을 읽으면서 은
혜를 받습니다. 격리된 시간과 공간이 힘겨운 것이 사실이지만 그 상황속
에 들어가서야 비로소 아니 보다 정확히 그 상황 때문에 비로소 열리는 세
계가 있음을 우리는 늦게나마 눈치채게 되는 것이지요. 세상에 대한 새로
운 이해만이 아니라 더 근원적으로는 '바로 자기자신에 대한 새로운 이
해' 가 열리는 문이라서 더욱 '그 문(門)' 이 귀한 것이겠지요. '세상적이고
경험적인 자아' 가 아니라 '신앙적이고 선험적인 자기' 를 볼 수 있는 문은
어쩌면 '은총의 문' 일 수도 있겠지요. 그래서 성경은 "하나님은 하나의 문
을 닫으실 때 반드시 또 하나의 문을 열어 두신다"라고 가르치는 지도 모
르고요. 모쪼록 고통이라는 감내하기 힘든 현실조차 가까운 친구로 여길
수 있다면 '자기성찰' 이라는 인생의 궁극적인 선물을 얻게 되리라는 기대
를 하게 되는군요. 집사님이 지금 읽고 계시는 책속의 인물들은 '감옥' 이
라는 장애물이 아니라 '고난' 이라는 장애물을 통해 '하나님께로 나아가

는 길'을 얻은 사람들이지요. 족장 야곱은 '꿈속의 사닥다리'를 경험하고 돌베개를 베고 자야만했던 고통의 자리를 오히려 "천국의 문"이라고 고백했지요.

4차 공판 전에 두 번째 탄원서를 담당재판부에 제출했습니다. 탄원서는 결국 '정상참작과 선처'를 바라는 최소한의 절차이자 장치겠지만 그래도 집사님을 향한 우리 수성 가족의 따뜻한 가족애가 듬뿍 담겨있다고 믿습니다. 속히 얼굴과 얼굴을 맞대고 만나볼 수 있기를 기대하고 희망합니다. 집사님이 다시 교회로 돌아오시면 제게도 큰 힘이 될 것입니다.

이번 주는 유난히 휴가를 떠나는 교회식구들이 많군요. 박00 목사님도 이번 주간 휴가를 받아 처가인 제주도에 가셨고 저도 다음 주간 휴가를 가질 생각입니다. 어쩌면 강릉을 한 번 다녀올 지도 모르겠습니다. 그곳에 제 신학교 1년 후배이지만 친구처럼 지낸 K목사가 있습니다. 목회를 그만둔 지 꽤 오래 된 녀석이지요. 강릉 '00순두부집'의 원조로 메스컴도 많이 타고 돈도 많이 벌었는데 지난 봄 어느 날 한 밤중에 술이 잔뜩 취해 내게 전화를 했더군요. "친구야 나 먼저 간다. 죽기 전에 네 생각이 나서 전화했다. 목소리라도 듣고 싶어서"라고 자살소동을 벌여 한바탕 잠을 설치게 한 고약한 놈이지요. 며칠 전 강릉에서 목회하고 있는 후배 목사 가족이 대구를 다녀갔는데 'K목사를 위해서라도' 꼭 한 번 강릉을 다녀 가시라는군요. 5차 공판이 8월 25일인 줄 아는데 그 전에 한 번 얼굴 뵈러 가게 될런지 모르겠군요. 내내 건강하십시오. 함께 있는 재소자 여러분들에게도 주 안에서 평화를 빕니다.

남의 호주머니를 들여다 보며 기도하지 말라

우리 교회에 c 권사님이 계십니다. 무척 가난하지만 다른 권사님들에 비해 어떻게든 기도를 많이 하려고 애를 씁니다. 한 주에 두세 번은 교회에서 기도하다가 주무시고 새벽기도를 마치고 돌아 가시곤 합니다. 남편p집사는 아내와 함께 우리 교회 초창기부터의 신자인데 '술' 때문에 제대로 된 신앙생활을 거의 하지 못합니다. 작년 사무총회에서 저는 교회의 건덕상 안되겠다 싶어 p집사를 집사직에서 면직시켰습니다. 권사님부부에게는 00이라는 아들 하나가 있는 데 올해 대학 재수를 하고 있지요.

00이가 아직 중학생이었을 때 있었던 일입니다. c권사님은 저를 볼 때마다 "우리 목사님 새 차 사 드려야 하는데" 하며 걱정하곤 했지요. 당시 저는 친구부부에게서 넘겨 받은 출고된 지 15년 가까이 된 현대 엑셀승용차를 타고 다녔는데 그때나 지금이나 '차에 대한 감동자체가 별로 없어' 차의 외관이 형편없었거든요. 당시 어떤 동료목사님은 "김목사가 장로들에게 존경받기 위해 쑈를 하고 있다"고 공공연히 농담(?)하곤 했었지요.

어느 날 c권사님이 제게오더니 "목사님! 우리 00이가 목사님 차를 볼 때마다 우리 목사님 차를 바꿔 드려야 되는 데~ 하면서 기도하고 울어예" 하면서 애달파 하더군요. 그 마음이 이쁘고 고마워서 "권사님! 제 차 아직 꽤 쓸만 합니다. 제가 잘 돌보지 않아서 외관이 좀 험해 보일 뿐이지요. 염려하지 마세요." 오히려 제가 위로해 드렸군요.

그런데 그런데 말입니다. 어느 날 그 가난한 c권사님댁에 갑자기 수천 여 만 원의 돈이 생겼다는군요. 들리는 말로는 손위 시누이가 나이 들어가는 동생 개인택시라도 하나 구해서 생계를 유지하라고 지원한 것이라지요. 문제는 거의 1년도 채 안 돼 그 돈을 다 써 버렸다는데 그동안 십일조는 고사하고 제대로 된 감사헌금 한 번 하지 못하더군요.(신자들은 대체로 금액이 큰 특별수익에 대한 십일조는 하지 않는 경향이 있지요.) 단 한 번 기대한 적도 없었지만 "목사님! 적지만 새 차 구입하는데 보태 쓰세요" 하면서 단 돈 10만원도 들고 오지 않았고요.ㅎㅎㅎ

그 일 후 지금까지 저는 그 권사님의 기도는 도무지 신뢰가 생기지 않더군요. 여전히 다시 한 주간에 두 세 번은 불편한 교회에서 주무시며 기도하고 있는데도. 제가 지금 자칫 오해받을 수도 있는 c권사님의 일화를 어쩔 수 없이 소개하는 것은 이것이 c권사님 개인의 문제라기보다 우리 모두의 숨겨진 문제라고 여겼기 때문입니다.

실제로 c권사님만이 아니라 우리 교회 대부분의 교우들이 그렇게 기도하고 또 그렇게 살고 있으면서 아무런 신앙적 가책을 가지지 않더라는 것이지요. 어쩔 수 없이 저는 기도와 관련하여 이렇게 가르치기 시작했군요. "남의 호주머니 들여다보면서 기도하지 마십시오."

대체로 우리가 무엇인가에 대해 기도한다는 것은 단지 기도자의 입장에서만 본다면 적어도 기도하는 우리 자신이 지금 기도하고 있는 그 기도내용과 관련해서 '어떤 희생이라도 마다하지 않겠다' 는 준비가 되어 있음을 의미합니다. 어쩌면 주님께서 내 기도(의 내용)와 관련해, 그 기도의 성취를 위해 '네 목숨을 달라' 하셔도 순종하겠다는 결심이 돼 있음을 의미할 것입니다. 적어도 기도자의 이러한 중심을 이해하게 될 때에야 우리의 기도언어는 보다 진중해지고 또 겸손해지겠지요.

하지만 제가 목회현장에서 경험한 바로는 교회내에 기도와 관련한 교정하기 어려운 이데올로기들이 있더라는 사실입니다.

우선 기도무용론자 혹은 기도상대론자들이 있더군요. 세상사 모든 것이 모두 제각각의 질서와 인과대로 '되어지는 것'인데 도대체 기도한다고 달라질 것이 무엇이겠는가?라고 내심 생각하는 유형의 사람들인데 이런 사람들의 기도는 대체로 형식적일 수 밖에 없겠군요.

또 하나의 기도유형은 기도만능론자 혹은 기도절대론자들인 데 기도와 관련해 이런 유형의 사람들이 주로 빠져드는 오류는 자기 몫의 책임을 자주 망각한다는 것이지요. 이런 유형의 사람들은 주로 "우리는 무력합니다. 우리는 아무것도 아닙니다. 우리는 아무 것도 못합니다. 오직 주님이 도우셔야 합니다. 주님만이 하실 수 있습니다"라고 기도하기를 좋아하지요.

우리가 절대자 하나님 앞에 개별자로 서게 될 때 이사야처럼 우리는 거의 무화(無化)될 수 밖에 없는 무(無)적 존재자이지만 문제는 이러한 기도자들일수록 대체로 교회 안에서 혹은 스스로 내면적으로는 기도의 은사자이거나 능력자로 행세한다는 것입니다.

('성령충만'이란 그리스도인이 '진리로 충만'하고 '예수의 영으로 충만'하여 거대한 성벽 같은 세상이 온갖 그들만의 악하고 엄청난 질서와 힘으로 위협해도 굴하지않고 두려움없이 그리스도의 제자로 살게되는 사태를 표현하는 신앙적 언어일 것입니다. 그럼에도 성령충만을 인간의 제반 문제 - 대개의 경우 자신들이 저질러 놓은 - 를 한꺼번에 해결하는 도깨비방망이같은 것(?)쯤으로 여기는 것도 비슷한 형태의 반성되지않은, 또 나이브한 교회의 이데올로기입니다.)

하여 아주 어떤 경우 기도에는 우리가 생각하는 것과 전혀 상관없이 많이 하면 할수록, 집중하면 할수록 오히려 기도자를 주님으로부터 자꾸 멀어지게 하는 역설의 지평도 생기는 것입니다. 자칫 기도는 때때로 기도하는 사람, 혹은 공동체의 그릇된 신념과 욕망을 터무니없이 강화시키고 고착시키는 역할을 하게 될 위험이 있기 때문입니다. 집단기도는 그래서 정말 무섭고 위험한 것으로 간주되어야 할 것입니다. 그러기에 저는 기도보다 우선해야하는 것이 기도자의 '양식(良識)'이라고 주장하는 것이고요. 혹 장로임직식에서 축사할 기회가 있을 때 "신앙보다 품성이 우선"이라고 강조하는 것도 동일한 이유일 것입니다.

어제 우리 월요테니스모임에 L목사님이 참석하지 않았더군요. 볼일이 있어 일찍 서울갔다네요. 그런데 오늘 확인해보니 L목사는 아현교회에서 열린 〈국가와 교단을 위한 2차 기도회〉에 00학번 대표로 기도하기 위해 어쩔 수 없이 그처럼 좋아하는(?) 테니스모임에도 참석할 수 없었다는군요. 얼핏 기도회에 대한 자발적 공감과 참여가 광범위하게 확산된 것처럼 보이지만 그 이면에는 '보이지 않는 손들'이 〈순수의 이름으로〉 이미 각 학번과 기수별로 공공연히 줄세우기를 시작한 명백한 증거로 읽을 수도 있는 형국입니다. 자칫 "신악(新惡)이 구악(舊惡)을 뺨친다"는 심각한 우려를 하게되는 시점이기도 하고요.

제 생각에 이미 사태가 이 지경까지 진전되었다면 이 시점에서 소위 '보이지않는 손들'은 실명으로 전면에 나서든지 아니면 진정으로 마음을 비우고 총동문회가 전면에 나서 이 기도회를 마무리하도록 궤도수정을 하는 것이 순리로 보이는군요.

부흥회(復興會)에 대한 추억(1)

맨 첫 사역지였던 군위 수하교회를 떠나 대구 봉산교회 전도사(부목사)로 옮겨올 때 제가 그곳에 있는 동안 단 한 번도 교회출석 하지 않던 당시 수서1동 이장 박(朴)씨는 제게 마을을 대표하여 감사패를 주더군요. "3년 동안 마을을 위해 헌신한 공로를 기억하겠다" 면서 후에 들은 이야기로는 저를 이렇게 표현했다지요. "그 양반 어디 가서 사기를 쳐도 크게 칠 사람이라" 고. ㅎㅎㅎ

'될 성싶은 나무는 떡잎부터 알아 본다' 아니 '못된 송아지 엉덩이에 뿔 난다' 고 했지요. 어쩌면 수서마을 이장님이 "그 양반 어디 가서 사기를 쳐 도 크게 칠 사람이라"고 저의 정체를 알아챈(?) 것처럼 저는 이미 고2때 사 고치고 학교에서 쫓겨날 뻔 했던 고약한 학생이었지요.

제가 고2 되던 봄에 우리 교회는 예년과 같이 부흥회를 열었지요. 당시 강사목사님은 (이름도 생각나지 않지만) 우리들에게 "야곱이 아버지 이삭에게 양 (羊) 한 마리를 별미로 바치고 특별축복을 받은 것처럼 여러분들도 양 한 마 리를 바치고 (자기에게) 특별축복기도를 받으라"고 시간마다 강조했었지요. 친절하게도(?) 집회에 참석한 모(某)집사님을 일으켜 세운 후"요즈음 양 한 마리 값이 얼마나 되겠느냐?"고 물었지만 그 집사님이 제대로 대답을 못하며 우물거리자 자신이 직접 "요즈음 양 한 마리가 대충 10만원 정도하 는데 한 사람 당 양 1마리를 바치는 것을 원칙으로 하고 혹여 어려운 사람 들은 두 사람이 양 한 마리를 바치는 것으로 하면 좋겠다"고 가르쳐 주었 고요.

지금 생각하면 그 강사목사님의 집회방식이 고약하기 이를데 없는 것이 었지만 당시 한창 '심령이 뜨거웠던' (?) 저는 '어떻게 하면 나도 양 한 마 리를 바칠 수 있을까' 를 곰곰이 생각하기 시작했지요. '궁하면 통한다' 고 마침 그 때 제게 '기가 막히는' 아이디어가 생각났는데 그 것은 '수학여행비' 였지요. 그 당시 대개의 고등학교에서는 고2학년을 대상으로 하는 수학여행을 봄철에 시행하곤 했는데 우리 학교도 그 무렵 설악산으로 수학여행을 가는 것으로 결정하고 여행비를 수납하고 있었거든요. 저는 수학여행비를 받아 '양 반 마리'를 별미로 드리고 특별축복기도를 받았지요. 나머지는 당연히 제 용돈으로 사용했고요. 강사목사님의 특별기도란 것이 금요일 저녁과 토요일 새벽 설교를 마친 다음 회중을 통성기도 시킨 후에 지나가면서 그저 머리를 손으로 툭 치며 쉰 목소리로 "불 받아라. 중얼 중얼..." 그게 전부였고요.

문제는 부흥회 다음이었지요. 제가 당시 우리 반 실장을 맡고 있었는데 저와 의기투합하여 '우리 이번에 수학여행 가지말자"했던 친구들이 하나 둘 수학여행 가는 쪽으로 배신(?)을 때리더니 종내는 저 혼자 남았더라는 사실이지요. (당시 제가 수학여행을 가지 않겠다고 결심한 이면에는 학기초라 꽤 많은 학부모들이 학교를 방문하곤 했는데 그 중 어떤 학부모들이 담임선생님께 봉투를 드렸고 선생님이 그 봉투들을 기꺼이 챙기시는 것을 제가 직접 보았기 때문에 선생님께 대한 존경심이 사라졌었거든요. 어린 마음에.) 더욱이 "실장이 수학여행을 가지 않는다는 것은 말이 안된다"는 집요한 회유와 협박이 따라오더군요. 결국 저도 수학여행을 가는 것으로 일단락되었는데 수학여행비를 어떻게 마련했느냐고요? 1사분기(3~5월분) 등록금을 일단 전용했지요. "어떻게 되겠지" 싶었고요.

수학여행은 잘 다녀왔지만 문제는 등록금 마련할 방법이 '어떻게 잘 안되더라는 것' 이지요. 전전긍긍하는 사이에 학교현관 옆 게시판에 1사분기 등록금미납학생명단이 게시되었고 다시 6월말까지 1사분기 등록금을 미납하면 6월말부로 퇴학조치한다는 게시물이 나붙었지요. 다들 걱정만 할 뿐 당시 우리 또래 아이들이 동원할 수 있는 방법은 아무 것도 없었지요.

마침내 6월 마지막 금요일 저녁에 저는 아버지 앞에 겸손하게(?) 꿇어 앉아서 자초지종을 말씀드릴 수밖에 없었지요. 그리고 이렇게 말씀을 매듭지었고요. "모든 것이 제 잘못입니다. 제가 책임지겠습니다." 그때 제 아버님 한숨을 한 번 쉬시고는 이렇게 말씀 하시더군요. "그래. 잘 됐다." 그리고는 방문을 닫으시더군요. 당시 제 아버님은 제가 기독교미션스쿨에 다니고 있는 것을 가문에 전례가 없는 일이라시며 영 못 마땅하게 여기고 계셨기에 이 한 마디로 저와의 모든 것을 정리하신 것이지요. 어머님은 이러한 아버님의 확고한 태도에 어쩔 수없이 순응하신 것이고요.

다음 날 토요일 저는 마음을 정리하고 학교에 가서 걱정하는 친구들에게 "학교를 그만 두게 되었다"고 통보했지요. 그리고 마치 아무 일도 없었던 것처럼 당번들과 함께 교실 청소를 하는 것으로 실장으로서의 마지막 봉사를 했지요. 그리고 이제 청소를 마치고 교무실에 내려가 담임선생님께 "죄송하다" 인사드리고 교문을 나서면 "모든 것이 끝나는구나" 생각하고 있는데 마침 급우 한 녀석이 급히 제게 달려오더니 "선생님이 부르신다"고 전해주더군요. 그런데 교무실에 내려 갔더니 담임선생님 저를 보시자말자 주섬주섬 주변을 정리하시더니 "가자" 하시더군요. 어리둥절해 있는 저를 보시더니 선생님은 아무 말씀 않고 앞서 나가시는데 그때에야 그것이 저와 함께 우리 집까지 가자는 뜻이란 것을 알아차렸군요.

당시 학교에서 우리 집까지 1시간 20분 정도 걸렸고 중간에 한 번 버스를 갈아타야했는데 그날이 마침 토요일이라 버스마다 만원(滿員)이고 날씨는 또 얼마나 더운지 어쩔 수 없이 우리는 만원버스를 타고 서서 가야했는데 당시 혈압이 높고 또 몸집이 무거웠던 선생님이 연신 땀을 닦으시면서 그렇게 서 계시던 모습이 얼마나 죄송하든지 등에서 식은 땀이 흐르더군요. 집에 도착할 때까지 제게 단 한 마디도 말씀하시지 않던 선생님은 아무도 없는 우리 집 마루에 털썩 걸터 앉으셨고 제가 이웃집 배(나무)과수원에서 열매고르기를 돕던 어머니를 급히 모셔왔더니 선생님 제 모친을 보자마자 단도직입적으로 "애가 아깝습니다" 하셨지요. 그 날 어머님은 언제까지 등록금을 내겠다고 약속하셨고 저는 학교를 계속 다닐 수 있었지만 지금도 그때 일을 생각하면 바로 어제일처럼 선하군요.

2000년 가을 제 친구 김형준목사가 미국에서 돌아와 마산 창신대학에서 교수겸 교목실장으로 있을 때 함께 모교를 찾았더니 선생님은 정년을 앞둔 연세였지만 여전히 수업에 열중하고 계시더군요. 수업 중에 우리를 보시고 잠깐 짬을 내어 나오신 선생님은 저를 보시자마자 이렇게 말씀하시더군요. "모친 잘 계시냐?"

부흥회(復興會)에 대한 추억(2)

방인근목사님을 강사로 모시고 2박3일간의 심령부흥성회를 열었습니다. 작은 교회지만 온 교우들이 열심히 참석하고 또 지방회내의 동료목사님들이 많이 참석해 주셔서 우려했던 것(?)과 달리 꽤 성황리에 성회를 마칠 수 있었습니다. 제가 '우려했다고 표현한 것' 은 적어도 우리 지방회의 사정으로만 볼 때 부흥회를 열어도 이제는 신자들이 모이지 않는다는 뜻이지요. 신자들이 아예 부흥회에 대한 기대조차 하지 않는다고 예단하는 목사님들도 제 주변에는 꽤 계시지요.

실제로 우리 교회만해도 작년과 올해가 또 다르더군요. 우선 교회의 중요한 봉사자들인 여전도회구성원들이 언젠가부터 생활현장으로 나서기 시작했기 때문이지요.

그럼에도 불구하고 제가 본 교회에서 사역한 만 15년 동안 부임초기와 97년 교회에 큰 화재가 발생해 교회복구에 전념했던 때를 제외하고 올해로 12번째 부흥회를 했으니 거의 해마다 빠짐없이 부흥회를 열었다 해도 과언이 아닐 것입니다. 어떤 후배목사님은 한때 제게 이렇게 말하기도 하더군요. "목사님같은 분이 어떻게 그처럼 해마다 부흥회를 하십니까?" 그러면 저는 이렇게 대답하곤 했지요. "내가 뭐 어때서." ㅎㅎㅎ

하긴 언젠가 정용섭목사님은 부흥회하는 목사인 저를 '명분론자' 이기 때문이라고 평가한 적이 있었지요. "(......) 김목사는 목회부분에서도 역시 명분있는 일을 위해 최선을 다한다. 예컨대 신자들의 교육적 목표를 위해서 내가 보기에는 아무 쓸데없는 일같은 구태의연한 부흥회를 연다. 자신의 목회성공을 위해서가 아니라 신자들에게 필요한 일이라는 명분에서 자신을 매우 피곤하게 만들 수밖에 없는 일들을 피하지 않는다..."

맞습니다. 저는 저자신의 목회성공(?)을 위해서가 아니라 '신자들에게 필요한 일' 이기 때문에 부흥회하는 목사입니다. 하지만 부흥회는 대개 담임목사인 저를 한없이 피곤하게 하는 일은 맞지만 결코 '구태의연하고 아무 쓸데없는 일' 이라고는 생각하지 않습니다.

왜냐하면 부흥회는 담임목사가 신자들에게 결코 줄 수없는 새로운 영적 지평과 경험을 집중적으로 제공할 수 있는 절호의 기회이기 때문입니다. 적어도 우리 교회에 초빙되는 강사목사님들은 2박3일간 그분들의 연륜과 경륜에 입각한 최선의 말씀들을 혼신을 다해 전해주고 가시는데 대개의 경우 그 말씀들은 그분들의 삶과 신앙의 결정적인 간증들이었다는 것입니

다. 저는 우리 한국교회 특히 성결교회는 부흥회의 전통을 가볍게 여겨서
는 안된다고 여기는 목사입니다. 바로 제자신이 그 부흥회로 인해 기독교
신앙에 입문했고 또 그 부흥회로 인해 신학을 선택하게 된 대표적인 목사
이기 때문입니다. 당연히 시대의 변천에 맞게 부흥회의 형식과 내용은 달
라져야 하겠지요.

이번 부흥회의 낙수(落穗)하나를 전해 드려야겠군요. 우리 교회에 올해 73
세인 백기화권사님이 계신데요. 원래 강원도 원주에서 감리교회를 섬기던
분인데 2년 전 은퇴하고 우리 교회부근에 아들 하나 데리고 사는 막내딸을
돕기위해 왔다가 돌아가지 않고 지금 우리 교회에서 신앙생활을 하고 있
는데요. 얼마나 순박한지 지금도 소녀 같은데 가끔씩 우리 교회 젊은(?) 권
사들에게 호통치는 것을 보면 역시 큰 교회에서 잘 훈련된 분이 다르구나
싶어 놀라기도 하지요.

부흥회 둘째 날 오전 집회를 마치고 나오는데 제게 봉투하나를 수줍게
건네면서 강사 식사대접하는데 보태라고 하시데요. "감사합니다" 하고 받
았지요. 20만원이 들어 있더군요. 이 권사님께는 큰 돈이었지요. 그런데
이 권사님이 몇 달 전부터 미각(味覺)을 잃어버려 제가 새벽기도시간에 두어
번 안수기도해 드렸음에도 별 차도가 없더니 이번 부흥회 때 '은혜받고'
깨끗이 치유되었다는군요. 이 권사님 제게 간증하는 것을 그대로 옮기면
"말씀 듣는 중에 너무 좋아 갑자기 막 춤을 추고 싶더라"는군요. 그런데
"나이든 것이 주책떤다싶어 차마 일어나 춤을 추지는 못했지만 찬송할 때
저절로 춤추듯이 그렇게 기쁘게 찬송했다" 하더군요.

제가 무엇이기에 주님께서 '이런 방식으로' 성도들을 만나주시고 구원

하시는 것을 막을 수 있겠습니까? 아마 저는 이 교회에서 사역하는 동안
앞으로도 매 년 부흥회하는 목사로 남지 싶습니다. 우리 교회만을 위해서
가 아니라 어느새 개교회 부흥회가 사라져버린 우리 대구지방회를 위해서
라도.

제 3 부

■

단상들(에피소드)
그리고 인생과 신앙을 위한
이정표세우기

대강절의 빛

하나님과 역사앞에서
한 점 부끄러움 없기를
치열하게 배우고 사랑하며
더
자유롭기를

하지만
세월의 부피만큼 체중만 늘고
상처와 울음은 또 어찌 그리 깊은지
돌아보면 여전히 빈 손
누군 핏속에서 푸르른 혈죽(血竹)을 피웠다는데

대강절의 빛이
당신의 뜰에는 대설(大雪)주의보로
헐벗은 내 영혼에는 혹한(酷寒)으로 내리는
시인(詩人)의 시간

잠들기 전(前)
겨울바다의 포효하는 소리를 듣고
꿈속에서
겨울보리(冬麥)의 푸른 잎을 볼 수 있는 사람은

그래도
행복할 것입니다.
나는 눈물겹더라도
너만은 눈부시도록 하겠다던
그래서
우리 인생의 유일한 가난이란
가슴속에 사랑이 없는 것 뿐이라던
어느 시인(詩人)의 잠언(箴言)처럼

이 세상 가장 사랑스런 사람으로
성탄과 새해를 맞으소서.
내 힘겨운 날에 함께 해주신 당신
평생 잊을 수 없는 은총이었습니다.
　2009년 대강절에 晩雨 拜上

단상 (斷想) 1 - 12월의 서정

시(詩)는 언어인가
느낌인가
아니면 영혼의 흘러넘침인가

저문 12월
억새밭을 씻어내리는
시린 바람속에

하나님이 빙긋 웃고 계신다.

단상 (斷想) 2- 기뻐하고 기뻐하더라

"박사들이 별을 보고 크게 기뻐하고 기뻐하더라" (마2:8)

냉수 한 그릇은 누구에게나 동일한 것이지만
그것의 의미는 사람과 상황에 따라 달라지는 것입니다.
예컨대 청량음료와 질 좋은 쥬스로 목이 젖어있는 아이들과
한낮의 고된 노동으로 땀 흘리는 농부나 노동자들에게
냉수 한잔의 의미는 하늘과 땅의 차이인 것이지요.

'기쁨을 진정 기쁨으로 느끼려면
역으로 진정한 슬픔을 알고 있어야 한다 '는 통속적인 유비는
부분적으로 참을 드러내고 있다고 여깁니다.
그 슬픔의 무게에 삶이 통째로 짓눌려 본 경험이 없는 사람은
진정한 신앙의 기쁨을 누리기 어려운 것이지요.

개인의 슬픔을 넘어 인간일반의 슬픔
-그것을 우리는 '비극' 이라고 부릅니다마는-
그 비극의 심연을 깊이 들여다 보지 않고서는
동방박사들의 기쁨을 우리는 결코 이해할 수 없을 뿐 아니라
"(그들이) 크게 기뻐하고 기뻐하더라" 는 귀절은
여전히 우리에게 닫혀진 신비로 남게 되겠지요.

하여

이러한 '기쁨의 원형'에 대한 래포우(Rapport)가 형성되도록

'슬픔의 원형' 그 뿌리에로 내 영혼이 하강할 수 있었으면 좋겠다는

소원이

일말의 두려움이나 망설임없이 발원되는 성탄입니다.

단상 (斷想) 3 - 사은회의 추억

50년대 말

서울대학교 철학과 사은회장(謝恩會場).

좌장 박종홍선생을 중심으로

내노라하는 당대의 서울대 철학과교수들과

신진 학자들이 좌정한 가운데

졸업을 앞둔 학생들이 4년간 가르쳐준 선생님들께

감사의 인사를 하는 자리에서

자신의 순서가 되어 발언을 시작한 한 학생은

당시 철학계의 중요한 저술로 인정받던 박종홍선생의 『실존철학』을

단도직입적으로 공격했대지요.

"이것도 책이라고 지으셨느냐?"고.

그리고 이 학생은 다음과 같이 덧붙였대지요.

"청송골짜기 지극히 가난한 집의 장손으로 태어나

일찍이 온갖 중한 병과 죽음들을 겪고

철학에 답이 있을까싶어 목숨걸고 서울대 철학과에 들어와

머슴살이에 준하는 혹독한 과외선생노릇을 하며
공부할 시간조차 제대로 얻지 못했지만
그 천금같은 시간을 쪼개어 학교도서관에 들어가
당시 서울대교수들이 쓴 저술들 모두를 점검해보았어도
제대로 철학같은 철학서적을 단 한권도 찾아볼 수 없었다.
이러고도 당신들이 철학교수라고 거들먹거리고 있으니
부끄럽지도 않으냐?"

화기애애하던 사은회장은 한순간 정적이 흘렀고
젊은 최재희선생이 총대를 맸대지요.
"우리가 예수냐? 나를 따르라 하게!'
마침내 박종홍선생이 한마디 했대지요.
"자네가 선생 해봐라. 그게 그렇게 쉬운가?'

박종홍선생은 이 당돌한 학생이 대학원에 진학했을 때
그의 지도교수가 되어 주었다는데
지금도 그 학생은 당시의 상황을 술회할 때면
"그당시 서울대 철학교수들 중에 철학이 무엇인지에 대해
제대로된 고민의 흔적이라도 가진 선생은 단 한 사람도 없었다"고 단언
하시곤 했지요.

아, 참
그 당돌한 학생이 누구냐고요?
저의 또 한분 은사이신 신오현선생님입니다.

단상 (斷想) 4- 은사의 팔순 논문 봉정식

이상훈선생님의 팔순 논문봉정식에

이사람 만우가 참석했더니 꽤 많은 분들이 깜짝 놀라시더군요.

저야 싱긋 웃으며 "이상훈목사님은 제게도 선생님 아니시냐?"고

말씀 드릴 수 밖에 없었지요.

그날 한밤중에 윤철원목사님에게서 전화가 왔더군요.

"오늘 목사님이 와 주셔서 너무 감사하고 좋았다"고요.

사실은 윤목사님이야말로 이 행사의 중심에 있었더랬는데

저 같은 사람에게조차 이렇게 아는 체라도 해주니

참 고맙고 심사가 깊은 후배이지요.

이상훈교수님은 제자들 모두에게 제각각의 명암을 남겨주셨겠지만

제게도 빛과 그림자가 분명한 분이셨지요.

아마 84년 봄이었던 것으로 기억되는군요.

당시 복학하여 학부4학년이었던 저는 당시 학생대표 몇 명과 함께

이상훈학장님을 방문하여 학교정책과 관련하여 이의를 제기했었지요.

"신학대학이 자체의 정책적 비전에서가 아니라

문교부의 대학증원확대정책에 편승하여 학생수를 계속 늘리는 것이 능사가 아니지 않느냐?

멀지않아 교단의 문제만이 아니라 사회적 문제가 될 것이다.

뭐 그런 문제제기였던 것같은 데, 이상훈 학장님 일언지하에 우리의 생각을 거절하시더군요.

"학생수 1,500명이 안되면 학교 운영이 안된다."

그 일 이후 저는 개인적으로 서울신대에 대한 애정을 접었더랬지요.

'서울신대의 정신은 이미 죽었구나.'

지금 생각하니 사실 서울신대 정신이란 것이 있기나 했는지 의심이 드는군요. 인문학이란 것 특히 신학이나 철학은 정신이 죽으면 모든 것이 죽은 것인데.

오랜 시간이 지나

지난 번 우리 교회에 선생님을 부흥사경회 강사로 모셨고

그때 선생님이 재정적으로 어려움을 겪고 계신 것같아

제자로서 많이 아주 많이 마음이 아팠고

교세가 약해 선생님께 재정적인 도움을 드리지 못한 것이

지금껏 마음의 짐이 되어 있었는데

이제는 내 마음에서 선생님을 홀홀 풀어드릴 시각이 된 듯 싶군요.

단상 (斷想) 5 - 노스승의 전화

어제 아침

노(老)스승의 전화를 받았습니다.

전날 밤늦게까지 잠을 제대로 이루지 못하고

뒤척거린 후라

새벽기도를 마치고

다시 잠자리에 들어 혼몽한 중이었는데

뜻밖에 스승이 전화를 걸어 오셨더군요.

지지직거리는 소리, 또 감도조차 좋지못한 통화여서
그저 "예, 선생님", "예, 선생님"이라고만 응답했는데
스승은 여전히 그 특유의 조용하지만 분명한 음성으로
이렇게 마무리하시더군요.
"내가 앞으로 기도할 때마다 목사님의 이름을 거명하며 기도하겠습니
다."

지금껏 살아오면서 꼭 두 분
혈육이 아니면서도
저를 위해 수 십년간 기도해주시는 권사님들이 계신데
제 오랜 친구들인 동안교회 김형준목사의 모친과
인천 한사랑 병원 부원장 송기정선생의 모친이 바로 그분들이라
평생 사랑의 빚을 지고 살아왔는데
이제 아주 뜻밖에 이 나이에 기도해주실 노스승의 빚까지 짊어지게 되
었으니
"감사합니다. 선생님!" 하고 통화를 끝내고서도
얼마나 송구한지 한 동안 천장만 바라보고 있었군요.

단상 (斷想) 6 - 세상줄 끊기

아주 가끔씩
세상살이가 참 재미없다고 느낄 때
나는 찬송가 485장 4절을 흥얼거리곤 합니다.

"큰 풍파 일어나는 것 세상줄 끊음일세
주께서 오라 하시면 내 본향 찾아가리~."

　세상줄과 큰 풍파의 인과관계는 역으로 세상줄 끊기가 그만큼 어렵다는
뜻이겠지요.
　'세상'이란 것이 지독하게 질기고 질긴 집착이고 현실이라서
　보통 우리는 그 줄 놓으면 죽는 줄 알지요.

　하지만 알고보면 그 질긴 세상도 한낱 허상(illusion)일 뿐이라서
　인생의 큰 풍파가 일어나면 그때에야 우리가 잡고 있던 그 줄이 얼마나
허망한 것인가를 한 순간에 깨닫게 되는 것이지요.

　하이데거식으로 표현하면
　그러기에 '큰 풍파'는 세상이라는 존재자를
　한 순간에 내 시야에서 뒤로 물러나게 하는 그래서 나를 졸지에
　무(無)에 직면하게 하는 불안이고 또 은총의 너울인 게지요.

　사도바울이
　"그리스도의 십자가로 말미암아
　세상이 나를 대하여 십자가에 못박히고
　내가 또한 세상을 대하여 그러하다"(갈6:14)라고 고백한 것이나
　무문혜개(無門慧開)가 무자(無字)화두를 말하는 것이
　알고보면 너무 당연하고 자명한 분석적 진리라는 말이기도 하지요.

　그리스도의 십자가 안에서

세상(존재자 전체)과 나 자신을 십자가에 못박는 사건이나
백척간두 진일보 즉 무앞에 혹은 무를 향해 자기 삶을 내 던지는 결단은
쉽게 말해 "자신이 죽는" 근본사건 없이
'하나님나라도 인간구원'도 '견성(見性)도 성불(成佛)'도 없다는
너무도 필연적인 사태기술이겠지요.

문제는 이처럼 확실하고 단순한 사태를
우리는 매일 설교하고 가르치면서도
자기자신의 삶의 고백으로 재현하기까지는 평생이 걸린다는 딜렘마지요.

단상(斷想) 7 - 들소리신문을 읽고

우연히 펼쳐든 "들소리신문" '기자수첩'(11월 30일/3면)에
교회건축으로인한 부채 2억원을 갚을 길 없어
자기신장을 2억원에 팔겠다고 자청한 한 목회자의 사연이 실려있네요.
기사를 작성한 젊은 여성기자는
이 기막힌 사연을 기도의 응답이라는 시각으로 가볍게 마무리했군요.

재미있는 것은
예배시간에 "내 신장을 2억원에 팔겠습니다"라고 공포한 그 목회자는
정작 전화벨이 울릴 때마다 가슴을 졸였다네요.
혹시 자신의 신장을 사겠다는 전화일지 모른다는 생각에, 두려워서.

97년 3월 대구경북대병원

저는 지병처럼 내영혼을 짓누르는 죄의식과 사명감의 상실로 고민하다가
그 혹독한 어둠을 뚫고나가는 해결책으로 신장기증을 결행했더랬지요.
"사랑"이라는 명분을 내세우고.

　수술전 젊은 정신과 의사 한사람이 심리테스트를 위한 설문지를 들고
저를 찾아 왔는데, 제가 목회자인 것을 알고는 별다른 질문없이 병실을 나
가다가 당시 내가 읽고있던 하이데거의 "형이상학입문"을 보더니 상당한
관심을 보이더군요.

　자신의 신체(일부)를 기증하는 것이나
　자신의 신체(일부)를 훼손하는 것이나
　정신과적 안목으로보면 결국 모두 "미쳤다"는 뜻인데
　그 당시는 몹시 불편하더니 지금와서 생각하니
　그때 내가 과연 미치긴 미친 모양이라고 수긍이 되는군요.
　신장이식수술은 후유증도 크고 실패율도 높지요.
　저도 지금 상당한 후유증을 겪고 있고요.

　수술 전 후 꼭 두 사람의 지인이 방문하고 갔는데, 제 친구 김형준목사(동
안장로교회)와 정용섭목사님이셨지요. 김목사는 당시 미국에서 돌아와 마산
창신대학 교목실장겸 교수로 재직중이었는데, 저를 보고 가다가 제 아내
에게 "저놈 믿고는 애들 교육도 못시킬 것"이라고 악담(?)하고는 "애들 교
육비만으로 쓰라" 면서 1천만원을 쥐어주고 갔대지요.
　정목사님은 저를 보고 가신 후 '현풍제일교회 주보'에
　'김목사의 콩팥기증' 이라는 글을 남기셨는데 글중에서
　저를 '명분론자' 로, 정목사님자신은 '자유주의자' 로 규정하셨지요. 지

금 와서 돌이켜 보면 혜안(慧眼)이었다고 평가할 수밖에 없겠군요. 이 글은 나중에 "세계구원 교회구원"이라는 정목사님의 칼럼집에 실렸더군요.

아래글은 그중 일부분을 발췌한 것입니다.

〈…… 서로 나눌 수있는 부분들이 많다고 해서 항상 그렇지는 않다. 다른 점들도 적지않다. 언젠가 내가 김목사에게 직접 한 말이지만 그는 명분론자다. 무슨 일이든지 명분이 서지 않으면 하지않고 명분이 서면 앞뒤 가리지 않고 달려든다. 이번 콩팥기증도 역시 그의 이런 사고방식에서 크게 벗어나지 않는 행위이다. 자신이 육체적으로 당해야 할 불이익이 아무리 커도 그래야 할 명분을 발견했기 때문에 그는 자신의 콩팥을 떼어 알지도 못하는 이에게 줄 수 있었다. 이에 반해 나는 비겁한 자유주의자다. 그럴듯한 명분보다는 자신의 자유를 더 소중하게 생각하는 사람이다. 명분과 자유를 같은 틀(패러다임)로 단순 비교할 수는 없지만 굳이 하자면 명분론은 탈아(脫我)가 강한 반면 자유론은 자기(自己)가 강하다. 따라서 그는 어떤 순간에 엄청난 파격을 서슴지 않지만 나는 그렇게까지 나서지 않는다. 이런 생각의 차이가 목회에서도 그대로 적용된다. 김목사는 목회부분에서도 역시 명분 있는 일을 위해 최선을 다한다. 예컨대 신자들의 교육적 목표를 위해서 내가 보기에는 아무 쓸데없는 일같은 구태의연한 부흥회를 연다. 자신의 목회성공을 위해서가 아니라 신자들에게 필요한 일이라는 명분에서 자신을 매우 피곤하게 만들 수밖에 없는 일들을 피하지 않는다. 그에 비해 나는 내 자유의 영역이 허물어지는 일들은 아무리 명분이 있어도 실행하지 않는다.

명분론자인 김목사에게서 삶의 무게를 느끼게하는 부분은 구체적인 인간론, 혹은 현실적인 인간론에 있는 것같다. 그에게 인간은 추상적 존재가 아니라 이 땅 위에서 몸뚱이를 가지고 살아가는 특히 고통과 시련, 그리고 자기모순과 한계를 갖고 살아가는 존재다. 그래서 그는 자신의 투명한 의식에 상당한 거리가 있는 사람들과도 격의없이 지낸다. 격의가 없다기보다는 그들과 하나가 되어 살아간다. 그렇게 우스꽝스러운 인간이 바로 구체적인 인간이라고 믿기 때문이다. 이것이 바로 내가 도저히 그를 따라갈 수없는 탁월한 목회자적 능력이다.

수술이 끝난 이틀 후 지난 3월 20일 병원을 찾았다........"수술실에 들어갈 때 무얼 생각했소?" 그의 입에서 다음의 성구가 흘러 나왔다. "여호와는 나의 목자시니........" 그리고 이렇게 덧붙인다. "목사님, 인간 육체의 구원을 제외한 구원이 있을 수 없다는 사실을 깊이 깨달았습니다. 이곳에 있는 동안 신유(神癒)의 의미를 몸으로 절실히 느꼈으면 합니다."

그렇다. 그는 삶과 목회를 사유가 아니라 몸으로 맞서 투쟁하는 좋은 목사다. (성결광장/2008-11-28)

단상 (斷想) 8 – 알고보니 은혜가 참 많네

지난 화요일, 우리 지방회는 교역자 세미나 및 기도회로 모였습니다.
교역자회장이 동기목사인 데다 설교학을 전공하여 벌써 10여 권의 설교집을 출간한 터라 "〈기상〉11월호를 한 번 읽어 보라"고 했더니
오히려 저더러 그 글에 대해 강의하라고 강권하데요.
읽는 것보다 듣는 것이 훨씬 쉽겠다고 생각한 모양이지요.

그 책이 일찍 매진되었다기에 어쩔 수없이 복사를 해서 나눠주고 "관심 있는 사람은 직접 읽어 보라"고 한 뒤에 책내용과는 상관없이 "제가 이래 봬도 고등학교시절에 기도 많이한 사람이라"고 웃으며 간증했더니 세미

나 후 원로이신 K목사님이 제 어깨를 툭 치고 나가시면서
"김목사님, 알고보니 은혜가 참 많네"하시더군요.

K목사님 현역으로 계실 때, 지방회내 소위 교권주의적(?) 목사님 몇몇분들과 함께 "김목사는 운동권 목사고, 새벽기도도 안 하고 ..."
터무니없는 색깔론(?)으로 참으로 저를 힘들게 하셨던 분들중 한 분이셨는 데, 23년만에 "은혜 많은 목사"라는 격려를 받았군요.
설교비평덕분에 또 세월 때문에.

사실 새벽기도 안하는 목사는 정목사님이셨는데 , ㅎㅎㅎ
저는 단지 정목사님과 가깝다는 단 한 가지 이유로 덤터기를 쓴 것이지요. 저는 지금도 "은혜 많은 목사"인 것을 자랑삼아 사는걸요.

단상 (斷想) 9 – 라면 한 그릇

몇 년 전 이야기입니다. 이름만대면 알만한 당대의 인문학자 한 분이 그리스도인이 아니면서도 제게 "목사님, 시간 좀 내주시죠"라고 청하기에 주일 오후예배를 마치고 오후 3시 30분쯤 선생님댁을 방문했습니다. 그리고 오후 7시까지 아파트 거실 안락의자에 선생님과 나란히 앉아 저는 선생님의 이야기를 그저 편안히 들어 드렸습니다. 선생님은 최근 수십여 년을 함께했던 아내와 비밀리에 이혼을 하셨는데, 그동안 아무에게도 말하지 못했던 사연을 제게 풀어놓으셨던 게지요.
사연은 이렇습니다. 그날도 선생님은 오후 늦게 댁으로 찾아온 여제자 한 사람을 데리고 아파트 부근의 등산로를 따라 산책겸 상담을 마치고 제

자를 떠나보낸 후 귀가했는데 그만 그때까지 저녁식사를 못하신게지요. 당뇨가 심한 선생님은 당연히 제자와 함께 저녁식사를 하고 들어올 것으로 생각하고 이미 침상에 든 아내를 깨워 "라면 한그릇" 끓여달라고 부탁했는데 그만 거절당하셨다는군요.

그렇습니다. 그날 밤 '라면 한그릇' 이 원인이 되어 부부는 수십 년 부부생활동안 쌓여왔던 서로에 대한 불만들을 쏟아놓기 시작했고 마침내 화를 참지못한 선생님은 아내의 뺨을 한 대 때리셨다네요. 그리고 모든 것이 끝나고 말았다는군요. 선생님과 다른 대학에서 보직을 맡고 있던 교수 아내는 학문에 목숨을 걸고 평생을 살아온 남편을 언젠가부터 누구누구처럼 '학장' 같은 보직도 하나 못맡는 무능한 사람이라고 불평하기 시작하더니 분가해 나갈 때는 자신이 장만한거라면서 낡은 밥상조차 챙겨나가더라는군요.

라면 한 그릇에서 미국유학시절을 거쳐 밥상이야기까지 거의 3시간 반 동안, 선생님은 담담히 이야기하시고 저는 조용히 듣기만 했는데 어느 덧 거실에는 어둠이 깔렸습니다. 선생님이 문득 "목사님, 제게 무슨 하실 말씀이 있습니까?"라고 물으시기에 저는 "선생님 자알 ~ 하셨습니다"라고 뜬금없이 한 마디하고는 선생님을 식당으로 모셨지요.

그 후 선생님은 재혼을 하고 대학에서 은퇴했지만 지금도 왕성하게 연구활동을 계속하고 계십니다. 제가 재혼주례를 맡았더랬지요.

단상 (斷想) 10 - 목사노릇 제대로 하기

지난 12월 마지막 월요일 저녁, 매월 한 번 우리 교회세미나실에서 모였던 '형이상학모임'을 끝내고 우리는 언제나처럼 장소를 근처 식당으로 옮겨 늦은 저녁식탁을 함께 했습니다.

대개의 경우 우리의 저녁식탁은 그 자체 모임의 뒷풀이 성격으로 앞시간에 행해졌던 신오현선생님의 형이상학 강의에 대한 토론이 이어지곤 했지요.

이날은 마침 송년모임을 겸한 자리라 이죽내선생님이 굳이 "오늘은 내가 쏘겠다"고 자청하셨고, 방학을 맞아 서울에서 합류한 강남대학 임홍규 선생은 아예 문배주 한 병을 들고 내려와 우리의 식탁은 저절로 흥겨워 졌는데 식탁의 화제는 점점 최근의 남북관계와 종교계문제로 발전되었지요.

종교의 문제는 본질적으로 '표상(表象)'으로 간주되어 '사유'를 문제삼는 우리 모임에서 이미 자연스럽게 배제된 터라서 우리가 식탁에 올린 종교문제는 결국 '종교인들의 행태'에 대한 비판일 수 밖에 없었는데요. 목회자인 제게 최근 현실종교인들과 관련된 질문들이 집중되는 것은 어쩌면 당연한 일이겠지요.

문제는 이 땅의 지성인들이 바라보는 한국의 종교인(지도자)들에 대한 이미지가 대단히 그것도 위험스러울 정도로 부정적으로 변해간다는 사실이지요.

이윽고 종교에 대한 식탁담론은 형이상학의 깨달음으로 귀결되고, 모임의 좌장인 신선생님이 이렇게 말씀하셨지요.

"중*들이 부모형제조차 버리고 머리깎고 들어갔으면 수행이라도 잘해야지. 중*들이 정치꾼이 되어가지고 세상을 어지럽게 한다"고.

이어서 "중*들이 수행이라도 잘하면 그것만으로도 세상에 크게 기여하는 것인데..." 라고 탄식하시더군요.

2011년 이 한해 "목사가 목사노릇만이라도 제대로 하면 그것만으로도 세상에 크게 기여하는 것"이라는 소박한 소원으로 출발하고 싶습니다. 하지만 '목사노릇 제대로 하는 것'이 얼마나 난제인지 알만한 사람은 이미 다 알고 있습니다.

단상 (斷想) 11 - 고슴도치사랑

L 선생은 독일에서 현상학으로 학위를 받은 재원인데다 전형적인 동양 미인이라서 그녀를 흠모하는 사람들이 꽤 많았지요. 귀국 후 불가쪽에서, 천주교쪽에서 함께 일하자는 제안이 많이 있었다지요. 독일에서 공부할 때 부전공이 '신학'이라서 함께 형이상학 공부를 하면서 가끔씩 제게 "목사님은 어떻게 부활이 믿어지느냐? 너무 신기하다"고 질문하곤 했지요. 그러면 저는 웃으면서 "L 선생은 어떻게 부활이 믿어지지 않느냐? 너무 신기하다"라고 대답하곤 했지요. 어느 날 L 선생이 심각한 목소리로 "목사님, 시간을 좀 내 주실 수 있겠느냐"고 요청하더군요. 당시 L 선생에게는 누군가 사랑하는 사람이 있었는데 문제는 그녀의 사랑이 '고슴도치사랑'이라 만나면 서로 깊이 상처를 주고 받지만 만나지 않으면 또 그것 때문에 서로 더 많이 고통하는 터라 저더러 "어떻게 했으면 좋겠나"고 묻더군

요. 얼굴이 거의 반쪽이 되어버린 L 선생을 보면서 '나이가 아무리 들어도 공부를 아무리 많이 해도 사랑의 문제 앞에서는 어느 누구도 어린 아이에 불과하구나' 라고 생각했지요.

어떻게 됐냐구요? L 선생을 그렇게 고통하게 만든 그 나쁜 남자(?)를 찾아가서 L 선생의 속마음을 진솔하게 대신 전해주었지요. 결혼식은 우리 교회에서 L 선생의 아주 가까운 친구들만을 초청해서 올렸고요. 제가 당연히 결혼주례를 맡았지요. 이일이 인연이 되어 우리 교회에서 몇 년 함께 신앙생활을 했는데 일터를 옮기면서 요즈음 교회출석을 쉬고 있다네요.

몇 년후 L 선생은 美學에 관한 중요한 책을 번역했는데 머리말에서 "내 남편에게 감사한다" 라고 적었더군요.

단상 (斷想) 12 - 앞산 산행을 다녀와서

지난 주 목요일 앞산산행을 다녀왔습니다. 보통 3시간이면 되는 코스인데 그날은 날씨 탓하며 4시간 반동안 산속에 있었습니다. 대구에 있으면서 오랫동안 앞산 산행을 반복하다 보니 앞산의 구조와 지형에 꽤 익숙해졌고 또 남이 잘 모르는 앞산의 은밀한 속살도 알게 되었습니다.

그러다보니 전망좋은 곳곳에 저 혼자만의 제 1, 2, 3기도바위도 만들어 둘 만큼 되었지요. 오늘은 제 2기도바위에서 한 자락 큰 소나기를 맞을 뻔 했군요. 대구시의 거의 절반을 조감할 수 있는 기도바위에 홀로 앉아 산자락을 흔들어 내리는 세찬 빗줄기와 강한 바람길을 지켜보는 감동은 경험하지 않은 사람과는 결코 소통할 수 없는 저 혼자만의 경이(驚異)입니다. 말

그대로 Thaumazein의 세계이자 존재경험인 것이지요.

　몇 년 전 여름 앞산산행 중에 평생 잊혀지지 않을 경이로운 경험을 했습니다. 그때 저는 저의 기도처 중 가장 정상에 가까운 앞산 제 1기도바위에 엎드려 있었는데 전혀 예견치 못했던 거대한 비바람을 만났던 것이지요. 갑자기 그 두께를 헤아리기 어려울 정도의 새까만 구름이 온 산과 도시를 뒤덮더니 곧이어 세찬 바람과 비가 몰려오더군요. 무엇보다 격렬한 천둥 벼락이 동반되었는데 온 산과 도시에 끊임없이 세차게 내려 꽂히는 낙뢰의 섬광과 소리는 살아있는 모든 것들을 한순간 무화(無化)시킬 만큼 엄청난 것이었지요. 내가 엎드린 바위 근처 곳곳에도 낙뢰가 떨어졌지만 그럼에도 나는 아무런 두려움이나 동요없이 그저 그렇게 두어 시간 바위위에 단지 엎드려 있기만 했었군요. 그리고 그때 나는 참으로 오래 전에 읽었던 토마스 만의 『선택된 인간』의 주인공 그레고리우스를 떠 올리고 있었습니다.

　그레고리우스는 그의 비극적 운명 앞에서 그가 이룬 모든 것을 버리고 참회자의 자리로 내려가 배회하던 중 마침내 어느 인적 드문 호수 가운데 겨우 자기 몸 하나 누일 수 있을 벌거숭이 암벽 바위 위에 자신을 유폐시키지요. 쌍둥이 오누이의 근친상간으로 태어난 자신이 또 자신을 낳은 어미와 결혼하여 딸아이를 낳고 살았다는 출생과 결혼의 비밀을 알게 된 때문이지요. 그를 그 바위로 데려간 심술궂은 어부는 그레고리우스를 그 바위에 족쇄채운 후 족쇄의 열쇠 조차 호수에 던져버리지요. 그리고 17년이 지난 시점에 그는 굶주림과 폭풍우와 추위라는 고통속에서도 털과 이끼로 뒤덮인 상태로 바위와 완벽하게 동화된 하나의 '생물'로 살아남았고 계시를 따라 그 바위까지 찾아간 사자들에게 자신을 "하나님이 선택한 가장 천한 최악의 죄인"(지성출판사, 곽복록 역, 1981년판 참고)이라고 고백하지요. 하지만 하나님은 17년간 자신의 처절한 비극적 운명을 참회속에 던진 그래서 자신을 "하나님이 선택한 가장 천한 최악의 죄인"이라고 부르는 그레고리우스를 교황으로 선택하셨고 그는 중세역사 중 가장 현명하고 관대한 교황이 되었다는 전설이 바로 토마스 만의 『선택된 인간』의 뼈대이지요.

토마스 만의 『선택된 인간』은 서구적 비극의 원형인 '외디푸스 콤플렉스'와 '종교적 결정론'이 그 바탕이 되어있지만 그러한 인간 비극을 넘어서는 '진정한 참회와 은총'을 인간구원의 또 하나의 길로 제시하고 있다는 점에서 탁월한 작품으로 평가할 수 있겠습니다. 인간구원이란 주제는 단지 신학이나 종교학의 과제만이 아니라 인간의 전 삶을 관통하는 근원적 주제이기 때문이지요. 구원을 소유라고 생각하는 그래서 '구원은 예수를 그리스도로 믿을 때 이미 받았으니 순종하여 복을 받으라'는 종교장사꾼들의 홍보카피로는 결단코 도달할 수 없는 세계이기도 합니다.

단상 (斷想) 13 – 짧은 휴가와 한 번의 외출 그리고 사람이 사람답게 사는 법에 대하여

8월 2째 주간에 사흘간의 휴가여행을 다녀왔습니다. 아래 목회이야기(일기)에서 언급한대로 강릉을 다녀와야 할 필요성이 있었기 때문입니다. 가는 길에 혹 폐가 되지않는 범위에서 인제나 춘천에서 수요일 저녁예배를 하고 싶어 그곳(에서 목회하는) 친분 있는 선배목사님 두어 분께 연락을 드렸더니 뜻밖에 선배님들이 저의 휴가일정을 조정해 주시고 또 분에 넘치는 환대를 해 주셨습니다. 특히 춘천의 나누미님과 강릉의 오영근목사님은 잘 우려진 차맛처럼 진정과 정성을 다해 저와 동행해 주셨고 나이 들어갈수록 낯가림이 심해지는 저를 편안하게 해주셨습니다.

언젠가 파란치님이 대구를 다녀간 후에 "형이 사람 귀하게 보아 주는 바람에 돈보다 더 가치롭게 잘 대접 받은 충족감도 깊습니다"라고 메일을 남겨 주셨는데 저야말로 여러분들로부터 '사람 귀하게 보고 가치있게 대접 받은' 감사를 표해야 할 듯 합니다.

서울신대에서 춘천으로 향하는 길에서 〈광장〉의 주인장이신 '솔님'을 최초로 대면했던 일과 강릉 푸른들교회에서 수요예배에 참석한 후 오목사님의 배려로 정동진에서 목회하고 있는 서훈일 목사님을 참으로 오랜만에 만나고 서목사님을 통해 정동진의 향취나는 식탁에서 함께 아침식사를 할 수 있었던 일은 참 특별하고 즐거운 기억으로 남았습니다. 그 외 거명하지 않았어도 이번 짧은 여름휴가동안 내 마음에 담긴 아름다운 사람들을 평생 잊지 않을 것입니다.

지난 주 금요일에는 hifamily 대표 송길원목사에게 '낚여' (?) 기독교침례회총회장인 남호목사님(신탄진교회)과 함께 점심식탁을 나누고 돌아왔습니다. 남목사님이 우리를 식사에 초대하는 형식이었는데 동안교회 김형준목사와 20년을 서부아프리카 '시에라리온'에서 선교사로 사역하다가 안식년을 맞아 현재 고신교단 대전선교센타에서 생활하고 있는 이순복목사가 함께 했습니다. 송길원목사의 말에 의하면 이목사는 '시에라리온'의 성자(聖者)이고 그곳에서는 대단히 중요한 인물로 존경받고 있다네요.

아 참! 송길원목사, 김형준목사, 이순복선교사는 모두 저의 부산 브니엘고등학교 동기목사이고 남호목사님은 우리 고등학교 11년 선배이지요. 한국교회사에 가장 많은 목사를 배출한 단일학교는 브니엘고, 거창고 또 대광고로 알려져 있지요. 침례교는 마침 9월 총회를 앞두고 총회와 관련한 현안을 해결하기위해 교단총무와 임원들이 모였는데 우리는 모두 V.I.P. 대접을 받았습니다.

제가 지금 저의 개인적인 동정(動靜)과 관련한 글을 쓰고 있는 이유는 제 자신이 이만큼 대단한 인물이라는 이야기가 아니라 위에 언급한 바 '폐를 끼칠까봐' 라는 표현이나 또 송길원목사에게 '낚였다' 라고 표현한 것 '내 마음의 벽' 이야기를 하고 싶은 것이지요. 그렇습니다. 저는 그분들에게 '폐를 끼칠까봐' 혹 그곳을 지나가는 일이 있어도 특별한 일이 아니면거의 단 한 번도 그분들에게 연락조차 안 하던 사람이고 송목사 같은 친구는 '개인적 야심이 너무 커 보인다는' 생각만으로 아예 거리를 두고 살았었지요. 보다 엄격히 말씀드리면 '누군가에게 폐를 끼친다' 거나 누군가가 '개인적 야심이 너무 지나쳐 보인다거나' 하는 문제보다 '저 자신만의 고유한 세계를 누군가에게 방해받는 것이 싫었다' 는 고백이 훨씬 진실에 가까운 것인지 모릅니다.

그런데 이번 휴가와 외출을 통해 저자신이 지켜내고자 했던 진정성 못지않게 자신의 진정성을 지키면서도 얼마든지 타인과의 아름다운 관계를 맺으며 사는 분들을 만나면서 "그동안 내가 너무 자신의 벽속에 갇혀 있었구나"라는 때늦은 깨달음을 얻게 된 것이지요. 이제는 좀 자주 좋은 사람들과 연락도 하고 또 얼굴도 보며 살아야겠습니다.

공정(公正)에 대한 단상(斷想)

언젠가부터 '공정' 과 '정의' 라는 개념이 우리 시대의 화두(話頭) 혹은 시대정신으로 대두된 듯 합니다. 최근 마이클 샌들의 『Justice』가 우리나라에서 번역되어 베스트셀러가 되었고 그 책의 저자 샌들이 우리나라를 방문해 정의에 관한 강의를 했을 때, 참석자들의 열렬한 호응을 받았다는 보도를 접했습니다. 또 대통령께서 임기후반의 국정운영의 기조를 '공정성'으로 천명했더군요.

대중들 혹은 세인(世人)들이야 어쩌면 '공정'이나 '정의' 자체보다 그 책의 저자가 하바드대학 교수라는 오로라를 주목하고 있을지도 모르겠군요. 분과(分科)와 노선은 조금 다르지만, 샌들의 하바드 선배 교수였던 존 롤즈의『공정으로서의 정의』는 이미 80년대에 번역되어 이 땅에 소개되었고 당시 로버트 노직과의 비교연구들이 꽤 활발하게 진행된 바 있었지요

하지만 롤즈나 샌들이 기반하고 있는 공리주의나 실용주의는 그 자체로 이미 우리 사회를 해독하는 중요한 패러다임이지만 그 근원적 인간이해라는 시각에서 보면 결국 미국식 합리성 ratio의 종착지인 김재권류의 physicalism으로 귀결되고 마는데 physicalism의 가장 근본적인 문제는 인간이해에 있어 인간의 자유와 초월에 대한 출구가 없다는 것이지요.

그러기에 플라톤이나 스피노자가 이미 인식의 단계를 구분하면서 ratio가 아닌 intellectus를 최고의 인식으로 확인하고 있는 것은 철학사적으로 대단히 의미있는 이정표이지요.

스피노자는 intellectus를 3종지(3種知) 곧 '영원의 상 아래에서' 보는 인식으로 불렀는데 우리식으로 표현하면 '신(神)과 함께 신의 지성으로 보는' 인식이란 뜻이겠지요. 하지만 동양적 사유에서 '공정(公正)' 개념은 그들의

생각보다 훨씬 더 근원적인 지평을 지시하고 있습니다.

먼저 공정(公正)개념에서 '공(公)'을 파자(破字)하면 '여덟 팔(八)'+'사(厶)'인데 이때 '사(厶)'는 '입 구(口)'의 변형이고 '사사로울(私)' 혹은 '자기 self 사'의 고어이지요.

'팔(八)'자는 원래 두 사물이 서로 등지거나 맞대고 있는 형태의 상형어인데, 여기에서 '배반할 배(背)'와 '떠날 리(離)'의 의미가 생성되었고, 마침내 '깰 파(破)'라는 동연적 개념으로 전이된 것이지요.

그 원래적 의미에 충실하게 '공(公)'을 풀이하면 '공(公)'은 당연히 '사(私)'를 깨는 것이지요. 동양적 사유에 '공(公)'은 '공(公)'을 적극적으로 규정하는 방식이 아니라 오히려 '사(私)'를 깨는 방식으로서의 소극적 개념입니다.

이에 비해 '정(正)'은 어쩌면 훨씬 더 능동적이며 철학적인 개념으로 규정할 수 있을 것입니다. '정(正)'자를 파자(破字)하면 '한 일(一)'+'그칠 지(止)' 혹은 머물 지(止) 이지요.
동양적 사유에서 '한 일(一)'은 '큰 대(大), 하늘 천(天), 임금 왕(王)'의 뜻을 함의하거나 그것과 동연적 개념이라서 '정(正)'의 원래적 의미는 당연히 '하늘, 혹은 왕(王)의 안목'에서 머물고 멈추며 거(居)하는 것이지요.

철학적 안목에서 '정(正)'은 '대우주(macro cosmos)'와' 소우주(micro cosmos)가 둘이 아니라 하나(一)'라는 다시 말해 '나의 마음과 우주가 둘이 아니라 하나'라는 눈열림(깨달음)에 내가 멈추며 머물고 居하는 것(止)이 되겠지요.

하이데거나 스피노자나 비트겐쉬타인이 말하는 '윤리학' 혹은 에토스 ethos가 바로 이러한 정(正)의 원래적 의미에 정확히 상응하는 지시어이 지요.

사족하여 '정언(正言)' 이란 말그대로 이런 철학적 눈열림에 거하는(正) 자연, 자유, 자재의 언어 곧 Physis의 말씀(Logos)이지요. 이시대 그리스도인 의 '공정' 은 어떤 형식과 내용을 담아야 하는 것입니까?

미학(美學)에 관한 단상 하나

고등학교 친구중에 클래식에 심취한 녀석들이 있었더랬지요. 한 녀석은 음악하는 누나 때문에, 또 한 녀석은 본인이 바이올린 연주자였기 때문인 데 좋은 환경속에 잘 자란 아이들이었지요. 바이올린을 하던 친구는 지금 꽤 유명한 외과의사가 되었는데 대학시절에는 의대 실내악단 단장으로서 정기연주회도 가지곤 했지요. 고3가을 덩달아 그 음악의 세계에 입문해 보 려고 애쓰다가 수학전공이신 담임선생님께 호되게 야단맞은 적이 있었군 요. 그것이 클래식에 대한 저의 첫 추억이군요.

2년째 대학을 휴학하고 있던 어느 초겨울 부산에는 희귀한 눈이 꽤 탐스 럽게 오던 날 남포동 클래식 음악다방 '백조' (?)에 머리카락에 묻은 눈을 털며 들어섰을 때 익숙한 파가니니의 바이올린 협주곡 제6번 E minor가 퍼져 나오는데 얼마나 아름다운지 저절로 눈물이 확 쏟아지더군요. 한 순 간 음악적 몰아의 세계속에 깊이 빠졌던 기억이 있었군요. 자작나무님 같 이 클래식에 대한 전문적 소양이나 오랜 동행에서 비롯된 음악적 엑스타 시가 아닌 그저 한 순간의 pathos의 일치였겠지요. 하지만 그 한순간의 경험이 '미(美)의 실체' 라는 이데아를 인식하게된 중요한 계기가 되었지요. 미학(美學)을 단지 학문으로서가 아니라 나(인간)의 구체적이고 생생한 삶으로서 이해하게 된 단초이기도 하고요.

그때의 경험은 너무 생생해서 그후 이문열이 「그해 겨울」이라는 자전적 단편소설에서 (이 소설은 나중에 『젊은 날의 초상』이란 단행본으로 출간되었지요) 30년만의 폭설이 내렸다는 태백준령, 창수령을 넘어갈 때, 그 기막힌 설경속에서 그가 보았다던 아름다움의 실체 "너무 아름다워서 오히려 그 아름다움에 대해 절망했다"던 기록을 읽었을 때 "모든 예술은 결국 동일한 세계를 지향하는구나"를 확인하게 되었지요.

사는 것이 너무 바빠 오래 잊고 있었던 클래식의 세계를 저도 최근 다시 귀동냥이라도 하려고 지난 주에는 Karl Bohm의 모차르트 the symphonies CD 11장을 구입했군요. 지금 Symphony no.40 in G minor, K.550을 들으며 이 글을 쓰고 있고요. 자작나무님이 〈도토리예배당 종치기아저씨〉 방에서 슈베르트와 바흐를 비롯한 클래식의 세계를 계속 올려주신 탓이겠지요. 그런데 자작나무님이 말씀하는 〈귀에서 눈물이 나오는 음감의 세계〉는 도대체 어떤 경지입니까? 자작나무님에게 클래식의 세계는 거의 지고한 영적 초월의 세계로까지 승화되어 가는 듯 싶군요.

미학(美學)은 본래 신(神)의 영역이지요. 이문열이 "너무 아름다워서 오히려 그 아름다움에 대해 절망했다"는 진술은 결국 미(美)의 실체는 신(神)의 창조의 영역임을 인정한 것이고 예술가는 아름다움자체를 창조하는 것이 아니라 그것이 불가능한 줄 알면서도 도전하고 피흘리는 정신이기에 아름답다는 것이겠지요.

(이 글은 자작나무 박광옥목사님이 그의 〈도토리예배당 종치기아저씨〉 방에 올린 음

악이야기에 댓글로 올렸던 것입니다.)

길들여짐의 의미에 대하여

생 텍쥐베리의 『어린 왕자』에는 "나를 길들여 달라"고 청(請)하는 여우에게 오히려 '길들여짐'의 의미를 묻는 어린 왕자의 이야기가 나옵니다. 어린 왕자의 거듭된 질문에 여우는 길들여짐(tamed)의 의미를 2개의 형태로 설명하지요. 하나는 소위 세인(das Mann)들의 경우 그들에게 '길들여짐'은 이데올로기로서 세상에 의해 '만들어진(학습된) 상태'를 뜻하지요. 여우는 어린 왕자에게 "우린 우리가 길들인 것밖에 이해할 수 없어. 사람들은 더 이상 어떤 것을 이해할 시간을 가지고 있지 않아. 상점에서 이미 만들어진 물건만 산단 말이야. 그러니 어딜가도 우정을 살 수 있는 가게는 없어. 사람들에겐 이제 친구도 사라질거야"라고 말하지요. 또 하나의 경우 '진정한 길들여짐'은 '인연을 맺는 것'(to create ties')이지요.(박지현 역, 인용) 이때 'ties'의 의미는 '관심'(Sorge)이고 '배려'이며 또 '유일한 존재나눔'(only sharing a being itself)이고 사랑이겠지요.

이죽내(李竹內) 선생님은 4년 전 경대의대 신경정신과 교수직에서 은퇴하고 지금은 제자가 운영하는 시내 D병원에서 상담고문을 맡아 직접 진료도 하십니다. 그분은 한국신경정신의학계의 원로이시고 자타가 공인하는 융(C.G.Jung) 전문가이시며 원효 연구에도 일가를 이루셨지요. 대구 경북 지역의 '명의(名醫)' 중 한분이시고요. 무엇보다 그분의 그분다움은 원효처럼 평생 '무애(無涯)'의 삶을 자타공인으로 살아오셨다는 점이지요. 그분은 가끔 웃으며 이렇게 말씀하시곤 하지요. "정신과 의사는 다 미친놈들이지요.” 이 선생님께는 술과 관련된 신화적 에피소드들이 많은데 최근에는 아예 수도승처럼 술을 멀리 하신다지요. 건강을 위해서 함께 형이상학 소위 마음공부를 할 때 가끔씩 제게 “목사님은 술도 못 마시고 무슨 재미로 사십니까?”라고 농담하곤 하셨지요. 처음에는 저도 ‘그저 농담이겠거니’ 하고 웃고 말았는데 점점 그 농담이 단순한 농담이 아니라 나를 깨우치는 또 한 분 스승의 목소리로 들리더군요. 설령 그분 스스로가 의도한 것이 아니었다해도 그 농담 속에는 오랫동안 짓눌려 있으면서도 결코 벗어날 수도 없고 스스로 화해할 수도 없었던 피 흘리는 내 영혼의 자화상을 치유하는 화두(話頭)가 있더라는 뜻입니다.

 술이 그저 술이 아니라 “자기해방의 통로”이고 ‘술 마시는 행위 자체가 진정한 자신과 대면하는 ‘의식’ 일 수밖에 없는 사람들, 그들의 눈에 비친 목사는 아마 ‘답답함 그 자체’ 였겠지요. 어떤 의미에서는 ‘확실하게 미친 놈’ 이란 뜻이기도 하고요. 그렇습니다. 목회자들이 숙명처럼 짊어지고 사는 소위 “ ‘목사의 인격’ 이란 것이 얼마나 터무니없는 허위의식입니까? 굳이 ‘인격(person)’ 혹은 ‘인격성(personality)’ 이라는 개념의 어원이 ‘가면(persona)’ 이라는 사실과 ‘도덕(moral)’ 이라는 개념의 어원이 ‘습관(mos-moris/cust om, habits)’ 이라는 사실을 지적하는 것만으로도 우리가 반성 없이 짊어지고 있는 인격과 도덕의 허구성을 드러내기에는 충분하리라고 여깁니다. 내 속에서 비롯된 나 자신의 고유한 것이 아니라 세상(공동체 혹은 세대)이 나에게 덧입혀 준 것이고 그러기에 단지 ‘학습된 것’ 곧 이데올로기에 불과하다는 것입니다. 그러므로 진정한 목회자의 인격은 그 지긋지긋한 이데올로기를 벗어버리고 생생한 자기 자신의 삶을 회복하고자하는 근본적 갈증에서부터 출발하는 것입니다.
 당연히 ‘하나님 나라’ 는 ‘인간(땅)의 나라’ 가 내게 덧입혀준 모든 문법과 가치체계를 배설물처럼 버리는, 영적 각성(혁명)에서부터 시작되는 것이겠지요. 다시 말씀드리면 목회자(그리스도인)의 진정한 영성은 '모든 길들여진 것들 그리하여 그 속에 자신을 안주하게 하는 모든 것들' 에 대한 근본적 반성에서부터 시작된다는 뜻입니다.

그러기에 고(故) 방성규 목사는 '사막에로의 여정(旅程)' 을 제안하면서 그 여정을 모든 '길들여진 것들과의 결별의 삶' 이자 '하나님에게로의 비상(飛翔)' 이며 '삶의 전환(virtuous transformation)' 이라고 부른 것이지요.(방성규, '모래와 함께 살던 사람들의 이야기', 71~75쪽 참조) 이러한 삶의 전환이 일어난 후에야 비로소 목회자는 자기 자신과 진정으로 화해할 수 있을 뿐 아니라 모든 타자(他者)에 대한 진정한 배려와 (존재)나눔을 실행할 수 있게 되는 것이지요. 그때에야 비로소 목회자의 모든 '희노애락' 은 단지 '극복되어야 할 무엇' 으로서의 스캔들(scandal)이 아니라 자기 삶의 자연스러운 본성(pathos)으로 받아들여지는 것이고 주님께서 가르치신 '어린 아이의 영성' 은 곧 '길들여지지 않은 영성' 이고 '자연을 닮은 영성' 인 것을 경험하게 되겠지요.

2010년 한 해의 출발선에서 우리 모두가 '모든 길들여져 있는 것들 그래서 너무나 익숙하여 그것 없이는 도저히 못 살 것 같은 것을' 도 내려놓고 한번쯤 한 번도 가본적 없는 사막에의 여정을 시작해보는 것은 어떻겠습니까? "중요한 것은 내가 얼마나 먼 거리를 여행했느냐는 것이 아니라 내가 순례의 도상에 있다는 것이고 또 모든 순례는 언제나 변함이 없는 중심을 향해 문을 박차고 나아가는 것"(방성규, 같은 책, 14쪽)이기 때문입니다.

('성결신문' , 2010년 1월 30일자)

청지기정신(Stewardship)

오래전 그러니까 정확히 88년 여름 제가 봉산교회에서 부목사로 섬기고 있을 때 교회학교 유,초등부여름 캠프에 지형은 목사님(성락교회)을 강사로 모셨는데 첫 강의시간에 〈나(크리스챤)는 관계를 맺고사는 존재〉라는 전제 아래 나와 하나님과의 관계는 '예배관계' worship이고 이웃과의 관계는, 대인(對人/사회)관계와 대물(大物/자연)관계로 구분할 수 있는데 대인관계는 '동반자관계' partnership이고 대물관계는 '청지기관계' stewardship라고 정리해 주더군요. 그때 지목사님의 조직적이며 체계적인 강의 능력을 지켜보면서 그의 장래를 크게 기대했는데 지금 교단의 중심인물 중 한 분으로 우뚝 세워졌군요. 저는 그의 강의내용에 '나의 나자신에 대한 관계' 곧 '자기동일성문제' self-identity라는 항목을 더하여 강의하곤 했지요.

청(聽)지기란 말은 흔히 희랍어로 oikonomos,-oi로 표기합니다. 말그대로 집oikos과 규범(법)nomos의 합성어이지요. 이때 '집' 이란 개념은 단지 '건물로서의 집' built houses만이 아니라 '모종의 거처' any dwelling place라는 뜻이지요. 현재 우리가 사용하고 있는 일상어속에 '청지기' 란 말은 거의 사어(死語)가 된 듯 하고요. 다만 성서언어로 남아있는 정도군요.(벧전4:10, 눅16:1, 롬16:23) 하지만 oikonomos의 개념이 영어권에서는 중요한 생활언어로 살아있지요. Economy라는 말은 정확히 eco+nomy의 합성어인데 이때 eco는 oiko(s)의 변형으로서 당연히 '집' 이라는 뜻이고요. 희랍어 oikonomos가 고스란히 economy라는 개념으로 재현되어 있는 것을 확인할 수 있지요.

이런 유형은 생태학을 Ecology로 표기하는 데서도 그 흔적이 남아있지요. 생태학은 말그대로 '생태' 로서의 자연, 환경인 우주를 하나이면서 전체인 '집' 으로 읽어내는 학문이지요. 최근 상호 대립적 관계에 있는 것으로 여기던 경제학과 생태학을 보완적 관계로 보려는 발상의 전환이 이루어지고 있는데 그것이 바로 '이콜로이코노미ecoloeconomy' 라는 신개념이거든요. 영어권 언어속에 '청지기' 개념이 정확히 살아있고 이 말이 특히 경제와 관련된 소중한 전통으로 살아있다는 것(예컨대 economic, economical 등)은 그 말속에 오늘 우리가 새겨도 좋을 문화적 전통이나 버려서는 안 될 정신이 담겨있다고 여겨 좋을 것입니다. 원래 청지기 oikonomos,-oi 라는 개념속에는 '청지기' 라는 뜻만이 아니라 법적으로 유효한 '계약' contraction,' transaction 의 뜻이 포함되어 있거든요.

'청지기' 의 원래적 의미, 그 아름다운 정신은 아무래도 개념 분석을 넘어 그 의미의 적용에서 더욱 분명해 질 듯 하군요. 청지기는 말그대로 〈한 집(가족)의 규범〉이 되는 사람입니다. 이때 '집' 을 〈교회〉라고 설정 해본다면 청지기는 그리스도의 몸된 교회의 규범이 되는 사람이겠지요. 그러기에 사도바울은 자신을 '그리스도의 일꾼이요 하나님의 비밀을 맡은자' 로 변증하고 있는데 이때 '맡은자' 는 곧 '청지기' oikonomous이지요.(고전4:1-2) 디도에게 보낸 편지에서는 '하나님의 청지기' 로서의 감독(딛1:7)의 자격을 명시하고 있군요. 일찍이 휴정이 '야설' 이라는 시(詩)에서 "踏雪野中去 不須胡亂行 今日我行跡 遂作後人程 눈덮힌 들판을 걸을 때/ 함부로 어지럽게 걷지말라/ 오늘 내가 남기는 이 발자국은/ 후인들이 따를 이정표이니"라고 노래했듯이 청지기는 한 집안의 선구적 봉사자(눅12:42; 벧전4:10)이겠지요.

성철은 세속나이 56세 해인총림의 방장이었을 때 선방수행승들에게 자주 "사람못된 것이 중되고 중못된 것이 선원수좌되고 수좌못된 것이 도인이 되는기라"고 호통쳤대지요. 제 후배 L목사도 언젠가 쓴 글에서 하나님께서 자신을 목사되게 하신 까닭이 알고보니 "목사노릇이라도 해야 주일이라도 제대로 지킬 놈같아서"라고 고백했더군요. 그러고 보니 작년 이맘 때 매주 한 번씩 모이는 지역내 교역자 테니스모임에서 잠깐 쉬는 동안에 동기 Y목사와 저는 평소처럼 한 주간의 소회를 나누게 되었더랬지요. 먼저 제가 "언제부턴지 목사로서의 사명감을 놔 버린 것같다" 했더니 Y목사는 정색을 하며 "지금 내 고민도 바로 그것이라" 면서 "최근 이 문제를 아내에게 이야기했더니 아내가 깜짝 놀라면서 그 날부터 매일 아침 4시간씩 기도하기 시작했다" 하더군요. 눈에 넣어도 아프지 않을 늦둥이 외아들 학교보내는 일까지 남편에게 맡겨두고. oikonomos로서의 목사이건 세상에서 가장 못났고 못된 놈으로서의 목사이건 주인이신 그분께서 나를 이 자리에 세우셨다는 의식만큼은 평생 내려놓지 말아야 할 듯 하군요. 하긴 누구는 "핏속에서 푸르런 혈죽(血竹)을 피웠다는데". ('성결신문', 2010년 7월 12일자)

care의 의미와 유래에 대한 단상

오래전 에피소드입니다. 고령에서 교회를 개척하여 섬기고 있을 때 작은 교회였지만 지역의 타교파 젊은 목사님들, 강도사님들, 전도사님들이 자주 제 곁에 모여들곤 했지요. 꼭 그 때문은 아니겠지만 그 당시 '고령지역 교역자연합회' 가 활성화되고 교역자들간의 친목활동도 눈에 띄게 활발해졌지요. 그날도 교역자연합회가 주관하여 부부동반으로 가까운 거창 가조온천을 다녀오기로 했는데 예정된 시간보다 먼저 온천욕을 마친 젊은 강도사님들과 전도사님들이 따로 모여 노래를 부르며 놀고 있기에 제가 그중 안면 있던 강도사님께 "이쁜 사모님 누가 훔쳐가면 어쩌려고 안 챙기고 혼자 놀고 있느냐?"고 농담했더니 이 친구 눈 한번 깜짝거리지 않고 왈 "제 주제에 무슨 그런 복을... "곁에 있던 우리 모두가 누군가의 표현대로 '뒤집어' 졌더랬지요.

아내가 가끔씩 매우 심하게 앓곤 해서 지역내 제일교회 신일웅원로목사님의 자제분들인 신건민장로님(신경내과), 신건안수집사님(정형외과) 형제병원 신세를 많이 지곤하는데 한 번은 신건민장로님에게 "나 이러다 혹시 홀아비되는 것 아닙니까?" 농담했더니 신장로님 씩 웃으면서 "목사님, 그런 복은 아무나 받는 복이 아닙니다" 해서 또 한바탕 웃었군요.

지난 겨울 한창 독감이 기승을 부릴 때 또 병원을 찾았는데 신장로님이 마스크도 없이 환자진료를 하고 있더군요. 하여 제가 "장로님, 왜 마스크를 착용하지 않으셨느냐?"고 했더니 신장로님 "환자들과 마음이 통하지 않아서요"라고 대답하데요. 그말 듣고 제가 엄청 감동먹었지요.

이죽내선생님은 정년퇴임기념강연 "의료의 본질에 대한 성찰"에서 의료의 인간소외문제를 심각하게 제시하고 그 극복의 길로 〈전일성(全一性)의료〉를 주창하셨지요. 이때 '전일성의료' 란 생물, 정신, 사회, 실존적모델(bio-psycho-socio-existential model)로서 의료행위의 근거를 실존적 인간이해의 바탕 위에서 생물, 정신, 사회문화적 제 요인을 고려하는 모형이지요. 기존의 생, 의학적 질병관(bio-medical model)이 신체중심적이고 생물중심적 질병관이라면 생물, 정신, 사회적 모형(biopsychosocial model)은 그것을 넘어 정신사회적 질병관 심지어 영적 질병관까지로 확장된 것이지요. 하지만 이죽내선생님은 기존의 '생물, 정신, 사회적 모형' 조차도 결국 자연과학적 사고의 틀속에서 벗어나지 못했고 인간에 대한 철학적 통찰이 없는 것으로 규정하고 의료에 있어 인간소외를 극복하기위해서는 필연적으로 〈인간의 의미〉를 회복해야 하는데 인간의 의미는 소유의 문제가 아니라 존재의 문제이기 때문에 바깥을 향한 지식의 축적이 아니라 자신의 내면을 향한 지혜를 밝힘으로써만 가능하다고 천명하고 있는 것이지요.

하여 그분은 의료행위에 있어 자연과학적 방법이 아니라 철두철미 현상학적 방법을 주창하는데 이때 현상학적 방법의 요체는 주객일여의 인간(환자) 돌봄인 것이지요. 요컨대 그분의 마지막 강연은 치료(treatment)와 돌봄(인술,care)의 근본적인 차이를 지시하고 있는 것으로 읽어 무리는 없어 보이는군요.

"Cura 여신이 강을 건너갈 때 그녀는 점토를 발견했다. 그녀는 생각에 잠겨 한 덩어리를 떼어내어 빚기 시작했다. 빚어진 것을 바라보며 곰곰이 생각하고 있는데 Jupiter(주피터)가 다가왔다. Cura는 빚어낸 점토덩어리에 혼을 불어넣어 달라고 유피테르에게 간청했다. 유피테르는 쾌히 승낙했다. Cura가 자신이 빚은 형상에 자기 이름을 붙이려고 하자, 유피테르가 이를 금하며 자기의 이름을 주어야한다고 요구하고 나섰다. 이름을 가지고 Cura와 유피테르가 다투고 있을 때 Tellus(대지)도 나서서, 그 형상에는 자기의 몸 일부가 제공되었으니 자신의 이름이 붙여져야한다고 주장했다. 그들이 Saturnus(시간)에게 심판을 부탁하자 사투르누스는 다음과 같이 얼핏 정당한 결정을 내렸다. "그대, 유피테르, 그대는 혼을 주었으니 그가 죽을 때 혼을 찾아가라. 그대, 텔루스는 육체를 선물했으니 육체를 받아가라. 하지만 Cura는 이 존재를 맨 처음 만들었으니 이것이 살아있는 동안 그것을 소유하라. 하지만 이름 때문에 싸움이 생긴 바, 그것이 humus(흙)로 만들어졌으니 'homo'(인간)라고 부를 것이다.""

유명한 Cura의 신화입니다. 이 신화 이후 여신 Cura는 '관심 혹은 염려'를 뜻하는 라틴어 보통명사 cura가 되었고 하이데거는 이 신화를 근거로 cura 곧 Sorge가 인간현존재의 존재양식임을 지시한 것이지요. 당연히 돌봄care은 여신 Cura의 본성인 것이지요. 의료적 care만이 아니라 목회적 care를 생각나게 하는 우울한 시대입니다.

철든 목사, 철 안 든 목사 판별법

우리 말중에 '철들었다' 라는 의미심장한 말이 있지요. 이때 '철' 은 이중적 의미(references)를 가지는 말인데 하나는 계절(season)이고 또 하나는 '성숙'(mature)이지요. 계절이건 성숙이건 '철' 은 시간(성)과 관계된 것인데 '성숙' 이란 결국 '마음으로 다는(measuring) 시간의 무게' 이겠지요. 그러므로 '철든다' 라는 말속에는 우리(한국인)의 인간이해가 'being으로서의 인간' 이 아닌 'becoming으로서의 인간 '이라는 자각이 함축되어 있는 것이고요. 하여 일찍이 이어령선생은 우리말 중 '철 '만큼 아름답고 사색적인 말을 만난 적이 없다고 했지요.(『뜻으로 읽는 한국어사전』p.12)

철학적 안목에서 '철' 은 이성과 관련된 개념이 분명한데(이미 저는 '철' 을 이성의 시대age of reason로 표현한 바 있군요) 문제는 우리가 시간속에서 연륜만큼조차 철들기가 쉽지 않다는 사실이군요. 특히 저를 포함한 우리 목사들의 '철들기' 는 언제나 난제(難題, aporia)중의 난제이지요.

지난 주 금요일 저녁 오랜만에 캐나다에서 사역하고 있는 K목사를 만나 저녁식탁을 함께 했지요. 봉산의 P목사가 그동안 개인적 사유로 K목사와 가끔 연락하고 있던 중 한 달에 한 번 열리는 봉산교회 금요심야기도회에 K목사를 강사로 모셨고 K목사는 기왕에 대구의 친구들을 한번 모아 달라고 부탁한 것이지요. 하긴 대구에서 그의 친구라고 할 만한 사람이래야 겨우 너댓 명 정도 뿐이군요. K목사는 그동안 소위 '다문화교회(multi-cultural church)사역을 수행했다는데 최근에는 그 사역을 인도, 필리핀, 한국 등 범세계적 네트워크로 확장하고 있대지요. 캐나다선교사 스코필드박사(Dr. Frank William Schofield1889-1970) 추모사업 및 재평가 작업에도 큰 관심을 가지고 있는데 이 사역은 지금 캐나다현지에서와 국내에서도 상당한 호응을 얻고 있다는군요. 선교의 장(field)이 교회만이 아니라 문화와 역사의 영역에까지 확장되어야한다는 소신에 따른 것이래지요.

우리는 그날 저녁 K목사 까닭에, 그의 사역과 그의 가족과 인생에 대해 또 그와 함께 하신 주님의 은총에 대해 들으면서 모처럼 즐거운 저녁시간을 함께 나눌 수 있었습니다. 특별한 것은 K목사가 〈성령의 기름부으심〉의 사역을 직접 체험했는데. 그 체험 후 그의 강연(혹은 집회)에서 성령의 치유하시는 역사가 자주 나타난다는군요. 제가 지금 K목사의 이야기중 "특별하다"라고 표현하는 까닭은 그가 아이들 이름조차 '민주', '평화', '통일' 이라고 지었다는 사실을 지적해 두는 것으로 족하지 싶군요. '민주' 가 태어났을 무렵 저는 그의 강권(?)에 이끌려 그의 신혼집이 있던 '전주' 를 한 번 다녀온 적이 있군요.

그의 바쁜 스케줄 까닭에 대구에서 더 오래 그와 함께 할 수 없어 아쉬웠지만 목사들 사는 것이 본래 그런 것 아닌가요? 보고 싶은 사람 몇 년 만에 겨우 얼굴 한 번 보고 또 훌쩍 몇 년을 떨어져 살고 이렇게 몇 번 반복하다

가 이 다음 하나님의 나라에서 다시 만날 것을 기대하는 것. 그러고 보면 K
목사나 저나 참 '철없던' 시절에 만나 우리를 신학교에 보내실 뿐 아니라
기어이(?) 졸업하게 하시는 '주님의 은총'에 대한 교감만으로 서로 강한
연대감을 공유했고 그렇게 또 훌쩍 서로 떨어져 각기 자신의 자리에서 20
여 년을 보내고 그렇게 또 뜻밖의 자리에서 해후하여 그동안 함께 하신
'그분의 은총'을 나누며 서로 "아직 살아있음"의 의미를 새길 수 있는 것
자체가 조금씩 '철들어가는' 증거인지도 모르겠군요.

그런데 이번 만남에서는 제가 어쩔 수없이(철없는 아마추어같이) K목사에게
"K목사, 오랜만에 만난 친구들 앞에서 사역(ministry)에 대한 이야기보다 인
간 'K머시기'에 대해 좀 이야기하는 것이 좋겠다. 그동안 이룬 정신적, 영
적 성장이야기나 가족이야기도 좋고"라고 충고했는데 혹 다시 만날 기회
가 있다면 그때에는 "K목사, 자기 이야기만 하지 말고 친구들 이야기도 좀
듣는 것이 좋지 않을까"라고 충고해야 겠군요. 이번 만남에는 우리 모두가
그저 그의 이야기를 듣기에도 시간이 모자랐음으로. 그리고 또 그날 함께
모인 친구들은 모두 그들의 각기 다른 "사역과 인생" 속에서 각기 다른 나
름대로의 〈주님의 흔적들〉을 지니고 있는 목사들이 확실했음으로.

추기경의 죽음

김수환추기경이 죽었습니다. 향년 87세. 한시대의 거인이 그렇게 우리
곁을 떠나갔습니다. 천주교는 구성원들(신자 혹은 신부)의 죽음을 '선종(善終)'이
라고 한다지요. '선종'은 말 그대로 선;종(善;終), 선(善) 그리고 종(終)의 복합어
혹은 합성어입니다. 이때 선(善)은 개연적(성)이고 개별적인 인간의 삶을 말

하고 종(終)은 필연적(성)이고 보편적인 사태로서의 인간 일반의 죽음을 지칭합니다. 선(善)이 윤리적 영역이라면 종(終)은 종교의 영역입니다. 당연히 선(善)보다 종(終)이 본질적 사건입니다. 천주교에서의 선종은 죽음에 이르기까지의 과정만이 아니라 죽음이라는 종말론적인 순간을 소위 임종성사를 통해 사죄의 은총으로 마무리한다는 점에서 윤리론적 지평을 넘어 구원론적 의미로 이해될 수 있겠지요.

하지만 김추기경의 죽음을 보는 세상의 시선은 종(終)보다 선(善), 그중에서도 윤리적 의미에서의 선(善)을 향하고 있는 듯 보이는군요. 그럴 수밖에 없는 것이 세상은 그동안 무수한 죽음을 경험했지만 김추기경의 죽음은 〈추기경신드롬〉이라고 불러도 좋을 만큼 말그대로 '선종' 이었으니 그 특별한 죽음을 주목하지 않을 수없는 것이지요.

공영방송인 KBS1 TV가 애초 그분의 선종을 보도할 때 그분의 장례식과 그 과정을 그처럼 상세하게 실황중계할 계획이 없었던 것으로 내게 비쳤는데 계획을 바꾸어 직접 실황중계한 것이나, 교황청에서 교황의 집례형식으로 추기경의 장례를 집례하게 한 것은 그분의 죽음이 가진 뉴스가치 혹은 상품가치를 잘 계량한 결과겠지요. 세상이 그분의 죽음과 관련해 주목한 것은 대체로 그분이 한국천주교회의 수장으로서 그분의 ①야만적 권력에 대한 비판과 ②가난하고 소외된 사람들에 대한 애정인데, 이것을 그분의 선(善)의 본질로 여기는 것같군요. 하나는 '올곧음' 의 표상이고 또 하나는 '따뜻함' 의 표상인데 이러한 덕목은 그분 개인의 특성일 뿐아니라 이 시대 우리 종교를 향한 일반인의 '희망' 이자 굴곡의 우리 역사(현실)를 향한 그들의 '이상' 으로 보이는군요.

다른 한편 추기경의 죽음을 보는 우리 기독교의 시각은 기묘한 열등의
식(complex)에 빠져있는 것처럼 보이는군요. 그분의 죽음과 함께 표출된 세
상의 반응에 묘한 부러움과 부담스러움을 드러내고 있는 것처럼 보이기
때문입니다. 하긴 지난 우리의 역사속에서 우리는 〈올곧음과 따뜻함〉이
라는 종교의 기본적 기능을 치열하게 살아오지 못한 듯 하고요. 하지만 이
러한 우리의 당혹스러움은 아무래도 〈천주교회와 기독교회〉라는 대립적
안목에서 비롯된 것일 뿐 주님의 시각에서야 당연히 교회의 '역할분담' 으
로 받아들이는 것이 좋을 듯하네요. 어두운 시대 야만적인 권력에 대한 올
곧음 곧 공의에 대한 지속적인 헌신과 희생은 당시 상황에서 기독교가 감
당하기에는 너무 무거운 과제였기 때문입니다. 권력이 추기경과 한국천주
교회를 쉽게 범할 수 없었던 이유는 엄연한 권력실체인 Roman Catholic
과의 충돌이 가뜩이나 취약한 그들 권력의 기반을 붕괴시킬 수있다는 현
실인식 때문이었겠지요. 하지만 지나칠 정도로 권력지향적,혹은 권력순응
적 흔적을 남긴 우리 보수적 교회들은 이참에 준열한 자기반성이 있었으
면 좋을 듯 하군요. 이런 교회(지도재)들일수록 이상하게 '교권지향적' 이거
나 대중위에 군림하는 '특권적 속물근성' 을 드러내곤 하지요.

이 시점에 우리의 초점은 당연히 선(善)이 아니라 종(終)에 맞춰져 있어야
할 듯 하군요. '추기경도 마침내 죽었다. 아니 교황도 마침내 죽는다. 그들
이 누구였건 또 어떻게 살아왔건 죽음앞에서 어느 누구도 예외는 없다. 인
간은 누구나 죽는다' 는 종교적 명제는 여전히 유효한 것입니다. 추기경의
선종만이 아니라 이름모를 어느 필부의 죽음 앞에서도. 더우기 인간은 그
가 누구이건 죽음에 이르기까지(혹은 죽음 앞에서) 불안과 고통을 겪을 수있다
는 것도 지적해두는 것이 좋을 듯하군요. 김추기경 자신조차도 죽음앞에
서 "불안을 느낀다"고 토로한 적이 있고 그분의 곁에서 그분의 마지막을

지켰던 분들을 통해 전해지는 말들은 "그분이 선종까지 상당한 육체적 고통을 겪어 그분의 죽음을 오히려 기뻐했다"고도 하더군요. "근원적 종(終) 앞에서는 누구나 다 불안을 느낀다"는 사실을 강조하는 것이 중요해 보이는군요. 종에 대한 겸비한 인식이야말로 지속적 선을 위한 가장 근원적이고도 강력한 동기이자 에너지지요.

추기경의 영성과 그분의 지도력(Leadership)의 본질을 저는 '자연을 닮은 영성과 지도력'으로 규정하고 싶군요. 이러한 그분의 특성은 당연히 그분의 서민적 인간성에서 비롯되는 것이고요. 그분을 단 한 번도 직접 뵌 적이 없으니 그분에 대한 저의 정보는 거의 2차 혹은 3차 자료들에 의해 왜곡되거나 굴절된 것일 가능성이 많겠지만 그럼에도 그분에 대한 저의 이미지는 언제나 "참 진솔하고 서민적이다"는 것이었지요. 말을 바꾸면 그분에게서 통상적인 의미에서의 '특권적이거나 권위적인' 모습을 볼 수 없었다는 뜻이고요. 〈서민적이고 진솔한〉 리더쉽은 여전히 이시대 모든 지도자들의 덕목으로 보이는군요. 대중성의 본질이기 때문입니다. 그것은 개인적으로나, 한국 천주교회의 수장으로서나 힘겨운 시대를 치열한 고뇌와 용기로 맞서고 극복했지만 그 과정중에 비틀리지않은 그분 고유의 성품때문이라고 여겨지는군요. 자연, 자유, 자재, 여래 라는 말들은 동일한 사태를 지시하는 원어(Urwort)이지요.

저는 이미 '자연을 닮은 영성'을 '길들여지지 않은 영성' 이자 '어린 아이의 영성' 으로 규정한 적이 있었지요. 당연히 이때 〈자연적〉이란 말은 인간 혹은 과학적 관찰과 실험 '대상으로서의 자연' -natura 가 아니라 원래의 자연 physis를 말하는 것이고요. 신앙적 안목에서는 〈은혜〉라고 여겨지는군요. 인간의 의지와 노력으로 성취하는 세계가 아닌. 혹은 인간의

모든 의도와 작위에 의해 결코 훼손되지도 훼손할 수도 없는. 자연은 그자
체로 인간의 표상적 진리관인 '참과 거짓'의 구별이나 또 인간의 표상적
윤리관인 '선과 악'의 분별을 넘어서 있기 마련이고요. 자연은 언제나 인
간에게 〈경이(驚異/Thaumazein)〉로서 드러나게 되는 것이지요.

　2004년 K.B.S1T.V' 도올 김용옥선생의 〈논어특강〉에 그분이 초빙되었
을 때 저는 한편으로 염려했더랬지요. 실제 추기경의 참석여부를 두고 천
주교내부에 격론이 있었다고 전해지고 있더군요. 그 특강후에 차동엽신부
는 "덕(德)이 지(知)를 이겼다"고 평가하기도 했지만, 아무래도 저의 생각은
겉으로 내세운 어떤 명분에도 '김추기경이 도올선생의 연출극에 소도구
(?)로 이용되었다"는 아쉬움이 있었지요.
　당시 도올선생은 거의 안티 기독교적 수준에서 기독교를 향한 독설을
뿜어내고 있을 때였는데, 저의 염려는 이러한 그의 독설때문이 아니라 오
히려 그의 정체성문제때문이었지요. 제소견에 도올 선생은 진정한 철학자
라기 보다 전형적인 sophistic Entertainer로 보였거든요. 하지만 추기경은
그때 "별생각없이 강의를 수락했다" 혹은 "나는 깊게 생각하고 나온 것이
아니다"라고 자신의 입장을 웃으면서 해명했지요. 그리고 〈인생과 종교〉
에 대한 자신의 생각을 자연스럽게 풀어내셨지요. 특강에 참석한 그분의
진정한 의중과 그 특강에 대한 세간의 평가가 어떠했는지를 제가 알 수없
지만, 어쩌면 그분은 제가 염려한 세상, 기독교적 가치의 분별세계를 이미
넘어서 있었는지 모르겠다는 생각을 하게되는군요. 인간의 인위적 의도나
행위는 결코 자연을 넘어설 수 없는 법이지요. 삼가 고인의 안식과 교회들
의 평화를 희망합니다.

리브가를 위한 변명 - 리브가의 행동동기를 중심으로

장자의 축복사건(창 27:1-41)이후 리브가는 이삭을 설득하여 야곱을 그녀의 친정인 밧단아람으로 보냅니다. 외견상 이유는 야곱으로 하여금 자신의 아내를 직접 고르도록 함이지만 실상은 에서의 보복으로부터 야곱을 보호하려 함이었습니다. 리브가는 야곱을 불러 다음과 같이 당부합니다. " 네 형 에서가 너를 죽여 그 한을 풀려하니 내 아들아 내 말을 따라 일어나 하란으로 가서 내 오라버니 라반에게로 피신하여 네 형의 노가 풀리기까지 몇 날 동안 그와 함께 거주하라. 네 형의 분노가 풀려 네가 자기에게 행한 것을 잊어 버리거든 내가 곧 사람을 보내어 너를 거기서 불러오리라. 어찌 하루에 너희 둘을 잃으랴."(27:42-45)

하지만 적어도 족장들의 이야기에 의하면 리브가의 이러한 기대와 소망은 외견상 성취되지 못했던 것처럼 보입니다. 그녀의 기대와 달리 두 형제는 '몇 날 동안' 이 아니라 거의 20여년을 떨어져 살아야만 했고 리브가 자신도 그 이후 야곱을 다시 만났다는 흔적을 찾아볼 수 없기 때문입니다. 리브가의 선택은 결국 비극으로 끝난 것처럼 보입니다. 그녀는 왜 이처럼 얼핏 터무니없는 선택을 하게 되었던 것일까요?

우리는 '장자의 축복사건' 과 관련하여 리브가가 보여주는 납득하기 어려운 행동동기를 해명해 보겠습니다. 우선 기존의 해석들을 요약해 보겠습니다.

① 리브가 공모설이 있습니다. 리브가는 단지 간교한 야곱에게 속아서 이용당했다는 입장입니다. "네 아우가 와서 네 복을 빼앗았도다"라고 탄

식하는 이삭에게 에서는 "그의 이름을 야곱이라 함이 합당하지 아니하니이까? 그가 나를 속임이 이것이 두 번 째니이다. 전에는 나의 장자의 명분을 빼앗고 이제는 내 복을 빼앗았나이다"(창27:35-36)라고 비난합니다. 모든 악행의 주도자가 야곱이라는 뜻입니다.

② 자식편애설이 있습니다. 이삭은 에서를, 리브가는 야곱을 편애했기 때문이라는 입장입니다. "그 아이들이 장성하매 에서는 익숙한 사냥꾼이었으므로 들사람이 되고 야곱은 조용한 사람이었으므로 장막에 거주하니 이삭은 에서가 사냥한 고기를 좋아하므로 그를 사랑하고 리브가는 야곱을 사랑하였더라"(창25:27등)

③ 고부갈등설이 있습니다. "에서가 40세에 헷 족속 브에리의 딸 유딧과 헷 족속 엘론의 딸 바스맛을 아내로 맞이하였더니 그들이 이삭과 리브가의 마음에 근심이 되었더라"(창26:34-35; 그 외 27:46; 28:8 등 참조) 에서가 40세에 취한 아내들을 시부모가 못마땅해 했기 때문이라는 입장입니다.

④ 리브가독부(우매)설이 있습니다. 리브가는 그의 행위가 어떤 결과를 초래하게 될 지 전혀 예측하지 못했다는 입장들을 들 수 있습니다. 가령 리브가가 야곱을 하란의 라반의 집으로 피신시키면서 "네 형의 분노가 풀리기까지 '몇 날 동안' 그와 함께 거주하라"(27:44)라고 예측하고 있는데 그것이 사태에 대한 리브가의 오판이고 리브가의 우매함의 증거라는 것입니다.

하지만 리브가 행동동기들에 대한 기존의 해석들은 조금만 생각해보면 ①상식측면에서 또 ②성서 본문자체(특히 연계본문인 창24장 등)에 의해 즉각적으로 그 설득력을 잃게 됩니다. 우선 상식적인 측면에서 위와 같은 가설들은 전혀 설득력을 지닐 수 없습니다. 제 모친은 평소 큰 형님과 함께 사셨습니다. 참 평범한 이 땅의 어머니들 중 한 분으로 사신 분입니다. 가끔씩 명절이나 집안행사 때 모친을 뵈면 항상 "네 형이 그동안 내게 이러저러했고 네 형수가 내게 이러저러했노라" 고 강하게 불평을 늘어놓곤 했지만, 막상 제가 "그러면 그냥 저를 따라가서 저랑 함께 사십시다. 그렇게 서로 힘들어 하면서 어떻게 삽니까?"라고 말씀드리면 정색을 하시면서 "내가 왜 너거 집으로 가냐? 여기가 내집인데" 라고 대꾸하시곤 했습니다. 장남의 집이 자기 집이라는 뜻입니다. 지극히 평범한 이땅의 어머니로 사신 내 모친조차 자식에 대한 편애나 갈등과 상관없이 장남집에 있어야 할 것을 아셨는데 자식편애설로 리브가의 행동동기를 설명하려는 시도는 어떤 경우에도 설득력이 떨어진다는 뜻입니다. 야곱의 가정이 동화속 신데렐라의 가정이나 장화홍련전의 가정처럼 결손가정이 아니지 않습니까?

창세기24장에 그려진 리브가는 아브라함의 자부이자 이삭의 아내로서 조금도 손색없는 여성성으로 드러납니다. 그녀는 매우 친절하며 근면하고 무엇보다 강한 결단력을 지닌 모범적인 여성으로 묘사되고 있습니다. 그녀는 아브라함가(家)의 예비된 안주인이자 여성리더입니다. 더욱이 성서본문은 축복을 가로챈 악행의 주도자가 야곱이 아니라 리브가였음을 명시하고 있습니다. 리브가는 "축복은 고사하고 저주를 받기십상"이라며 아버지 이삭에게 나아가기를 주저하는 야곱에게 "너의 저주는 내게 돌리고 내 말만 따르라"고 강제합니다.(27:12-13)

오늘 우리는 위에서 비판적으로 검토한 해석들에 더하여 새로운 하나의 해석을 제시하려고 합니다. 우선 우리는 한 가지 의문을 제기합니다. 비록 설화속의 전승이지만 왜 이삭은 집안의 후계자를 세우는 막중한 일을 그처럼 은밀하게 심지어 아내조차 모르게 해치우고자 할까요? 또 아내 리브가는 마치 남편의 행동을 감시하고 있었던 것처럼 주도면밀하게 남편의 의도를 변경 혹은 전복시키는 것입니까? 후계자를 세우는 문제는 이삭집안의 중대사일 뿐 아니라 이삭이 그동안 친분을 맺은 주변의 많은 부족들의 관심사일 수밖에 없습니다. 온 가족과 주변의 모든 지도자들을 초청하여 제대로 격식을 갖추어 해도 오히려 모자랄 의식이라는 뜻입니다. 오늘 읽은 본문 자체에서 우리는 ① 적어도 '이삭과 리브가' 부부에게는 축복의 상속(창28:4)과 관련하여 '전이해' -장남 에서가 축복의 상속자로는 결격사유가 있다-가 있었다(창27:1, 5등)는 추정과 ② 그럼에도 '이삭' 은 현실에 순응(혹은 타협)하여 장자 에서에게 축복하는 것을 순리로 여겼고, 이에 반해 '리브가' 는 현재의 고난(부모자식간, 형제간의 갈등, 창27:41등)을 감수하고서라도 신앙의 원칙에 입각해 야곱에게 축복하고자 했다는 흔적을 발견합니다. 그런 점에서 에서는 세속주의자로, 이삭은 신앙적 현실주의자로 분류할 수 있겠고, 리브가는 신앙적 원칙(절대)주의자라고 부를 수 있을 것입니다. 그러므로 창27장의 리브가의 행동동기는 창22장에서 이삭조차 번제로 드리고자 했던 시아버지 아브라함의 절대(원칙)신앙을 계승하고자 한 리브가의 치열한 신앙적 선택으로 해명되지 않으면 안 될 것입니다.

족장야곱을 위한 변명

족장야곱만큼 그 캐릭터와 성서적 자리매김에서 오해받은 인물은 일찍이 없었지 싶습니다. 그는 ⅰ. 이름 자체(창25:25-26,27:36 등) ⅱ. 팥죽사건(창25:29-34) ⅲ. 장자권 상속(창27:1-45) ⅳ. 외삼촌 라반과의 관계(창30:37-43 등) 라는 네가지 행적을 근거하여 대단히 부정적인 인물로 묘사되다가 창32장의 극적인 '얍복강 회심사건' 을 통해 새 삶을 얻은 인물로 이해되고 있습니다. 야곱과 에서 형제에 대한 사도바울의 저 절묘한 복음적 해석도 위와 같은 일반적인 야곱이해에 기여한 것 또한 사실입니다. 로마서 9장 10-13절을 읽어 보겠습니다. "그뿐 아니라 또한 리브가가 우리 조상 이삭 한 사람으로 임신하였는데 그 자식들이 아직 나지도 아니하고 무슨 선이나 악을 행하지 아니한 때에 택하심을 따라 되는 하나님의 뜻이 행위로 말미암지 않고 오직 부르시는 이로 말미암아 서게 하려하사 리브가에게 이르시되 큰 자가 어린 자를 섬기리라 하셨나니 기록된 바 내가 야곱은 사랑하고 에서는 미워하였다 하심과 같으니라"

그런데 이러한 기존의 족장 야곱상으로는 쉽게 해명되지 않는 본문들이 있어 우리를 당혹케 합니다. 가령 ① 오늘 읽은 본문에서처럼 인생의 어두운 단층에 노출된 때에도 악몽이 아니라 '동화처럼', '파스텔화처럼' 아름다운 하나님의 꿈을 꾸던 야곱 ② 창29:20에서처럼 사랑하는 여인 '라헬'을 위해 7년(심지어 14년)을 수일같이 여기던 야곱 ③ 창31:38-39에서처럼 20년을 한결같이 정직하고 성실하게 노동하던 야곱이 바로 그것입니다. 예컨대 "야곱이 라헬을 위하여 칠 년 동안 라반을 섬겼으나 그녀를 사랑하는 까닭에 칠 년을 며칠 같이 여겼더라"(창29:20)는 구절은 사기꾼 야곱이 아니라 로맨티스트 야곱의 진면목을 가감없이 보여주고 있다 할 것입니다. 무엇보다 야곱의 회심사건으로 해석되곤 하는 '얍복강사건' 어디에도 회개하는 야곱의 모습은 없습니다. 오히려 전 생애를 걸고 하나님과 씨름하는 야곱, 강인한 정신의 투사 야곱이 그 곳에 증언되고 있을 뿐입니다.

당연히 창25:27의 저 유명한 귀절 'ish tam'이 왜 창6:9의 '노아'의 경우에서는 '완전한 사람'으로 또 욥1:1의 욥의 경우에서는 '순전한 사람'으로 번역되면서도 굳이 야곱의 경우에만 '종용한 사람'이라는 애매한 귀절로 번역되었는가의 문제도 의심받아야 합니다. 야곱에 대한 어처구니없는 편견이 결국 성서번역 과정에까지 알게 모르게 작용했다는 증거일 수 있기 때문입니다. 이러한 제반의문과 관련하여 '족장 야곱의 삶'을 새로운 시각으로 재조명해 보면 ① 우선 '야곱'이란 이름은 원래 '하나님께서 네 발꿈치에 서 계실것이다' 라는 원래의 의미로 해석되어야할 것입니다. 야곱에 대한 해석자들의 오류는 상당부분 얍복강나루에서 회개한 야곱이 이스라엘로 변했다는 브니엘의 경험(창32:24-32)에 근거하고 있습니다. 하지만 이러한 전승이 야곱이라는 이름으로 표상되는 인간 야곱이 '사기꾼이거나 혹은 도둑놈' 이었다는 사실을 증명하는 것은 결코 아닙니다. 이삭부부는 결혼 후 오랜 기간 자녀를 얻지 못했고 이삭은 이 문제를 위해 오래 기도했습니다.(창25:20-26) 이삭 자신의 출생과 관련한 가족사도 그의 고민을 심화시켰을 가능성이 큽니다. 우여곡절 끝에 태어난 쌍둥이 아들들의 이름을 지을 때 부모는 얼마나 귀한 이름으로 그들을 축복했을까요? 어쩌면 그 아이들의 이름을 조부 아브라함이 지었을 가능성도 있지 않습니까? 그런데 야곱이란 이름이 '사기꾼' 이라니요? 이러한 오해는 에서가 아버지 이삭에게 동생 야곱을 비난하기 위해 끌어들인 말장난(창27:36)에 불과한 것입니다. ② 야곱의 벧엘체험은 창22장 아브라함의 절대신앙과 창27장 리브가의 절대신앙을 계승한 야곱이 형 에서에게 쫓기며 한 치 앞날도 예측할 수없는 환란의 날에도 오히려 찬란한 '하나님의 꿈', '신앙의 꿈' 을 꾸는 것으로 해석되어야 할 것입니다 .

진정한 농부는 굶어 죽을지라도 '종자씨' 를 먹지 않는 법입니다. 야곱의 '돌베개' 는 에서의 세속주의나 이삭의 현실주의 신앙으로는 설명될 수 없고 본인 자신에게조차도 그 당시 선명하게 해석되지 못했겠지만 그의 꿈이고 비전이며 희망입니다. 고향땅의 보장된 안정이 아니라 조부 아브라함처럼 미지의 땅과 세계를 향해 모험의 길을 떠나는 환상. 그것은 상속된 언약에 대한 희망입니다. 어디 야곱뿐이겠습니까? 예수 그리스도를 사랑하고 그분께 자신을 드린 사람들, 곧 이 땅의 진정한 그리스도인들은 히브리서 기자가 정확하게 진술하고 있는 것처럼 〈세상이 감당할 수없는 사람들)(히11:38)입니다. 그들은 순교를 두려워 않는 '절대신앙' 으로 세상이 주는 안정을 넘어 불안정한 미지의 세계를 지향하는 사람들입니다. 아니 '안정과 불안정' 이란 세상적 가치기준을 그 근원에서 전복시킨 사람들입니다. 성서는 '아브라함과 이삭과 야곱의 하나님' 을 계시합니다. 족장들의 이야기는 그들 모두 인간적 약점을 지닌 연약한 사람들의 이야기지만 또한 편 오직 하나님 한 분을 가슴속 별처럼 품고 살았던 사람들의 이야기 곧 절대신앙을 살았던 사람들의 이야기입니다.

지식의 열쇠(the key of knowledge/눅11:52)를 가진 사람들

(1)소피스트(Sopist)

소피스트(Sopist)는 철학자(Pilosopher)와 꼭 마찬가지로 지혜(Sophia)를 다루는 전문가- 현자(賢者)-로 존중받아야함에도 오히려 궤변론자로 폄하되곤 합니다. 한문문화권에서는 궤변학을 현학(衒學 sophistry)으로 표기하지요. 철학을 현학(玄學)으로 부르는 것에 비해 폄하와 조롱이 담긴 말입니다.

이 경우 衒學이란 말그대로 玄+行 혹은 行+玄으로 〈자기 자신의 自生的 · 自覺的 · 自性的 로고스인 般若 지혜 없이, 남을 기만하고자 거짓 지혜를 行商하는 떠벌이〉란 뜻이기 때문입니다. 당연히 자신의 망령된 이익을 위한 것이고요.

〈철학〉의 그리스어원적 定義 즉 〈지혜 사랑 (philosophia)〉은 무엇보다도 먼저 〈지식 자랑〉에 相剋的인 것으로 이해되는 것이며, 플라톤이 「소피스트(Sophistēs)」를 저술한 의도도 지혜 사랑을 위하여 이것으로부터 지식 자랑, 즉 사이비 〈지혜 사랑〉을 척결해내는데 도움을 주고자 했기 때문입니다. 진정한 지혜는 無明으로부터 해탈된 〈先驗的 自己(法身)〉로부터 자라나고 피어나오는, 자각적으로 체인·증득된 앎이기 때문이지요. 소피스트의 언어 유희나 術學術數는 흔히 '말장난'으로 알려져있고 그들의 '말장난'은 대개 논증(argument)의 형식으로 드러나지요. 모든 논증은 그 본성상 무한경쟁과 적자생존 법칙의 지배를 받게됩니다. 또한 이러한 논증은 O.J.Simson 사건변증에서 입증된 것처럼 논증의 내용(진리성)과는 전혀 상관없이 배심원들을 설득할 수 있는 기술(technic)인 것이며 당연히 논증자 개인이나 그들 집단의 이익에 봉사하게 되는 것입니다. 우리는 이미 소피스트는 진정한 형이상학의 〈아포리아(aporia=impasse)〉를 통과할 수없다는 것을 천명한 바 있습니다. 형이상학은 無門이요 玄門이자 妙門이라서, 현상적·경험적·실증적인 通路를 통해서는 이 큰길(大道)에 접어드는 관문을 〈도저히 통과할 수 없는 것〉 곧 그리스어적으로 말하면 〈아포리아(aporia=impasse)〉이기 때문입니다.

(2) 바리새인의 누룩(the leaven of the Pharisees)

누가의 증언에 의하면 주님은 당시의 소위 율법사(lawyers)들을 "지식의 열쇠를 지니고 자신들도 들어가지 않고 다른 이들도 들어가지 못하게 하는 사람들"이라고 비판했다고 합니다.(눅11:52) 이때 지식은 하나님나라에 관한 것이고 당연히 지식의 열쇠는 천국의 열쇠로 볼 수 있을 것입니다. 이런 사람들을 우리는 소위 종교적 소피스트들이라고 규정할 수 있겠지요. 그 상황을 조금 더 부연하면 이렇습니다.

예수께서 점심식탁에 초청받아 갔던 한 바리새인의 집에서 나온 후(눅11:53)의 상황을 누가는 무리 수만명이 주님께로 한꺼번에 몰려들어 서로 밀고 밀치고 밟힐만큼 되었다고 묘사 합니다. 이런 급박한 상황에서 주님은 대중들을 향한 설교가 아니라 제자들을 향한 엄중한 경계를 내립니다.(12:1b-12) 경계의 내용은 "바리새인의 누룩 곧 외식을 주의하라"는 것이고 또 사람들이 외식속에 빠져드는 이유를 "마땅히 두려워할 하나님을 두려워하지않고 두려워하지 않아도 좋은 사람들을 두려워 하기때문"이라는군요.

이 이야기는 한 바리새인집의 식탁논쟁에서 비롯된 것입니다. 주님은 초청받은 식탁에서 식사전 손을 씻지 않았다는 이유로 '이상한 사람'으로 간주됩니다. 이에 주님은 직설적으로 식탁의 주인인 바리새인을 향하여 "너희 바리새인들은 잔과 대접의 겉은 깨끗이 하지만 속은 탐욕과 악독이 가득하다"(11:39)고 폭로하십니다. 심지어 그들을 "평토장한 무덤같은 위선자들"이라고 질책하십니다.(11:44)

식탁에 함께 참여했던 한 율법사는 모욕감을 이기지 못하고 주님께 "이렇게 말씀하심은 우리까지 모욕하시는 것입니다"라고 항변하지만, 그들은 "너희는 지식의 열쇠를 가져가고 너희도 들어가지않고 또 들어가고자 하는 사람들도 막는 저주받을 사람들"이라는 더 혹독한 비판을 들어야 했습니다.(11:52) 식탁은 한 순간에 파장이 되고 혹독한 비판을 들었던 사람들의 감정이야 상할대로 상했겠지만 이 소식을 전해들은 일반 대중들은 엄청난 카타르시스를 경험했을 가능성이 있습니다. 수만 명의 군중이 밀고 밟힐만큼 모여든 이유가 단지 이것이라고 단정하긴 어려워도 중요한 동기가 되었을 가능성은 충분하군요. 문제는 주님께서 몰려든 군중들이 아니라 제자들을 주목하고 그들에게 바리새인들의 누룩 곧 외식을 엄히 경계하고 계시는 것이지요. 심지어 외식을 환란의 날에 제자들이 겪게될 주님께 대한 신앙고백차원에서 엄히 가르치시는 이유를 주목하지 않을 수없겠지요.

외식이란 말은 말그대로 '겉을 꾸미는 것' 을 말합니다. 외식의 희랍어의 미도 "—아래로 숨기는 것"이니 동서양을 막론하고 외식은 인간의 처세술과 관련하여 중요한 문제였던게지요. 주님은 일찍부터 종교인들의 외식을 엄히 경계하셨지요. 산상수훈 6장은 전체가 당시 유대교의 중요한 종교행위인 '기도, 금식, 구제, 헌금' 의 문제를 "외식과 진정성" 의 관점으로 해석하신 명설교였지요. 다른 시각으로는 엄중한 〈종교비판〉이기도 하고요.

주님은 외식의 이유를 "사람에게 보이려고"(마6:5;6:16)라는 한 마디로 명쾌하게 해명하셨지요. 소위 "사람앞에서 Coram humanus"와 "하나님앞에서 Coram Deo"라는 내면의 태도가 문제라는 뜻이지요. 누가는 "사람을 두려워하기때문에"라는 외식의 이유를 덧붙였군요. 이에 비해 진정한 신앙행위는 "은밀히 계시는 하나님아버지께서 보시도록"(마6: 4;6;18)하는 것이지요.

종교는 철학과 꼭 마찬가지로 본래 인간의 궁극적인 관심(진리)을 문제삼고 추구하기에 애초부터 외식과는 관계가 없는 것이지요. 하지만 문제는 종교인들이 종교의 이름으로 외식에 빠져들게되면 그들은 필연적으로 '외식의 종교문화와 제도' 를 만들어낸다는 사실이지요. 외식문화는 우선 "내용보다 형식을 중히 여기며 또 동기보다 결과를 중히 여기는"특징을 가지게 되지요. 주님께서 유대인들의 고유한 음식문화인 "코셔 Cosher", 그중 바리새인들의 정결법을 외식문화로 공격하는 것은 그것이 하나님의 말씀에서 비롯된 것이 아니라 사람들이 만들어낸 인간의 교훈이라고 여기신 것이지요. 문제는 이러한 외식문화와 제도가 인간의 "생생한 삶자체"를 억압하는 기제로 작동하는 것입니다. 주객전도 혹은 본말전도현상이 종교의 이름으로 나타나게된다는 뜻이지요. 인간내면의 깨끗함보다 식탁에 차려둔 식기나 식사하는 손 자체가 깨끗함의 기준이되는 사태가 종교의 이름으로 강제되기 시작한다는 뜻입니다. 그러기에 주님은 "이것도 행하고 저것도 버리지 않아야할 것"을 가르치고 계신것이지요.(눅11:42b)

주님은 제자들에게 "바리새인들의 누룩 곧 외식"을 엄히 경계하십니다. 그렇습니다. 바리새인들은 유대종교의 지도자들입니다. 종교지도자는 '하나님과의 관계'와 '사람들과의 관계'를 가지고 사는 사람들입니다. 사람들은 "겉 혹은 외모"를 봅니다. 하지만 하나님은 사람의 "중심"을 보십니다.(삼상16:7) 바리새인들이 외식에 빠진 근본적인 이유는 그들이 이미 하나님과의 내적관계를 상실해 버렸기때문입니다. 제도적 종교가 하나님인 줄 알고 사는 종교인들이 빠져드는 종교적 불행은 '전통과 관례'라는 감옥입니다. 이것을 우리는 '종교 이데올로기'라고 부르는 것이지요. 하나님의 아들이신 주께서 아무리 '진정한 진리의 세계'를 가르쳐도 그들과 소통되지 않는 이유는 그들이 이미 종교 이데올로기의 노예로 전락했기 때문입니다. "세리의 기도"라는 주님의 비유(눅18:9-14)에서처럼 그들은 '스스로 의롭다고 믿고' 세상과 담을 쌓고 살게되는 것이지요. 그들은 결국 하나님의 아들(진리 자체) 조차도 그들의 이데올로기로 정죄하고 십자가에 못박고 말 것입니다. 주님께서 교회의 지도자들인 제자들에게 "바리새인들의 누룩"을 경계하신 것은 지극히 당연한 것입니다.

(3) 우리 시대의 소피스트들

이미 말씀드린 것처럼 철학이나 신학(혹은 종교학)은 자연과학과 달리 지식의 축적이 진리의 길이 아니라는 데 그 특징이 있습니다. 오죽하면 선불학(禪佛學)이 교외별전(敎外別傳)과 불립문자(不立文字)를 교의화 하였겠습니까? 철학과 신학(혹은 종교학)은 평생 동서고금의 관련된 정보와 이론을 공부하여 자타가 공인하는 전문가가 되었다해도 실제로는 그 방면의 문외한 일 수 있다는 것입니다. 소위 강단철학자나 강단신학자들의 한계는 바로 이 지점에서 분명해진다고 볼 수있을 것입니다.

평생 철학을 공부한 강단철학자나 대중철학자들 중에 철학의 원천에 깊이 뿌리내려 그 철학을 누리며 사는 분들이 거의 없다는 사실은 우연한 일이 아니지요. 어디 철학 뿐이겠습니까? 신학과 종교학도 예외가 아닐 것입니다. "지식의 열쇠를 지니고 자기도 들어가지 않고 다른 사람도 들어가지 못하게 하는 사람들"은 단적으로 진정한 열쇠를 가지고 있지 못한 사람들입니다. 열쇠로 열고 들어 가야할 그 세계-사태 그자체-에 대해 단 한 번도 제대로된 갈증을 가져본 적이 없을 뿐 아니라 단 한 번도 그 신비를 경험해 본적이 없기 때문입니다.

그렇다고해서 '지식이 진리의 장애물' 이라는 명제는 참이 아닙니다. 지식이 진정한 지혜가 아닌 것이 분명하지만 지식없이 "지식이 지혜가 아니다"는 귀결에 도달할 수는 없겠기 때문이지요.

신앙과 지성을 위한 단상(斷想) 하나(1)

(1)

오래전 H선배가 지역의 모대학 교목실장 및 교수로 갓 부임했을 때 우리 교회 추수감사주일예배 강사로 모셨지요. 그런데 H목사님은 설교중에 '스님' 을 "스———놈!" 이라고 표현해서 우리 모두를 한바탕 폭소하게 하더군요. 그 후 몇 년 전에 후배목사님 한분을 주일오후 기관헌신예배강사로 모셨더니 '성철의 열반송'을 인용하면서 확신에 찬 어조로 "그가 지옥 갔다"고 단언하더군요. 그러고보니 서울 강남의 S교회 지금은 은퇴하신 K 목사님도 공개적으로 '성철의 열반송'을 인용하면서 "그가 무간지옥에 떨어졌다"고 설교하던 것이 기억나는군요.

최근 동료목사님의 서재에서 우연히 『왜 성철스님은 천추의 한을 안고 떠났나?』(삶과꿈, 1998)라는 소책자를 발견했습니다. 저자 '류범상' 씨의 프로필을 보니 우리 신학대학 동문인데(그가 언제 입학해서 언제 졸업했는지 또 목사안수는 받았는지 기록이 없군요) 그는 그의 책을 집필하게 된 의도를 이렇게 밝히고 있더군요.

"초인적인 극기수행과 용맹정진을 통해서 큰 깨달음을 얻어 성불의 경지에 이르렀다는 성철스님, 그러나 그는 마지막에 '한평생 남녀무리를 진리가 아닌 것을 진리라고 속인 죄가 너무 커 지옥에 떨어진다'고 회한으로 몸부림치며 천추의 한을 토로했다. ……참으로 성철스님은 불교사에 보기 힘든 최고의 선승이요, 학승이다. 그러므로 성철스님은 한국불교계의 큰 보배요, 위대한 지도자이다. 그래서 그는 온 불자들의 존경과 선망을 한몸에 받았다. 그러므로 지금도 불자들은 그를 '우리곁에 왔던 부처'라고 추앙하고 있다. 그러나 세상이 알고있는 것과는 달리 성철스님은 말년에 와서 새로운 사실을 깨닫고 내심 말 못하는 갈등으로 괴로워하며 방황하다가 결국은 마지막에 회한으로 몸부림치며 천추의 한을 안고 세상을 떠났다.……도대체 무엇을 속였단 말인가! 그는 평생 자기 자신도 속아서 거짓말을 최상의 진리인 줄 알고 한 평생 남녀무리를 속여 지옥에 떨어지게 했다는 것이다. 그러니 그 무서운 죄를 어떻게 감당할 것인가! 그 뿐인가! 속고 속이고 한없이 이어질 것이니 그 엄청난 죄를 어떻게 할 것인가! 그러므로 그는 임종을 앞에 두고 어느 날 푸른 산에 걸려있는 곧 떨어질 이글 이

글 불타는 붉은 석양을 바라보며 가야할 아비의 불지옥을 생각하고 회한
으로 몸부림치며 천추의 한을 토로한 것이다."

그의 책은 3부로 구성되었고 머리말과 맺음말이 덧붙여져 있군요. 책의
핵심은 '무엇이 불교의 거짓말인가?' 를 자문답하는 3부인데 얼핏 젊고 열
정적인 기독교목회자가 습작용으로 한번쯤 정리해볼 수 있는 내용으로 보
이고 기독교(복음) 변증을 요약한 맺음말도 같은 목회자로 전혀 이해못할
바 아니지만 문제는 1부 '왜 성철스님은 천추의 한을 안고 떠났나?' 와 2부
'성철스님이 밝힌 불교의 정체' 부분이군요.

1부 '왜 성철스님은 천추의 한을 안고 떠났나?' 에서 그는 성철의 열반송
을 인용하면서 성철이 〈천추의 한〉을 품고 회한속에 죽을 수밖에 없었던
원인을 해명하고 있고 2부 '성철스님이 밝힌 불교의 정체' 에서는 1987년
'부처님 오신 날' 법어에서 "사탄이여! 어서 오십시오. 나는 당신을 존경
하며 예배합니다. 당신은 본래로 부처님입니다"라고 했다는 일화를 인용
하면서 불교의 정체를 〈사탄교〉로, 또 이러한 법어는 성철의 신앙고백으
로 규정하고 있네요.

1983년 하안거 결제에서 성철이 "내 말에 속지말라. 나는 거짓말하는 사
람이여"라고 했다는 일화를 인용한 것은 10년 후 그의 열반송의 단초였다
고 보았기 때문이고요.

(2)
生平欺狂男女群(생평기광남녀군)하니
彌天罪業過須彌(미천죄업과수미)라.
活陷阿鼻恨萬端(활함아비한만단)인데

一輪吐紅掛碧山(일륜토홍괘벽산)이로다.

일생 동안 남녀의 무리를 속여서

하늘 넘치는 죄업은 수미산을 지나친다.

산채로 무간지옥에 떨어져서 그 한이 만 갈래나 되는데

둥근 한 수레바퀴 붉음을 내뿜으며 푸른 산에 걸렸도다.

성철의 열반송입니다.

류범상씨는 성철의 열반송에 대한 세간의 해석들을 공격하면서 "불교지
도자들은 순진한 불자들의 질문에 대답하기를 그것은 성철스님의 겸손을
나타낸 것이라고 회유하고 호도하고 있다. 도대체 어떻게 '세상을 속인 죄
가 너무 커서 지옥에 떨어지니 한이 만갈래나 된다' 고 천추의 한을 토로한
것이 겸손을 나타낸 것이란 말인가?' (19쪽) 라고 자신의 해석을 정당화하
고 있군요.

하지만 『성철스님시봉이야기2』에서 원택은 이 사태를 이렇게 기록하고
있습니다.

"초인적인 극기수행과 용맹정진을 통해서 큰 깨달음을 얻어 성불의 경
지에 이르렀다는 성철스님, 그러나 그는 마지막에 '한평생 남녀무리를 진
리가 아닌 것을 진리라고 속인 죄가 너무 커 지옥에 떨어진다' 고 회한으로
몸부림치며 천추의 한을 토로했다. ……참으로 성철스님은 불교사에 보기
힘든 최고의 선승이요, 학승이다. 그러므로 성철스님은 한국불교계이 큰
보배요, 위대한 지도자이다. 그래서 그는 온 불자들의 존경과 선망을 한몸
에 받았다. 그러므로 지금도 불자들은 그를 '우리곁에 왔던 부처' 라고 추
앙하고 있다. 그러나 세상이 알고있는 것과는 달리 성철스님은 말년에 와
서 새로운 사실을 깨닫고 내심 말 못하는 갈등으로 괴로워하며 방황하다

가 결국은 마지막에 회한으로 몸부림치며 천추의 한을 안고 세상을 떠났
다.......도대체 무엇을 속였단 말인가! 그는 평생 자기 자신도 속아서 거짓
말을 최상의 진리인 줄 알고 한 평생 남녀무리를 속여 지옥에 떨어지게 했
다는 것이다. 그러니 그 무서운 죄를 어떻게 감당할 것인가! 그 뿐인가! 속
고 속이고 한없이 이어질 것이니 그 엄청난 죄를 어떻게 할 것인가! 그러므
로 그는 임종을 앞에 두고 어느 날 푸른 산에 걸려있는 곧 떨어질 이글 이
글 불타는 붉은 석양을 바라보며 가야할 아비의 불지옥을 생각하고 회한
으로 몸부림치며 천추의 한을 토로한 것이다."

　(위의 인용은) 어떤 분이 출판한 책의 내용이다. 이분만의 생각이 아니라 성
철스님이 떠나고 난 후 이런 내용으로 이야기하는 교회들이 많긴 많았던
모양이다. 급기야 대전지방에서는 불자들의 거센 반발이 있었다. 그러면
서 불똥은 또 나에게 튀었다. "그런 책을 출판한 사람은 큰 스님의 명예를
고의로 훼손한 것이니 고소를 하든가 판매정지가처분 소송을 하든지 해야
지 문도들이 뭣들하는가?" 하는 항의가 백련암으로 빗발친 것이다. 글의 뜻
이 어떻게 그렇게 둔갑하는지 참 어처구니 없는 일이다. (249-252면)

　성철스님이 종정으로 취임한 후 그 당시에 MBC 기자 김영일 씨가 제일
처음으로 육성녹음을 했다. "1,300만 불자가 있는데 그 불자들에게 한 말
씀만 주십시오." "한 말씀이라 ......내 말에 속지 마라, 내 말......내 말 말이
여......, 내 말에 속지 마라, 그 말이여!" 이 내용이 육성 그대로 텔레비전 화
면에 실려 나갔다. 그 인터뷰로 인해서도 말들이 분분했다. 불자들의 불만
은 "그런 기회가 있으면 좋은 말씀을 하셔서 국민들이 들어서 기쁘고 좋은
말씀을 할 것이지, 처음 나가는 종정 큰스님 방송인터뷰에서 느닷없이 '내
말에 속지 마라' 하시니 그러면 당신은 맨날 거짓말만 하고 사시냐?" 하는
것이었다. ...... '내말에 속지 마라' 고 한 뜻은 "내가 종정이라는 고깔을 쓰

니 인터뷰도 오고 하는 모양인데 난들 별 사람이냐? 그러니 고깔 쓴 나를 보고 무엇을 얻으려 하지 말고 각자가 가지고 있는 영원한 생명과 무한한 능력을 스스로 개발해 쓰도록 하라"는 당부의 말씀인 것이다.

　선가(禪家)에서는 흔히 은유적 표현과 반어적 설법을 사용한다. 이 열반송도 그렇다. 기독교 인사가 어디서 착상을 했는지 성철스님 말을 글자만 따라가서 영 엉뚱하고 희한한 해석을 해낸 것이다. 선가의 입장에서는 성철스님의 뜻을 전혀 이해하지 못한 포복절도할 일로서 웃어야 할지 울어야 할지 모를 일이다……제대로 알지도 못하면서 선가의 표현을 곡해하는 일은 없었으면 좋겠다.

(3)

　제가 지금 소위 성철의 열반송에 대한 류범상과 원택의 해석차이를 주목하는 것은 원택이 이미 정확하게 지적하고 있듯이 선어(禪語)를 경험적 언어로 해석하게 될 때 필연적으로 발생하는 오류를 드러내고 싶었기 때문입니다. 이 경우 선어(禪語)는 선험적 언어이고 엄격한 의미에서의 존재론적 언어인데 〈표상의 언어가 아니라 지시(손가락)의 언어〉라는 뜻입니다.이러한 언어에 대한 이해는 종교적,윤리적,가치판단적 틀을 통해서가 아니라 철두철미 자기명증적(self-evidence)으로 이루어지는 것이지요.

　류범상류의 해석은 어쩌면 일부 교회와 성도들의 체증을 시원하게 해줄 수 있었는지 몰라도 필연적으로 〈배타적이며, 독선적일 뿐 아니라 무지한 기독교〉라는 세상의 비판을 증폭시키는데 기여하고 말겠지요. 진정한 신앙과 지성은 언제나 우리를 더 크고 자유로운 세계로 이끌어 가는 법이지요.('성결광장 ,2009년 5월 8일)

조슈아   2009-05-10 01:26:32

만우님의 말씀은 성철스님께서는 자신을 선험적 자아로 보았는데 기독교인들은 성철스님을 후험적 자아로 판단하여 그리 해석했다는 것이군요. 그분의 말씀은 자아를 영원히 정확히 알 수 없다는 뜻으로 자신의 말에 속지말라고 말씀하신 것이고 기독교인들은 존재론적 언어보다는 경험론적 언어로 해석을 해서 그런 오류를 범한다는 말이군요. 자아에 대한 선험적 인식을 통해 진정한 신앙과 지성의 형식을 이루어간다는 것인가요?

채광수   2009-05-09 22:07:22

항상 만우 선배님의 글속에서 큰 감동과 학문의 길을 배우고 있습니다. 류범상 목사님의 이야기가 있어서 들어와 참견을 해봅니다. 류목사님은 1933년생이십니다. 은퇴후 2년여 활동을 하시다가 재작년에 갑자기 작고하셨습니다. 서울 동지방회의 한양교회 명예목사이셨구요 제 이웃 교회였습니다. 자주 집에도 놀러가고 식사도 같이 하신 분이십니다. 참 인자한 분이시고 강직한 분이셨습니다. 서울신대에서 공부하시고 목회는 장로교에서 하시다가 은퇴를 7~8년 남기시고 우리 교단으로 들어 오셨습니다.(1996년) 저서로는 사람은 누구인가? 왜 성철스님은 천추의 한을 안고 떠났나? 은퇴하시고는 "진리가 너희를 자유케하리라"는 전도 소책자를 를 저작하신 것으로 알고 있습니다. 지금은 사모님과 그 자녀들이 상계동에 살고 계시다고 들었습니다. 고향은 천안이시고 그 동리에서 큰 부자집 아드님이셨다고 들었습니다.

기독교를 변증하려고 노력하셨고 기독교에 대한 어려운 질문들을 나름대로의 주관을 가지시고 변증하셨습니다. 그 책이 사람은 누구인가 이죠. 성철 스님의 대한 해석이 좀 주관적이긴 해도 많은 기독교인들이 불교인

들과 대화 할때 인용한 것 같습니다. 물론 불교계에서 종교편향적 서적이
라고 공격도 많이 받으셨다고 합니다. 참 좋으신 분이고 인자하신 분이고
전형적인 충청도 양반이셨습니다. 인정도 많으시고 사람을 좋아하시는 분
이셨습니다. 참고가 되셨으면 해서 글을 적었습니다. 감사합니다. 마음으
로 샬롬을 드리면서··

   (위에 인용된 2개의 댓글은 5월 8일에 '성결광장' 에 올린 '신앙과 지성을 위한 단상(斷想)하나'
를 읽고 채광수목사님과 조슈아님이 역시 '성결광장' 에 올린 것입니다.)

신앙과 지성을 위한 단상(斷想) 하나(2)

   채광수목사님! 그리고 조슈아님! 두분이 뜻밖에 〈만우객담방〉을 방문해
주시니 감사하고 환영합니다. 먼저 류범상목사님의 프로필을 보충해주신
채목사님 좋은 정보를 주셔서 감사하고요. 류목사님이 이미 소천되셨다니
이유불문하고 유감스럽고 안타깝군요. 채목사님과는 지금껏 단 한번도 사
적 관계를 맺은 적이 없었지만 〈광장〉을 통해 서로 교우하게 된 것에는 선
하신 주님의 인도하심이 있을 것으로 믿습니다. 무엇보다 건강에 특히 유
의해 주시고채목사님의 가족에게도 저의 사랑을 전해주십시오. 가까운 시
간에 우리 교회에서도 한 번 뵐 수있기를 기대합니다.

   조슈아님!
   '선험적', '초험적' 이란 개념은 '일상적, 경험적, 감각적, 지각적' 행위
의 '전제' 이자 '존립기반 곧 근거' 를 지칭하는 말이며 순수하게 '철학적
영역' 을 뜻합니다. 하지만 '선험적' 영역이 '경험적 영역' 의 원인은 아니
지요. 당연히 '선험적' 이란 말은 '선천적' 이란 말과는 구별해야 하고요.

조슈아님이 '선험적 자아' 와 대비한 '후험적 자아' 라는 말을 사용하셨는데 학문적 언어로는 '경험적 자아' 로 교정하시는 것이 좋겠군요. ㅎㅎㅎ

'선험적 영역' 을 묻는다는 것은 곧 '경험과 경험의 존립기반이 단적으로 다르다 '는 깨달음에서 비롯되는 것인데 후설은 이러한 사태를 '모든 자연적 태도를 괄호침 곧 판단중지' 를 거친 〈환원〉이라고 불렀고 하이데거는 〈존재론적 차이〉라고 불렀지요. 혹시 조슈아님이 철학사에 대한 이해가 조금이라도 있다면 데카르트의 cogito를 더 근원적으로 물어간 사태 자체를 후설의 〈현상학적 자아〉로, 후설의 현상학적 자아가 어쩔 수없이 〈의식철학〉의 흔적을 지우지 못했다는 반성에서 하이데거의 〈존재론〉이 비롯되었다는 정황을 이해하게 되겠지요.

성철의 "내말에 속지 마라"는 경구를 '선험적 자아를 영원히 알 수 없다' 로 읽으신 것은 중대한 오류입니다. 불가의 '견성(見性)' 곧 '참된 자신을 봄' 이나 현상학에서 '현상학적 자아' 를 말하는 것이나 하이데거가 '존재론적 차이' 를 말하는 것은 '영원한 허구나 신비' 가 아니라 '절대자명성' (absolute self-evidence)이기 때문에 확실하게 '본' 것을 단지 기술하는 것이지요. 예컨대 불가의 '화엄경' 이 바로 그런 경전으로 분류할 수 있겠고요.

성철의 "내 말에 속지 마라"는 경구의 원래의 의미는 너무 당연하게 '오직 자신의 진정한 본성 곧, 자성(自性) 혹은 불성만' 을 좇으라는 것이지요. 임제의 〈살부처, 살조사, 살부모……〉의 경구는 깨달음에 이르는 핵심이지요. 한국 불교는 언제부터인지 〈고승〉 이라는 우상에 사로잡혀 있거든요.

제가 열린 '지성과 신앙' 을 말한 것은 ' 선험적 사태' 에 대한 지식과 지혜를 가지라는 것이 아니라 지성과 신앙의 본성을 지적한 것이지요. '독점적 진리론'에 빠져 타종교나 타인을 정(단)죄하는 어리석음은 진정한 지성도 아니고 신앙도 아니라는 뜻입니다.

기독교적 시각에서 말씀드리면 싫든 좋든 종교다원사회를 살아야하는 이땅의 교회와 그리스도인들이 〈예수 그리스도의 유일성〉을 포기하거나 이시대의 유행코드로 등장한 '종교다원주의'를 수용하라는 것이 아니라 타종교를 비판, 정죄하거나 타종교의 수장들에 대해 비이성적 무례를 범하는 것이 교회를 위해 결코 유익할 수 없다는 사실을 인식해야 한다는 뜻입니다. 기독교변증은 복음의 능력을 증거하는 데 초점을 맞춰야지 타종교를 정죄하는 방식으로는 결코 성공할 수없다는 뜻이기도 하지요.

개인적으로는 신학(神學)자체가 이미 '신(神)의 관점(눈)으로 세상을 봄'인데 신학의 도그마속에 매몰되어 오히려 신(神)을 빙자한 재판자가 되는 것 자체가 이미 '광기'에 다름아니라는 뜻입니다. 두분의 건필을 기원합니다.

(이 글은 채광수목사님과 조슈아님이 올린 댓글에 대한 저의 답글입니다.)

예수 예수 귀한 예수

'진실의 입(Bocca della verita)'을 기억하십니까? 영화 '로마의 휴일'로 더욱 유명해진 곳입니다. 강의 신 홀르비오의 얼굴상으로 조각된 그 입에 거짓말한 사람이 손을 넣으면 잘려진다는 전설을 지녔고 실제 어떤 잔인한 주인(혹은 왕)은 눈에 벗어난 종(혹은 신하)의 손을 그 안에 집어넣고 미리 숨겨둔 부하로 하여금 도끼나 칼로 그 손을 잘라 지배의 수단으로 이용하기도

했다는 곳입니다.

제가 빡빡했던 로마에서의 마지막 일정으로 굳이 그곳을 방문할 때만해
도 막연한 설렘이 있었지만, 막상 그 현장을 벗어나올 때 시간낭비였다는
후회와 함께 씁쓸함을 금할 수 없었습니다. 사람들이 왜 그곳을 유럽의 4
대 허무(지)중 하나라고 부르는지 직접 체험한 이후에야 알게 되었다는 사
실에 못내 속상했습니다. 하지만 어쩌면 그 '진실의 입'의 상징성이야 말
로 2천년 로마 천주교회 역사 속에 구축되고 또 이 시대 우리 기독교회가
알게 모르게 빠져드는 종교적 허상의 뿌리가 아닐까 라는 통찰이 무모한
독단만은 아닐 것입니다.

안식년 재충전을 핑계로 떠난 4주간의 유럽 여행 중 당연히 저도 유럽의
유명한 사원들을 방문하고 싶었습니다. 어쩌면 로마를 정점으로 하는 유
럽의 2천년 교회역사에 대해 내 내면에 잠재되어 있는 일종의 부채의식 내
지 열등의식을 직접 확인해 보고 싶었기 때문인지 모릅니다. 가는 성당들
마다 그 웅장한 대리석 구조물들과 사원 안팎으로 정교하게 조각된 상징
들과 성화들은 물론이고 소품들 하나하나에 까지 거의 신비화된 예술혼과
초월적 광휘로 채색되어 있어 동방의 왜소한 나그네를 주눅 들게 했습니
다. 특히 베드로 대성당 내부의 탁월한 예술품들과 상징들, 그 내부의 설
계 과정 등은 실로 감동적이어야 했지만 불경스럽게도 저는 그 현장들에
서 거의 평상심에 가까운 담담함을 유지했을 뿐 아니라, 심지어 한 때 화
가의 길을 꿈꾸었던 문호 괴테로 하여금 그 꿈을 접게 했다고 전해지는 미
켈란젤로 예술혼의 극치인 시스틴 성당 천장벽화 '천지창조' 앞에서는 담
담함을 넘어 실소를 금할 수 없었습니다.

유럽의 2천년 기독교가 창출한 문화는 과연 특별한 세계였고 또 종교적,
예술적 영감으로 가득 차 있는 듯 싶습니다. 하지만 냉소적 비판자이기보
다 가난한 순례자이기를 소망해온 제 영혼을 각성시킬 구원의 메시지는

어디에서도 찾아볼 수 없었습니다. 단적으로 제가 목격한 것은 종교와 예술의 결탁, 아니 보다 정확히 말씀드리자면 종교의 도구가 되어 봉사하는 예술이었습니다.

아직 성서가 대중화되지 못한 시대에 교회는 대중을 교화 내지 계몽해야 할 필요가 대두되었고, 예술은 조각, 건축, 회화 등의 영역에서 성서의 내용을 형상화하는 유용한 통로로 기능한 것입니다. 문제는 계몽과 교화 자체가 아니라 대중교화의 필요성을 인식한 교회의 의중입니다. 왜냐하면 교회가 교화와 계몽이라는 과정을 통해 오히려 교회의 지배와 대중의 종속이라는 구조를 고착시켰기 때문입니다. 분명한 것은 이러한 지식전달(공유)의 가장 본질적 의중이 베드로 교황권의 정당화라는 이데올로기였다는 것입니다. 로마 교회가 이러한 종교적 허상을 생산, 구축, 확산한 근저에는 '예수 그리스도와 성령의 현존' 이라는 성서의 생생한 대로를 벗어나 베드로 교황권이나 마리아 중보론 이라는 우회로이자 미로로 접어들었기 때문이라는 비판이 우연한 것이 아닐 것입니다.

바로 이러한 시각에서 '진실의 입' 은 한 해를 여는 우리교단과 한국교회에게 여전히 동일한 이정표일 수 있습니다. 인간구원을 위한 단 하나의 절대가치 예수만을 바라보라는. 지금이라도 그동안 너무도 당연하게 반성 없이 답습되어왔던 모든 종교적 허상들과 단호히 결별하라는. 항상 그럴 듯한 신앙적 명분으로 포장하곤 하지만, 실제로는 그 명분의 공급자인 자신들조차도 결코 믿지 않는, 그 명분의 그늘 속에 은폐되어 있는 세속욕망의 동기를 정직하게 대면하라는. 그리고 그 모든 작위적 허상들에서 자유로워지기 위해서라도 오직 예수 그 분만을 사랑하라는.

('성결신문 / 2004년 1월)

상처없는 영혼이 어디 있으랴!

　안식년 휴가차 떠난 한 달간의 유럽여정 중 Vienna 서부역 부근의 한국인 민박집에서 L군을 만났습니다. 그는 당시 저보다 한 달 먼저 유럽여행을 시작하여 첫 방문지였던 스페인 바르셀로나에서 뮌헨을 거쳐 Vienna로 왔고 저는 당시 체코의 프라하를 거쳐 Vienna에 도착했습니다. L군은 제가 거쳐온 프라하를 향하고 있었고 저는 그가 거쳐온 뮌헨으로 향하고 있었습니다. 단지 저는 뮌헨을 가기 전에 할슈타트(Hallstatt)를 방문할 계획이었지요. L군은 김천 모(某) 대학에서 전자공학을 전공하고 군복무를 마친 당시 25-6세 정도의 잘생긴 청년이었지요. L군의 말에 의하면 그는 서울 출신이고 그의 부모님은 서울역 부근의 유명한 모(某) 장로교회 중진들인데 부모님은 새벽마다 교회에서 자신을 위해 기도하고 있을 것이라더군요. 특이한 것은 내가 목사인 것을 안 L군은 단지 같은 한국어를 사용하는 목사를 만났다는 한 가지 사실만으로도 얼마나 기뻐하는지. 반복하여 하나님의 선하신 인도하심이라고 고백하더군요. 자신을 위해 새벽마다 기도하시는 부모님들의 기도에 대한 응답이라는 것이지요.

　민박집에서 늦은 점심을 마친 우리는 Vienna 시내 중심가로 나가 함께 쇼핑과 관광을 한 후 조그만 길가 카페에서 마주 앉았습니다. 꽤 소란스러운 실내에서 L군은 생맥주를 마시면서 자신의 유럽여행기를 오랫동안 제게 들려주었지요. 재미있는 것은 L군이 영어를 단 한 마디도 제대로 구사할 줄 모른다는 것인데 당연히 여행 중에 그가 알아들을 수 있는 말도 없었다는군요. 그가 할 수 있는 유일한 언어는 '스마일' 이었다지요. 예컨대 기차표가 필요한 경우 행선지를 메모해서 보여주고 씩 웃으면 통하더라는

식이지요. 하지만 어쩌다 다른 국적의 젊은이들을 만나 호프집에라도 들리게 되었을 때 제일 답답하더라는군요. 때로는 여행에 대한 정보라도 서로 교환해야 하는데 소통이 제대로 안되니 오죽했겠습니까? 그러니 한국어를 말하는 목사를 만나 함께 쇼핑하는 즐거움이 각별했을 테지요.

그런데 제가 지금 L군을 기억하는 이유는 전혀 다른 문제 때문입니다. 그날 저녁 그는 제게 오늘까지 제가 결코 잊을 수 없는 충격적인 고백을 하더군요. "목사님! 저는 죄가 너무 많아 회개할 수 없습니다. 목사님 들으시면 깜짝 놀라시겠지만 제 주변에 저같이 죄가 너무 많아 교회 나가지 못하는 아이들이 많이 있습니다"라고. 그렇습니다. L군의 유럽여행은 그저 여행이 아니었습니다. 겉으로는 졸업 후 진로를 결정하기 전에 먼저 여행을 통해 인생경험을 쌓겠다고 했지만 실상은 '자기로부터의 도피' 가 목적인 여행이었던 것이지요. 저는 더 이상 L군에게서 '죄가 너무 많아 교회갈 수 없는 사정' 을 구체적으로 묻지도 않았고 듣지도 못했습니다. 하지만 '너무도 진지하고 침통한' 그의 모습에서 마치 사제 앞에서 '영혼 깊이 피를 철철 흘리며' 고해(告解)하는 듯한 한 젊은 영혼을 보았던 것이지요. 어쩌면 그 모습은 바로 제 젊은 날의 초상이기도 했기 때문이지요.

오래 전 그러니까 1977년 1월, 유난히 추웠던 그 겨울에 저도 홀로 집을 떠났더랬습니다. 감당할 수 없는 영혼의 하중을 견디지못했기 때문이지요. 그 무렵 저는 실연했고 교회로부터 상처받았으며 세상과 자신에 대한 깊은 회의에 빠져들었습니다. 건강도 점점 나빠지고 있었고 무엇보다 감당할 수 없는 '죄의식' 으로 끊임없이 괴로웠습니다. 겉으로는 당시 속초에 살고있다는 C선배를 한번 만나야겠다는 생각이었지만 실상 그때 내 마음의 행선지는 설악산 눈구덩이와 동해의 검푸른 바다였지요. 내 내면의 고통을 해소하지 못하면 그 눈구덩이속에 혹은 그 겨울바다속에 내 자신을 던져버리고 말겠다는 비장한 생각에 사로잡혀있었거든요. 하지만 저의 대책없는겨울여행은 속초의 어느 이름모르는 여인숙, 그 어둡고 작은 방에서 지독한 각혈과 함께 무너져버렸습니다. 그리고 지치고 피폐한 몰골로 겨우겨우 집으로 돌아왔지요. 내 내면의 불안과 고통은 여전히 해소되지 않았고 자신을 설악산 눈구덩이속에 던지지도 못했습니다. 미완으로 끝난 그 겨울의 여정은 제게는 2년간의 고통스러운 휴학과 가난한 부모님에게는 무거운 경제적 부담만을 남겨주었지요. 돌이켜보면 그때 저의 그 철없는 겨울여행이야말로 애초 불가능한 '자기로부터의 도피' 였던게지요.

다음 날 아침 저는 일찍 민박집을 떠나 할슈타트로 출발했습니다. L군은 전날밤 민박집에 모여든 10여명의 젊은이들과 밤늦게까지 와인파티를 즐기고 늦게 잠자리에 들었음에도 굳이 역으로 나가는 저를 배웅하기위해 따라나서더군요. 저는 L군에게 "프라하는 벌써 춥더라"고 입고 있던 자켓을 벗어주었지요. L군은 제게 "귀국하면 꼭 목사님을 찾아뵙겠다"고 약속하더군요. 저는 그때 그의 손을 잡으면서 이렇게 말해 주었습니다. "자네 나이가 죄가 너무 많아 회개할 수 없다고 말하기에는 아직 너무 이른 것 아니냐?"라고. 그 후 L군은 아직 저를 찾아오지 않았지만 여전히 이 땅 위에, 교회 안에 상처받고 피흘리는 젊은 영혼들에게 들려주고 싶습니다.

"城이여! 계절이여! 상처없는 영혼이 어디 있으랴!"(Arthur Rimbaud/1854-1891) 그러기에 더더욱 "은혜의 보좌앞으로 더 가까이 나가야 한다고!!"(히 4:16)

성지순례에 관한 소고 (小考) 하나

　　동기 Y목사는 10월 중순에 자신이 섬기는 C교회 성도 18명을 인솔하여 '그리이스,터키 성지순례'를 다녀왔습니다. 목사는 힘들었어도 참여한 성도들은 한없이 행복해하더라는군요. 이번 그들의 여정은 Y목사가 이미 오래 전부터 계획하고 준비해 온 것이었지요. 교회 이전과 새교회정착이라는 지난(至難)했던 과제들을 헤쳐가는 과정에서 담임목사를 믿고 끝까지 함께 했던 충성스러운 성도들을 어떻게든 위로하고 보상해 주고 싶었기 때문이지요. 그래서 그들의 여정은 단지 그들만의 잔치가 아니라 곁에서 지켜 본 우리들 모두의 기쁨이자 의미였지요.

　　그런데 Y목사는 이미 몇 년 전 우리 대구교역자회장으로 섬길 때 교역자들을 대상으로 하는 '그리이스, 터키성지순례'를 성사시킨 바 있고 지금도 대구지방교역자들을 대상으로 하는 '2011 유럽의 종교개혁지탐방' 계획을 주도하고 있습니다. 어쩌면 '고기도 먹어 본 사람이 먹는다'는 속어처럼 성지순례도 다녀 본 사람이 역시 그 맛(?)을 아는 모양입니다. 설왕설래 끝에 우리 대구지방회는 내년 하반기에 '유럽의 종교개혁지탐방'이 아닌 '이스라엘을 중심한 성지순례'를 다녀오는 것으로 잠정적인 결론을 내렸습니다.

　　언젠가 우연히 읽었던 '성지 순례의 유익'이란 칼럼에서 지구촌교회 이동원목사님은 성지순례란 "하나님의 구속사적인 일하심의 자취가 남겨진 곳 그리고 그의 백성들 곧 우리의 신앙선배들이 하나님의 구속사적인 은혜를 경험한 그 땅과 길을 밟으며 연구하고 예배하면서 자신의 믿음의 성숙과 주께 대한 사랑의 깊이를 더해 가기 위한 거룩한 여행이라"고 규정한 후에 "나는 이스라엘을 벌써 10회, 터키를 5회나 다녀 왔지만 그 감동은 아직도 식지 않았습니다. 저는 은퇴가 두렵지 않다고 아내에게 종종 말합니다. 성지 순례 안내만으로도 저는 행복한 여생을 살 것 같습니다. 인생은 본래 순례자라고 히브리서가 가르치지 않았습니까? 이 순례 길에 안내자가 된 행복을 무엇으로 비교할 수 있겠습니까? 터키 성지에 갔다 온지 두 주도 안 되었는데 다시 그 땅이 그리운 것을 보면 저는 단단히 성지순례병에 걸린 듯 싶습니다" 라고 고백하고 있더군요.

다행스러운 것은 이목사님이 성지순례에 대한 두 가지 극단적인 견해들을 경계하고 있는 점이더군요. "성지순례에 대하여는 일반적으로 성도들 가운데 두가지 극단적인 견해들이 존재함을 볼수 있습니다. 하나는 카톨릭이나 이교도 특히 모슬렘처럼 성지를 극도로 우상화하고 성지 순례가 마치 구원이나 되는 것처럼 주장하는 견해가 있는가 하면, 일부 개신교도들은 백해무익한 구약적 혹은 이교적 사고로 일축하여 성지순례를 무시하거나 과소평가하는 경향이 있습니다. 저는 이 두 가지 견해가 다 바람직하지 못한 문자 그대로의 극단적인 견해라고 생각합니다. 우리는 어떤 땅이나 역사적 도구를 지나치게 거룩한 땅이나 성물로 우상화할 필요는 없습니다. 그러나 그럼에도 불구하고 하나님의 구속사적 일하심이 있었던 그 장소나 사건들에 대하여 진지하게 그 땅을 밟아가며 연구하는 것은 오늘을 살아가는 성도들에게 매우 유익한 경험과 영향을 제공받게 하는 것입니다."

저는 과연 성지순례자체가 '거룩한 여행' 인지 혹은 과연 카톨릭이나 모슬렘이 성지를 극단적으로 우상화하고 있으며 일부 기독교인들이 성지순례를 백해무익한 구약적 혹은 이교적 사고로 일축하는지에 대해서는 잘 알지 못합니다. 하지만 저는 "우리는 어떤 땅이나 역사적 도구를 지나치게 거룩한 땅이나 성물로 우상화할 필요는 없다"는 이목사님의 주장에는 상당한 설득력이 있다고 생각합니다. 그것이 땅이건 도구이건 혹은 인간행위이건 대상을 우상화하는 것은 그 자체가 허구이고 이데올로기이기 때문이지요.

　개인적으로는 저도 몇 년 전 안식년을 핑계삼아 1개월간 홀로 유럽을 돌아다닌 적이 있고 또 대구지방회교역자회가 주관하는 11박12일 일정의 '그리이스, 터키성지순례'에 참여한 적도 있습니다. 성지순례의 빛과 효용성을 '불경스럽게' 폄하하자는 것이 아니라 자칫 '과유불급'일까봐 사족하는 것이지요. 하긴 비록 부분적이고 한시적인 여정이었지만 냉소적 비판자이기보다 가난한 순례자이기를 소망했던 제 영혼을 각성시킬 구원의 메시지는 그 곳 어디에서도 좀처럼 찾기 어려웠던 것이 사실이군요. '상업화와 이데올로기'라는 인간 욕망의 흔적들 때문에 말입니다. 하여 제게는 '성지순례'는 차라리 구체적 장소개념이 아니라〈신(神)을 향한 영혼(정신)의 여행 Itinerarium mentis ad Deum (itinerary of the Soul to God)이거나 〈신(神)안에서 영혼(정신)의 여행 Itinerarium mentis in Deum(itinerary of the Soul in God)〉이 훨씬 본질적인 것이 됩니다. 당연히 '성지(聖地)' 혹은 '지성소(至聖所)'는 '내 마음'이어야 합니다. 내 마음이 성지이고 지성소라는 말입니다.

성지순례에 관한 소고(小考) 둘

여행(travel)이란 말이 라틴어 'travail(고생하다, 수고하다)'에서 파생한 말이고 'travail'이란 말은 라틴어 tripalium(로마시대의 고문기구 중 하나)에서 유래했다는 사실은 이미 진부한 지식이 된 지 오래입니다. 지난 월요일(2010.11.1)자 동아일보 '광화문에서'라는 고정 칼럼에서 조성하 여행전문기자는 이러한 언어놀이를 통해 '여행=고생'이라는 도식을 이끌어내더군요. 그럼에도 인간이 '여행하는 존재'인 것은 '여행을 통한 새로움에 접하는 것 다시 말해 여행을 통한 자극만큼 그를 행복하게 해주는 것이 없기 때문이라'고 결론내렸고요. '새로움과 자극이 인간의 행복조건'이라는 전제위에 세워진 가설인데 동의하기 쉽지 않군요. 왜냐고요? 인간의 삶자체는 '새로움이나 자극'과 상관없이 이미 '여행'을 그 본질로 하는 '필연성'을 지니고 있기 때문이지요. 인생은 여행을 그 본성으로 한다는 뜻입니다. '도상(途上)의 실존'이라는 말이나 '도상(途上)의 순례자'라는 말이 우연한 것이 아니라는 말입니다. 그것이 구원이건 해방이건 인간은 언제나 '초월과 완전을 지향하는 존재'라는 뜻입니다. '여행하는 인간'의 본성을 문제삼은 문학의 걸작이 『오딧세이』와 『파우스트』라면 헤겔의 『정신현상학』은 '여행하는 인간'의 본성을 정확히 포착하고 있는 철학의 대작으로 간주할 수 있습니다. 특히 『정신현상학』은 인간정신 곧 의식이 '감성적 확신'이라는 자연적 의식에서 절대지(자기의식)에로 고양되는 과정을 변증법적으로 그려내고 있는 그 자체 '의식의 여정에 대한 자서전'인 것입니다.

경우가 조금 다르지만 헨리 나우웬은 '인생을 하나님과 함께 하는 여행'이라고 규정했더군요. 그는 "하나님의 눈과 함께 여행하기"라는 글에서 "새 경치를 보고, 새 음악을 들으며, 그리고 새로운 사람들을 만나게 되는 여행은 흥분되고 매우 기분 좋은 경험입니다. 그러나 만일 우리에게 '이번 여행은 어떠했지?' 하면서 물어 줄 사람이 기다리고 있는 돌아갈 집이 없다면, 아마도 우리는 그렇게 여행을 떠나고 싶어하지 않을 것입니다. 우리들을 사랑하는 사람들, 우리가 찍은 슬라이드를 보며 여행이야기를 듣고 싶어하는 사람들의 눈과 귀와 함께 떠나는 여행은 즐겁습니다. 이런 것이 인생입니다. 인생이란, 우리가 돌아오기를 집에서 기다리시며 우리가 찍은 슬라이드를 보고 또한 우리가 여행 중에 사귄 친구들에 관하여 듣기를 열망하시는 하나님이 우리를 사랑하셔서 보내 주신 여행입니다. 우리를 떠나 보내신 하나님의 눈과 귀와 함께 여행을 하게 되면, 우리는 멋진 경치를 보며, 아름다운 소리들을 들으며, 놀라운 사람들을 만날 것입니다. 그리고 기쁘게 집으로 돌아올 것입니다"라고 썼더군요. 여행에 대한 종교적 이해 혹은 종교의 본성을 여행으로 설명하고 있는 메타포이지요. 그리고 보면 종교가 인생을 여행으로 표현하는 방식은 우연한 것이 아닙니다. 우리가 잘 알고 있는 존 번연의 『천로역정』이나 화엄경의 '선재동자이야기'는 대표적인 고전이겠지요.

중세의 보나벤투라는 이러한 여정(旅程)의 본성을 〈신(神)안에서 영혼(정신)의 여행 Itinerarium mentis in Deum/itinerary of the Soul in God〉(1259)이라고 불렀지만 리챠드(Richard/파리근교의 아우구스티누스회의 성(聖) Victor수도원학파의 수도사)는 보나벤투라보다 이미 한 세기 전에 이러한 여정의 본성을 〈신(神)을 향한 정신의 여행 Mentis itinerarium ad Deum 〈itinerary of the Soul to God〉 이라고 규명했었지요.

'여행하는 존재'로서의 인간이건 혹은 '하나님과 함께 여행하는 인간'이건 여행은 결국 '길을 따라 가는 것'입니다. 그 길이 땅길이건 하늘길이건 바다길이건 혹은 마음길이건 여행은 결국 '길을 따라 가는 것' 이고 이 때 '길을 따라 가는 것' 을 우리는 '경험 혹은 행(行)' 이라고 부릅니다. 여행이 인간의 경험(行)과 관련된 것이라면 이때 여행은 결국 2개의 방향을 지닐 수 밖에 없습니다. 〈신(神)안에서 영혼(정신)의 여행 Itinerarium mentis in Deum /itinerary of the Soul in God〉과 〈신(神)을 향한 정신의 여행 Mentis itinerarium ad Deum /itinerary of the Soul to God〉이 바로 그 것입니다. 전자를 '깨달음의 길' 이라고 한다면 후자는 '순례의 길' 로 규정할 수 있을 것입니다. 히브리서의 인간이해와 『천로역정』의 길이 '순례의 길' 이라면 헤겔의 『정신현상학』과 '선재동자이야기' 는 '깨달음의 길' 입니다.

　순례의 길이 역사 혹은 구체적 현실을 통한 길이라면 '깨달음의 길' 은 인간의 '의식' 안에서 이루어지는 것입니다. 이때 인간의 의식은 단순히 데카르트의 cogito가 아니라 "의식 그 자체가 깨달음이고 존재"인 '사태 자체' 를 의미합니다. 선재동자의 54단계 혹은 55단계의 선지식(善知識)은 결국 이러한 인간의식의(에서 일어난) 현상학적 사태기술에 다름아닌 것이겠지요. 헤겔의 정신현상학도 결국 '의식의 경험의 학' (Wissenschaft der Erfarung des Bewuβtsein)인데 이때 des는 형식으로는 2격이지만 실제로는 1격과 2격 양의적으로 사용되는 소유격이므로 결국 '의식의 경험의 학' (Wissenschaft der Erfarung des Bewuβtsein)은 현상학(Phenomenology)의 다른 이름일 뿐입니다. 당연히 '의식의 경험의 학' (Erfarung des Bewuβtsein)이란 말은 "의식이 의식자신을 경험하는 것" 이며 이러한 경험은 결국 "절대 지(知)가 자신을 의식에게 드러내는 한" 에서 가능한 것이기 때문입니다. 이때 의식(Bewuβtsein)이란 말은 Bewuβt + sein 곧 〈의식=존재〉 이고 이 경우 Bewuβt는 '인식되어 있는 것' (gewuβt)과 동연적 개념입니다. 다시 말해 '의식의 경험의 학' 은 "의식이 의식자신을 경험하는 것이며 의식이 그 자

체 깨달음이고 존재"라는 뜻입니다. 보다 정확하게 말씀드리면 헤겔『정
신현상학』은 헤겔이 이미 자신이 본 것 혹은 걸어온 길을 현상학적으로 기
술하고 있다는 것입니다. 단지 헤겔은 여전히 '존재를 존재자성' 으로 이
해하는 한계를 넘어서지 못했을 뿐이지요.

우리는 이미 "인간의 삶자체가 이미 '여행' 을 그 본질로 한다"라는 명제
를 '여행하는 인간본질은 인간에게 필연성(적)이다 "라는 명제로 해명한
바 있습니다. 그런데 이때의 필연성은 논리적, 사실적 관계를 의미하는 말
이 아니라 더 근원적 사태를 지시하고 있는 개념입니다. 예컨대 하이데거
가 사용하는 Notwendigkeit 개념은 논리적, 사실적 필연성이란 의미와는
아무런 상관이 없는 말입니다. Notwendigkeit 개념이 본래 '궁핍 혹은 비
참' 을 의미하는 Not에서 파생했듯이 '존재망각' 이라는 절망을 생사가 걸
린 '일대사(一大事)' 로 여기며 '간절하고 치열하게' 존재의 Grundstimmung
에로 방향전환하는 존재론적 사건입니다. 장망성의 운명을 예감한기독도
가 "어찌할꼬?" 라며 탄식하듯이 선재동자(불가)가 '초발심' 하듯이 말입
니다. 그것이 '순례의 길' 이건 혹은 '깨달음의 길' 이건 그 필연적인 여정
을 시작한 사람들을 우리는 "세상이 감당할 수 없는 사람들"(히11:38)이라고
부릅니다.

"cogito ergo sum!"

데카르트는 방법적회의라는 길(방법Methode/meta+hodos)을 통해 저 유명
한 "cogito ergo sum!"(나는 생각한다. 그러므로 나는 존재한다)이라는 명제를
찾아냅니다. 데카르트에게 'cogito' (I think)는 모든 사유의 시원인 '아르

키메데스의 점'이고 '사유하는 나'이자 근대성의 근본원리인 '주체이며 자아'입니다. 하지만 이때 cogito라는 개념이 co+agito(agitare,agere)의 합성어(결합어)라는 사실을 아는 사람은 많지 않습니다. cogito는 co(함께)+agito(움직이다, 가동시키다)라는 뜻이지요. '사유하는 나'와 함께 '사유하는 자'가 누구입니까? 데카르트에게 '나와 함께 사유하는 자'는 '신(神)' 곧 하나님입니다. '사유하는 실체'로서의 '나'와 '연장으로서의 세계'를 담보하는 분은 신(神) 즉 하나님이지요. 당연히 데카르트에게 '사유'(Denken)는 '사유된 것'(gedacht)이고 그에게 '인식'이란 '신(神)과 함께 있는 내 정신'입니다. 그러므로 데카르트에게 cogito와 cogitatum(사유된 것)은 실상은 동일한 것입니다.

이러한 흔적은 양심(conscience)이라는 개념에도 동일하게 드러납니다. conscience라는 말은 말그대로con(함께)+sciens(-tia/knowledgeable,knowledge of)의 결합어입니다. 이때 science라는 말은 단순한 '앎'이나 '분과학'이 아니라 참된 앎 즉 episteme이지요. 그러므로 conscience라는 말은 '함께 참되게 아는 것'입니다. 나와 함께 참되게 아는 그는 누구입니까? 서구적 사유에 의하면 그가 바로 하나님입니다.(철학적 사유로는 그것이 바로 참된 자기입니다) 내가 하나님과 함께 참되게 아는 것이 바로 우리가 말하는 양심(良心)이라는 원래의 뜻이지요.

동산 양개(洞山良价, 807-869)는 스승 운암과 작별한 후 냇물을 건너다 수면에 비친 자신의 그림자를 보고 깨달음을 얻었다고 알려져 있습니다. "切忌從他覓 沼沼獨自住 處處得逢渠 渠今正是我 我今不是渠 應須恁?會 方得契如如 다른 데서 그를 찾지말라 오히려 그는 너를 떠나리라 어디에서나 그를 만나리 그는 바로 나이지만 나는 바로 그가 아니다 이것을 깨달아야 본래의 얼굴과 하나가 된다." 그의 오도송(悟道頌)입니다. (『선(禪)의 황금시대』,류시화역 참조) 당연히 그림자가 나의 자성(自性)은 아닙니다. 하지만 그 그림자는 바로 나의 자성(自性)이고 진면목이며 진여(眞如)인 여여(如如)를 가리키는 손가락입니다. 그림자가 평생 나와 함께 하듯이 자성은 본래 그 자리에 그렇게 항상 함께 있는 것인데 그것을 모르고 '그것'을 찾아다녔으니 얼마나 어리석은 것입니까?

대강절맞이 2주간 특별새벽기도회를 시작했습니다. 기도회에 참석하기 시작한 여자 집사님 한 분이 "성령의 감동을 지속적으로 유지하는 길이 얼마나 어려운지"라고 탄식합니다. 성령의 감동을 느끼고 누리는 생활과 잡다한 업무와 욕망으로 점철된 우리의 일상사이에는 극복하기 어려운 간격이 놓여있기 마련입니다. 그러기에 F.J.Crosby는 "내가 매일 십자가앞에 더 가까이 가오니"라고 노래합니다.(찬송가 540장 2절)입니다. 하지만 비밀을 말씀드립니다. 실상은 "내가 매일 십자가앞에 더 가까이 가는 것"이 아니라 그 주님께서 우리를 "매일 십자가 앞에 더 가까이 가도록"하시는 것입니다. 그것이 비밀이자 깨달음입니다. 내가 주님과 함께 있는 것은 곧 주님이 나와 함께 하시는 것에 다름아닙니다. 이러한 비밀을 주님은 먼저 자신과 하늘 아버지와의 일치로 말씀하십니다. 주님은 "주여 아버지를 우리에게 보여 주옵소서. 그러면 족하겠나이다"라고 청(請)하는 빌립에게 "……내가 아버지안에 아버지께서 내 안에 계심을 믿으라"고 반복해서 말씀하십니다.(요14:8-11) 심지어 "나와 아버지는 하나다"(요10:30)라고 선언하십니다. 또 주님은 자신과 제자들의 일치를 말씀하십니다. 주님은 최후의 기도에서 "아버지여 아버지께서 내 안에 내가 아버지안에 있는 것같이 그들도 다 하나가 되어 우리 안에 있게하사 세상으로 아버지께서 나를 보내신 것을 믿게 하옵소서"(요17:21)라고 기도하십니다. 이미 우리 안에 우리와 함께 계신 그 주님을 우리가 동산 양개처럼 두루 찾아다니고 있는 것이 우리 신앙의 가장 근본적인 문제가 아닌가 생각됩니다. 그 주님은 이렇게 우리와 함께 하시며 또 함께 있는 진리를 알게 하시려고 몸을 입으시고 우리 곁에 오신 하나님의 독생자이기 때문입니다. 그래서 우리는 그 주님을 '임마누엘' 이라고 부릅니다.

종교와 이데올로기

일반 종교학에서 종교(宗敎)라는 개념을 정의하는 것은 거의 불가능하다고들 합니다. 하지만 그 어원적 접근법은 (그것이 정확하기만 하다면) 여전히 유효한 하나의 통로라고 여깁니다.

즉 라틴어의 'religio' 가 ' religare' (재결합하다. 함께 묶는다)나 'relegere' (진지하게 연구하다)에서 파생했다는 견해(유감스럽게도 이견해는 의심을 받고 있습니다)에서 혹은 한자말 종교(宗敎)가 말 그대로 으뜸 종(宗)', '가르칠 교(敎)' 의 복합어이고 또한 불가에서 '종(宗)' 은 흔히 자내증(自內證, self-evidence)으로 판독된다는 견해에서 유추할 때, 결국 종교란 '절대(자)와의 합일' 이란 철학적 규정이 크게 무리한 것은 아닌 듯합니다. 이러한 절대지평으로서의 종교를 굳이 한 토막 사색의 대상으로 삼고자 할 때 우선 저는 그것의 인식적 측면과 제의적 측면을 다루는 본질 연구보다 사회적 측면을 다루는 기능 연구에 특히 주목하고 싶습니다. 주님께서 빛과 소금 그리고 썩어지는 밀 알에서 그리스도인의 정체성과 사회성을 보셨듯이 실천을 통한 사회변혁이야말로 이 시대의 성결인에게 시급한 과제로 여겨졌기 때문입니다.

이런 글의 성격에 비춰볼 때 최근 기독교에서 꽤 심각하게 논의되고 있는 소위 전생(환생) 신드롬 문제는 우리의 논의를 위해서 주요한 출발점이 될 것으로 사료됩니다. 이미 많은 분들이 식상해 하실 만큼 기독교매체들을 통해 전생 신드롬에 대해서 충분한 논의를 거쳤다고 판단되는 터에 굳이 다시 이 문제를 재론하고자 하는 본인의 의도는 기왕의 검증에 섣부른 사족을 더하기 위함이 아니라 하나의 본질적인 의미에서 비롯된 것이었습니다. 즉 전생이 마치 유령처럼 횡행하는 이 시대 정신을 개탄하는 것도 정당하고 또 그것으로 인한 국민정신의 폐해를 염려하는 것도 물론 중요하지만, 그 좋은 뜻에도 불구하고 전생 신드롬에 접근하는 기독교 매체들의 시각 자체가 혹시 공정성을 잃고 있지는 않은가라는 의문말입니다

요컨대 적어도 전생(환생)이라는 믿음 체계는 당연히 그것을 고백하는 그들의 패러다임(틀)이자 세계관일텐데 그들의 입장에서 그들의 필연성까지도 존중하는 그 근거 위에서 우리의 입장을 개진하는 객관성이 필요하다는 자성인 것입니다. 가령 『한국 종교 이야기』를 저술한 이화여대의 최준식 선생이 '무교는 도대체 어떤 힘이 있어 고려 말 이래 그토록 혹독한 박해 속에서도 이 민족에게 몇 천 년 동안 저렇게 끈질긴 생명력을 지니는가' 를 진지하게 묻고 마침내 무속이 지니는 민중성 속에서 그 해답을 찾았듯이 적어도 전생 신드롬을 논의하는 우리의 시각이 그들의 필연성까지도 신중히 배려하지 못한다면 그것에 대한 어떠한 논의도 결국 범주착오에 머물고 말 것이라고 본인은 생각합니다.

이런 시각에서 소위 전생 패러다임은 여전히 자기동일성(self-identity)문제의 왜곡과 국민 정신에 미치는 심각한 폐해에도 불구하고 기독교가 도저히 해결할 수 없는 '근원적 불평등' 문제를 해명하는 하나의 열려진 통로(길)인 것을 그것의 탁월한 장점으로 확인하게 됩니다. 하지만 종교의 사회적 기능이라는 측면에서 바라볼 때 전생 패러다임의 가장 심각한 폐해

는 바로 그 탁월한 장점이 발생 기원부터 일종의 이데올로기로서 왜곡되어 있다는 심증을 떨쳐버릴 수 없다는 것입니다. 사회 변혁의 동인인 모순과 불평등 구조에 대한 불만을 개혁이나 혁명에로 점화하지 못하고 전생이라는 인과(causality) 에 순응시키는 것은 결국 지배계층의 이익에 부응하는 체계, 그 이상도 이하도 아닐 것이기 때문입니다.

　이데올로기라는 개념은 그 사전적 정의나 개별 분과학에서의 변용과는 상관없이 ' idea' 와 logos' 의 복합어 즉 ' idea' 에 관한 학(學)임이 분명하고(실상 'logos' 를 일종의 분과학인 'science' 로 번역하는 과정 자체에서 비극이 잉태되고 있었다고 주장하는 분들도 있습니다)또한 유물론적(혹은 경험론적) 입장에서 '형이상적 허구' 내지 '허위 의식' 으로 해독되는 것도 지극히 당연하다 하겠습니다.
　그러나 철학사를 통해 무엇보다 종교의 사회적 기능과 관련하여 종교를 이데올로기라고 비판하는 입장은 비판철학자들, 가령 아도르노(T.W. Adorno)와 호르크하이머(Horkheimer) 등의 종교론에서 두드러지거니와 그 발단은 역시 마르크스종교론에서 비롯되는 것으로 인정되고 있습니다.

　종교에 대한 마르크스의 비판은 크게 '소외론' 과 이데올로기론 '을 근거하고 있습니다. 특히 1845년과 46년에 걸쳐 브뤼셀에서 엥겔스(Angels)와 함께 집필한 『독일 이데올로기』(The Deutsche ideologie-마르크스 사상의 통일성을 문제삼는 마르크스연구자들 중에는 이 책이 초기 마르크스와 후기마르크스의 경계선상에 위치하며 또한 마르크스가 이전까지 유지했던 소외의 개념대신에 이데올로기 개념을 통해 상부구조의 계급적 성격을 폭로한 최초의 작품으로 인정하는 이들이 많습니다)에서 마르크스는 이데올로기를 먼저 다음과 분석합니다. "지배 계급의 사상은 어떠한 세대에서도 지배적 사상이다. 즉 사회의 물질적 힘을 지배하는 계급은 동시에 그 사회의 정신적 힘도 지배한다. 물질적 생산수단을 소유한 계급이 결국 정신적 생산 수단도 조정한다. 따라서 정신적 생산 수단을 지니지 못한 사람들의 사상은 대체로 그 지배 사상에 종속된다." 또한 마르크스는 『헤겔법철학서설』에서 종교가 전도(顚倒)된 세계의식으로서 거짓된 것으로 규정하는데 이러한 마르크스의 종교이해는 다시 『독일 이데올로기』에서 전도된 현상으로서의 이데올로기에 그대로 적용되고 있는 것입니다. 아울러 마르크스는 1861 년 집필된 『자본론』 1권에서 "종교적 신념 체계는 밖으로부터 인간을 통제하는 객체로 기능한다"라고 주장합니다. 요컨대 『독일 이데올로기』와 『자본론』 1권에 나타난 마르크스의 종교론에 의하면 종교는 결국 도덕, 형이상학 등과 함께 이데올로기의 한 형태일 뿐이며 또한 어떤 형태의 이데올로기든지 이데올로기는 그 자체가 지배 계급의 이익을 대변하게 되고 당연히 사회구조적 모순과 지배구조를 정당화해주는 도구로 기능한다고 주장하고 있는 것입니다. 따라서 마르크스종교론의 핵심은 종교와 지배 계급과의 결탁에 초점을 맞추고 있다고 여겨도 무리가 없을 것입니다.

이런 시각에서 마르크스가 힌두교는 인간을 비하시키고 자연에 대한 정당한 지배를 가로막고 있다고 비난한 것이나(The British rule in India 중에서) 어떻게 보면 잔인하다고도 할 수 있는 인도의 종교의식이 그 사회를 유지시켜 주는 구실로 기능하고 있다고 지적한 것은 (『자본론』 2권 중에서) 본인이 전생 패러다임과 관련하여 그러한 세계관의 가장 심각한 폐해가 바로 그것이 이데올로기로서 기능하고 있기 때문이라는 심증에 상당한 물증을 제시한 것으로 판단됩니다. 불교는 윤회에 목적을 덧붙인 믿음 체계이겠지요.

마르크스의 종교 이데올로기론은 종교의 사회적 기능이란 측면에서 교묘하게 은폐되고 위장된 사회구조적 모순 예컨대, 종교와 정치의 결탁을 폭로해 주는 예언자적 역할을 수행한다고 긍정적으로 평가할 수 있겠으나 또 한편 문두에서 제시한 바 있는 종교의 본질적이며 절대적인 측면을 간과하거나 왜곡시킨다는 측면에서 현저한 문제점을 내포하고 있다 하겠습니다. 그럼에도 불구하고 종교의 사회적 기능과 관련한 한 모금 사색의 자리에 굳이 마르크스 종교 이데올로기론까지 도입하는 본인의 의도는 자명합니다. 우선 마르크스종교 이데올로기론에 함축된 인간학은 어떠한 이데올로기라도 그것이 겨냥하는 표적은 결국 '인간 소외' 일 뿐이며 (그런 점에서 마르크스종교 이데올로기론은 포이에르바흐를 계승한 초기 마르크스소외론의 연장선상에서 크게 벗어나 있지 않습니다) 또한 그러한 이데올로기 중 가장 위험한 곳에 절대의 옷으로 은폐된 종교이데올로기가 있음을 폭로해 준다는 엄정한 사실을 확증하고자 했기 때문입니다. 하지만 무엇보다도 본인은 우리 시대에 유행처럼 확산되는 '전생신드롬' 의 이데올로기적 본성을 폭로하면서 동시에 우리 시대의 정신으로 진단하는 물신숭배(Festischismus. 마르크스는 그의 자본론에서 신과 화폐의 동일한 속성을 분석한 바 있습니다)현상에 대한 교회의 경각심을 자극하고자 했습니다. 어떠한 이데올로기라도 그 표출 방식은 결국 광기일 수밖에 없기 때문입니다. 제한된 지면 때문에 비록 충분히 전개하지도, 성공하지도 못한 것으로 보이긴 하지만 ...

(활천/1997년1월호)

기독교적 주체성과 교회

"나는 지금도 그렇지만 언제나 충분히 숙고한 끝에 최선이라고 여겨지는 로고스 외에는 어떠한 마음속의 의견에도 따르지 않을 것이네 ......그리고 가장 귀중한 것은 그저 살기만 하는 것이 아니라 잘 사는 것이고 잘 사는 것은 정의롭고 명예롭게 사는 것이 아니겠나?"

플라톤의 대화편 '크리톤'(Criton)에 의하면 아폴로 신에게 바칠 제물을 싣고 텔로스로 떠났던 배가 내일 아테네로 귀환한다는 소식 - 그 배가 도착하는 다음날 소크라테스의 사형이 집행되는데 - 을 접하고 절박한 심정으로 새벽에 감옥으로 찾아와 탈출을 설득하는 친구 크리톤에게 소크라테스는 오히려 그렇게 말했다고 합니다. "주체적이며 명예롭게 사는 길." 갈릴레이보다 한 세대를 앞서 살면서도 갈릴레이와 달리 끝까지 지동설을 고수하다가 화형에 처해진 브루노(Giordano Bruno, 1548-1600) 도 그런 길에 있어서는 결코 소크라테스에게 뒤질 수 없는 인물이었습니다. 그래서 사람들은 이 두 사람을 '철학의 순교자' 라고 부르고 어떤 의미에서든 존경하게 되는가 봅니다.

글의 윤곽을 미리 말씀드리자면 나는 이미 이 시대의 시대 정신과 문화로 확산되고 있는 소위 포스트모더니즘의 정제를 철학사적 개요를 통해 밝히고 또한 그것의 패러다임이 '해체와 다원', 특히 '주체성의 해체' 를 겨냥하고 있음을 확증하려고 합니다. 왜냐하면 하나의 사상은 즉시 혹은 점진적으로 상응하는 문화의 옷을 입고 마침내 우리의 삶 자체를 지배하고 말 것이기 때문입니다. 당연히 이런 작업이 이미 예시한 '주체적이고 명예롭게 사는 길' 을 탐색하기위한 하나의 방법론임은 물론이겠고 그것조차도 자기 구원의 문제로 귀결되고 마는 것은 본인에게는 거의 운명적이라 하겠습니다.

포스트모더니즘이란 용어의 시원을 정확히 규명하는 작업이 쉽지 않을 것이야 당연하겠지만 그럼에도 그 어원적 해독법은 여전히 유효한 하나의 길잡이임에 틀림없을 것입니다. 포스트모더니즘은 post라는 접두어와 modernism이라는 의미소의 합성어인 까닭에 '탈 현대주의' 혹은 '후기

현대주의' 라는 번역이 크게 무리는 없을 터이고 아울러 의미소인 modernism이라는 개념을 주목하는 것도 전혀 문제될 것이 없다 하겠습니다. (사실 이 경우 의미소 못지 않게 접두어 post 의 개념 규정이 더 문제될 수도 있지만 이 문제를 정리할 여백이 우리에게는 없습니다) .

'근대' 혹은 '현대' 를 의미하는 영, 독어의 modern이나 불어의 moderne가 라틴어 modernus에서 유래하고 후자는 modus의 탈락, modo의 변형이라는 사실은 이미 상식에 속합니다. modus는 물론 mode로 번역되며 이는 '지금 막 유행하는 형식' 을 뜻합니다. 이러한 어원적 규명에서부터 우리는 modern이라는 용어가 어느 특정 시기를 지칭한다기보다 오히려 어느 시점에서나 그 시점에서 볼 때 '지금 막, 바야흐로' 또는 '동시대에 유행하는 성격이나 양식' 을 뜻하는 것으로 풀이할 수 있겠습니다. 즉 근대의 시점에서 보면 중세를 '지나간 시대' 로 규정하여 중세에 대하여 현행하는 우리 시대를 'modern' 이라고 부를 수 있고, 현대를 기점으로 보면 지나간 근대에 대해서 새롭게 유행하는 우리 당대를 'modern' 이라고 부를 수 있다는 말입니다. 따라서 우리가 'modern' 의 어원에 충실하다면, 이 양자 간의 분기점은 특정한 시기가 아니라 역사해석적인 결단 즉 시대정신(zeitgeist) 혹은 철학적 패러다임에 의해 규정될 수밖에 없다는 사실을 주목하게 되는 것입니다.

철학사적 입장에서 모더니즘의 시대정신은 소위 계몽의 패러다임으로 나타납니다. 즉 계몽(enlightenment)이란 다름 아닌 '이성의 빛' (light)에 비추어 밝히는(enlighten) 것이며, 이때의 이성은 곧 인간에게 천부적으로(naturale) 내속하는 빛 또는 자연의 빛(lumen naturale)으로 파악되었습니다. 이런 점에서 근대성의 이념은 플라톤이래 '빛의 형이상학' (Lichtmetaphysik)의 연장선상에 있음이 분명하고 좀 더 구체적으로 ①이성적 인간관 ②그 인간이 견인하는 역사의 합목적적 진보성 ③이성적 주체에 의해 파악되는 '실재' 의 틀로서 드러나게 되는 것입니다. 당연히 '이성적 주체개념' 은 '모더니티' (modernity) 의 핵이자 모더니티적 '인간 해명' 에 있어서 '아르키메데스의 한 점' 에 해당하는 것을 알 수 있습니다.

그러나 '이성' (reason) 이라는 용어 자체가 동사적으로는 '논쟁하다, 추론하다, 시비를 걸다, 설득하다' 는 뜻으로 사용되고 있음이 암시하거니와 이러한 이성적 활동의 총체가 소위 '과학과 기술' 로 파악되고 있고 당연히 이러한 이성이 '기술적 도구적 분석적' 이성으로 변질되고 마는 것도 역시 필연적일 수밖에 없으며 바로 거기에서 포스트모더니즘의 패러다임이 단초하는 것은 거의 운명적이라 하겠습니다. 그런 시각에서 1920년대와 1980년대는 포스트모더니즘의 패러다임과 관련해 주목할만한 연대로 기억됩니다. 우선 비엔나 학단(vienna circle)이 논리실증주의를 선포하고, 프랑크푸르트학파가 사회비판 이론을 제창하며, 현상학파가 현상학적 존재론의 철학이념을 제기한 시기가 모두 1920년대에 집중되어 있습니다. 현대철학에 가장 큰 영향력을 행사한 것으로 공인된 3대 저서 즉, 비트겐쉬타인의 『논리철학논고』(1921), 루카치의 『역사와 계급의식 』(1923) 및 하이데거의 『존재와 시간』(1927)이 이를 실증하는 바입니다. 1920년대에 이루어진 포스트모더니즘의 패러다임이 모더니즘에 대한 고전적 비판틀이었다면 1980년대 즉, 1980년 '하버마스' (Habermas) 가 아도르노상을 수상하면서 행한 「모더니티 : 미완의 기획」이란 강연 이래 1985년 『현대성에 관한 철학적 담론』에서 소위 후기 구조주의자들인 푸코, 데리다, 라캉, 바타이유 등과의 치열한 논전의 전개에 이르는 기간은 포스트모더니즘의 철학적 패러다임이 가장 첨예하게 드러난 계기로 자리매김할 수 있을 것입니다. 당연히 포스트모더니즘의 패러다임이 'post' 란 말 뜻 그대로 반이성, 반실재, 반체계의 이념으로 표출되는 것이나 그러한 이념의 핵심적 근거가 '주체성의 해체' 라는 포스트모더니즘적 인간 해명에 결부되어 있음은 필연적 귀결이라 하겠습니다.

  이런 인식 위에서 숭실대 기독교문화연구소 김영한선생이 최근에 자주 포스트모더니즘이 타종교와의 관계에서는 종교다원주의, 종교문화적으로는 뉴에이지운동, 문화사상적으로는 해체주의 등으로 나타나고 있다고 경고하고, 특히 '뉴에이지운동' 이 신비적 혼합주의 영성으로서 비기독교적 초자아 즉 신인화(神人化)를 지향한다고 지적한 것은 주목할 만한 것입니다. 그러나 내가 주체성의 문제에 천착하는 것은 좀더 실천적인 문제의식에서 비롯됩니다. 즉 철학사적 반성에 의하면 이미 살펴본 대로 그것이 어떠한 패러다임이라도 '인간이란 무엇인가?' 라는 아포리아(aporia)에서 결코 자유로울 수 없으며 또한 그 인식은 궁극적으로 '주체성' 의 문제와 분리될 수 없음을 확인하게 됩니다. 그러나 또 한편 기독교적 경험지평에 의하면 '주체성' 이란 자칫 '자신을 부인하고 자기 십자가를 지고 그리스도를 따를 것' 을 요구받는 제자도에 있어서 거침돌로서 이해되거나 그 정도는 아니라할지라도 이 둘은 외연적으로 서로 상충되는 것으로 해석되곤 한다는 점입니다.(여기서 필자는 굳이 자기, 자아, 주관, 주관성, 주체, 주체성 등의 개념을 구별하려 하지 않습니다). 그러므로 심지어 '성령충만' 이라는 존재론적인 극적 사건조차도 대개의 경우 피상적이고 심리적인 '자기 부인' (포기) 현상쯤으로 대치되곤 하는 것도 우연한 일이 아닌 것입니다.

  따라서 나는 굳이 포스트모더니즘의 도전이 아니더라도 이 시대의 교회와 본인을 포함한 그리스도인의 위기 중 상당 부분이 이러한 종교언어(개념)를 애매모호하게 왜곡하거나 남용하는 오류에서 비롯된다고 여깁니다. 특히 주체성의 문제와 관련하여 많은 분들이 자신들의 몇 가지 특수한 경험을 일반화하여 너무 쉽게 또 무책임하게 초월적 세계(영역)로 경도되고 마는 현상은 엄정히 자성되어야 할 것으로 여깁니다. 가장 익숙한 우리의 일상언어로 진술하더라도 '자기를 부인하기 위해서라도 부인하는 자기' 는 실재하는 것이며 '십자가를 지고 주를 쫓기 위해서라도 그렇게 결단하는 자기' 는 여전히 실재해야 하겠기 때문에 말입니다. 나는 그것을 '기독교적 주체성' 이라 부르며 그런 시각에서 우리의 어떠한 신앙 행위라도 결국에는 '주체적 정신이 진리의 빛을 따라 자유롭고 명예롭게 지속적으로 선택하는 행위' 그 이상도 그 이하도 결코 아님을 천명하고자 하는 것입니다.

(활천/1996년 7월호)

우화(寓話)를 통한 세상읽기 그리고 aletheia

우화(寓話) 하나

60년대에 서울로 올라온 사람이 있었다. 그가 시골친구에게 엽서를 띄웠다. '서울 사람들의 오직 한 목표는 일자리일세. 일자리를 얻기 위해 몰려다니는 비참함이란 이루 말할 수가 없다네.' 70년대에 이르러 다시 엽서를 띄웠다. '서울 사람들의 인생 목표는 돈일세. 돈이 된다면 몸도 정신도 다 팔아먹는다네.' 80년대가 오자 또 한 장의 엽서가 왔다. '서울 사람들의 현재 목표는 권력일세. 줄을 잡기 위해 사냥개처럼 코를 킁킁거리며 뛰어다니는 꼬락서니란 차마 눈을 뜨고 볼 수가 없을 지경이라네.' 90년대가 되었다. 그로부터 또 엽서가 날아왔다. '서울 사람들의 지금 목표는 스피드일세. 1분 먼저 가기위해 과감히 목숨까지도 건다네.'

시골 친구가 답신을 띄웠다. '그렇게 위험하게 번 1분을 어디에 쓰는지 그 시간의 용도를 알려 주게나.' 얼마 후에 서울 친구로부터 답신이 왔다. '차를 마시고 노닥거리기도 하고, 텔레비전을 보기도 하고, 사우나를 다니기도 하고 화투를 치기도 하고, 입벌리고 조는 데에도 쓰고 그런다네.'

우화(寓話) 둘

서울 근처의 섬에 살던 떠꺼머리총각이 어느날 임금 자리에 올랐다. 때마다 신선로 음식을 들고 밤마다 비단 침구 속에서 잠을 잤다. 어린아이 다루듯. 자리에서 일어나면 예쁜 궁녀들이 곁에서 부축을 했고 손에서 손을 건너오지 않는 물건이라곤 하나도 없었다. "알아서 해라" 해도 "황공하옵니다" "모르겠소" 해도 "황공하옵니다." "자고 싶소" 해도 "황공하옵니다." 수많은 신하들이 그저 머리를 조아리고 "황공하옵니다"만을 연발하였다. 처음에는 기분이 좋아서 우쭐거리던 임금의 어깨는 달이 가고 해가 바뀌자 시들해졌다. 신선로에 밥을 먹으나 된장국에 밥을 먹으나, 한끼 때우기는 마찬가지. 비단 침구로 잠을 자나 누더기 이불로 잠을 자나. 하룻밤 잠자기는 마찬가지. 임금님은 '속이 답답하다' 고 짜증을 내었다. 눈치 빠른 신하들이 궁녀들을 바꿔 들여보냈다. 임금님은 꽥 소리를 질렀다. "여자들한테도 지쳤다. 달리 재미있는 일을 만들어 다오." 눈치 빠른 신하 하나가 저잣거리에 나가서 소년 광대를 데려왔다. 이 소년 광대는 대궐에서 쓰는 말 하고는 전혀 반대의 말을 해서 임금님을 웃겼다. 내시를 가리켜서 "저건 고자다" 그러면 임금님은 으하하. 풍채가 좋은 대감님을 가리켜서 "저건 배불뚝이다" 마찬가지로 임금님은 으하하. 임금님 말을 척척 받는 대감을 가리켜서 "저건 아첨꾼이다" 역시 임금님은 으하하. 임금님이 물었다. "그럼, 나는 누구냐?" 소년 광대는 거침없이 대답했다. "당신이야 뭐 황공하옵게도 임금옷을 빌어 입은 허수아비지." 임금님의 표정이 돌변했다. 그러자 이번에는 소년 광대가 웃음을 터뜨렸다. 으하하 으하하 으하하하. 임금님의 노여움이 상투 끝에까지 올랐다. "이놈아, 왜 웃느냐?" 소년 광대가 대답했다. "그럼, 어찌 웃지 않을 수 있습니까? 바른 말로 남을 놀릴 땐 좋아하며 들어주더니, 바른 말로 자기를 놀릴 땐 화를 내며 벌을 주려하다니 이보다 더 웃기는 광대가 어디 있겠습니까?"(정채봉 님의 우화집 『바보와 현자』 중에서)

이 소중한 지면에 느닷없이 2편의 우화를 인용한 것은 하도 황당한, 그래서 도저히 심각해지지 않을 수 없는 세상에서 이렇게라도 한번 웃어 보자는 생각에서입니다. 하긴 때로는 한 편의 우화 속에 담긴 풍자가 이 시대의 내노라 하는 논객들이 매끄럽게 펼쳐내는 고담준론이나. 내노라 하는 전문가들이 자신만만하게 전개하는 난해한 논리보다 훨씬 통렬하게 이 세상과 또 이세상과 또 이 세상에서 마치 자신만은 예외인 것처럼 가장하고 싶어 하는 우리 자신들의 우스꽝스런 정체를 폭로해주는 것이 아닌가 싶기도 합니다. 그런 측면에서 본다면. 오늘 우리에게 있어서 또 하나의 관심거리인 aletheia(알레테이아) 개념을 나름대로 개괄해 보는 작업은 어쩌면 이미 인용한 '우화를 통한 세상읽기'의 논증에 다름 아닌지도 모릅니다. 결론부터 말씀 드리자면 필자는 알레테이아 개념에서 '은폐(망각)와 비은폐'의 긴장과 투쟁이라는 원래의 뜻에 주목하고. 오직 그 틀(이념)을 통해서 세상과 자신을 해명하며 구원의 출구를 열어 보고자 하는 것입니다. 당연히 그러한 작업이 실천(praxis) 이라는 또 하나의 범주를 치열하게 함유하고 있어야 함은 물론이겠고 어쩔 수 없이 엄정한 자기비판이라는 방법론을 견지하고자 함도 당연하다 하겠습니다.

널리 알려져 있듯이 로고스(logos)와 미토스(mythos)가 엄밀히 분화되기

이전, 아직 신화적 세계관에서 충분히 계몽되기 이전에 고대 희랍인들은 진리개념을 알레테이아로 표현하였습니다. 망각의 강(江) 레테를 건너면서 잊어버린 지식을 기억하기만 하면 진리 즉 참된 인식에 도달하게 되리라 여겼기 때문입니다. 사실 알레테이아는 레테(lethe)에 탈취 혹은 결핍의 부정어 'a' 가 접두어로 붙은 조어이고 레테(lethe) 의 동사형 란타노(lantano)는 은폐 일반을 의미합니다. 그런데 알레테이아와 연계해 우선 간략히 정돈해두어야 할 것은 플라톤이 일찍이 환상(eikasia), 신념(pisteme),오성(dianoia)과 대립되는 (진정한) 인식(episteme)을 구별한 이래 진리론(aletheiologie)은 소위 인식론(episteme tes episteme)으로 전개되었고. 그 주요 논점은 ① 무엇이 진리인가를 묻는 진리의 정의 문제와 ② 우리가 진리를 확인하는 방법이 무엇인가라는 진리의 기준문제였다는 점입니다. 특히 진리기준과 관계하여 정리해두어야 할 것은 플라톤 이래 아리스토텔레스와 토마스 아퀴나스를 거쳐 근래의 논리실증주의에 이르기까지. 그 입장이 대응설이든 정합설이든 사실진리(sachwahrheit)이든 명제진리(satzwahrheit) 이든 혹은 반영론이든 구성론이든 간에 진리 기준은 '일치' (convenientia) 내지 '대응' (correspondentia)이라는 개념이었다는 점입니다. 심지어 모든 진리 검증방법의 토대가 되는 기준은 실천(praxis) 이며 또한 "철학자들은 지금까지 다만 세계를 다양하게 해석했을 뿐인데 중요한 것은 바로 세계를 변화시키는 것이다"고 주장하는 마르크스주의자조차 이 일치의 개념은 포기할 수 없는 것이었지요.

그런데, 이러한 전통진리론의 진리개념인 일치를 근본적으로 존재망각의 역사라 규정하고 알레테이아의 원래성 즉 '은폐와 비은폐' 를 주목하여 존재와 진리의 공속성을 주장한 사람은 하이데거였습니다. 하이데거는 고대 희랍인들이 생각했던 '망각과 상기(想起)' 로서의 알레테이아에 은폐와 비은폐성과 '탈취와 투쟁' 이라는 개념을 부여한 최초의 인물이면서 또 우리의 논제에 정당한 근거를 마련해 준 장본인이기도 합니다. 하지만 이 제한된 지면에서 진리론과 관계된 철학사를 개괄할 생각도, 하이데거 존재진리를 상술할 의도도 애초에 없었으면서도(사실 하이데거는 나중에 탈취와 투쟁의 개념을 포기하고 오히려 은폐는 비은폐성의 來源이며 원천이라고 주장한다)

　필자가 여전히 집요하리만치 알레테이아의 원래성에 집중하는 이유는 분명합니다. 우선 개인과 사회(구성원)가 어떤 진리관을 가졌는가에 따라 개인과 사회의 운명이 결정된다는 명제를 확증하고자 합니다. 아리스토텔레스가 그의 『형이상학』 J(Metaphysik)에서 이론학과 실천학을 구별했고 이론과 실천은 별개의 것인 양 여겨지기도 하지만 여전히 진리의 객관성을 부인하는 진리상대론자들이 암암리에 무정부주의적, 허무주의적 색채를 띠고 있음은 시사하는 바가 크다 할 것입니다. 예컨대 로티나 미셸푸코 같은 사람들이 '아무것이나 좋다' (Anything goes!) 라는 표어를 노골화하는 것이나 '진위를 판단하는 기준이 없다' 라고 주장하는 것은 결코 우연한 일이 아닌 것입니다.

　이런 시각에서 현재 우리가 겪고 있는 '혼란' 은 정당한 진리관의 붕괴가 그 원인임이 자명해집니다. 그러나 진리의 원래성에 주목하는 더 중요한 이유는 바로 우리의 건망증 때문입니다. '건망증', 그렇습니다. 그것이 망각에서이든 은폐에서이든 그 놈의 건망증은 언제나 우리를 개인적으로는 진리의 빛에서 눈멀게하고 가당찮은 物神숭배화(festishization)와 物化(reification)에로 이끌며 또 구조적으로는 '보이지 않는 손' 에게 언제나 그렇게 조작되고 통제될 여백을 열어주는 통로가 되고있는 것입니다. 그러므로 레테의 병폐는 단순히 현상적인 것이 아니라 본질적인 것이며 아울러 알레테이아에의 각성과 투쟁은 구원론적 인간이해의 핵심으로 다가오는 것입니다. 아울러 레테와 알레테이아의 긴장과 투쟁이라는 지평에 이르러서야 비로서 10계명을 돌판에 새겨 보관케 하신 야훼 하나님의 행위와, 자신의 몸과 피를 담지한 성만찬을 제정하셨던 그리스도의 심증이 확연히 드러날 것이라 사료됩니다. 한걸음 더 나아가 이러한 지평에 이르러서야 비로소 엄정한 '지성'의 터 위에 근거하지 않은 '영성'이란 자칫 또 하나의 레테에의 매몰일 수도 있다는 일각의 기우도 분명히 이유있음을 알게 되리라 여깁니다. (활천/1996년 2월호)

환타지아 (Fantasia)

제 97년차 교단총회를 현장에서 또 인터넷을 통해 지켜보다가 총회 둘째날 헌법개정안심의중 유소년 세례법이 통과되는 과정에 뭔가 석연치 않은 문제점이 있다고 생각되어 지면을 통해서나마 많은 분들과 생각을 나누고 싶었습니다. 당연히 본고는 제 분수에 넘치는 '총회참관기'나 어떤 주제에 대해 청탁받은 책임져야 하는 무거운 글이 아니라 어느 공동체에라도 있음직한 소수 의견이거나 사견일 수 있음을 먼저 밝혀두고자 합니다.

의혹의 발단은 모대의원이 헌아식 문제를 제기하고 표결에 의해 헌아식이 가결된 직후(교단경험이 일천한 필자는 본 교단이 유아세례를 채택한 이유가 신중한 신학적 반성과 신학적 입장변경 때문이 아니라 미주 성결교단과의 통합이라는 현실적 교세확장 때문이었다는 사실을 이때 비로소 알았습니다) 갑자기 교회학교 부흥대책 위원장이신 모 대의원께서 교회학교 부흥대책과 관련하여 유소년(소녀)세례법 통과를 간절하게 청원하자 법제부에서 공식적으로 '개정할 사유가 없다'고 보고한 그 사안을 아무런 토의나 검증없이 쉽게 통과시킨 것입니다. 미루어 짐작컨대 제안자의 충정과 열정이 대의원들을 설득하는 동인이 된 듯하고 현실적으로도 유소년(소녀)-이 경우 유소년, 소녀들이란 교회학교 초등부 이상을 뜻하는 듯한데-들이 생리적, 정신적, 신앙적으로 중생하고 세례 받을 만큼 충분히 성숙했다는 생각들이 이심전심으로 공유된 터에 굳이 이 시대의 지상명제인 교회학교 부흥이나 '부흥과 전도' 라는 Vision07의 이념(목표)과 상충되는 15세 세례자격규정의 철폐는 외견상 하등의 문제도 없는 것처럼 보입니다. 오히려 타교단에 앞선 개혁적 조치라는 점에서 당당하기까지 합니다.

　하지만 본인은 이 개정안 통과에는 우리가 심각하게 숙고해야할 몇가지 문제점이 내재되어 있다고 생각합니다. 우선, 논리적, 현실적 문제가 있습니다. 유아세례에 대해 헌아식의 중요성을 주장한 입장을 전자로 표기하고 유소년(소녀)세례법을 주장한 입장을 후자라고 가정해보겠습니다. 전자의 근저에는 유아세례시의 부모대리권보다 세례자 본인의 주체적 신앙고백을 중시하는 신학적 입장이 놓여있습니다. 그러한 입장은 인간의 경험과 책임영역을 주목하는 우리(웨슬레적)의 신학적 입장에 정확히 대응하는 태도일 것입니다. 후자도 유소년(소녀)들이 생리적, 정신적, 신앙적으로 중생하고 세례받을 수 있으며 당연히 주체적 신앙고백 능력을 지녔다는 사실을 공식적으로 인정한다는 점에서, 외견상 전자와 논리적 일관성을 유지하고 있는 듯 합니다. 하지만 한번만 더 음미해 보면 문제는 그렇게 단순하지 않다는 사실이 드러납니다. 무엇보다 유소년세례법은 신앙고백(자)의 사회적 책임성을 현저히 약화시킬 가능성이 있기때문입니다. 우리의 논제를 보다 선명하게 하기 위해 저 개인의 일화를 실마리로 풀어보겠습니다.

　헤겔철학으로 일가를 이루신 은사중 한분이 은퇴를 2년 앞둔 시점에 천주교회에 입교하셨습니다. 노부부가 함께 6개월간의 예비자 교리과정에 등록하고(선생님은 바쁜 현직 철학교수라는 직책을 인정받아 교육시간 상당부분을 면제받았다고 합니다) 이수하여 마침내 영세받을 때 자신이 대표선서를 했다고 저에게 어린 아이 같이 기뻐하며 자랑하던 모습이 새롭습니다. 영세받은 후 성경공부에 몰입하고 "성경읽기가 너무 즐겁고 특히 성경이 너무도 변증법적이라 놀랐다" 하시며 "성경이 헤겔변증법의 기원(출처)이라고 확신한다" 시던 선생님께 제가 웃으면서 '변증법으로 읽는 성서'를 한번 출간해 보시라고 권했던 즐거운 기억이 있습니다.

천주교회에서 영세를 위해 6개월에 걸친 예비자교리 과정을 실시하는 것이나 우리의 헌법이 15세라는 세례자 자격규정을 두고 있는 것(15세 규정은 우리 헌법만의 규정이 아닙니다)은 정도의 차이는 있더라도 사적 신앙고백을 계량화 하는 최소한의 공적장치임을 부인할 수 없습니다. 또 이 공적장치에는 사회적 책임성이 전제되어 있음이 분명합니다. 하지만 이러한 장치자체는 어쩔 수 없이 '자의적' 이라는 비판에서 자유로울 수 없습니다. '자의적' 인 장치라는 측면에서 현실적 필요성에 따라 15세 세례자격규정을 배제할 수 있다면 유소년 세례법도 이 논리에서 결코 자유로울 수 없습니다. 왜냐하면 유소년(소녀) 규정을 위해 필연적으로 또 다른 자의적 장치가 요구되기 때문입니다. 도대체 헌법상 유소년(소녀)을 어떻게 규정할 것입니까? 관례상 유소년(소녀)을 교회학교 초등부에서 소년부로 규정한다 할지라도 개교회마다 차이가 현저하며 초등학교 입학연령에도 개인적 차이는 상존합니다. 더욱이 어린아이(유소년, 소녀)들도 중생하고 세례받을 수 있는 능력이 있다는 목회임상학적 특수경험을 일반화하기 위해서는 최소한 그에 상응하는 과학적, 신학적 입장이 먼저 정립되어 있어야 합니다. 따라서 본인은 유소년 세례법 같은 교단정체성의 근간이 되는 헌법조항은 아무리 개폐에 대한 시급한 현실적 요구가 발생하더라도 최소한 각계의 전문가들이 참여하는 공청회 절차라도 거친 후에 개폐를 결정하는 것이 당연하다고 생각합니다.

어떤 경우에는 결과의 효용성보다 절차의 정당성이 훨씬 중요한 가치일수 있기 때문입니다. 유아세례법도 동일한 범주에 속합니다. 뿐만 아니라 유소년세례법은 필연적으로 현재의 20세 정회원 헌법규정조차도 심각하게 재조정 되어야 할 당위성을 제공합니다. 그 규정도 역시 자의적 장치라는 측면에서는 15세 자격규정과 동일하기 때문입니다. 한편 본인이 유소년세례법 통과 과정에 의문을 제기하는 또 하나의 이유는 그 배경에 보다 중요한 우리들의 정체성의 문제가 노정되어있다고 생각하기 때문입니다.

　바로 이 지점에서 본인은 논리적 비약이라는 비판을 감수하면서라도 유소년세례법의 외연을 100만성도 운동의 배경에까지 확대해 보려고 합니다. 본인의 생각에는 그 둘의 배경이 동일한 뿌리위에 놓여져 있다고 사료되기 때문입니다. 성결이란 소극적으로는 '반세속성' 을 적극적으로는 '합신성(合神性)' 을 지향하는 그리스도인의 존재방식이자 삶의 체험입니다. 이에 비해 우리가 이 시대 정신이야말로 세속성이고 그 세속성의 정체를 '힘과 쾌락의 원리' 로 규정해도 된다면 오로지 힘(영향력)의 확장만을 지향하는 성결인(교회)의 존재방식은 어떤 경우에도 정당화 될 수 없는 것입니다.

　유소년 세례법이나 최근의 '100만성도 운동' 이 그 열정과 충정에도 불구하고(사족한다면 Vision07 위원장목사님은 총회 둘째날 회의가 끝난 후 회의장 밖에서 본인이 Vision07이 지나치게 목표 지향적이 아니냐고 질문했을 때 "이 때가 아니면 언제 하겠느냐?" 고 대답했습니다) 그 방향성(근본동기)이 의심을 받고 있는 것은 '숫자(교세)가 곧 힘' 이라는 세속적 가치에 지나치게 기울어져 있는 것으로 여겨지기 때문입니다. 주님의 지상명령인 선교대명으로서의 복음전도가 아니라 단지 방편적(수단적) 교세확장이 교단의 본질적 이념의 자리에 들어와 앉았다는 지적이 그것입니다. 마치 지붕 위의 호박을 따기 위한 방편에 불과한 사닥다리에

화려한 장식을 함으로써 사람들의 시선을 호박이 아니라 사닥다리에 집중시키는 것처럼 본말전도, 주객전도의 가치혼란이 초래되었다는 지적 말입니다.

　이러한 의혹을 강화시켜주는 몇가지 우울한 흔적들이 있습니다. 교단의 100년 역사에 대한 치열하고 입체적인 반성에 근거한 미래상의 제시가 아니라 100주년 행사라는 이벤트 중심적 물량화와 숫자놀이에 함몰되고 말았다는 지적이나 교단의 많은 시급한 문제 중에서 유독 교회개척이라는 단선적 목표에만 집착하여, 비록 일년 유보되긴 했으나 독소조항이 심각해 보이는 특별법안을 무리하게 제시하는 등의 행태등이 바로 그것입니다. 심지어 '3천교회 80만성도 운동'을 졸지에 '100만 성도운동'으로 개칭하는 문제와 관련해 총회장께서 자신이 부흥집회를 다녀온 타교단은 130만 명의 교세확장 목표를 설정했다는 예를 들면서 공공연히 "기(氣)가 죽지 않으려면"이라고 토로하고 계시는 것은 많은 사람들의 우려가 우연한 것이 아니라는 심증의 재료로 기능하기 때문에 신중하셔야 될 듯 합니다. 그러므로 본인은 졸지에 "100만 성도운동"이 제안되었을 때(기독교 신문은 제1704호에서 본교단의 100만 성도운동을 한국교회의 침체된 분위기를 성결교회가 적극적으로 나서 새로운 영적 분위기를 만들어 나가자는 결의로 호의적으로 보도한 적이 있지만) 모 대의원이 성결성 회복을 위해서라도 오히려 정직하고 깨끗해야 할 교회가 그러한 허위나 허세속으로 빠져들 수 없다고 항의한 뜻은 비록 소수의견 일지라도 소중히 경청해야 될 원칙의 표명으로 여겨야 한다고 생각합니다. 오히려 외견상 믿음인 것처럼 보이지만 예측도 평가도 불가능하여 실상은 형식논리에 근거한 독선이나 광기일 수밖에 없는 주장들을 경계해야 할 것으로 여깁니다.

그러나 무엇보다도 본인은 유소년 세례법이나 Vision 07의 교세확장 배경에는 보다 심각한 우리의 본질적 문제가 내재되어 있는 것으로 여깁니다. 우리의 교회확장이라는 목표에는 '부흥과 전도'로 집약되는 현실적 절박성 외에 과거 한때 우리 교단이 장감성 3대 교단 중 하나였다는 과거지향적 향수같은 것이 함축되어 있다고 느끼기 때문입니다. 당시 일천한 역사에도 불구하고 교세로나 사회적 영향력에서나 장로교, 감리교에 버금가는 서열 3위의 교단이라는 자긍심(pride)은 그러나 또 한편, 현실안주적이며 패배주의적인 열등의식(complex)의 또 다른 얼굴에 다름 아닌 것입니다. 정신적 가치는 그것이 문화의 영역이건 예술의 영역이건 종교의 영역이건 단순한 수량적 비교로 우열(서열)을 정할 수 있는 것이 아닙니다. 성결교회는 단지 성결교회이기 때문에 충분히 그 고유한 자리가 확증되고 보존되는 것입니다. 타교단과의 또는 개 교회와의 단순한 교세비교로 '기(氣)가 살고 죽는 지도자'는 더 이상 이 시대 성결교회의 지도자 일 수 없음을 감히 제언하고자 합니다. 아울러 이 문제와 관련하여 본인이 가장 심각하게 우려하는 것은 이 시대 우리(성결인)들의 상상력의 빈곤입니다.

상상력(Imagination;Fantasy)과 관련하여 우리는 흔히 인간의 욕망에 근거한 자의적 공상(Fancy)이거나 몇몇 애니메이션이나 해리포터 시리즈를 연상하기 쉽겠지만 실상 상상력 개념은 고대로부터 철학과 예술의 영역에서 때로는 종교의 영역에서 중요한 주제로 보존되어 왔습니다. 최근에는 선거 캠페인에서도 그 유효성이 입증되고 있습니다. 상상력(Imagination)이란 개념은 라틴어 imaginatio에서 유래하고 imaginatio는 희랍어 phantasia를 어원으로 하고 있으며 phantasia는 '나타나다, 드러나 보이다, 착각하게 하다'라는 뜻의 동사 phainetai에 상응하는 명사입니다. 플라톤이 phantasia를 실재(idea)의 이미지를 만드는(image-making) 모방(imitation:mimesis)과 구별하여 실재하지 않는 환상을 만드는 능력 즉 모방의 모방으로 파악한 이래 phantasia는 인간 영혼에 현저한 부정적 힘으로 간주되어 왔습니다. 하지만 르네상스 시대의 피치노(M.Ficino)와 근대의 코올리지(Coleridge)를 거쳐 20세기의 바슐라르(Gaston Bachelard)와 뒤랑(Gilbert Durand)에 이르면서 phantasia는 오히려 서구의 로고스중심주의(logocentrism)에 대항하는 '창조적 상상력' 의 의미를 획득합니다. 이 경우 창조적 상상력이란 이미지를 모방하는 능력을 넘어 새로운 이미지를 창출해내는 능력이며 구체적인 현실속에서 미래를 기획하는 신비한 능력입니다. 그리고 이러한 상상력은 일련의 상징을 만들어 냅니다.

이런 시각에서 본인은 이 시대 성결인의 phantasia 즉 창조력 상상력은 성결 그 자체임을 주목하고자 합니다. 성결(성)이란 말 그대로 어느 시대에나 동일한 그 시대의 환타지아이자 상징입니다. '세속적인 세상에서 그리스도인은 가장 신적으로 살아야 하며(ought to), 또 그렇게 살수 있다(can)는 생각' 이야 말로 당대의 가장 위대한 환타지아 이자 혁명적 에너지이기 때문입니다. 그리고 그 환타지아는 감동(사역)자체입니다. 따라서 환타지아로서의 성결은 기독교적 유토피아사상과 비교될 수 있습니다. 그러므로 본인은 성결교회 100주년의 목표인 100만성도 운동이 우리들(당신들)만의 축제가 아니라 성결인 모두와 이 시대를 감동시킬 수 있는 환타지아로서의 성결운동으로 보강되어져야 될 것으로 새깁니다. 그 구체적 지평은 언제나 활짝 열려 있습니다. (「활천」, 2003년, 8월)

제 4 부

교단에 대한 발언들

<에스카토스 이브>에 대한 논쟁에 부쳐
문준경전도사의 순교영성에 대한 단상

- 허허허님에게 드리는 말씀

허허허님! 조금전 지역내 몇몇 교역자들이 만든 '월요테니스모임'에 갔다가 회원이자 동기인 Y목사네 집에서 함께 저녁먹고 돌아왔습니다. 〈광장〉에 들렀더니 뜻밖에 허허허님이 저를 호출하고 있군요. 이유불구하고 저의 짧은 멘트로 인해 님께서 심각한 심적 상처를 입으셨다니 송구하기 그지없습니다. 진심으로 용서를 청합니다. 늘 조심하며 사는데도 여전히 철들지못한 까닭입니다. 굳이 변명한다면 저의 댓글은 허허허님만을 겨냥한 특별한 것이 아니라

연극공연자체를 무산시킨 분들 모두를 향한 일반적인 것이었고 그중에 '교권'의 횡포로밖에 볼 수없는 집단적 의사표시를 주동하고 결집시킨 사람들과 그 방식에 대한 속상함이었지요. 저 개인적으로 하도 많이 당해본 기억이있어 거의 무의식적으로 작동된 것이지요.

기왕에 허허허님의 호출을 받은 이상 〈에스카토스 이브〉와 관련한 제자신의 생각을 한번 정리해두는 것이 좋을 듯하군요. 〈광장〉에서는 아무래도 제가 〈에스카토스 이브〉에 대한 첫 번째 비판자였던 것 같은데요. 제가 〈에스카토스 이브〉의 대본을 읽고 '심각한 역사(캐릭터) 왜곡의 가능성이 있다'고 염려한 것은 정바람님이 그려내는 문준경에게서 real 문준경이 아니라 ideal 문준경을 보았기 때문입니다. '문준경에 대한 도를 넘은 미화'였다는 뜻입니다. (개인적으로 저는 '어떤 경우, 어떤 이유로도 인간 혹은 개인을 미화하거나 추

종하는 것은 하나님 앞에서나 그개인을 위해서나 불행한 일' 이라는 생각을 가지고 있습니다.) 이때 ideal이란 개념은 말그대로 '관념적, 이상적' 이란 뜻인데. 지나칠만큼 관념화되고 이상화된 문준경은 자칫 작자의 의도와 상관없이 문준경우상화(?)의 모티브가 될 가능성을 염려하게된 것이고요. 〈에스카토스 이브〉라는 정바람님의 표제자체가 이미 ideal 문준경의 끝을 지향하는 것으로 보여 그 우려를 강화시켰던 것이지요.

(〈에스카토스 이브〉를 문법적으로 읽어 굳이 〈에스카테 이브〉로 표현하고자하는 시도는 제생각에 '에스카토스' 개념자체와 '이미 이념화된 이브가 단지 여성성만을 의미하는 것이 아니라는 점' 에서, 또 〈에스카토스 이브〉가 신학논문이 아니라 문학적 창작물이라는 점에서 원래 저자의 의중대로 〈에스카토스 이브〉로 읽고 표기하는 것이 좋을듯 합니다.)

또 하나 제가 염려한 것은 정바람님의 소위 '순교영성' 이란 상용어가 아직 엄정하게 검증되지않은 조어였기 때문이지요. 엄정하게 검증되지않은 소위 〈순교영성〉이란 말은 자칫 인간 삶의 종국적 한계상황이자 살아있는 사람의 '절대타자' 인 죽음을 철저하게 '단순화' 시킬 가능성이 있는 것이지요. 이데올로기라는 뜻입니다. 이 문제와 관련하여 저는 이미 〈만우객담〉방에서 '추기경의 죽음' 이라는 글제 위에 정바람님께 질문하는 형식으로 다음과 같이 제기한 바 있었군요.

정바람님! (전략) 하지만 순교자는 최고로 존숭(尊崇)되어야 하겠지만 순교(영성)는 그것이 단순한 레토릭이 아닌 한 권장하기에는 너무 비인간적인 것 아닐까요? 또 죽음을 너무 단순화시킨다는 비판도 가능하지 싶고요. 인간일반의 죽음이 아니라 그것이 바로 '나의 죽음라면 모든 죽음에는 필연적 이유가 있기 마련이고 이러한 이유들을 단선적으로 해석하기에는 그 외연과 내포가 훨씬 복합적이지 싶고요. 순교도 예외는 아닐 성싶은데요. 제 생각에 '순교'는 어느누구건 "할 수 있으면 피해야 할 잔"이어야하고 그래도 아버지의 뜻이면 "어쩔 수없이 마셔야할 잔"이어야 한다고 여겨지는군요. 순교는 사적(私的)원인만이 아니라 필연적 원인 곧 신적(神的) 원인이 더 원초적 동기인 듯 싶고요. 말을 바꾸면 순교는 역사적 필연과 개인의 주체적 선택, 그 조화에서 어쩔 수없이 발생하는 사건이겠지요. 예컨대 김은국의 『순교자』나 엔도슈샤꾸의 『침묵』같은 작품이 결국 이러한 세계를 드러내고 있다고 읽어도 좋지 않을까요? 하여 감히 한 가지 질문을 드립니다. 정바람님의 순교영성은 총회역사편찬위원회의 책임자로서 사역하시다가 도달한 세계입니까? 아니면 그 이전에 이미 목회사역의 귀결로서 도달하신 자신의 고유한 세계입니까? 순교자 문준경님을 만났기 때문에 비로소 열린 영성입니까? 아니면 이미 자신이 도달한 영성의 세계를 문준경을 통해 확증하고 계시는 것입니까? 정바람님의 건필과 평화를 기원합니다. 총총.

허허허님! 하지만 〈에스카토스 이브〉는 그 자체가 역사의 기록물이 아니라 예술적 창작물이라는 사실을 직시해야 할 것으로 보입니다. 이 점과 관련하여 정바람님은 이미 자신의 〈에스카토스 이브〉가 문준경에 대한 하나의 해석일 뿐이라고 정리(양보)해주고 있습니다. 저는 그분이 〈에스카토스 이브〉를 '요한복음의 버전이라' 고 해명하는 것을 정당하지 않다고 생각하지만 그분의 고백처럼 교단과 문준경을 너무 사랑해서 그분 방식으로 문준경에 몰입하여 〈문준경의 순교영성과 교단의 순교영성과 정바람님 자신의 순교영성〉을 일체화시킨 점을, 그 충정을 충분히 존중해야할 것으로 판단합니다. 무엇보다 우리 교단에서 아니 외연을 넓혀 한국기독교인 맥중에서 〈에스카토스 이브〉와 같은 완성도높은 작품을 그처럼 짧은 시

간에 창작해내고 또 그 작품을 무대에 전격적으로 올려 공연할 수있는 역
량을 가진 분이 정바람님외에 누가 있겠습니까?

　허허허님이 정바람님의 사상을 문제삼는 것 자체에 대해 제가 어떤 방
식이건 관여하는 것이 적절하지 않다고 판단하지만 다만 제 생각에 정바
람님은 엄밀한 학문과 논리적 훈련을 거친 이론가이기보다 타고난 이야기
꾼이자 시인으로 보이고 당연히 치밀한 논리와 기하학적 체계보다 고유한
통찰력이 훨씬 돋보이는 분입니다. 무엇보다 그분의 삶 자체가 너무 '생생
하게' 살아 약동하고 있고 제 보기에는 '정말로 별 것 아닌 것'에도 '질질
짜고' 웃고 감격하는 '어린 아이와 자연을 닮은 어른' 정바람님은 제게 그
런 분입니다. 이런 분은 교리나 전통이라는 그물로는 쉽게 포획할 수 없는
법이지요.

　더욱이 〈에스카토스 이브〉는 탁월한 문학적 창작물이라는 점에서 예술
을 신학 혹은 사상으로 검열하는 행위 자체가 허허허님같이 지적인 분들
에게는 심각한 자기모순을 초래할 가능성이 있지요. 허허허님의 충정을
제가 아주 모르는 바는 아니지만 그분을 대상으로하는 소위 '이단논쟁'은
별로 실효성이 없어 보입니다. 제가 알기로 그분에게는 ① 그분 스스로 자
신의 사상적 입장을 공개적으로 천명하고 교단신학에 반하는 행위를 한
적이 없고 ② 자신을 추종하는 사람들을 규합하려고 시도한 적이 없으며
③ 단 한번도 성결교회목사로서 사회적 물의를 일으킨 적이 없었고 ④그
분 스스로 성결교회 목사인 것을 자랑스러워하는 업적이 분명한 목회자이
기 때문입니다.

　제 눈에 순교자 문준경에게는 순교영성이라는 안목에서 '한국의 전통적

인 여성성' 곧, '모성순교' 라는 장점이 있습니다. 더욱이 현재 우리 기독
교계에 상당수 명망있는 지도자들이 문전도사님에 대해 우호적으로, 감동
적으로 회고하고 있다는 점에서 또 우리 시대의 세속화 경향성이 역설적
이게도 문준경순교영성의 '상품성 (?)을 높여주고 있기도 하지요. 하지만
제 눈에 '문준경' 이라는 여성성은 헤세의 데미안이나 괴테의 파우스트에
서 나타나는 세련된 서구적 여성성이 아니라 전형적인 조선여인상, 그것
도 역사적, 문화적 변두리인 전라도의 섬마을에서 지지리도 신산(辛酸)한
삶을 견뎌온 한(恨)많은 여인상이라는 뜻이지요. 그리고 제눈에는 그분의
죽음이 단지 '종교적원인' 만으로 결정하기 어려운 6.25한국전쟁이라는
'역사적 원인' 이 겹쳐보이는군요. 그분의 일대기를 기록한 '천국의 섬' 을
책자와 DVD로 읽고 보면서 전형적인 우리 시대의 어머니들, 그중 내 어
머니를 떠올리게 된 이유이지요.

  이미 제가 자작나무님의 〈도토리예배당 종지기 아저씨〉방에서 얼핏 언
급한 것처럼 제 모친은 지극히 평범한 이 땅의 어머니였지요. 평생 남편을
원수로 여겼고 먼저 간 남편과 함께 묻히기 싫어 "화장해서 뿌려달라"고
유언하셨지요. 자식놈들에게 서운하면 항상 "내가 너거를 어떻게 키웠는
데"하시면서 서럽게 우시곤 했지요. 제가 맨 처음 교회 다녔을 무렵 제가
교회 나간 날이면 어김없이 "돌아가신 외할머님이 소복입고 꿈에 나타난
다"면서 핍박(?)하시고 제 성경찬송을 '불때는 아궁이' 에 집어던지곤 하
셨지만 "그 아들은 자기 가고자하는 길로 가도록 내버려두라. 그렇지않으
면 큰일난다"고 했다는 점쟁이의 말을 듣고난 후로는 핍박을 그쳤고 또
"그 아들이 아들 다섯중 제일 효자이고 나중에 그 아들이 당신을 모실 것"
이라고 했다는 점쟁이의 점괘처럼 이 땅에서의 마지막 몇 년을 제 곁에 계
시면서 " 너그 교회는그래도 손님이 많다" 시던 제 모친은 암수술 후 매우

고통하시면서 제곁을 떠나셨더랬지요. 마지막 가시기 전에는 심한 변비증
세로 관장도 되지 않아 담당의사와 제가 긁어내지 않으면 안되었지요. 그
때 아프다고 짐승처럼 울부짖던 모친의 모습이 생생하군요. 하지만 그 어
머니께서 나를 낳으셨고 키우셨고 공부시키셨습니다. 그 어머니가 내 어
머니입니다.

(이 글은 교단역사편찬위원회 위원장 방인근목사님이 문준경전도사의 순교영성과 관련하여 교단지
「활천」에 "에스카토스이브"라는 희곡을 발표하고 교단차원에서 연극으로 무대에 올리고자 했을 때 발
생했던 소위 이단논쟁에 대해 그 논쟁의 선두에 섰던 '허허허' 님께 드렸던 고언입니다.)

「성결인신문」발간에 부쳐

부산에서 임종하신 선친은 평생 동아일보와 지방지 국제신문을 애독하
셨지요. 저도 선친을 따라 동아일보를 주로 구독했었지요. 88년 봉산교회
에서 부목사로 섬길 때 대구인권위에서 활동하던 교회청년들 까닭에 한겨
레신문 창간주주(2주)로 참여하고 상당기간 한겨레신문을 애독했더랬지
요. 후에 한겨레신문사에서 감사메달을 보냈더군요. 우리 모두가 언론자
유에 '타는 갈증'으로 목말랐던 때였지요.

제가 수성교회에 부임했을 때 마침 교회 바로 앞에 동아일보지국이 있
었고 그 지국장의 셋째 딸이 제 둘째 딸과 같은 학교 같은 반 친구라서 자
연스럽게 동아일보를 다시 구독하게 되었는 데 시대가 바뀌어 소위 조선
일보탄압(?)사태가 벌어졌지요. 저는 동아일보 지국장에게 양해를 구하고
조선일보를 구독하기 시작했는데 그 기간이 거의 4년이 넘었군요. 진보정
권 10년을 지나면서 많은 사람들이 '조중동'을 찌라시라고 폄하할 때도

저는 그 신문들이 '명품'이라는 생각을 한 번도 의심해 본 적이 없었군요. 권력에 타협하거나 굴종한 역사, 그 배후의 언론재벌의 엄연한 행태에 무지하거나 애써 눈감은 '보수꼴통'이라서가 아니라 이미 우리 나이쯤 되면 어떤 신문이건 그 신문의 논조에 휘둘리는 것이 아니라 나름대로의 눈으로 통찰할 수 있기 때문이지요. 독자들의 '눈'을 예사롭게 폄하하는 소위 진보주의자들은 그런 점에서 '철부지'들이라는 비판에서 자유로울 수 없는 것이겠지요. 지난 1월 사택을 이전하면서 다시 동아일보를 구독하게 되었는데 조선일보 주요 논객들의 글쓰기에 식상해 버렸기 때문이군요. 이제는 제가 쓰도 그만큼은 쓰겠다 싶을 만큼 답답해지더군요.

늦었지만 「성결인신문」의 발간을 축하합니다. 호사가들의 설왕설래(說往說來)와 달리 독자들의 입장에서는 교단에 새로운 신문이 생긴다는 사실자체를 마다할 이유가 전혀 없는 것이지요. 신문(기사)에 대한 선택권을 보장받을 수 있게 되었으니까요. 「성결인신문」이 발간된 후 꽤 오랫동안 집요하게 계속된 여러 형태의 훼방과 도전은 역설적이게도 「성결인신문」의 존재이유를 분명하게 밝혀준 사태로 평가할 수 있겠군요. 정치권력이든, 교회권력이든 혹은 동네 구멍가게 일지라도 '경쟁보다는 현상유지를 통한 기득권 강화'라는 본성은 언제나 동일한 것이지요.

내부적으로도 신문발간과 관련한 제반 메카니즘이야 우리 같은 문외한들이 쉽게 언급하기 어려울 만큼의 진통을 겪었으리라 짐작되고요. 아마 지금도 피를 말리는 듯한 진통들이 계속되고 있을 것으로 사료되는군요. 「성결인신문」이 모든 대내외적 도전들을 이기고 교단과 기독교계의 전례가 없었던 명품신문으로 세워지기를 바랍니다.

「성결인신문」의 가장 중요한 기능 혹 시대적 소명은 교단을 향한 건전한

〈논평(論評)〉기능을 감당하는 것으로 보이는군요. 사실(事實)에 입각한 기사(記事)가 기초임은 두말 할 필요도 없겠지요. 제 생각에 성결교회의 가장 심각한 병증은 개교회건 총회차원이건 '자정력(自靜力)'을 상실한 것으로 보이는군요. "복음주의와 성결성"이란 슬로건아래 때로는 "교회의 건강성을 위한다"는 명분 때문에 건전한 비판기능과 치열한 노선투쟁이 사라져 버린 때문이겠지요. 예컨대 교단 100주년 기념대회에 대한, 그 정책과 실행과정에 대한, 또 그 행사를 주도했던 핵심지도자들에 대한 치열한 검증과정과 반성절차가 생략된 것은 우연한 것이 아니겠지요. 교단의 치명적인 역사오류로 기록되어야 할 것입니다. 제 생각에 최소한 100주년을 전후한 핵심지도자들의 〈말들〉만이라도 검증하여 공인으로서의 그들 책임을 엄중히 묻는 시스템을 가동해야 했다는 뜻입니다. 그것이 역사에서 교훈을 얻고 역사를 두려워하는 교단으로 세워지는 첩경이기 때문입니다. 「성결인신문」이 어떤 이유에서건 이러한 중요한 과제의 일부분을 감당한 것을 높게 평가하고 싶습니다.

「성결인신문」에 대한 우려도 있습니다. 신문은 권력과 금력으로부터 , 또 소비자인 독자들의 여론으로부터 자유로운 존재로 자신을 세워가야 하는 본성을 본질적으로 요구받게 됩니다. 하지만 지금까지 발행된「성결인신문」을 면밀히 검토해 본 결과 금력으로부터 자유롭지 못한 태생적 한계를 곳곳에서 목격하게 됩니다. 신문발행의 엄혹한 현실 메카니즘을 충분히 감안하더라도 문제는 그 한계를 극복하기위한 자체노력이 거의 보이지 않는다는 사실이군요. 오히려 그 그늘아래 안주하고 심지어 지향하는 듯한 느낌을 강하게 받게 되는군요. '찌라시'라고 비판받는 〈조중동〉은 엄혹한 권력의 억압 중에도 소위 '행간의 메시지'라는 기자정신을 담으려고 분투했었지요.

어쩌면 「성결인신문」의 이러한 한계가 "교단을 위해서 다행인지 모르겠다"는 안도감도 주는군요. 가뜩이나 패거리정치에 길들여져 걸핏하면 알아서 '기고 비비는' 교단의 풍토에서 언론의 자유에 충실한 정말 신문같은 교단신문이 있다면 그 신문은 금방 교단 어느 누구도 감당할 수 없는 권력위의 권력이 되고 말테니까요. ㅎㅎㅎ 다시 한 번 「성결인신문」의 건승을 기원합니다.

『성결교회 인물전』 제11집 발간에 부쳐서

『성결교회 인물전』 제11집 출판을 축하합니다. '발간사' 를 통해 피력된 것처럼《집필진들이 보다 정확한 사료를 얻기 위해 참고서적을 샅샅이 뒤지고 연고자들을 찾아 서신으로 전화로 또는 방문 등을 통해 원고를 집필했고 때로는 후손들을 미주까지 직접 찾아 엮은 원고들》이기에 책의 출판에 남다른 감회를 지닌 분들이 많을 것입니다. 책이 나오기까지 수고하신 모든 집필진과 관계자분들께 충심으로 경하를 드리며 비천한 사람을 분에 넘치는 자리에 초청해 주신 관계자들께 감사드립니다.

지면을 통해 34인의 특별한 교단인물들을 만나뵈었습니다. 제가 만난 한분 한분마다《한 구절 표제어》로는 도대체 요약하기 불가능하리만치 다양하고 고유한 삶과 직분과 사역을 수행하신 분들이시고 마땅히 제 여생의 사역을 위한 이정표가 되실만한 분들이셨습니다. 사적(私的)으로는 잠깐이나마 제가 곁에서 모셨던 하재창, 박석홍 두 분 장로님을 다시 뵙게 되어 가슴이 뜨거웠습니다. 이 책에 소개(증언)된 한 분 한 분과 재회하면서 저보다 훨씬 뜨거운 감동으로 가슴 앓고 도전받는 분들이 많을 것입니다.

34인의 인물들은 제각기 저마다의 고유한(삶과 사역의)향기와 《한 알의 밀》로 크게 썩어진 섭리중의 조화로 하나님 나라의 화원을 풍요롭게 하신 분들로 이제 비로소 역사 속에 정당하게 자리매김 되었습니다. 한 가지 특기한다면 11권에 소개된 인물들 중 대부분에게서 기존의 전기류(biographic)특성인 영웅주의 색채가 현저히 해소되어 있다는 점에서 즐거웠습니다.

이 지점에서 평자는 한 가지 고언을 드리고자 합니다. 우선 본인은 『성결교회 인물 제11권』의 발간과 관련하여, 류재하 목사님께서 발간사에서 천명하신 대로 본서 발간목적을 《성결교회 발전의 밑거름되기 위해 성결교회 인물들의 신앙과 인격과 업적들을 발굴하여 소개하는 사역》이라고 규정한 구절을 주목합니다. 이런 관점에서 보면 지금까지 전11권 총 307인의 교단 인물을 발굴, 소개한 지금까지의 사역은 그 자체만으로도 충분히 성공했고 교단적으로도 높이 평가받아야 할 것입니다. 하지만 외연을 좁혀 제11권에 한정한다 할지라도 34인의 인물들을 발굴소개한 선정기준이 여전히 모호하다는 점에서 논란의 여지가 있어 보입니다. 적어도 선정된 인물 개개인이 사적 추모의 대상이나 설교(자)의 인용자료로서만이 아니라 엄정한 교회사의 가치 있는 사료이자 이 시대 우리 모두의 진정한 이정표로 기능하기 위해서는 표상된 개개인의 고유한 삶의 흔적(a specific character)은 필연적으로 우리 모두가 공감하는 의미지평(a general character)으로 환원되어야 하는 것입니다. 인간이해에 대한 깊은 통찰과 개개의 인물들을 역사속의 정당한 의미로 환원시킬 수 있는 저자정신(해석틀)이 정립되지 않을 경우 자칫 우리가 만나게 될 인물들은 ① 검증 불가능한 《~했다더라》류의 에피소드 중심의 위인전이거나 혹은 ② 인물의 진면목이 왜곡되거나 미화된 영웅전이 되고 말 개연성이 있습니다.

굳이 사족한다면 《12집 발간 준비위원회-가칭》는 무엇보다 소개될 인물들의 선정기준을 투명하게 제시하기위해 더 치열한 토론이 필요할 것으로 사료됩니다. 비록 양장본(hard-cover)이 아니라 종이본(paper-back)일 지라도 저자(author)의 저자성(authority)이 그 자체로 권위(Authority)가 되는 감동적인 저술 한 권을 기대합니다.

한국성결인의 큰스승 – 이명직목사 삶의 이야기

『한국성결인의 큰 스승: 누구나 쉽게 읽는 큰 어른 이야기』출간을 축하합니다. 아울러 저술과 출간에 관여하신 여러 분들의 수고와 헌신을 높이 평가하고 싶습니다.

책소개를 부탁받으면서 보내온 책을 저는 한 자리에서 다 읽었습니다. 〈누구나 쉽게 읽는 큰 어른 이야기〉라는 표제어대로 "참 쉽게 읽어지는 책"이었습니다. 영문 표제가 A pure story of Rev. Myung Jik Lee 이니 책을 준비하신 분들은 말 그대로 '가공되지 않은 원석' 즉 '해석되지않고 있는 그대로의 인간 이명직 목사님' 을 진솔하게 드러내고 싶었던 모양입니다. 제 생각에 이러한 저술과 출판 의도는 상당부분 성취된 듯 싶군요. 널리 홍보되고 알려져서 성결인들의 필독서가 되었으면 좋겠다는 생각을 하고 있습니다.

'진솔하고 쉽게 쓰인 책' 이라해서 책 자체의 가치가 떨어진다거나 책 내용이 가볍다는 뜻은 결코 아닙니다. 오히려 책의 저자는 이 책속에 이명직 목사님평전만이 아니라 그분이 정초(定礎)하고 세워오신 우리 교단의 역사도 담고 싶었던 것 같습니다. 한 인물의 삶속에 한 교단의 역사가 담겼다는 것은 결국 두 가지 이유 중 하나일 것입니다. '우리 교단역사의 스펙

트럼이 그만큼 단순했거나' 혹은 '한 인물의 용량이 한 교단의 역사를 담을 만큼 컸거나.' 이 책은 당연히 후자의 입장에서 이명직 목사님을 조명하고 있다고 생각됩니다. 스승을 기억하며 새기는 제자들의 충정이 가득 담겨있는 책이라는 뜻입니다.

이런 시각에서 저는 책소개자로서 결정적인 결격사유를 지닌 사람입니다. 유감스럽게도 제게는 이명직 목사님에 대한 어떠한 정서적 교감도 제대로 혹은 저절로 생긴 적이 없었기 때문입니다. 그럴 수밖에 없는 것이 제게는 그분과의 래포우(Rapport)가 형성될만한 어떤 사적인 모티브가 없다는 것이지요. 얼굴을 뵌 적도 없고 강의실이나 예배실에서 혹은 목회현장에서 단 한번도 그분을 접할 기회조차 없었으니 어쩌면 너무 당연한 귀결이라고 생각되는군요. 문제는 이후 이명직 목사님에 대한 이야기는 어떠한 이유에서든 필연적으로 그 이야기를 듣는 청중이나 그 책을 읽는 독자들이 그 분에 대한 어떠한 '정서적 교감'도 가지지 못한 사람들을 대상으로 하게 될 것이라는 사실입니다. 소통의 방식자체를 근본적으로 전환해야할 필요가 생겼다는 뜻이지요. 그들은 과거에 그분이 어떤 분이었다는 전승이 아니라 '지금 내게 그분이 대체 어떤 의미가 있는가? 를 묻는 사람들이기 때문입니다. 어쩌면 그들은 이명직 목사님에 대한 평면적 기술(記述)보다 정빈전도사님이 첫 안수식에 참여하지 못한 이유가 무엇인지(71-2) 혹은 교단 분열시 이명직 목사님이 예성으로 옮긴 사건의 이면이 대체 무엇인지(185-188)를 더 관심있게 지켜볼 가능성이 있기 때문입니다. 하긴 그때는 그때에 맞는 새로운 저술들이 새로운 저자들에 의해 출판되겠지요. 다시 한번 귀한 책을 저술하여 우리들에게 교단의 사부에 대한 또 하나의 체계적인 자료를 제시하신 분들의 노고에 감사를 표합니다. 감사합니다.

제103년차 교단총회 참석기(參席記) (1)
MISSION2030에 대한 비판: "현실, 현장, 현안과 철저하게 유리된 교단 주류교회 및 총회본부중심의 탁상공론"

1-1. 문제제기

제103회 총회에 참석한 우리 대의원들은 "장기발전정책수립을 위한 조사연구"(이후 '연구' 로 약칭합니다)와 "MISSION2030-제103년차 총회본부 정책보고서"(이후 '보고서' 로 약칭합니다)라는 두 종의 자료를 받았습니다. 전자는 '선교2세기 정책수립특별위원회'(이후 '특위' 로 약칭함)의 문건이고 후자는 '총회본부'(이후 '본부' 로 약칭합니다)에서 준비한 자료입니다. 그리고 첫날 저녁 우리는 화상을 통해 소위 "MISSION2030"을 소개(Presentation)받았고 거시기님이 '해프닝' 이라 표현한 돌발사태가 발생하였지만 대의원들은 박수로 그것들을 수용하였습니다. 또 1년동안 정책과 관련된 교단일에 헌신했던 분들에게 마음에서 우러나는 감사를 표현하였습니다. 외견상 우리교단은 이제 일찍이 그 유래가 없었던 '정책풍년' 시대를 경험하고 있는 듯 합니다.

이러한 때에 "MISSION2030"과 관련하여 심각한 흠결이 있다고 문제제기하는 저같은 사람은 어쩌면 '돈키호테' 로 간주될 가능성이 있습니다. 하지만 저는 이러한 평가를 달게 받을 각오가 되어 있습니다. 어쩌면 누군가 말했던 것처럼 〈돌에 맞을 각오〉를 하고 감히 발언하고자 합니다. 그만큼 저는 우리교단이 처한 상황이 〈위기〉라고 여기기 때문입니다.

1-2. "MISSION2030" 의 허구성

'연구' 와 '보고서' 는 각기 '특위' 와 '총회본부' 에서 연구, 준비되었습니다. 정책과 관련한 문제에 있어 양측이 제대로된 협력구도가 아니라 경쟁구도속에 있었다는 반증일 것입니다. 제각기 따로 연구된 양문건은 특이하게 〈2030〉이라는 렌즈(틀)를 공유하고 있다는 점에서 뜻밖에 '상호교류'라는 유일한 흔적을 보여줍니다. 하지만 '총회본부' 측이 〈MISSION 2030〉으로 표기하는데 비해 '특위' 측은 굳이 〈VISSION 2030〉이라고 차별화시키고 있지요.(연구,140) 〈 MISSION2030〉이건 〈VISSION 2030〉이건 '정책2030'이라는 최소공약수는 〈연구〉제5장에서 합류하고 우리 대의원들에게 소개된 내용도 바로 그대목이었군요.

1-2-1. "MISSION2030-제103년차 총회본부 정책보고서" 분석

〈보고서〉는 '총무'가 주도하는 '정책기획실'과 '정체를 알 수없는 익명의 연구소'에 의해 주도된 문건으로 보이는군요. (추정입니다) 지금 제가 '정체를 알 수없는 익명의 연구소'라고 명기한 것은 '기독교대한성결교회 교회성장프로젝트 교회성장사례조사 1차 기초 분석 보고서-교회성장 추이변화 분석보고'(보고서,157-180면)를 제출한 연구소의 명칭이 적시되지 않았기 때문입니다. 중요한 공식문건에 연구책임자, 연구지도위원, 책임연구위원, 실사연구원, 보조연구원명단을 기록하면서 그 연구원들이 소속된 연구소의 실명을 밝히지 않은 것은 대단히 희귀한 경우이고 보고서의 신뢰성을 심각하게 훼손시키는 원인으로 평가합니다. 제 개인적인 생각으로는 보고서를 제출한 연구소의 실체를 적시하지 않은 까닭은 연구소차원이 아니라 '익명의 연구소'에 소속된 개인 연구원의 개인 문건이기 때문일 가능성이 있습니다.

〈보고서〉의 1차자료는 ① 2000년-2008년까지의 교세통계표와 ② 교세통계표를 통해 확보된 교단내 상위교회 120개를 임의로 추출하여 분석하

고 설문지조사를 한 것입니다. (유감스럽게도 '설문조사문항' 이 제시되지 않았군요.) 보고서의 1장, 2장, 3장의 교단현황은 교세통계표를 분석한 자료일 것(제 생각에 교세통계표분석도 익명의 연구원에 의해 실행되었을 가능성이 있습니다) 이고, 설문조사분석은 부록으로 붙어있는 〈교회성장추이변화 분석보고〉 일 것입니다.

〈보고서〉자료의 대부분을 차지하고 있는 "총회본부 및 각부서 장기발전목표"는 각 부서가 자체로 설정하고 있던 기존의 자료들을 끌어 모아 다시 재진열한 것에 불과한데 굳이 한 가지 특징을 지적한다면 〈정책기획실〉이 신설되었다는 것입니다. 하지만 그들이 제시하는 정책과제란 엄밀한 의미에서 〈정책이 아니라 행사프로젝트〉에 불과한 것입니다. 정책위의 인적구성조차 정책전문가라기보다 총무의 전위대라는 성격이 훨씬 강해 보이는군요. 저는 더 이상 〈보고서〉를 분석할 흥미를 느끼지 못합니다.

1-2-2. "장기발전정책수립을 위한 조사연구" 분석

〈특위〉 위원장인 우순태목사는 위원회의임무를 '교단의 당면한 문제를 해결하고 민족과 교계에 희망을 주는 교단' 으로 설정하고 그 임무를 실행하는 연구 과제를 소위 6P's(6P's of the Planning Process) 원칙으로 설명하고 있습니다.

1. 현재 교단에 내재되어 있는 문제들(problems)을 파악한다. 2. 미래 사회의 전망(prospect)을 분석한다. 3. 교단의 미래 가능성(possibilities)을 점검한다. 4. 교단의 미래 목표(purpose)를 수립한다. 5. 수립된 목표를 실천하기 위한 기획안(project)을 개발한다. 6. 기획된 안을 구체화하는 시행안(pattern)을 작성한다.

이어서 그는 "위 과제들을 효율적으로 수행하기 위하여 정책개발분과

(분과장 정재우), 행정개혁분과(분과장 박권배), 목회진흥분과(분과장 조원근) 등 3분과를 두었고, 총무 중심의 TF(Task Force)팀, 총회본부 실국장들과 협력하여 연구를 진행하였습니다. 실천 가능한 정책을 수립하기 위해서는 철저한 조사와 분석이 필요하였습니다. 이를 위해 본위원회는 조사와 분석을 위해, 지난 일 년 간, 현장의 제언 청취, 전문가 그룹 콜로키움 세미나 등을 진행하였고, 사회과학적 조사를 통한 과학적 정책개발 도구 구축을 위해, 전문 사회과학연구소인 RILM (Research Institute of Leisure Management, 소장 최석호 박사 : 묵동교회 협동목사)과 함께 연구하였습니다"라고 보고하고 있습니다.

최종적으로 그는 제 103년차 총회대의원들에게 "6P's(6P's of the Planning Process) 원칙 중 1, 2단계를 수행했고 앞으로 3, 4 단계 그리고 5, 6단계의 연구가 계속되어야 할 것"이라고 보고한 후에 "다음 단계의 지속적인 연구를 위해 특위의 존속 연장을 청원"하고 있습니다.(연구, 5-6면)

하지만 그들의 보고서 어디에도 그들이 그처럼 숙고하며 찾아보았다는 '문제인식과 대안창출'에대한 흔적이 드러나 있지 않습니다. 그들의 말과는 전혀 상관없이 그들은 〈서울과학종합대학원 레저경영연구원〉(이후 RILM으로 약칭함)에 용역을 부탁했고 그들이 올린 보고서는 'RILM'의 문건에 불과한 것으로 보입니다. '함께 연구'한다는 말자체를 광의로 해석할 수도 있겠지만 이런 유형의 연구과제는 결코 〈함께 연구〉할만한 과제가 아니기 때문입니다.

총5장 부록2로 구성된 〈보고서〉는 연구배경을 '기독교위기'의 핵심문제로 〈신자의 수가 급감하는 현상〉을 주목했기 때문이라고 설명합니다.

또 그 원인을 '사회문화적 변동의 틀로 분석하고 그틀을 근거로 성결교단
의 새로운 발전정책 패러다임 모델을 구축하겠다' 고 밝힙니다.(연구,13-15면)
그리고 이러한 목표를 위한 방법론을 '문헌연구방법(documentary method)'
으로 해명하고 있습니다 .

　미리 결론적으로 말씀드리면 소위 〈사회변동이론〉이란 유용한 가설일
뿐이며 그것자체가 사회변동을 읽어내는 유일한 길은 아니라는 사실입니
다. 그들이 제시한 '문헌연구방법' 도 마찬가지입니다. 그들이 기초자료로
구체적으로 분석했다는 자료들, 예컨대 '한국인의 종교와 종교의식' 자료
와 '한국 개신교인의 교회활동과 신앙의식 보고서' (한미준과 한국갈렙) 그외
'언론기사 담론분석(discourse analysis)' 및 사례분석은 때로 희귀한 최근
자료들이 포함되었다 할지라도(연구,17-19면) 그자체로는 '특수한' (specific)자
료라기보다 '일반적' (general)자료의 범주로 분류하는 것이 타당할 것으로
보입니다.

　당연히 〈연구〉 1장에서 4장까지는 기초자료분석을 통한 일반적 원리
(general principle)일 뿐 그자체가 우리 교단을 위한 직접적 자료로 기능하기
어려워 보입니다. 다시 말하면 보고서 제1장에서 4장까지의 내용은 기독
교 및 일반 종교와 관련된 일반적인 자료에 대한 분석이고 제5장 '장기발
전정책 수립을 위한 제언' 부분이 2030성결교회정책과 직접 관련된 것인
데 당연히 우리는 제5장을 상세하게 숙독할 필요가 있습니다.

　1-2-3. 제5장 '장기발전정책 수립을 위한 제언' 분석
　제5장 '장기발전정책 수립을 위한 제언' 은 ①기독교대한성결교회 현황
분석 ② 장기발전정책 목표 및 전략 ③세부정책 수립을 위한 제언 ④ 기대

효과 및 향후 발전방향 의 4개항으로 구성되어 있습니다. 현황분석을 위한 기초자료는 2003년에 수립된 〈Vision2007과 교단 조직표〉이고 실제 'RILM' 이 분석한 자료는 Vision2007중 '선교, 교육, 부흥, 사업분과' 라는 100주년 조감도일 뿐이고 교단조직(표)에서는 단지 우리 스스로 (과장하여) 주장하는 '자생교단' 이란 개념을 〈세계속의 민족교회〉라는 어쩌면 터무니없는 말장난으로 포장하고 있습니다.

그들이 Vision2007을 분석한 내용의 핵심은 기존의 '교회활동' 중심의 교회정책이 '형이상학적이고 이상향적인 가치추구' 라고 규정하고 이후 '교회경영' 이라는 정책 곧 '형이하학적이고 현실적인 가치추구' 로 근본적 전환을 모색해야한다는 주장입니다. 다시 말하면 'RILM' 이 주장하는 우리 교단의 근본적 정책방향은 ① 교회활동이 아니라 교회경영으로 ② 형이상학적, 이상적 가치가 아니라 형이하학적, 현실적 가치추구에로의 전환입니다. 세계속의 민족교회라는 표제는 말장난일 뿐이지요. 그리고 이러한 정책전환의 명분으로 그들은 반복하여 〈양적 성장이 아니라 지속 가능성확보 Sustainable Church〉를 주창하는데 도대체 그 말뜻이 무엇인지조차 제대로 소통되지 않는군요.

(Sustainablilty란 개념은 아직 국내학계에서조차 정확히 규정되지 않은 상태인데 이러한 모호한 말을 생태학이나 경제학이 아닌 교회정책과 관련하여 개념에대한 규정도 없이 사용하는 이유를 잘 모르겠다는 뜻입니다.)

이어서 그들이 제시하는 정책이념은 그들의 교회이해에 적합하게 우리 시대의 현실을 소위 '거시사회' _ (1.자본주의/노사갈등-노동운동 2.산업주의/ 환경파괴-〉환경운동 3.군사력/대량살상-〉평화운동 4.민족국가/독재-민주화운동)_라는 자신들의 세상읽기 패러다임에다 설정하고 그 틀에 상응하는 교회의 대응전략을 〈지속가능한 교회〉라는 렌즈로 대응시키고 있는데 바로 이것이 그들의 2030의 핵심이고 정체인 것입니다. 그리고 이러한 틀위에서 그들이 우리 교단에 세부정책이라며 해주는 충고는 2013년 새로운 비젼과 목표성취를 위해 〈조직의 확대 및 개편〉(150면) (그 핵심에 '총무' 가 놓여 있습니다)과 〈브랜드 아이덴티티 구축〉, 〈사이버신학대학〉〈교회 랜드 마크〉입니다.

조금 더 상세하게 그 핵심내용을 살펴 보겠습니다.

'세계적인 민족교회' 라는 표제 아래 〈성장을 넘어 지속가능한 교회로 Sustainable Church〉라는 정책방향성의 핵심내용은 '성결성도, 생명교회, 혁신총회, 창조목회 '의 4가지인데 (141면) 이 4가지 정책방향은 소위' 사회제도변동이론 '에 인위적으로 대응시킨 것입니다. 그것조차 ① '군사력' 이란 틀에 '혁신총회' 를 대응시킨 것이나 '민족국가' 라는 틀에 '창조목회' 를 대응시킨 것은 어떠한 인과관계도 없는 억지이고 무리이며 ② 설령 그러한 도식이 성립된다 할지라도 이러한 도식은 우리 성결교회만을 위한 특수한(specipic) 패러다임일 수 없으며 모든 기독교교단에 적용될 수 있는 일반적(general) 패러다임일 뿐이라는 점에서 전혀 2030정책의 근간으로 존중받을 이유가 없는 것입니다. 예컨대 〈성결성도 /Etics/ 사랑으로 봉사하는 성도〉라는 항목에서 '성결성도' 를 지우고 '크리스찬 '을 대입해도 그 패러다임은 전혀 붕괴되지 않는다는 말입니다.

〈연구〉에 대한 제 생각의 최종적 결론은 이것입니다. 이미 '기성제품화' 된 일반적 종교, 기독교와 관련된 자료분석 패러다임에다 ' 2003년에 수립된 Vision2007과 교단 조직표 라는 기초자료를 대충 분석하여 덧붙이고 적당히 〈성결교회 정책〉인 것처럼 위장한, 현저히 격이 떨어지는 일반자료집을 〈특위〉가 '상응한 경비를 지불하고(?)' 마치 〈명품〉인 것처럼 과장한 코메디.

(P' S: 다음 제2장에는 VISION 2030에 대한 대안을 모색하는 글을 올려볼 생각입니다. 저의 대안은 우리의 정책은 철두철미 우리의 〈현실에서 출발하여 현안으로 돌아오는 〉제도개혁에 있다고 생각합니다. 아울러 저는 정책이나 행정전문가가 아니기에 VISION 2030에 대한 저의 분석이 항상 옳다고 주장하지 못합니다. 당연히 반론이 제시되리라고 여기며 또 그리돼야 할 것 입니다. 제가 지금 수고한 분들에게 최소한의 경의조차 표하지 않는 것은 지금 우리 논쟁(토론)의 초점이 분명하게 드러나도록 주전선을 명료화하는 전략이며 또 한편 '총회비' 라는 성도들의 '피같은 헌금' 을 단지 '숫자' 의 일부로 여기는 기존의 관례에 대해 분노하고 있기 때문입니다.))

제103년차 교단총회 참석기(參席記) (2)
MISSION2030에 대한 보완(대안) : 현안을 해결하는 제도개혁

2-1. 문제제기

제103년차 교단총회에 참석하고 돌아왔습니다. 제가 총회에 대의원으로 참석한 것은 전주바울교회에서 열린 제99년차 총회가 처음이었으니 이제 겨우 두 번째 군요. 첫 번째 참석은 당시 제가 지방회장으로 지방회대의원들을 섬기기위한 역할이 주임무였으니 총회가 어떻게 돌아가는지 제대로 느낄 여력이 없었다는 점에서 진정한 총회참석은 이번이 처음이라고 해도 과언이 아니라고 생각되는군요. 2박3일간의 일정동안 총회장 안팎에서 많은 사람들을 만났고. 상정된 안건들을 처리하는 방식과 관례를 지켜보았으며 무거운 마음으로 돌아왔습니다.

　총회기간동안 제가 느꼈던 것들 중에 우선 1차로 MISSION2030에 대한 비판을 〈광장〉에 올렸고 오늘은 두 번째 MISSION2030에 대한 보완(대안)을 생각해 보려고 합니다. 〈제 논지의 핵심은 성결교단의 브랜드가치를 명품으로 만들기 위한 유일하고 시급한 길은 제도개혁에 있다는 생각입니다.〉 특별한 제도를 새롭게 만드는 것이 아니라 이미 모든 교단에 거의 일반화된 제도, 그 관행과 전통을 밑바탕에서부터(Zero Base) 새롭게 재반성하고 원래의 정신과 의미를 회복하는 것입니다.

　성결교단이 이 민족사회에 제대로 작동되는 교단이 되는 길은 〈교세확장〉이라는 이데올로기 혹은 콤플렉스에서가 아니라 말그대로 〈성결성회복〉에서 찾아야하고, 성결성회복의 대 사회적, 교단적 표현은 차별화된 제도개혁에서 비롯되어야한다는 뜻입니다. 어쩌면 우리 교단이 정책과 관련해 벤치마킹해야 할 역할모델은 우리 동시대의 대형 교단이 아니라 '구세군' 이라고 생각하고요. 당연히 의식개혁이 그 원천이어야 하겠지요. 근본적으로 '생각을 바꾸면 의외로 제도개혁은 쉬운 과제일 수도 있겠지요. 〈제도의 차별성〉이라는 개념은 쉬운 것입니다. 지금까지의 〈목표지향적, 과제지향적, 과업지향적〉 정책이 아니라 〈인간중심적, 신앙중심적〉 정책으로 돌아가는 것이기 때문입니다. 조금 구체적으로 말씀드리면 〈교단구성원 한 사람 한 사람을 어떻게 행복하게 해줄까?〉라는 문제를 생각하고 그 과제를 공론화하며 그것을 실행하는 것입니다. "'하나님나라' 운동이 바로 이런 것이다"라고 규정할 수는 없더라도 적어도 이시대에 우리가 보여줄 수 있는 '하나님나라' 는 그 구성원들의 행복지수를 현격하게 높이는 과제를 떠나서 생각할 수 없는 것입니다. 엄격한 기준으로 말씀드린다 해도 〈목표지향적과제〉보다는 〈인간중심적과제〉가 훨씬 인간의 본성에 가까운 법이지요.

2박3일간의 총회기간동안 저는 회무진행을 지켜보면서 '피곤하고 답답하다' 는 생각을 떨쳐버릴 수 없었습니다. 회의의 4/5이상이 소모적인 '법리논쟁' 으로 이어질 뿐 그속에 '인간' 혹은 '구성원' 에대한 존중과 배려를 찾아볼 수 없었기 때문입니다. 예컨대 '총회대의원자격규정논란' 이나 전례가 없는 '헌법기관장의 소환같은 돌발사태' 는 우리가 조금이라도 '법규정' 이나 소수의 기득권이 아니라 '구성원들의 행복' 이라는 문제에 집중했다면 애초 일어나지도 않았을 사례일 것입니다. '

2-2. 제도개혁은 우리의 현안에서부터

우리 교회는 지난 5월말 '기관장연석회의' 에서 올해 6월부터 '작은 교회를 사랑하는 사람들의 모임'(작사모)이라는 특별위원회를 출범시키고 기금을 모으기로 결정하였습니다. 지방회내 동기 Y목사가 오래전부터 주창했지만 우리 형편상 보류해왔던 일인데 결국 전격적으로 시작하게 되었다는 말입니다. 우리 교회는 이제 내년이면 창립25년을 맞는, 지방회내 중상위수준의 교회이지만 아직 경상비 1억을 넘지못한 작은 교회이고 가난한 성도들이 아직 많습니다. 이러한 중에서도 우리는 '선교위원회' 와 '나눔위원회' 또 '장학위원회' 를 두어 나름대로 열심히 어쩌면 과분할 정도로 '섬김' 의 사역을 수행해왔지요. '선교사파송교회' 이기도하고요.

하지만 우리가 '작사모' 를 시작하게 된 직접적 동기는 최근 우리 지방회내 작은 교회들 중 하나인 S교회 L목사가 갑작스럽게 입원하고, 지방회내의 모든 교회가 그의 생명을 위해 기도할 수 밖에 없는 사태가 발생했기 때문입니다. 면회를 가서 이런 저런 이야기하던 중 제가 걱정스럽게 "어떻게 보험이라도 든게 있느냐?"고 물었더니 L목사부부는 "전혀 없다"면서 이렇게 대답하더군요. "보험을 들고싶어도 빚을 내야하는데 어떻게 빚을 내서 보험들 수 있겠느냐". 그렇습니다. 〈보험들 돈 몇 푼조차 빚을 내지 않으면 안될 처지〉 그것이 내 사랑하는 후배 L목사의 현실이었습니다. 제가 알기로도 그 교회는 교회 이전과 건축관계로 아직 청산하지 못한 빚이 있었고 원금은 커녕 매년 이자갚기조차 버거운 형편입니다. 이제 막50줄에 든 L목사는 아직 큰아이가 고2인데 보통 문제가 아닌 것이지요. 이런 교회들에게 단지 선교비보내는 차원이 아니라 때때로 몫돈을 만들어 주어 실제적인 도움이 되게해보자는 취지이지요.

사실 우리 교회의 '작사모' 기금은 1년에 겨우 300만-500만원을 적립하기 어려울 것입니다. 우리가 지금부터 10년을 모은다해도 겨우 3,000-5,000만원정도겠지요. 그런데 말입니다. 작은 지방회에 속하는 우리 지방회조차 거의 연 1억원안팎의 총회비를 보냅니다. 우리 지방회가 매년 총회비로 보내는 약 1억원을 10년 모으면 10억이 될 것입니다. 그돈이면 어쩌면 우리 지방회내의 작은 교회들문제 상당부분을 해결할 수 있지 않겠습니까?

그런데 우리 지방회가 총회로부터 1년에 돌려받는 혜택은 대체 무엇일까요? 우리 지방회에서 소위 '전국구'로 알려진 L장로는 자주 "총회에서 '항존위원' 한 두자리 얻어온 것이 우리 지방회가 큰 일한 것이라"고 하더군요. 저는 그말의 의미를 도대체 알 수 없었는데 이번 총회 각부 조직보고 시간에 심리부모임에 참석했다가 확실히 알게 되었습니다. 실행위원 7명을 뽑는 자리가 '목사와 장로, 장로와 장로' 사이의 전쟁터이더군요. 그뿐만이 아닙니다. 이미 매년 부총회장에 출마할 후보자들이 벌써 10년 후까지 줄을 서있고, 교단의 최고 실세가 누구이며 누구라인이 실세라는 등 총회주변에 회자되는 말들의 유일한 관심은 단하나 〈교권〉이었습니다. 이제 거의 교단의 중진들인 우리 동기들모임에는 이번 총회에 동기대의원이 몇 명인가?하는 문제부터 몇 학번 동기들이 우리 동기와 연대하자는 제안을 해왔다는 등의 화제가 중심이 되어 있었습니다. 교권을 향한 학맥. 지맥, 동기. 실세라인간의 합종연횡이 모든 것의 모든 것이었다는 뜻입니다. 제가 현실을 모르는 이상주의자라서가 아니라 적어도 〈인간의 생명과 자유와 구원을 다루며 담지한 교회공동체〉로서는 이미 갈데까지 가버린 집단이라는 말입니다.

도대체 우리가 왜? 매년 힘겹게 총회비를 내야하는지에 대한 의미를 총회는 우리에게 제시해야합니다. 가령 우리가 매년 1억이라는 가치를 총회비로 낸다면 당연히 우리는 총회가 그에 상응한 가치를 되돌려주거나 그 이상의 가치를 창출해 줄 것이라는 기대를 하게 됩니다. 하지만 같은 지방회의 동료목사는 '우리가 시(市)나 구청에 세금을 내는 것은 당연히 오늘 우리 집앞의 하수구가 막히면 적어도 내일까지는 그 하수구가 뚫려있을 것이라는 기대심리가 충족되기 때문인데, 도대체 우리는 매년 1억의 총회비를 내면서 총회로부터 상응하는 어떤 대가도 제대로 받은 적이 없다' 라고 주장합니다. 그렇습니다. 우리는 상응하는 가치나 의미를 되돌려받은 적이 거의 없습니다. 그렇다고 제대로된 감사 인사 한번 받은 적도 없습니다. 우리가 매년 보낸 1억의 가치는 어디로 사라진 것일까요? 그 가치를 단지 '항존직 두어자리' 로 환산하여 "우리는 그래도 큰일했다"고 자위해도 좋은 것일까요?

문제는 〈가치와 의미를 무화시키는 소모적 구조〉입니다. 그 문제를 심각하게 여기고 그 문제와 정직하게 대면하며 그 문제를 풀기위해 집중하는 것에서부터 〈정책〉이 나와야한다는 뜻입니다. 교단구성원중 가장 중요한 '목사들' 조차 거의 대부분이 행복하지 않고 또 사역의 의미에 심각한 의문을 제기하는 현실문제를 덮어두고, 누구도 책임지지않고 또 책임질 수도없는 20여년 후의 장기정책에 집중한다는 것은 거대한 허위의식일 뿐입니다.

내게 돌을 던져라(1) - 그 날 심리부에서 일어난 일

(1)

어제 서울행 KTX안에서 동행하던 장로님 한 분이 제게 "최근 김00목사님이 '네트워크'에 B목사님의 〈에스카토스 이브〉에 대한 문학비평을 시리즈로 올렸다"는 정보를 주더군요. 오늘 모처럼 '네트워크'에 들렀더니 뜻밖에 어제(4일) 총회본부 3층 소예배실에서 있었던 심리부전체회의에 대한 기사가 올랐군요. 미리 자수하는 것이 좋겠습니다. 제가 바로 최 승리기자가 '황당무개한 돌출발언자'로 지목한 '모지방회의 김 모 목사' 입니다. 아니 대구지방회 김종두목사입니다. (최기자님! '황당무개'가 아니라 황당무계(荒唐無稽)가 맞는 말이지요?) 최 기자님은 한 걸음 더 나아가 저를 '인신 공격성 돌출발언과 망발'로 '오만한 무례'를 보였다고 규정하셨고 마침내 "오늘 총회 심리부 전체회의는, 교단 회의와 토론 문화의 병폐를 적나라하게 드러내 보인 추태"라고 우려를 표명하셨군요. 제 성품이 본래 '덜 목사적'이라서 최 기자님이 제게 덧입혀준 온갖 비난의 옷이 결코 '낯설거나 부담스럽지 않으니' 지금 제가 소통하려고 하는 글제가 제 개인에 대한 변명은 결코

아니지 싶습니다.(미친 놈을 보고 '미친 놈' 이라고 말하는 것은 욕이 아니라지요.) 다만 저같
이 '기존의 조직문화에 덜 익숙한' 사람이 최근 총회석상에서나 심리부전
체회의석상에서 '욕을 먹으면서도' 굳이 '말길' 을 열어보려고 하는 이유
를 할 수 있는 만큼 소통하고 싶기 때문입니다.

   (2)

   개인적으로 제가 어제 '심리부전체회의' 에 참석하게 된 것은 순전히 공
인으로서의 책임감때문입니다. 저 개인적으로는 아까운 시간의 헌신이었
지요. 최근 제 104년차 교단 총회를 앞두고 심리부의 현안이 되고있는 제
반 사안들을 어떤 형태(방식)로건 해결해야하고 그 현장에 함께 해야한다는
'거룩한 빚' (?)을 짊어진 것이지요. ㅎㅎㅎ. 제가 그 회의 중에 발언한 내용
은 최 기자님이 이미 기사화한 것처럼 ① 경건회설교내용에 대해 주의를
환기시킨 것이고 또 ② 심리부실행위원회의 결의안, 그 퇴로가 없어 보이
는 결의안 하나를 그처럼 쉽게 전체회의에 던져놓고 가부간 결정해 달라
는 실행위의 행위를 월권으로 문제삼고 그들의 탄핵을 주장했었습니다.
우선 최 기자님은 저의 발언 중 ①의 문제에 집중하고 있는 것처럼 보이는
군요. "설교자가 공식회의 전 경건회설교를 했는데 어떻게 그것을 문제 삼
을 수 있는가?" "이것은 설교자의 설교를 상대화(혹은 무력화)시키는 근본
적인 문제로서 도저히 묵과할 수 없는 행위이다." 심지어 최 기자님은 제
가 〈성결광장〉 에 올린 적이 있는 〈만우객담(2)〉의 한 부분을 인용하면서
저의 모순을 질타하셨군요. "자기는 최근 말씀을 빙자하여 이단과 사이비
사상을 합리화시킨 혐의를 받고 있는 문제 인사 B목사를 자기 교회 부흥
회 강사로 세운 사실이 있으면서, 총회 의회부서장이자 대선배인 심리부
장이 공식석상에서 행한 설교에 대해 공개적으로 말씀 빙자 운운하는 기
이한 이중적 행태를 보인 것은 이해할 수 없다." 하긴 (심리부전체회의가 그 날 그

처럼 터무니없는 방식으로 종료되는 것에 대해 저는 개인적으로 분노하고 있지만) 회의 종료시점
에 제 곁에 앉았던 어쩌면 저보다 더 젊어보이는 목사님 한 분도 제게 아
주 품격 있게 충고하셨지요. "오늘 목사님 설교에 대한 문제제기는 너무
심했다"라고. 그때 저는 그 젊은 목사님께 이렇게 퉁명스레 대꾸했지요.
"실제 제 생각은 더 심한 욕이라도 해 주고 싶었다"고.

지금 이 시점에서 김명기목사님의 '문학비평'을 재비평하는 것이나 B
목사님을 재조명하는 것은 적절하지 않다고 판단합니다. 하지만 그 날 제
가 환기시킨 "하나님말씀을 빙자하여 자신의 고유한 정치적 가치를 일단
의 구성원들에게 영향미치려는 설교행위는 명백히 설교가 아니다"라는
제 주장은 별로 철회할 생각이 없군요. (그날 저는 심리부장의 설교에서 이러한 느낌을
강하게 받고 있었습니다. 단순한 느낌이 아닌 것은 지금이라도 그의 설교분석을 통해 입증할 수 있을 것
입니다.) "설교자가 어떤 경우이건 회의에 앞서 설교를 해야한다 라는 주장
은 고착된 편견일 뿐이며 설교자가 설교하는 행위자체와 설교내용자체는
언제나 움직일 수 없는 하나님의 말씀이다"라는 명제는 그렇게 믿고 싶은
사람들만의 이데올로기일 뿐이지요. (참고로 우리 지방회에서는 중요한 회의 전 경건회
설교는 거의 익숙한 성경본문 한 두절을 읽는 것으로 대신하곤 하지요. 저도 지금까지 단 한 번도 회의
전 설교를 한 적이 없었고요.)

(3)
최 기자님이 별로 주목하지 못한 '그날 저의 발언'은 사실 ②의 문제가
핵심이었습니다. 어쩌면 ①과 ②의 문제는 내면적으로 밀접하게 연관된
것인지도 모르지요. 그날 우리 심리부전체회의에서 논의된 내용은 첫째,
심리부실행위원회에서 결의하여 회부된 "중앙지방회관련서류를 심리부
로 회부하지 않은 서무부의 월권을 징계하기위해 서무부의 실행위원들을

심리부로 소환하기로 하고 이러한 결의가 실행되기까지 모든 심리를 유보한다"라는 것과 둘째, 모 회원이 제기한 "총회비완납시점이 5월 20일(?)까지이므로 오늘 우리 심리부전체회의는 원인무효다"라는 것입니다. 그날 전체회의는 둘째안이 전격적으로 동의안으로 성립되어 가결되기까지 첫째안을 동의안으로 성립시켜 결의하기위한 요식절차가 전부였군요. 회원 몇 사람에게 그들의 '생각'을 개진할 기회를 준 것은 결의안을 명료하게 하기 위한 요식행위였다는 말이지요. 제가 볼 때 이미 전체회의는 "심리와 관련된 현안에 있어 심리부의 권한을 확보해야한다"라는 집단의식이 팽배해 있었고요. 당연히 심리와 관련된 문제를 일정부분 자신들의 고유권한이라고 주장하는 서무부는 심리부의 입장에서는 대화의 상대가 아니라 징계의 대상일 뿐이었지요.

하지만 현행 우리 교단 헌법구조상 심리와 관련된 심리부의 권한과 서무부의 (부분적) 권한이 상충될 때 그 갈등을 해소할 제도적 장치가 불분명하고 또 어떤 의미에서 우리의 헌법체계가 "이현령비현령" 식의 힘과 정치의 논리에 휘둘리곤 한다는 것이 우리의 경험법칙입니다. 제103년차 총회시 서울 N지방회가 의도적으로 장악했다고 알려진 서무부가 전무후무한 안하무인식 권한을 행사한 것이 그 대표적 사례일 것입니다. (저는 이 문제와 관련해 서무부장이 소환되었거나 소추되었다는 후속조치는 지금까지 전무했던 것으로 알고 있습니다.) 따라서 심리부의 입장에서 '심리와 관련한 전권'이 심리부소관이라는 형식적 전제를 근거로 "서무부 실행위원들을 징계차원에서 소환하기로하고 이러한 결의가 실행되기까지 모든 심리를 유보한다"라는 심리부의결의안은 심리부위원들에게는 결연하게 소통될 가능성이 있겠지만 객관적으로는 전혀 '현실성이 없어 보인다'는 점에서 저는 "문제있다"라고 판단한 것이지요. 어쩌면 스스로 '조직의 이단자'가 된 셈입니다. 따라서 이러한 감정적인 결의안을 상정한 심리부실행위원회에게 상응하는 책임을 물어야한다는 '탄핵' 을 이야기한 것이지요. 사실 저는 그때 말 그대로 "심리부가 전체회의에서 만장일치로 서무부실행위원들을 소환했는데 만약 그들이 소환에 응하지 않으면 어떻게 할 것인가? 그 때 다시 재소환을 하고 그래도 소환에 불응하면 '강제구인' 할 강제력이 심리부에 있는가? 또 재소환과 강제구인을 결정할 때 그때마다 다시 심리부전체회의를 소집해서 결의해야 할 것이면 소위 '일사부재의의 원칙' 에 위배 될 수도 있는데 그때는 어떤 명분으로 심리부전체회의를 소집할 것인가? 무엇보다 지금 제104년차 총회개회시점이 20여일밖에 남지 않았는데 이런 문제들을 해결할 시간적 여유가 없다는 것에대해 대비하고있는지?" 등등의 '질문' 을 한 것인데 심리부장님은 제게 불편한 심기를 비치며 대답대신 '훈계' 를 했지요. "법을 모르면 조용히 있으라고."

맞습니다. 저는 법을 잘 모릅니다. 지방회에서도 저는 꽤 오랫동안 '법' 과 관련한 부서에서 활동해 본 적이 없었습니다. 심지어 '청소년부' 나 '교육부' 부장 한 번 해 본 적이 없었거든요. 우리 지방회 같이 작은 지방회에서 목회자로 거의 25년을 섬겼음에도 불구하고. 그런 의미에서 저를 향한 심리부장의 말은 정당한 것입니다. 하지만 또 어떤 면에서 저는 '교단법'을 꽤 많이 그것도 잘 알고있는 목사라고 자임하고 싶습니다. 저는 최근 약 5-6년 동안 이미 지방회장과 지방회 심리부장, 심판위원장, 감찰장을 역임했고 지금 교역자회장을 맡고 있으니 누구도 제가 "교단 법을 모르는 사람 '이라고 비난할 수 없을 것입니다. 또 저를 대의원으로 파송한 대구지방회가 결코 그렇게 만만한 지방회가 아닙니다. 이런 의미에서 심리부장은 제게 터무니없는 말을 한 것입니다. 제가 지방회장을 마치고 전격적으로 지방회 '심판위원장' 으로 섬겼을 때 우리 지방회내에는 해묵은 '심판건' 이

있었고 저는 교단법과 관련한 어떤 전이해나 경험도 없었지만 단 3 시간정
도 헌법과 기타 징계법 그리고 헌법해설집을 읽는 것만으로도 '심판건' 과
관련해 오히려 거의 반평생을 심리부, 심판위원회에서 활동한 소위 지방
회내(그들 중에는 총회 헌법연구위원도 있었습니다)의 '법통들' 을 교정해 드린 적도 있
었습니다.

　이제 저는 그날 심리부전체회의에서 일어난 '돌출발언' 과 관련하여 저
의 속내를 말씀드릴 려고 합니다. 적어도 법과 관련한 교단내의 문제는 그
것이 지방회차원이건 혹은 총회차원이건 대개 '법을 잘 몰라서 발생하는
문제' 보다 '법을 너무 잘 아는 소위 법통들이 법을 지나치게 자의적으로
해석하고 적용하기 때문에 발생하는 문제' 가 훨씬 심각하더라는 것이 저
의 결론입니다. 대개의 경우 '법통들의 법해석과 적용' 은 개인적(분파적)
이익을 위해 작동될 뿐 공동체전체의 공동이익에 집중하지 않더라는 것이
지요. 그들이 외견상 내세우는 명분과 내면으로 기대하는 실제가 전혀 다
르더라는 것이지요. 제가 경험한 지방회내의 소위 법통들은 그래서 대개
'기회주의적 처신' 을 무기로 작은 교회들과 후배들위에 군림하며 자신의
법과 관련한 경험을 자신들의 이익을 위한 발판으로 사용하더라는 사실입
니다. '힘 센 교회와 사람들에게는 은근히 약하고 약한 교회와 후배들에게
는 한없이 강한' 기회주의자들이 대개 '법통들' 이라는 것이지요. 그리고
그들 법통들의 본질은 필연적으로 '필요악' 일 수밖에 없는 교회의 시스템
을 '섬김' 의 직무로서가 아니라 '군림' 의 직무로 받아누린다는 것이 저의
입장입니다.(하지만 저는 이러한 제 생각을 결코 '일반화' 시키고 싶지 않으며 또 그럴 수도 없는 것
이지요.)

　예를 들어 보겠습니다. 저는 그날 (적어도 제 기억이 정확하다면) 5-6 년

만에 처음 총회본부를 방문했었지요. 지방회회장으로 섬길 때 전국지방회
회장들 상견례에 참석한 이후 처음이었거든요. 동대구역에서 KTX편으로
서울역에 도착한 후 다시 지하철 7호선과 4호선을 갈아타고 본부에 도착
한 시각이 오전 11시45분이었으니 총회본부까지 거의 4시간이 소요된 셈
입니다. 저 개인적으로는 엄청난 희생을 감수한 것이지요. 그런데 그날 소
위 심리부실행위는 "서무부실행위원회들을 징계차원에서 소환하기로 하
고 이러한 결의가 실행되기까지 모든 심리를 유보한다" 라는 결의안을 전
후관계를 생략한 채 가부간 결정해 달라고 요구했지요. 모(某)위원은 "총회
비완납시점이 5월 20일(?)까지이므로 오늘 우리 심리부전체회의는 원인
무효다" 라는 동의안을 상정했고 위원들은 그 동의안이 '법적구속력' 을
가졌다고 폐회를 요구했습니다. 그들은 그 동의안이 단지 형식논리에 입
각한 무책임한 법적용에 불과하며 그 동의안을 결의하려면 우선 상응한
현실적 책임이 전제되어야 한다는 사실조차 간파하지 못했습니다. 심리부
가 지혜를 모아 해결해야 할 현안들이 여전히 해소되지 않고 잠복하고 있
는데 5월 20일경 총회가 임박한 시점에 그 현안들을 다루자는 생각은 얼
마나 무책임한 것입니까? 설령 그날 심리부전체회의가 '법적정당성' 을 가
지지 못했다면 차라리 심리부긴급간담회 형식으로라도 현안들을 한 번 점
검해 두는 것이 당연한 것 아닐까요? 상반된 입장을 가진 당사자들의 이야
기도 충분히 들어보고. 그것이 각양의 개인적 희생을 감수하고 모인 조직
원들에 대한 최소한의 배려이기도 하고요. 제 생각에 그날 심리부실행위
원들과 '원인무효동의안' 을 제출한 모 위원은 모두 심리부에서 경력을 쌓
은 소위 법통들이 분명해 보입니다. 하지만 저는 그들에게 묻습니다. 먼저
'심리부실행위' 에 묻습니다. 총회를 앞둔 심리부가 심리해야 할 사안들
중 이미 '현안' 으로 부각된 사례들이 많은데 왜 당신들은 유독 서무부에
서 심리부로 회부되지않은 '중앙지방회' 건을 문제삼고 '서무부와의 전선

(戰線)'에 올인하고 있는 것입니까? 설령 그것이 심리부의 정체성을 지키기 위한 마지노선이라 할 지라도 최소한 '실무행위'가 동반되어야 하는 것 아닙니까? 예컨대 '서무부와의 전선'을 분명히 하는 동시에 그날 최소한 '현안'이 된 사례들을 예시하고 그 사례들이 현안일 수밖에 없는 이유를 정리해서 전체위원들이 한 눈에 알 수 있도록 개관(survey)해 주어야하는 것 아닙니까? 예컨대 현안해소를 위한 유사한 사례들이 있었는지 혹은 상충된 주장을 하는 사람들의 각각의 법적 근거가 무엇인지 등등. 설령 그것이 딜레마의 형태일지라도. 저는 심리부실행위가 '서무부와의 전선'에 올인하는 것이 현재 우리 교단의 소위 실세들의 대리전으로 변한 서울 N지방과 J지방회의 헤게모니싸움에 말려든 심리부의 비정상적 정치행위에서 단초되었다고 판단하는데 제가 잘못 판단한 것입니까?

　원인무효안을 제출한 모 위원에게 묻습니다. 당신은 왜 미리 심리부실행위원들과 그 날 모임은 애초 법적요건을 충족시키지않은 모임이라는 사실을 소통하지 않았던 것일까요? 재미로 그저 한 번 해 본 것입니까? 일단 저도 그날 총회에서 지불한 여비를 수령하고 왔지만 만약 우리가 그런 방식으로 원인무효의 모임을 회집했다면 당연히 그날 심리부위원들은 어느 누구도 여비수령을 해서는 안되며 모임을 위해 지출된 제반 비용은 당연히 심리부가 자체로 지불해야 한다는 논리를 알고 계셨습니까? 총회비는 성도들의 피땀이 배인 헌금인데 그 헌금을 그런 식으로 남용하다니요? 제게는 너무 심각한 문제들인데 그 날 제곁에 있던 소위 '법통'들에게는 그저 '일상'인 것처럼 보이는 것, 그것이 문제의 본질입니다. 그들에게 서로 익숙한 '법통들'이 아닌 우리 같은 사람들은 애초 '들러리이거나 이방인'일 뿐이기 때문입니다. 그것이 제가 25년동안 교회안에서 뼈아프게 경험한 소위 '법통들'의 행동방식입니다.

(4)

저는 개인적으로 교단정치에 참여하게 된다는 사실을 '진흙탕에 발담그기 혹은 독사굴에 손넣기' 로 판단하고 있습니다. 총회대의원으로 총회에 참여하는 것은 올해가 마지막이기를 기대하고 있고요. 제가 '무엇인가 발언하게 되면' 저 나름대로는 중요한 이유들이 있기 때문인데 발언기회와 시간이 제한되어 있으니 제대로 된 소통은 애초 불가능한 것이지요. 당연히 '미친 놈' 으로 간주되기 마련이고요. 그럼에도 굳이 '미친 놈답게' 이미 단단하게 고착된 제도권을 향해 '발언' 이라는 무기로 부딪혀보는 것은 그 견고한 시스템을 한 번 흔들어라도 보고 싶은 것이지요. 저 나름대로의 도전이고 현실참여이면서 저를 대의원으로 파송한 대구지방회에 대한 의무이지요. 아, 참! 한 가지 빠뜨린 것이 있군요. 최 기자님이 저를 비난하면서 '총회 의회부서장이자 대선배인 심리부장' 이라는 표현을 인용하셨는데 이미 50대 중반의 지천명에서 제곁에 있는 모두가 제 가족같은 친밀감을 느끼고 살지만, 이미 '선배-후배' 구도자체가 '갑-을' 도식의 이데올로기가 되어버린 전제에서 이 나이되도록 서로 차 한 잔 제대로 나눈 적 없는 선,후배이야기는 그저 코메디로 여기는 것이 편하겠지요.

내게 돌을 던져라 (2)

-사람을 중심으로 배려하는 법과 정치를 위하여

①제 옆자리에 앉았던 목사님!

샬롬! 주안에서 평화를 빕니다.

저 보다 한 두 살 더 연배신데 "저보다 더 젊어 보이던 목사님" 으로 표현했으니 제가 결례를 했지만 "나이보다 젊어 보이시니" 부럽기도 하군요. 〈광장〉에 가끔씩 써 올렸던 별 것 아닌 제 글을 평소 의미있게 읽으셨다니 뜻밖이고요. 목사님께서 이번 사태로 저에 대한 이미지가 바뀌었다니 보통 걱정이 아니군요. 이 나이쯤에는 자신의 이미지도 적당히 관리해야하는 때이지 싶은데 말입니다.ㅎㅎㅎ. 하지만 "저 자신이 저 자신과 화해하는 데 수 십 년이 걸렸는데 그리고 아직도 가끔씩 자기 자신이 자기 자신에게 낯설 때가 있는데" 다른 분들이 저에 대해 '칭찬' 혹은 '비난' 하는 것이 제게는 애초 별 의미가 없군요. "그저 그런 모양이다"라고 여길 뿐이지요.

〈광장〉에 가끔씩 써 올리는 제 글은 단 하나 '진리문제' 가 원류이고 〈네트워크〉에 써 올린 글은 '현실참여문제' 가 주제이지만 그것이 진리문제이건 현실참여문제이건 일반 목사님들의 안목에서 공감되기 어려운 것이 너무 당연할 것입니다. 단순히 '관점' 이나 '취향' 의 문제가 아니라 '글쓰고 말하는 사람' 인 저 자신의 심성(心性)과 관련된 문제이기 때문입니다. 제게는 항상 실용성이나 논리적 정합성보다 자기명증성(self evidence)이 더 우선적 가치이지요. 제가 말하는 진리문제와 현실참여문제의 관련성을 굳이 문제 삼는다면 제게 있어 진리문제이건 현실참여문제이건 '진리의 이름으로 스스로 권력화하(되)는 모든 것은 우상' 이라는 근본이해를 그 뿌리로하고 있다는 사실정도이겠지요.

자연인으로서 김종두 목사가 별로 존경받을 만한 사람이 아니며 또 저 자신이 별로 대단한 사람이 아니라는 사실은 30대 초반 자기정체성(self identity) 문제로 고민하던 시절 이미 정확히 인식하고 살고 있는 중입니다. 목사님이 저에 대한 이미지가 변했다는 말씀은 '인간이해' 와 관련한 목사님의 내공이 한층 심화되었다는 증거로 받아 들입니다. 참으로 다행스러운 일입니다. 저는 목사님이 생각하시는 것보다 훨씬 더 '잡놈'에 가깝습니다. 그래서 최근에도 몇 번이나 '목사직을 반납하는 문제'로 아내와 진지하게 의논한 적도 있었고요. 그러기에 오직 주님의 긍휼만을 구하며 엎드리고 또 엎드리며 사는 것이지요.

'인간이해에 대한 눈'이 열린다면 이참에 목사님이 여전히 집중하고 계시는 '그날 설교'에 대한 눈도 활짝 열렸으면 좋겠군요.ㅎㅎㅎ. 소위 '회의 전 경건회 설교라는 것', 제게는 그것자체가 '목사님들이 스스로 만든 타부(성역聖域 혹은 금역)'일 뿐 하나님과는 아무런 상관도 없는 것으로 보이거든요. '공정성'의 문제 때문입니다. 모르긴 몰라도 지금도 담임목사님들이 제 104년차 총회부총회장으로 출마하신 교회들마다 "우리 목사님 이번에 꼭 당선시켜 주실 줄 믿습니다. 아멘 할렐루야!" 기도하고 있을 것입니다.

②오해를 풀어드리고 싶습니다.
그런데 아무래도 목사님께는 오해를 풀어드려야겠다는 묘한 의무감이 생기는군요. 믿어지지않겠지만 저는 제게 품격있게 충언하신 목사님이나 그날 심리부문제를 기사화하면서 굳이 제 문제를 표면화시킨 최 기자님같은 분들을 진정으로 아끼고 사랑합니다. 비록 두 분 모두 저의 속내를 전혀 눈치채지 못하고 있다는 점에서 아쉽지만 두 분에게는 '건강한 통념과 양식'이 생생하게 살아있기 때문입니다. 어떤 위대한 사유도 현실의 검증을 피해나갈 수 없는 법이지요. 그러기에 현실은 그 자체 하나님의 위대한 드라마인지 모릅니다.

목사님! 별로 내키지는 않지만 그날 목사님과 제가 나눈 짧은 대화 한 토막을 재현해 보겠습니다. 〈목사님은 "오늘 목사님 설교에 대한 문제제기는 너무 심했다"라고 충언하셨지요.그때 저는 "실제 제 생각은 더 심한 욕이라도 해 주고 싶었다"고 퉁명스레 대꾸했고요. 목사님은 그 모습들을 겪으면서 "제게 대한 이미지가 '나쁘게' 바뀌었다"라고 말씀하신 것이지요.〉

역으로 한 번 생각해 보시지요. 생각의 전환을 한 번 해 보시라는 말입니다. 목사님께서 가끔 〈만우객담〉방을 방문하신 것 같은데 제가 약 1년 반 정도 쓴 글 중에서 단 한 번도 '심한 욕'을 한 부분을 읽으신 적이 있었습니까? 제가 아무리 스스로 '미친 놈'으로 자처한다 해도, 목사로 벌써 22년을 목회한 사람이 교회의 회의는 회의 전 경건회가 있고 어떤 경우에는 회의주재자가 설교하기도 한다는 것을 모르고 있었겠습니까? 혹여 설교자가 성서본문을 터무니 없이 해석한다 해도 그것 때문에 제가 이 나이에 '심한 욕'을 하고 싶을 정도로 분노했겠습니까? 많은 분들이 알고 계시듯이 저는 설교자들의 자유로운 강단권을 확보하기위해 제가 가장 아끼고 가까이 모셨던 선배목사님의 '설교비평'을 재비평했고 그 까닭에 아직도 그분과는 '가슴아픈 결별'을 감수하고 있는 성결교회목사입니다.

정말 제가 그날 단지 경건회설교 때문에 그처럼 미친 놈처럼 행동했던 것으로 여기십니까? 저는 그날 회의에 참석하면서도 죄송하지만 심리부장의 이름이 무엇인지조차도 모르고 있었던 사람입니다. 심리부장이 누구이건, 총회장이 누구이건 제게 그런 것들은 별로 중요한 의미도 없는 것이었으니까요. (그렇다고 제가 조직의 수장조차 안중에 없는 독불장군이라는 뜻은 물론 아니지요.) 그러면 제가 그날 그처럼 심리부장과 실행위원들을 향해 그리고 원천무효안을 제기한 모 위원과 그처럼 쉽게 폐회동의에 동조하던 심리위원들을 향해 '날선 분노'를 쏟아낸 이유가 무엇일까요? 이 문제를 설명하기 위해 그날 제가 오전 11시 45분경 총회본부에 도착한 후 있었던 일들을 몇 가지 재현(Replay)해 보겠습니다.

〈장면1/ 점심식사시간〉

회의소집시각이 12시로 지정되었기에 저는 어떻게든 그 시간에 맞추기 위해 최선을 다해 11시 45분경 정확히 총회본부에 도착했습니다. 수도권에 살고 계시는 분들에게는 하등 문제가 되지 않겠지만 저같은 사람에게는 지하철표 사는 것부터 지하철 환승하기 위해 군중속을 뚫고 걸어다녀야 하는 것들, 그것 자체가 피곤하고 지겨운 일이었습니다. 더욱이 그날 저는 기관지염과 후두염으로 앓고 있던 중이라 점심시간에 맞춰 복용해야 할 약을 지참한 채였지요. 12시가 조금 지난 시각 총회본부여직원 한 분이 위원들을 인근의 모(某)식당으로 가서 식사하라고 하기에 정해진 식당으로 갔습니다.

대 여섯평 정도의 지하식당은 후덥지근하고 어두웠는데 7-8개의 4인용 식탁이 놓여있었고 먼저오신 대의원들이 이미 자리를 차지하고 식사할 준비를 하고 있었고 식단은 우리 생각과는 하등 상관없이 결정되어 있더군요.(식사내용이 부실했다는 이야기가 아닙니다) 우리는 그저 차려지는 음식을 꾸역꾸역 먹었고 옆자리에 앉은 분들이 일어날 때까지 기다려야만 했습니다. 아마 본부사정에 밝은 대의원들은 결코 그곳에서 식사하지 않았을 것으로 저는 생각합니다. 유감스럽게도 그 식당은 수용소나 교도소의 구내식당이라는 느낌을 주는 곳이었기 때문입니다. "차라리 밖에서 편하게 라면 한 그릇 비우는 게 훨씬 나았겠다” 우리는 밖으로 나오면서 그렇게 중얼거렸습니다.

〈장면2/ 경건회시간-허물을 덮어주는 사랑〉

다들 “심리부장의 설교자체는 일상적으로 문제될 것이 없었다”고 생각한 듯 합니다. 맞습니다. 저도 그렇게 생각합니다. 다윗이 쿠데타군과 정권의 명운을 건 전쟁터로 나가는 부하들, 충성스러운 군부수뇌들을 향해 “(반란의 수괴인) 아들 압살롬을 죽이지 말라”는 명령을 내렸다는 본문으로 설교자가 다윗의 인간적인 면모를 부각시키는 것 그리고 그 사례를 통해 ‘허물을 덮어주는 사랑’ 을 설교하는 것 그 자체를 비판하기는 어려운 것입니다. 하지만 그날 심리부장이 선택한 그 본문과 그 해석은 제 개인적인 안목에서는 분명히 무리라는 판단입니다.

우리가 잘 알고 있듯이 그 본문은 다윗의 인간적인 면모를 가감없이 잘 드러내고 있기도 하지만 또 한편 다윗이 ‘공(公)과 사(私)’ 의 문제에 있어 결정적인 흠결을 가진 사람인 것을 드러내고 있기도 합니다. 정권의 명운이 걸린 전쟁터로 부하들을 내보내면서 반평생을 그와 함께 사선을 넘나들었고 또 지금 어느 누구도 그 생환을 보장할 수 없는 치열한 격전지로 떠나가는 동지들의 면전에서 다윗은 그들 용사들의 안위가 아니라 반란군의 수괴인 압살롬의 생명을 걱정하고있기 때문입니다. 더욱이 이 전쟁은 비록 다윗군이 겨우 일방적 수세의 위기에서 잠깐 호흡을 돌리고 군세를 정돈할 시간과 기회를 얻긴 했어도 객관적으로는 반란군의 군사력이 여전히 월등한 상황인데요. 이런 전쟁에서 아군의 최선의 무기는 정신력이고 이것은 적(敵)에 대한 반감 혹은 증오심을 통해 한층 강화되는 것이지요.

그러기에 다윗은 그 결정적인 순간에 군 최고통수권자로서 주군을 대신하여 목숨을 걸고 최전선으로 나아가는 군 수뇌부에게 당연히 "여러분들 중에 만에 하나 반역수괴 압살롬이 내 아들이라는 이유 때문에 그의 목을 베지 못하고 망설여 일을 그르칠까 염려된다. 하지만 그는 내 아들이기 전에 온 나라를 누란으로 몰아넣은 반란군수괴이다. 누구든지 그의 목을 베는 자에게 최고의 포상을 내릴 것이다. 나가싸워 반드시 이기고 돌아오라"라고 결연하게 명령해야 했던 자리입니다. 전쟁이 다윗군의 승리로 끝난 후 당시 야전군사령관이자 군최고원로인 요압이 압살롬의 죽음을 슬퍼하는 다윗에게 "만약 당신이 계속 압살롬의 죽음을 비통해하고 정작 당신을 위해 목숨을 걸고 싸운 용사들(의 죽음과 전공)을 외면한다면 이후 (우리 군부는) 아무도 당신과 함께 하지 않을 것이라"(삼하 18:33-19:7)고 엄중히 경고한 것은 우연한 것이 아닙니다.

이 사건은 어떤 의미에서 군 최고사령관으로서의 다윗의 리더쉽을 심각하게 손상시킨 사건일 수 있었다는 뜻입니다. 심리부는 '정치가 아니라 법'을 세우는 헌법기구이고 당연히 심리부수장이 그 본문을 인용했다면 '다윗의 인간적 면모가 아니라 '사(私)가 아닌 공(公)'을 세워달라고 당부하는 것이 너무 당연한 것이겠지요. 그러나 그것자체가 제 분노의 직접적인 원인은 아니었습니다.

〈장면3/ 회무시작〉

서기가 위원들을 호명한 후 회의의 성원을 보고하자 심리부장은 곧 개회를 선언했습니다. 그리고 곧 바로 어느 회원이 "심리부실행위원회의 결의안보고를 받자"고 제안했고 심리부 서기는 "중앙지방회관련서류를 심리부로 회부하지 않은 서무부의 월권을 징계하기위해 서무부의 실행위원들을 심리부로 소환하기로 하고 이러한 결의가 실행되기까지 모든 심리를 보류한다"라는 기상천외한 결의안을 상정했습니다. (적어도 이러한 회의진행과정은 미리 준비된 대로의 각본에 의한 것이었겠지요. 아니면 관행일 수도 있겠고요.) 결의안이 상정되는 순간 저는 차마 입밖으로 내놓지는 못했지만 속으로 "나쁜0들"이라는 욕지거리가 터져나오는 것을 참아야 했습니다. 왜냐고요? 너무 황당했기 때문입니다.

우선 결의안의 구조를 분석해 보겠습니다.

그 결의안은 2개의 개별적 명제로 구성되어 있습니다. A명제: "심리부실행위원회는 서무부의 실행위원들을 심리부로 소환하기로 결의했다"와 B명제: "심리부실행위원회는 (이러한 결의가 실행되기까지) 모든 심리를 보류하기로 결의했다" 입니다. 문제는 두 개의 명제가 모두 심리부 고유의 업무와 관련된 진술이지만 두 개의 명제를 하나의 결의안으로 결합할 어떠한 '인과' (causality)도 상호간에 성립되지 않는다는 사실입니다. 넓은 의미에서 '논리적 정합성' 이 상호간에 성립되지 않는다는 뜻이지요.

게다가 두 명제가 각기 지시하는 사실(facts)도 상호 모순관계이기 때문에 더 더욱 두 개의 명제를 하나의 명제로 연계할 만한 어떠한 인과(因果)도 없다는 것이 저의 판단입니다. 현실적으로 A명제가 실현되기 위해서는 '분파적 흥분' 과 상관없이 오랜 시간과 절차가 필요한 것이고 우리 교단 형편상 그 결과도 쉽게 예단하기 어려운데, 총회개회를 겨우 20여일 남겨둔 상황에서 B명제와 관련한 실무행위전체를 심리부가 보류하다니요. 적절한 비유라고는 생각하지 않지만 어쩌면 그 결의안은 마치 부부싸움을 했다고 남편이 사과하기까지 (학교가야 하는) 자녀들의 식탁을 준비하지 않겠다는 주부의 선언처럼 터무니없는 것입니다.

총회개회 전에 심리를 완료하여 원만한 총회개회를 이루어야 할 심리부가 이런 무모한 결의안을 상정하다니요. 그 이면에는 오히려 '총회개회시간'을 담보로 서무부를 압박하겠다는 심리부실행위원회의 정치적 판단이 게재되어 있다는 것이 저의 심증입니다. 그러기에 저는 이미 심리부실행위가 '서무부와의 전선'에 올인하는 것이 현재 우리 교단의 소위 실세들의 대리전으로 변한 서울 N지방과 J지방회의 헤게모니싸움에 말려든 심리부의 비정상적 정치행위에서 단초되었다라고 주장한 것이지요. 심리부가 정말 심리부이기 위해서는 2개의 결의안을 각각의 결의안으로 따로 상정하는 것이 너무나 당연하기 때문입니다.

그것 뿐만이 아닙니다. 심리부의 위상을 명분으로 서무부를 압박하기 위해 정치적 카드를 뽑아든 심리부장은 참 기이하게도 "허물을 덮어주는 사랑"을 설교하고 있었으니 이 사태를 어떻게 이해해야 하는 것입니까? 어쩌면 심리부장과 실행위원들이 서로 다른 입장을 가졌거나 아니면 심리부장 스스로 자가당착에 빠져든 것이겠지요. 그것도 아니면 '허물을 덮어주는 사랑'이란 말은 그들(?) 사이에서만 소통되는 암호같은 것이겠고요. 그런데 무엇보다 저를 '황당하게 한 것'은 '만약 우리가 그 결의안을 수용하는 순간 그것으로 그날 심리부전체회의는 종료되고 만다'는 사실이었지요.

그들이 오직 하나 우리를 그 모순덩어리 결의안 하나를 통과시키기 위해, 심지어 제대로 된 '법적 구속력'도 없는 방식으로 통과시키기 위해 나(우리)를 들러리 혹은 거수기로 이용하고자 했다는 엄연한 증거입니다. 관례가 그렇다고요? 총회라는 거대한 시스템을 운영하다 보면 언제나 조직원 개개인의 형편을 모두 헤아리기 힘들다고요? 그건 우리가 이해해야 하는 것이라고요? 하지만 저는 지금 이러한 '관행들'을 '비인간적인 것'으로 규정하고 이러한 '관행들'을 못 견뎌하고 또 그것에 대해 분노하고 있는 것이지요.

제가 '비정상적'이라고요? 그럴 수도 있을 것입니다. 어쩌면 저야말로 저만의 고유한 심성적(心性的) 알레르기를 앓고 있으면서 과잉반응을 보이고 있는 것으로 간주할 수도 있을 것입니다. 하지만 제가 지금까지 '장면1에서 3까지'를 통해 그날 경험한 황당함과 분노는 결국 그동안 '관행 혹은 관례'라는 이름으로 우리가 너무 오랫동안 가장 소중한 '사람자체'를 소외시키고 있었다는 반성에서 비롯된 것으로서 제게는 너무너무 중요한 사태였습니다.

〈장면4/ 역전- 내가 만약 그 날 심리부장이었다면〉
제가 만약 심리부장이었다면 그날 저는 우선 12시 정각에 총회본부 현관앞에서 위원들을 기다렸을 것입니다. 특히 먼 곳에서 오시는 위원들을 치하하고 제가 직접 그들을 식탁으로 안내하여 그분들과 함께 식사했을 것입니다. 개회시각이 될 때까지 그분들과 함께 차를 마시며 오늘 우리가 다루게 될 현안들에 대해 그분들이 어느 정도까지 전이해가 있는지 점검해 보았을 것입니다. 예정된 시각에 관례대로 경건회를 주관하겠지요. 설교는 성경 한 두 귀절을 읽어 주거나 아니면 저대신 다른 분을 설교자로 세웠을 것입니다. 설교자는 심리부원과는 상관없는 분이면 더욱 좋을 것입니다. 하지만 어쩔 수 없이 제가 설교를 해야 할 형편이었으면 저는 이렇게 설교했을 것입니다.

"여러분들이 이미 알고계시는 것처럼 총회를 앞둔 교단상황이 매우 어

수선합니다. 특히 총회개회를 가름하는 심리부의 1차과제인 '회원자격
심사' 조차도 순리대로 진행할 수 없을 정도로 혼란스럽습니다. 서무부는
서울중앙지방회소속 50여명의 대의원명단조차도 심리부로 회부하지 않
고 있습니다. 교단역사상 유례가 없는 비상식적인 일입니다. 이러한 비상
식적인 일들이 마치 '일상' 인 것처럼 발생하고 있는 이유가 무엇이겠습
니까? 저는 우리 교단이 지금 '정치과잉' 에 빠져있다고 판단합니다. 그리
고 작금 교단의 모든 문제들이 '그 뿌리' 에서 비롯되었다고 생각합니다.
하지만 우리 심리부는 '정치가 아닌 법과 규범' 을 세우는 헌법기구입니
다. 심리부가 '정치' 로 오염되면 교단은 정말 암담해지고 말 것이라는 저
의 우려가 저 혼자만의 기우(杞憂)가 아니기를 바랍니다. 따라서 저는 오
늘 우리 심리부전체회의에 참석하신 위원 여러분들은 교단의 마지막 보
루라는 사명감으로 비상한 각오를 해 줄 것을 요구합니다. 일체의 '정치
적, 지역적, 이념적지형이나' 혹은 어떠한 '기존의 인맥관계' 에도 얽매
이지 말고 '불편부당' 하게 오직 '법과 양심에 의거' 심리를 심리답게 해
주시기를 당부합니다. 저는 2010년 제104차 총회회기 심리부장으로서
심리부의 위상과 여러분들의 자존을 지키기위해 제 직(職)을 걸겠습니다.
다시 한 번 말씀드립니다. 오늘 여기 심리부전체회의에 참여하신 위원들
은 오직 하나님앞에서 법과 양심으로만 심리해주십시오.”

경건회 후 성원이 되어 개회를 하게 되면 맨 먼저 오늘 우리 심리부에 처
음 신입위원들이 있는지 확인하고 그들을 일으켜 세워 환영했을 것입니
다. 그리고 서기를 시켜 모든 위원들이 이미 다 알고 계시겠지만 다시 한
번 숙지차원에서 총회를 앞둔 심리부가 법과 관례를 따라 수행하게 될 고
유한 업무에 대하여 간략한 브리핑을 시켰을 것입니다. 신입위원들을 위
한 오리엔테이션이기 때문입니다.

본격적인 회무진행을 위해 각 위원들 앞에는 사무국에서 올린 교세통계표와 대의원명단외에 심리부실행위에서 따로 미리 준비한 제 104년차 현안심리자료들이 사례별로(case by case) 한 눈에 알아볼 수 있도록 (survey 혹은 presentation) 잘 정리되어 있도록 했을 것입니다. 그리고 할 수 있으면 위원들이 단 한 번의 회집만으로 총회개회와 관련된 모든 업무준비를 마칠 수 있도록 했을 것입니다. 당연히 서무부에 대한 징계결의안은 그대로 진행하되 고유한 실무행위는 서무부와 상관없이 미리 충실하게 위원들과 소통하고 준비하여 다음 모임에 혼란이 없도록 신중하게 점검했을 것입니다.

③사람을 존중하는 신앙고백적 큰 정치를 열어가라.

이미 제104년차 교단총회는 서울 N지방회와 서울J지방회의 헤게모니싸움이라는 '블랙홀' 속으로 소용돌이치며 빠져들고 있다는 것이 상당수 제 주변 교단인들의 공통된 인식이자 우려입니다. 이러한 인식이 얼마나 사실에 부합하는 진실인지는 아직 저도 정확히 해명할 수 없습니다. 다만 심증과 추정이 전부지요. 하지만 제가 지난 '심리부전체회의'에서 발언하고 글 쓴 것조차 뜻밖에 그 내용보다 제가 "어느 쪽 사람이냐?"에 관심을 기울이는 분들이 있더군요. 제가 제103년차 교단총회 후 〈성결광장〉에 올린 '교단정책과 관련한 글들' 조차 "만우가 어느 편의 입장에서 글을 쓰고 있는가?"의 문제가 글 내용자체보다 중요한 관심사가 된 적이 있었지요.

그때 저는 교단정책이 기존의 '목표중심, 과제중심, 실적중심의 정책'에서 '신앙중심, 사람중심의 정책'으로 전환해야한다고 주장한 바 있습니다. 그리고 '신앙중심, 사람중심'의 정책은 "교단구성원 한 사람 한 사람을 어떻게 행복하게 해줄까?"라는 문제를 생각하고 그 과제를 공론화하며 그것을 실행하는 것이라고 규정했었고요. "'하나님나라' 운동이 바로 이런 것이다"라고 규정할 수는 없더라도 적어도 이 시대에 우리가 보여줄 수 있는 '하나님나라'는 그 구성원들의 행복지수를 현격하게 높이는 과제를 떠나서 생각할 수 없는 것이기 때문입니다.

그리고 또 그때 저는 "성결교단의 브랜드가치를 명품으로 만들기위한 유일하고 시급한 길은 제도개혁에 있다"고 주장하고 〈제도개혁은 특별한 제도를 새롭게 만드는 것이 아니라 이미 모든 교단에 거의 일반화된 제도, 그 관행과 전통을 밑바탕에서부터(Zero Base) 새롭게 재반성하고 원래의 정신과 의미를 회복하는 것〉으로 규정한 바 있습니다. 교단정치와 관련하여 동일한 이야기를 하고 싶습니다. 관행이 아니라 교단인 한 사람 한 사람을 소중히 여기는 '사람중심, 신앙중심'의 정치를 열어 주십시오. '사람에 대한 배려'가 없는 메마른 법과 정치가 도대체 교회안에서 왜 그렇게 중요한 것입니까?

내게 돌을 던져라(3) – 교회지도자들이여! 自淨力을 회복하라!

(1)

새해를 준비하며 목양실 서랍정리를 하다가 11만원이 들어있는 봉투하나를 발견했습니다. 웬 돈봉투냐고요? 이 돈봉투의 내력은 이러합니다. 그 중 8만원은 작년 5월 4일 제 104년차 총회를 앞두고 소집된 '심리부전체회의' 참석여비로 받은 것이고 나머지 3만원은 제 104년차 총회 첫날 저녁 심리부전체회의를 마치고 회의비로 받은 것입니다. 왜 그 돈을 아직도 보관하고 있느냐고요? 저는 당시 이 돈을 어떻게 처리해야 할는지 결정을 내리지 못했거든요. 총회 경리부에 되돌려주는 것도 우습고 그렇다고 아무렇지 않게 개인용도로 사용하기도 마땅하지 않았다는 뜻입니다. 그런 돈을 왜 받으셨느냐고요? 그냥 현장의 증거로 받아둔 것이지요. 적어도 그때는 그랬습니다. 제가 이미 목사 23년차인데 지방회나 총회가 회의비를 예산으로 편성하는 것과 회의에 참석한 (대)의원들에게 식사와 여비를 제공하는 관례를 모르는 바가 아닙니다. 이러한 관례가 생겨난 배경도 충분히 이해할 수 있을 것 같고요. 그런데 왜 이렇게 까탈을 부리느냐고요? 이유가 있습니다. 저는 이러한 관례에도 불구하고 아직 이 돈을 받아야 할 이유를 자기명증적으로 찾지 못했기 때문입니다.

　우선 심리부회의 참석비로 받은 8만원을 선뜻 받을 수 없었던 이유를 말씀드리겠습니다. 작년 5월 4일 총회본부에서 제104년차 총회를 준비하기 위한 심리부전체회의가 열렸습니다. 그날 회의는 심리부소위원회에서 올린 결의안의 승인여부를 놓고 논쟁하던 중 모(某) 회원이 "총회비완납시점이 5월 20일(?)까지이므로 오늘 우리 심리부전체회의는 원인무효다"라고 주장했고 일부부원들은 그 주장이 '법적구속력'을 가졌다고 폐회를 요구했습니다. 그리고 그날 심리부전체회의는 그것으로 어수선하게 종료되고 말았습니다. 그리고 심리부는 다음 회의에 대한 어떤 언질도 없이 각기 여비를 수령하고 흩어진 것이지요. 저는 지방에서 올라간 탓에 8만원이란 여비를 수령하게 된 것이고요. 하지만 제가 '내게 돌을 던져라(1)'에서 주장했듯이 애초 원인무효의 회의를 우리가 회집한 것이면 당연히 그날 심리부위원들은 어느 누구도 여비수령을 해서는 안되며 모임을 위해 지출된 제반 비용은 당연히 심리부가 자체로 지불해야 하는 것입니다. 총회비는 성도들의 피땀이 배인 헌금인데 그 헌금을 그런 식으로 남용하다니요?

나머지 3만원의 내력은 이러합니다. 제104년차 총회는 개회 자체가 난항이었습니다. 교단 역사상 초유로 총회순서에 대의원명부가 보고되지못한 상황이 벌어졌습니다. 총회 개회가 지체되는 원인을 두고 심리부와 서무부는 지리한 논쟁을 이어갔고 마침내 총회장은 헌법유권위원회의 자문을 거쳐 직권으로 심리부장에게 대의원자격심사를 지시했습니다. 심리부는 그날 저녁 회기 중에 긴급심리부전체회의를 회집하고 약 2시간여에 걸친 논의끝에 대의원자격심사보고를 총회에 상정했습니다. 이러한 과정은 제104년차 총회에 참석했던 대의원들이 이미 충분히 인지하고 있는 사실입니다. 그런데 제가 아직도 납득하지 못하는 일은 회기 중에 소집된 심리부모임인데, 그것도 총회전에 이미 어떠한 방식이건 원만한 총회개회를 준비해야했던 심리부모임이었는데 총회가 뒤늦은 회의에 참석한 심리부 부원들에게 회의비 3만원씩을 지급한 것이지요. 저는 아직도 이러한 관례에 대해 자기설득이 제대로 되지않는 것입니다.

(2)

지금까지의 이야기는 저 개인의 독백이었습니다. 제 목양실 서랍에 던져두었던 11만원이 든 봉투이야기나 이 봉투에 대한 저 혼자만의 의미부여는 아직 단 한 번도 누구와 소통한 적 없는 저 혼자만의 문제였다는 뜻이지요. 이러한 이야기가 사적 영역에서 공적 문제로 제기되는 데에는 그러한 계기가 있기 마련입니다. 우선 제104년차 총회회의록 심리부보고(총회회의록 별지4-마,193면) 중 한 부분을 인용하겠습니다. 사. 심리부전체회의 1) 일시:2010.5.4(화) 13:00 2)장소:총회본부 회의실 3)참석인원:94명 4)결의사항 가)"소위원회 결의사항에 대하여 보고받고 서무부의 월권행위에 대하여 시정(서울 중앙지방회 대의원 명단 심리부로 넘기도록)을 요청하고 이를 시행하지 않을 시 소위원회의 결의대로 심리부 고유권한을 침해당하였으므로 서울 중앙지방회의 서류가 이첩되기 전까지 전체심리를 하지않기로 하다.”

이 보고는 명백한 허위이고 날조입니다. 위에서 이미 진술한 것처럼 그날 회의는 심리부소위원회에서 올린 결의안의 승인여부를 놓고 논쟁하던 중 모(某) 회원이 “총회비완납시점이 5월 20일(?)까지이므로 오늘 우리 심리부전체회의는 원인무효다”라고 주장했고 일부부원들은 그 주장이 ‘법적구속력’을 가졌다고 폐회를 요구했습니다. 그리고 그날 심리부전체회의는 그것으로 어수선하게 종료되고 말았습니다.(이 문제는 이미 제가 〈성결네트워크〉의 모(某)기자가 쓴 기사에 대해 해명했던 ‘내게 돌을 던져라(1)-그 날 심리부에서 일어난 알’을 참조하십시오) 그리고 심리부는 다음 회의에 대한 어떤 언질도 없이 각기 여비를 수령하고 흩어진 것이지요. 그 날 그렇게 터무니없는 회의를 마치고 귀가하면서 적어도 저는 심리부가 총회전에 다시 한 번 ‘심리부전체회의’를 소집할 것으로 여겼습니다. 그 과정을 거치지 않고서는 도무지 총회개회 자체가 불가능할 것이라고 생각했기 때문이지요. 하지만 결국 총회개회전 ‘심리부전체회의’는 무산되었고 우리는 총회개회와 관련된 어처구니없는 경험을 하게된 것이지요.

저는 지금 제 104년차 총회개회가 난항이었던 이유를 외견상의 ‘심리부와 서무부의 갈등’ 혹은 교단내 ‘모 지방회와 모지방회의 갈등’ 혹은 교단내 ‘모 정치세력과 모 정치세력간의 갈등’에서가 아니라 더 근본적인 문제의식 곧 ‘교회지도자들의 자정력부재’에서 찾으려고 합니다. 자기들의 편의대로 이렇게 쉽게 공문서 곧 회의록을 변조하거나 창작해내는 종교지도자들의 사고방식들이 더 근본적인 문제라는 것입니다. 더욱이 법과 규칙을 심의하고 수호하는 심리부가 이런 터무니없는 결의안을 회의록에 남기다니요? 무엇보다 고약한 것은 당시 심리부장과 소위원회는 이런 방식으로 자신들의 터무니없는 행동에 대한 알리바이를 조작해 두었다는 것입니다. 기왕에 제104년차 심리부와 관련된 이야기를 시작했으니 한 가지 더 첨언해야 할 일이 있습니다. 우리가 이미 잘 알고 있는 것처럼 총회 둘째 날 오전 회무를 시작했을 때 모(某)대의원이 전 날 제104년차 총회가 원만하게 개회되지 못한 문제와 관련하여 총회장과 심리부장 및 서무부장의 사과를 요구했습니다. 총회장은 진술하지만 어쨌든 한 교단의 수장으로서는 부끄러울 정도로 사과를 했습니다. 그러면서 총회장은 대의원들에게 총회개회와 관련된 '심리부와 서무부의 책임' 조차 자신의 사과로 양해해 주기를 바랐지요. 좋습니다. 하지만 곧 이어진 회무에서 총회본부보고를 시작한 교단총무는 총회장의 사과에 대한 어떠한 반응도 보여주지 않았습니다. 총회장을 보필하는 총무가 어떤 이유에서건 총회장이 공개사과하는 지경에 이르렀다면 최소한 실무자로서 도의적 책임이라도 피력해야 당연한 것 아닙니까?

이 사태와 관련하여 저는 당시 심리부장도 어떤 방식으로건 진술한 사과를 했어야만 마땅했다고 생각합니다. 예컨대 각부 조직보고시간에 심리부전체회의로 모였을 때 심리부장은 총회개회지연과 관련하여 "제가 부덕한 탓이었다"고 한 마디 했어야만 했다는 것이지요. 하지만 그는 그렇게 하지 않았고 또 그 모임에 참석한 어느 누구도 이 문제에 대해 자성하는 사람들이 없었습니다. "모든 것이 서무부 탓"이라는 단 한 방향의 집단이데올로기외에 "더 이상 우리 심리부가 이런 방식으로 계속 가서는 안된다"라고 이의를 제기하는 사람이 단 한 사람도 없었다는 것입니다. 그 자리에 전임 총회장 출신의 소위 교단내 거물(?) 위원들이 있었음에도.

혹자는 이렇게 물을 것입니다. "그러는 당신도 그날 그 자리에서 침묵하

지 않았느냐"고. 맞습니다. 저도 그날 그 자리에서 침묵했습니다. 하지만
'그 날 그 자리' 는 이러한 자기반성을 제기하는 것자체가 사치스러울만치
'관례에 따라 소위원 7명 선출하는' 일에만 '목숨을 걸고' 집중하고 있었
습니다. 그래서 우리의 절망은 더욱 깊어지는 것입니다. 그러면서 다시 한
번 이러한 질문을 하게 되는 것이지요. "왜 사적으로 만날 때는 꽤 괜찮은
목회자들이고 분별있는 목사님들인데 바로 그 목사님들이 교단회의에 참
석하여 집단에 들어가기만 하면 저처럼 무모할 정도로 이기적이고 분파주
의적이 되는가?" 라인홀드 니버가 말한 것처럼 개인도덕과 사회(집단)도
덕이 다른 것입니까? 아니면 더 근원적인 문제가 있는 것입니까?

(3)

지난 연말에 모인 우리 공부모임에서 우연히 00스님에 대한 이야기를
들었습니다. 제가 직접 확인한 것이 아니라 불교쪽 사정에 꽤 정통한 그쪽
사람의 입에서 나온 이야기이니 사실일 가능성이 꽤 있을 것입니다. 그가
최근 한국을 떠나 독일 뮌헨부근에서 활동하고 있다는 것인데 그가 한국
을 떠나게 된 이면에 소위 '모종의 스캔들' 이 있다는 것이지요. 지나가는
말로 이 문제를 가십으로 제기한 분은 "하긴 그가 원하지 않았어도 세상이
그를 그대로 내버려두지 않았겠지요. 그는 우리 나라 사람들이라면 껌뻑
죽는 명문대학출신에 깊은 종교성을 겸비한데다 잘 생기기까지 했으니
까" 라고 사족하더군요. 우리 공부모임이 애초 이런 세상의 유언비어나 스
캔들 같은 문제에 귀를 기울이는 모임이 아니기에 당연히 이러한 이야기
들이야 별반 우리의 관심을 끌지못하고 지나갔습니다. 실상을 말씀드리면
00스님은 애초 우리 공부모임의 작은 주제로도 오르내릴만한 인물자체가
아니었지요. 저도 애초 그에게 관심을 기울일만한 특별한 이유를 찾아 볼
수 없었고요. 그가 소위『만행-000에서 000까지』라는 책의 주인공으로 부

각될 때나 불교TV에서 금강경을 설법하고 있을 때도 별다른 감동은 없었습니다. 그저 그를 부각시키는 불교계의 상업주의와 대중의 선정주의가 조금 거슬리는 정도외에는. 하지만 지금 저는 이 00스님이야기를 특정한 종교의 뒷담화가 아니라 이시대 우리 종교지도자들(혹은 종교계)의 '자정력 부재' 라는 문제의 한 실마리로 제시하고 싶습니다. 남의 이야기가 아니라는 뜻이지요.

자정력(自淨力;power of self-purification)이란 말은 말그대로 "스스로 깨끗하게 하는(되는) 힘" 입니다. 이 경우 '깨끗하다 혹은 정(淨)하다' 라는 개념은 인식론적 언어가 아니라 가치론적인 것입니다. 윤리적, 혹은 도덕적인 영역을 전제하고 있다는 뜻입니다. 어쩌면 존재론적인 언어로서 종교적인 영역을 전제하고 있는 말인지도 모릅니다. 모든 종교는 공통적으로 '영혼의 정화' 를 지향하고 있기 때문입니다. 하지만 '자정력' 이란 말의 핵심은 '정(淨)' 보다 '자(自)' 입니다. 윤리(도덕)적 '깨끗함' 은 타인(세상)의 눈이나 기준에서가 아니라 철두철미 자기자신(self)으로부터 비롯되어야하기 때문입니다. '자기자신의 자기자신에 대한 관계' 가 자정력의 원천이라는 뜻입니다. '인격(person)' 혹은 '인격성(personality)' 이라는 개념의 어원은 '가면(persona)' 입니다. '도덕(moral)' 이라는 개념의 어원은 '습관(mos-moris/custom, habits)' 입니다. 이러한 사실은 자정력의 원천이 무엇이어야 하는지를 이해하는데 중요한 단서이기도 합니다. 윤리(도덕)의 기초를 '자(自)' 곧 자기자신(self)으로부터가 아니라 '신(神)' 의 본성과 말씀에서 찾는 종교의 세계는 더 말할 필요가 없겠지요. 교회의 지도자들에게 '자정력' 은 '자기자신의 자기자신에 대한 관계' 를 넘어 '자기자신과 하나님과의 관계' 에로 나아갑니다. 당연히 교회지도자들에게 '자정력' 의 '자(自)' 는 'coram Deo!' 인 것입니다.

하지만 '자정력'의 문제는 아직 해소되지 않았습니다. 무엇이 문제입니까? '자정력'의 '자(自)'는 '자기자신self'이라는 뜻과 함께 '스스로 for oneself, naturally'라는 뜻을 아울러 품고 있습니다. '스스로'라는 의미는 곧 '어른(成人)'의 태도이고 방식입니다. 요즘 유행하는 말로 표현하면 '종교적 내공'의 문제입니다. 어린아이는 결코 '스스로' 깨끗하게 할(될) 수 없습니다. 그들에게는 내공이 없기 때문입니다. '자정력'이 없는 종교지도자들은 당연히 윤리적, 종교적 어린아이에 불과합니다. 그들은 외견상 대단한 성취를 뽐내지만 그들의 자랑은 실상 그들의 빈약한 내공을 은폐하는 허위의식에 불과합니다. 어린아이들에게는 엄정한 자기반성기능이 없습니다. 자기반성기능이 정지된 어린아이들은 패거리를 만들고 우두머리가 되고싶어 합니다. 종교권력에의 의지입니다. 타인의 시선에 적당한 알리바이만 만들 수 있으면 그들은 세상과의 야합도 마다하지 않습니다. 수단방법을 가리지않고 '종교계의 스타'가 되고싶어합니다. 세상은 또 그것을 부추기고 연출합니다. 떡고물이 떨어지기 때문입니다. 가장 엄정한 자정력이 요구되는 종교의 세계가 자기반성기능이 정지된 영적 유아들에게 점령당한 것 그것은 코메디입니다. 이런 종교현실을 되돌릴 수 없는 것 그것은 우리 시대의 비극입니다.

그건 그렇고 제 서랍속의 봉투는 이제 어떻게든 유익한 용처를 찾을 때가 된 것 같습니다.

'성령컨퍼런스' 신중하게 재검토할 때다

미리 결론부터 말씀드리면 '2009 성령컨퍼런스' 신중하게 재검토할 때로 보입니다.

이미 지천명(知天命)인 제 나이가 모든 사물과 범사에 빛과 그림자가 있음을 더욱이 '산이 높을 수록 골이 깊다' 는 세상이치를 모르는 철부지라서가 아니라 그리고 또 이 행사가 돌이키기 어려울 만큼 진행되어 이미 '호랑이 등에 올라탄 형국' 이 되어버린 현실을 몰라서가 아니라 그럼에도 불구하고 2009성령컨퍼런스는 지금이라도 신중하게 재검토해야 할 시점으로 판단합니다.

우선 명분이 없습니다.

행사를 주관하는 총무님측은 " '2009성령컨퍼런스' 는 '총회결의사안' 이기 때문에 어떤 악조건 중에도 가장 우선적으로 반드시 실행해야 한다" 고 주장한다지만 103년차 총회대의원으로 직접 총회에 참석했던 본인의 기억 중에 '2009성령컨퍼런스실행안' 이 정식으로 따로 상정되어 제대로 된 토의를 거쳐 결의된 일이 없었습니다. 단지 총회 첫 날 저녁시간에 총무님이 'MISSION2030-제103년차 총회본부 정책보고서' 를 제출했고 대의원들이 박수로 수용한 것인데 그 〈보고서〉 중신설된 총무직속의 〈정책기획실〉이 정책과는 아무런 상관 없어보이는 '이벤트성 행사계획' 즉 '2009성령컨퍼런스실행안' 을 입안하여 첨부해 둔 것이 전부였지요. 당연히 그날 저녁 정책보고서의 문제점을 꿰뚫어 볼 만큼눈 밝은 대의원들은 거의 한 사람도 없었던 것이고요. 그것을 '총회본부 정책보고서' 가 받아들여졌으니 당연히 '2009성령컨퍼런스실행안' 도 총회결의사안이라고 주장하는 것은 형식논리로는 정당할 지 몰라도 내용적으로는 교단적 공감대가 전혀 형성되지 않은 독단일 수밖에 없는데 상당한 비판과 우려에도 불구하고 군이 이러한 주장을 강화, 증폭시키는 이면에는 아무래도 겉으로 내건 명분외에 내면적 타산이 있을 것이라는 추정을 가능하게 하는군요.

저는 이미 아래 'MISSION2030-제103년차 총회본부 정책보고서' 에 대한 비판에서 "......⟨보고서⟩자료의 대부분을 차지하고 있는 "총회본부 및 각부서 장기발전목표"는 각 부서가 자체로 설정하고 있던 기존의 자료들을 끌어 모아 다시 재진열한 것에 불과한데 굳이 한 가지 특징을 지적한다면 ⟨정책기획실⟩이 신설되었다는 것입니다. 하지만 그들이 제시하는 정책과제란 엄밀한 의미에서 ⟨정책이 아니라 행사프로젝트⟩에 불과한 것입니다. 정책위의 인적구성조차 정책전문가라기보다 총무의 전위대라는 성격이 훨씬 강해 보이는군요." 라고 지적한 적이 있었군요. (자세한 내용은 아래 'MISSION2030-제103년차 총회본부 정책보고서' 에 대한 비판을 참조해 주세요.)

또 하나 제가 '2009 성령컨퍼런스' 신중하게 재검토할 때라고 주장하는 이유는 행사를 주도하는 주체들의 리더쉽에 심각한 의구심을 가지고 있기 때문입니다. 특히 이행사의 중심축인 총무님의 의중을 우려하고 있습니다. ⟨보고서⟩를 제출한 후 총무님은 득의에 찬 모습으로(?) "예산을 올려달라"고 요구했었지요. 저는 지금 총무님리더쉽의 진정성을 묻고있는 중입니다. 혹시 총무님은 "내 임기중에 이 큰 행사를 시작했다"라고 두고두고 자랑하고 싶어 하는 신앙적 영웅주의자는 아닐까요? 어쩌면 총무님은 성령컨퍼런스 같은 일회적 앰플주사 한방으로 '생명력 고갈' 이라는 근본적인 질환을 앓고 있는 우리 교단과 한국 교회의 문제들을 단번에 해결할 수 있다고 믿는 신앙적 낭만주의자인지도 모르겠군요.

도대체 우리는 왜 이 시점에서 이처럼 무리를 해가면서 성령컨퍼런스를 해야 하는지 그리고 왜 우리는 이 시대의 성령운동을 성령컨퍼런스같은 참으로 구태의연한 형식으로 경험해야 하는지, 이런 방식의 성령운동이 오히려 성령운동을 인위적, 구조적으로 제한시키는 것은 아닌지 그리고 무엇보다 이 시점에서 우리가 교단적인 차원에서 최우선적으로 집중해야 할 과제가 과연 성령컨퍼런스밖에 없는지 등등에 대한 소통과 반성과정이 현저히 부족했다는 말입니다. 저는 지금 적어도 이처럼 교단적 에너지를 집중해야하는 행사, 그리고 그 후의 결과가 필연적으로 교단의 운영에 심대한 영향을 미칠 행사를 정책하고 실행할 때는 더 근본적이며 전방위적인 통찰이 필요했다는 지적을 하고 있는 중입니다.

더욱이 지난 103년차 총회시 인상된 총회비1% 는 명분과 상관없이 개교회의 재정악화를 초래하고 있고 규모가 큰 교회들은 잘 모르겠지만 적어도 제 주변의 상당수 교회들은 총회비 인상과 관련해 총회와 대의원들에 대한 노골적인 불만을 토로하고 있는 시점에 또 다시 목회자 개인과 개 교회, 그리고 지방회 차원에서 상당한 비용지출을 감당해야 하는 행사를 거의 일방적 지시(?)로 강행하는 것이 과연 정당화될 수있는가? 라는 의문도 생기는군요. 아무래도 총무님 리더쉽의 본성이 개 교회들을 겸손히 '섬기며 소통하는' 쪽은 아닌 듯 싶군요.

하여 오순절 성령강림사태(행2:)나 에스라와 느헤미야의 부흥운동(느8:-9:)이 〈함께 모여 전심으로 기도와 말씀에 집중〉하는 모델을 제시하고 있음에도 불구하고 지금 우리 눈앞의 '2009 성령컨퍼런스' 는 아무리 좋게 보려 해도 '그저 끌어 모아, 행사의 외형적 크기를 과시하고 싶어하는' 실적위주의 이벤트성 행사를 넘어서지 못할 듯 하다는 우려를 하게 되는 것이고요. 행사를 주도하는 주체들의 회개와 헌신이 우선되지 않는 것도 눈에 거슬리는군요. 이미 우리가 교단선교100주년기념대회를 통해 경험했듯이 10만 명이건 2천 명이건 '그저 끌어 모아 외형의 크기를 과시하는' 프로젝트는 우리가 아직 '성장과 과시' 의 이데올로기에서 자유롭지 못하다는 반증인데 '성장과 과시' 의 이데올로기는 실상은 왜소 콤플렉스의 다른 이름일 뿐이지요.

　제 소견에 우리 교단을 포함한 한국교회의 제반위기는 원초적으로 '인간구원의 문제를 종교상품으로 바겐세일하기 시작한', 그래서 인간구원 문제를 종교산업으로 바꾸어버린 교회지도자들의 조급증이 만들어낸 자업자득으로 보이는군요. "믿음으로 구원은 이미 받았으니(소유했으니) 순종하여 복을 받자"는 종교장사꾼들의 광고카피가 한국교회질병의 근본적 바이러스라는 뜻입니다. 성령운동을 빙자하여 걸핏하면 참으로 구태의연한 대형집회의 향수만으로 대중을 계몽하거나 위무해보겠다는 프로젝트도 결국 허황된 종교상품일 뿐인데,그 중에도 재고처리용으로 분류되어 먼지를 덮어 쓰고 있는 철지난 상품일 뿐이지요.

'성결컨퍼런스' 신중히 재검토할 때다. (수정본)

　본인은 아래글 "'성결컨퍼런스' 신중히 재검토할 때다"에서 〈행사를 주관하는 총무님측은 " '2009성령컨퍼런스' 는 '총회결의사안' 이기 때문에 어떤 악조건 중에도 가장 우선적으로 반드시 실행해야 한다"고 주장한다지만 103년차 총회대의원으로 직접 총회에 참석했던 본인의 기억 중에 '2009성령컨퍼런스실행안' 이 정식으로 따로 상정되어 제대로 된 토의를 거쳐 결의 된 일이 없었습니다〉 라고 주장한 바 있습니다.

하지만 지난 주 배달된 총회록을 살펴본 결과 총회 마지막 날 오후회무 각부 결의안 보고Ⅱ시간 선교부 보고 가)항에 "총회장이 청원한 2009.10월중 '목회자 성령 컨퍼런스' 대회 개최의 건은 허락하기로 하다"(회의록,50쪽)라는 결의안을 확인하였습니다. 당연히 윗글 중 "103년차 총회대의원으로 직접 총회에 참석했던 본인의 기억 중에 '2009성령컨퍼런스실행안' 이 정식으로 따로 상정되어 제대로 된 토의를 거쳐 결의 된 일이 없었습니다"라는 주장은 사실과 다른 주장이었으므로 수정합니다. 아울러 정중히 사과합니다.

아마 총회 마지막 날 거의 마지막 시간 총회 파장 분위기에서 총회경험이 일천했던 본인이 제대로 집중하지 못했기에 발생한 착오였던 것 같습니다. 설령 그렇다 해도 '2009성령컨퍼런스실행안' 은 형식논리로는 정당할 지 몰라도 내용적으로는 교단적 공감대가 전혀 형성되지 않은 독단일수밖에 없다는 제 주장의 정당성은 조금도 훼손되지 않는 것으로 판단합니다. 왜냐하면 ① '2009성령컨퍼런스 실행안' 을 총회장 청원형식으로 전격 청원한 선교부조차 '2009성령컨퍼런스 실행안' 에 대해 전(前)이해가 전혀 없었다는 사실이 그 증거입니다. 보다 구체적으로 〈별지 4-1〉 선교부 보고에 의하면 제1차 회의 (2008.7.24)부터 제7차 회의 (2009.4.13)까지 단 한번도 '2009성령컨퍼런스 실행안' 이 의논된 적도, 결의된 적도 없었습니다.(회의록,183-186쪽) 단지 제7차 회의에서 "103년차 총회사업보고서를 원안대로 받아 진행하기로 하다" 라고 결의했는데 이 결의는 거의 통상적인 것으로 보이는군요. 당연히 총회장님이 '2009성령컨퍼런스 실행안' 에 대해 당시 충분한 이해를 가지고 있었던 것도 아닌 것으로 보입니다. 그 분이 당시 이 안에 대해 나름대로의 신념을 가졌다면 지금 '2009성령컨퍼런스 실행안' 은 당연히 총회장님이 중심에 서 계셔야 할 것이기 때문입니다.

② 결의안의 원래 정신에 충실하다면 적어도 그 형식논리로 볼 때 '2009 성령컨퍼런스 실행안'은 총무차원의 행사가 아니라 당연히 선교부(장)가 주관하여 치러야 할 행사이기 때문입니다. 하지만 지금 '2009성령컨퍼런스 실행안'은 철두철미 총무님과 총무직속의 기획실이 주도하고 있고, 선교부장의 역할은 거의 찾아볼 수 없을 지경이군요.

말이 나온 길에 한 마디 덧붙이고 싶군요. 총회 마지막 날 오후회무는 거의 파장분위기에서 진행되곤 합니다. 대개의 경우 지방에서 파견된 대의원들은 대체로 지방회 차원에서 교통편을 마련하고 함께 이동하기 때문에 마지막 날 점심식사가 끝날 때 쯤이면 먼 길 되돌아 갈 시간까닭에 저절로 마음들이 분주해지기 마련이지요. 그래서 점심식사가 마칠 때 쯤이면 어김없이 회무에 별 관심없던 대의원 중 누군가는 공공연히 "그만 갑시다"면서 바람을 잡기 시작합니다. 어떤 지방회 대의원들은 아예 점심식사 전부터 단체로 자리를 이탈하기 시작하고요. 당연히 회무에 집중하기 어렵지요.

그런데 문제는 바로 이 시간에 교단의 중요한 안건들이 무더기로 결의되기 시작한다는 것입니다. 103년차 총회, 그 날 오후 회무시간도 어김없이 거의 파장분위기에서 '2009성령컨퍼런스 실행안'이 선교부결의안으로 통과되던 순간 거의 아무도 제대로 인지하지 못하는 가운데 서무부는 "총회장이 청원한 총회장 및 총무를 고소, 고발하는 자를 총회심판위원회에서 인지사항으로 즉시 심판하는 건은 허락하기로 하다"는 기상천외한 결의안을 기습 통과시켰더군요.(회의록, 51쪽)

교단정치에 이력이 난 노회한 교단 정치꾼들은 여론상 매우 껄끄러운 안건들을 헌법이 정한 정당한 토론과정 없이 통과시키는 노하우를 매우 잘 숙지하고 있으며 그 실행방법조차 매우 치밀하게 학습해 두고 있는 것처럼 보인다는 사실입니다. 이 과정에서 누군가 "아니요"라고 소리쳐도 제대로 듣는 사람도 없을 뿐 아니라 일반 대의원들이 발언권을 한번 얻는 것조차 이 시점에는 거의 '목숨을 걸어야 할 정도'(?)로 어렵다는 것이지요. 농담이 아닙니다. 이 문제를 해결하기 위한 대의원들의 진지한 의논들이 있어야 할 것으로 판단합니다.

성령컨퍼런스, 정당한 해석이 건강한 정책을 단초한다

지난 목요일 우리 교회 가을바자회에 지방회내 젊은 목사님 여섯 분이 부부동반으로 거의 동시에 방문했더군요. 함께 식탁을 나누면서 담소하는 중에 성령컨퍼런스 이야기가 나왔습니다. 여섯 분 목사님 모두 경주를 다녀왔거든요. 모두들 "좋았다", "잘 다녀왔다" 하더군요. 그중 한분 L목사님은 15년 만에 소식 모르던 대학원 동기 두 사람을 만났는데 얼마나 좋았던지 밤늦게 이야기하다가 다음 날 새벽 꼭 듣고 싶던 강의를 그만 놓쳐버렸다는군요. 잠들어 버려서.

한 주 지난 월요일 월요테니스모임에 갔다 왔습니다. 바람이 많이 불었고 꽤 추웠지만 주눅들지 않고(?) 즐겁게 어울리고 왔습니다. 우리 테니스모임에 경북지방회소속 목사님 두어 분이 거의 마니아수준 멤버로 참석하고 있는데 그분들 모두 경주를 다녀왔다는군요. 그 중 L목사님(그는 이번 교단 목회자초청 테니스대회에서 1등을 했답니다)은 제게 "경주에서 목사님 찾았는데 없더군요. 안 오신 모양이죠?"하더군요. 역시 "좋았다"면서. 성령컨퍼런스 참석담을 들으면서 많이 행복했습니다. 이시대 우리곁의 젊은 사역자들이, 또 그들의 힘겨운 아내들이 그렇게라도 행복할 수 있었다면 저는 아무래도 상관없습니다. 정말입니다.

관례대로라면 내년에 저는 우리 지방회 교역자회장을 맡게되지 싶습니다. 거의 억지춘향격이지요. 그런데 우리 지방회는 거의 매달 1회씩 교역자모임을 가지는데 저는 그것이 영 못마땅하군요. 하여 저는 가끔 "굳이 매달 모여 개교회에 폐를 끼칠 이유가 없지 않나. 격월로 혹은 3개월에 한번 모이는 것이 좋겠다"고 주장을 하지만 이 부분만은 별로 존중받지 못하는군요. 신기하게도 목사님들은 대체로 젊은 분이건 원로분이건 모이는 것을 매우 좋아한다는 것이지요. 그것도 특히 목사님들끼리 모이는 것을 좋아하지요.

성령컨퍼런스를 기획하고 실행한 분들은 우선 예상보다 많이 모였다는 사실과 현장의 뜨거운(?) 반응 등으로 인해 매우 고무되어 있는 듯 보이는군요. "매우 성공적이었다"고요. 굳이 이의를 제기하고 싶지 않습니다. 그럴 필요도 없지 싶고요. 하지만 저는 이미 "성령과 관련한 교단적 행사를 기획하고 실행하면서 〈성공과 실패〉라는 도식을 상정하고 있는 생각자체가 성령과는 아무런 상관없는 인간의 조작이고 세속적 이데올로기일 뿐이라"고 주장한 바 있습니다. (아래글 '杞憂이겠지만' 참조) 이에 더하여 오늘 저는 성령컨퍼런스 이후, 행사와 관련된 해석에 대해 어쩌면 우리 모두가 직면하기 싫어하는 '불편한 진실' 하나를 충언하려고 합니다. 잔치 후의 느긋한 여운을 즐기고 있을(?) 분들을 도발하기 위한 것이 아니라 그분들이 성령컨퍼런스를 정책이라고 강변하고 있기 때문에 혹여 성령컨퍼런스를 전후한 사태를 아전인수(我田引水)식으로 해석하고 고무되어 또 다른 성령 컨퍼런스 혹은 이벤트를 기획하는 동력으로 삼을까 염려되기 때문입니다.

미리 결론부터 말씀드리면 성령컨퍼런스가 교단의 지속적 정책으로 자리매김하기 위해서는 이제부터라도 다양한 형태의 여론을 수렴하는 절차를 거쳐야 하겠지만 그 절차가 귀찮다고 무시하고 실행된 행사 그 자체만을 평가할 때라도 "얼마나 모였는가" 혹은 "얼마나 반응이 좋았는가" 의 문제가 초점이 아니라 그곳에 모인 상당수 젊은 사역자들의 참석동기를 심층적으로 해석하는 것이 초점이어야 한다는 것입니다. 정당한 해석은 Text만이 아니라 Context에도 해당되는 것이고 모든 해석은 필연적으로 오류의 편차를 벗어날 수 없겠지만 그 편차를 줄일 수 있는 중요한 단서 하나는 결국 해석자의 진정성일 수 밖에 없기 때문에 저는 지금 성령컨퍼런스를 정책이라고 주장하는 분들의 진정성을 요청하고 있는 중입니다.

그들은 왜 그곳에 모였을까요? 그리고 왜 그렇게 뜨겁게(?) 반응했을까요? 다양한 해석들이 가능하겠지만 (예컨대 성령충만, 혹은 목회정보 등등의 콘텐츠) 저는 지금 그들의 고립감을 심각한 요인으로 제기하고 싶습니다. 당연히 교단 정책을 입안하고 실행하는 분들은 이 문제를 근본적으로 해소하기 위한 방법을 제시해야 하겠지요. 젊은 사역자들이 목회현장에서 고립감을 느끼는 이유는 다양하겠지만 제 생각에는 무엇보다 그들이 당면하고 있는 개 교회들의 현실이 우리가 생각하는 것보다 훨씬 심각하다는 것과 또 그들이 사역의 미래에 대해 좌절하고 있는 것에서 비롯된 것으로 판단됩니다.

(제도개혁이란 틀에서 근본적으로 재점검하고 풀어내야할 교단의 현안들이 많습니다. 예컨대 장로제도, 목사인사제도, 연금제도 등등. 그 중에 가장 시급한 것은 역시 작은 교회 사역자들이 이땅과 교단에 대한 희망을 잃지 않도록 계기를 만들어 주는 일입니다.)

사역자들의 가족이 겪는 고립감은 더욱 심각합니다. 그러기에 그들은 지금 심각하게 누군가와 연대(連帶)하고 싶어합니다. 그리고 누군가와 격의없이 소통하고 싶어합니다. 교역자모임이건, 교역자수련회이건 동문회이건 성령컨퍼런스이건 그 모임이 어떤 것이건 그들은 소통할 수 있는 동질성을 찾고 있습니다.

더욱이 사모님들이 함께 할 수 있고 적은 경비로도 모처럼 제대로 된 대우를 받을 수 있으며 혹 목회와 관련한 새로운 정보를 얻을 수 있는 곳이면 금상첨화이지요. 애초 성령과는 아무런 상관이 없다는 뜻입니다.

사역자들을 폄하하고 있다고요? 아닙니다. 확실하게 말씀드릴 수 있습니다. 적어도 제주변의 젊은 목사님들은 어줍잖은 성령컨퍼런스같은 이벤트로 성령충만을 공급하지 않아도 이미 이러한 이벤트를 주도하는 사람들보다 충분히 성령충만해 있습니다. 제가 아는 범위안에서 제 주변의 젊은 사역자들은 거의 모두 누군가가 "주여! 삼창하고 기도합시다" 하면 조금도 머뭇거리지 않고 뜨겁게 기도할 수 있는 열정과 순수함을 지니고 있는 분들입니다. 그들 모두 자랑스러운 성결교단 목사들이기 때문입니다. 소위 교단의 지도급인사들 혹은 소위 목회에 성공했다는 분들이 걸핏하면 쉽게 이러한 젊은 사역자들을 재교육의 대상으로 여기곤 하지만 편견이자 착각이라는 뜻입니다.

바자회를 방문했던 젊은 목사님들은 그날 아주 우연찮게 이번 달부터 한 달에 한 번씩 산행을 하기로 즉석에서 결정했습니다. 이번 달은 다음 주 목요일 팔공산등반하기로 했고요. 당분간 비용은 제가 내기로 했지요. 비용이라야 점심값과 목욕비정도이지요. 어쩌면 그날 더 많은 분들이 모일 것이라고 다들 예측을 하더군요. 문제는 그날 갑작스러운 산행모임의 동기가 건강보다 Talking이더라는 것이지요. 젊은 목사님들은 지금 건강보다 Talking에 목말라 있다는 사실입니다. 산행이라는 모임자체보다 산행 중에 혹은 산행 후에 함께 식사하면서 또 함께 목욕하면서 그들은 그들의 가슴속에 담겨있는 말(言)들을 쏟아놓고 싶어합니다.저같이 그들의 어떠한 말이건 그저 편안하게 들어 줄 선배하나 있으면 더욱 신나는 일이겠지요.

사이버성령컨퍼런스방을 여신 정바람님께!

성령의 이해나 영성의 문제는 당연히 신학자들의 관심사이고 정바람님 스스로 이미 정치한 이해를 가지고 계심에도 굳이 제 앞가림도 제대로 못하는 이 사람 만우에게 되물으시는 이유는 현재 우리 주변의 제반 상황 특히 성령컨퍼런스와 관련된 교단 상황을 그만큼 우려하고 계신다는 뜻으로 읽어지는군요. 하긴 함량미달의 대의원들이 함량미달의 지도자들을 세우고 함량미달의 지도자들은 항상 사심(私心)을 가지고 우리 같은 사람들의 눈에는 주님과 별로 상관없어 보이는 '그들만의 잔치' 를 주님의 이름으로 마치 '그것 아니면 교단이 존립할 수 없는 것처럼' 과장하며 사생결단식 대세몰이를 거의 관례인 것처럼 재연하곤 하는데 아무리 생각해도 함량미달의 교단이군요.

겨우 안동의 지방신학교를 졸업했다고 전해지는(?) 이웃 교단의 모 목사님은 W.C.C.총회를 유치해내는 기염을 토하고 계시는데 이념적 지형과 관련한 주류와 비주류간의 노선투쟁이 아니라 거저 패거리를 기반한 분파주의적 세력다툼이나 하고 있는 교단과 교단지도자들이 한심하다 못해 측은해 보이는군요. 교단차원에서 한 가지 희망적인 사건은 최근 외견상 자발적인 형식의 '교단을 위한 기도회의 성사'인데 저는 이 사건을 그동안 '은인자중(隱忍自重), 암중모색(暗中摸索)하던 73학번이 드디어 교단의 전면에 나서겠다는 공개선언으로 읽습니다. 제보기에 73학번 구성원들은 의식과 재질에 있어 탁월한 분들이 많습니다. 그분들은 이미 오래전부터 74, 75, 76학번과의 물밑 연대를 모색해 온 것으로 알려져 있는데 이러한 연대는 동등한 의미에서의 상수라기보다 종속적 변수일 가능성이 많겠지요. 문제는 73학번 내부의 결집력이 내부분열없이 얼마나 지속될 수 있는가 하는 것인데 지켜볼 필요가 있지 싶습니다.

하지만 제생각에 교단의 교단다움을 회복하기위한 보다 본질적 방법 하나는 우리들이 언제까지나 무력한 순응자들에 머물 것이 아니라 과감히 떨치고 일어나 교단에 대한 우리의 기본권인 〈저항권〉을 확보해야 하겠다는 것이지요. 상당한 시간과 교감이 필요하지 싶군요.

(이글은 교단총무가 주관하는 '성령컨퍼런스'에 대해 방인근목사님이 〈성결광장〉에 정바람이란 필명으로 시작한 '사이버성령컨퍼런스'에 댓글로 올린 것입니다.)

꼭 맞는 것은 아니겠지만

은사중심의 성령이해(고전12:8-10)와 열매중심의 성령이해(갈5:22-23)라는 도식이 항상 옳은 것은 아니겠지만 적어도 제 생각에는 전자(前者)는 성령 곧 하나님을 인간의 감각적인 경험안으로 끌어들이려는 인간욕망과 관련되어 있는 것으로 보이고 후자(後者)는 인간의 감각적인 경험을 넘어선 보다 윤리적이며 존재론적인 성령이해로 볼 수 있을 듯 하군요. 전자의 1차 대상이 대체로 세상적 기준으로는 하층계급의 소수자들(minority)이지만 분수를 넘는 영적 우월성에 사로잡혀 있던 고린도교회의 영적 어린아이들이었다는 사실을 직시할 때 은사중심의 성령이해는 아무래도 그들의 비정상적 권력욕의 투사(投射)로 해독될 수 있듯이 오늘날 우리 주변의 소위 은사자들과 은사중심성령운동의 이면에는 아무래도 세상속에서 좌절된 그들의 권력의지가 강하게 작동되고 있는 것으로 읽어낼 수 있지 싶습니다.

좀 더 직설적으로 표현하면 (적어도 제 생각에는) 오늘날 우리 주변의 모든 은사중심의 성령운동 혹은 영성운동은 성령을 빙자한 인간의 변형된 권력의지의 다른 이름으로 규정할 수 있다는 사실입니다. 전자에 비해 후자는 그 해석학적 배경자체가 복음안에서 믿음으로 자유(구원)를 얻은 그리스도인들의 윤리를 제시하고 있는 것이고 그 길의 핵심이 변질된 율법의 길이나 육체의 소욕을 쫓는 길이 아니라 성령을 쫓아 행하는 삶(윤리)을 드러내는 것인데 문제는 성령의 열매는 곧 윤리의 뿌리이신 성령 하나님의 본성을 역으로 드러내고 있는 것이지요. 하여 성령의 열매는 애초 '윤리학' 이나 '덕론(德論)' 이 아니라 더 근원적인 구원론적 성령이해 혹은 존재론적 신관(神觀)인 것이지요. "성령을 도구화 혹은 수단화시키는 것이 바로 성령모독죄"라고 일갈하신 정바람님의 성령이해야말로 이 시대의 진정한 〈광야의 소리〉 입니다.

기우(杞憂) 이겠지만

어제 오전에 초등5년생인 명진이가 교회에서 구역모임을 가진다는 어머니 김집사를 따라 나왔기에 "오늘 왜 학교 안 갔니?"라고 물었더니 "신종플루때문에 휴교했어요"하더군요. 속으로 '참 걱정이다' 생각했는데 조금전 중학 2년생 동환이 아빠 서집사에게서 전화가 왔군요. 며칠전 동환이가 한 이틀 고열로 고생하기에 1차병원검진을 하고 오늘 거점병원 정밀검진결과 신종플루확진자로 판명이 나서 내일 온 가족이 주일 예배 참석 대신 집에서 가족예배를 하겠다는군요. 우리 교회같이 작은 규모의 교회 가족에게조차 신종플루는 '남의 일'로 비껴가지 않는군요.

그건 그렇고 성령컨퍼런스를 정치이벤트가 아니라 교단(교회)의 본질회복으로 규정한 사람들이 어쩌면 저렇게 행사의 성공여부에 집착하는지 이해할 수 없군요. 더욱이 몇 명이나 모일 것인가? 혹은 몇 명을 모을 수 있을 것인가?라는 문제가 행사를 주도하는 사람들의 초미의 관심사인 것처럼 보이니 참 어처구니없는 사람들입니다. 오죽하면 애초 계획에도 없던 사모님들까지 참석시키라는 동원령까지 내렸겠습니까?

성령과 관련한 교단적 행사를 기획하고 실행하면서 〈성공과 실패〉라는 도식을 상정하고 있는 생각자체가 성령과는 아무런 상관없는 인간의 조작이고 세속적 이데올로기일 뿐이라 그러므로 그것부터 회개하고 또 회개해야 할 우리의 허물이고 죄라고 아무리 충심을 다해 충언을 해도 알고도 모른 척 하는 것인지 정말 몰라서 소통이 불가능한 것인지 정말 알 수가 없군요. 철부지들이라면 차라리 야단이라도 칠텐데...

벌써 20여년전 YS가 주도하던 '직선제 개헌추진운동대구현판식' 행사나 1노3김의 대권구도로 치열한 선거운동때 대구 수성변에 사람들이 얼마나 모였는가를 대회의 성공기준으로 삼는 것은 보았어도 지금 시대가 어편 시대인데, 교단100주년 잠실벌에 성결인 10만명을 끌어 모으기위해 교단의 총역량을 쏟아 부어 목표치를 상회했다고 자랑스럽게 발표했어도 우리들 내부의 자화자찬외에 세상 어느 누구도 그 사실을 주목조차 하지 않았는데도 여전히 교훈을 찾지 못하는 사람들이 참 한심하군요.

다양한 형태의 충언 혹은 비판들을 기꺼이 수렴하지 못하는 옹졸한 리더쉽이야 그렇다쳐도 관례처럼 총회비외의 특별지원금형식으로 개교회들에게 행사비용을 떠 넘기고있는 방식은 참 고약하기도 하고요. 주님을 위해, 교단을 위해 이런 고약한 관례들을 끊어내는 작은 일에서부터 성령의 능력과 건강한 교회지도자들의 지도력이 드러나는 것인데 〈책을 읽기 위해 촛불을 훔치는〉 주객전도, 본말전도의 일들을 우리는 너무 쉽게 주님의 이름으로 실행하고 있군요.

천주교의 영성운동(가들)과 기독교의 영성운동가들

지난 달 모처럼 재개된 우리의 〈월요철학모임〉이 끝난 후 늦은 저녁 식사시간에 다양한 형이상학적 주제들을 참석자들이 자유롭게 담론하는 자리에서 L선생은 자신이 최근 경험하고 있는 '영적 경험들'을 토로하면서 제게 신앙적 조언을 구하더군요. L선생은 천안의 N대학에서 4년간 학진(학술진흥원)교수로 재직하는 동안 학교측의 억압적이고 통속적인 신앙강요로 인해 크게 상처받고 다시는(기독교) 교회에 발을 들여 놓지 않겠다고 결심했다는데 최근 견딜 수 없을 만큼의 심적 고통으로 다시 천주교회에 출석하기 시작했는데 얼마나 좋은지 얼마 전까지만 해도 한 밤중에 일어나면 심한 우울증으로 자살하고 싶은 충동을 억제하기 어려웠는데 지금은 매일

30분간 명상을 하고 아침에 대구 신천길을 산책하는데 온 세상이 너무너무 아름답게 보인다는군요.

그러면서 제게 "목사님이 이전에 말하던 것들을 그때는 제대로 이해하기 어려웠는데 지금은 그 말들이 너무너무 새롭게 깨달아진다. 너무 신기하다"고 하더군요. 제가 "그것이 바로 은총의 세계라"고 지적했더니 너무너무 감사하다며 기뻐하더군요. 최근에는 천주교의 영성운동가들의 서적을 많이 읽고 또 그분들의 강연에 참석하려고 애를 쓴다는군요. 그런데 그날 L선생은 천주교영성운동가들의 사상적 기반이 대단히 탄탄하더라는 자신의 느낌을 말해주었는데 우리의 이야기를 열심히 듣는 한편 적극적으로 자신의 생각을 덧붙이며 참여하던 이죽내선생님이 그들의 사상적 기반이 융의 사유구조라는 것을 지적하셨지요. 그들의 영성운동이 상당한 수준의 형이상학적 뿌리를 지니고 있다는 뜻이지요.

저는 아직 한 번도 전문적이고 집중적인 방식으로 한국천주교회 영성운동가들과 우리 기독교영성운동가들을 비교,분석, 연구해 본 적이 없으니 (그럴만한 능력도 없습니다) 결정적인 증거와 결론을 내리긴 어렵다 해도 제 생각에 한국 천주교회의 영성운동가들과 달리 우리 기독교영성운동가들은 영성의 사상적, 신학적 뿌리 혹은 기반을 제대로 갖추지 못한 것 같다는 우려를 하게 됩니다. 그들은 대단히 자의적이며 개인적인 체험을 그들 영성운동의 기반으로 삼기 때문에 그들의 체험적 영성운동은 너무 쉽게 초월적인 영역, 곧 신비의 세계로 전이(轉移)되어 버리곤 하는데 인간의 자유와 책임의 영역이 현저히 약화될 위험성을 내재하고 있다는 사실입니다. 소위 〈신비의 세속화현상〉 혹은 〈즉물화된 신비현상〉인데 그들은 너무 쉽게 그것을 "성령의 역사"라고 규정해 버린다는 사실이지요.

제 생각이 항상 옳은 것은 아니겠지만 천주교회 영성운동가들이 대부분 대단한 식견을 가진 경력자들(학자출신들)인데 비해 우리 기독교영성운동가들은 대체로 현장목회자들이라는 점도 우연한 것이 아니지 싶군요. 언제부터인지 거의 제대로 쳐다보지도 않지만 CBS나 CTS에서 방송설교하시는 분들의 그 '거만하고 위압적인' 태도는 단순히 복음을 위한 혹은 기독교변증을 향한 순정으로 보기에는 "너무 일탈했다"는 우려를 금할 수 없게 하는군요.

〈영성운동과 성령운동〉을 동연적으로 읽어 무리가 없는지 정치한 이해가 결핍되어 있지만 우선 정바람님의 〈사이버 성령컨퍼런스〉에 말을 섞어 보고 싶군요.

목회자가 읽은 성령이해

사도행전의 저자 누가는 사도행전 첫 머리에서 "요한은 물로 세례를 베풀었으나 너희는 몇 날이 못 되어 성령으로 세례를 받으리라"(행1:5)고 성령세례를 예고합니다. 또한 "이스라엘 나라를 회복하심이 이때니이까?"(행1:6)라고 묻는 제자들에게 주님은 "때와 기한은 아버지께서 자기의 권한에 두셨으니 너희의 알 바 아니요, 오직 성령이 너희에게 임하시면 너희가 권능을 받고 예루살렘과 온 유대와 사마리아와 땅 끝까지 이르러 내 증인이 되리라"(행1:7-8)고 성령의 권능을 강하게 부각시킵니다. 실제로 사도행전은 사도행전 1장 8절의 핵심문절(key-sentence)을 따라 성령의 권능을 받은 제자들이 당시 그들이 생각하던 땅끝 즉 로마까지 복음을 확장시키는 과정을 증언하고 있습니다. 사도행전적 시각에 의하면 성령강림사건은 세상을 변화시키는 힘 즉 '성령의 권능'(Power of the Holy spirit)에 초점 맞춰져 있고 이러한 성령이해는 복음사역의 현장에 뛰어든 사역자들의 구체적 현장의식에서 비롯된 것으로 사료할 수 있습니다.

누가에 비해 요한은 성령을 '보혜사'(To parakletos-the Counselor)로 이해합니다. '보혜사'라는 개념은 말 그대로 '은혜를 보전하는 스승'이라는 뜻이고 법률상으로는 변호자 혹은 상담자로 번역되는 말입니다. 요한에 의하면 주님은 (마지막)고별설교 중 4회에 걸쳐(요14:16; 14:25-26; 15:26-27; 16:13-14) 보혜사를 예고하시는데 보혜사는 ⅰ 거룩한 영(성령 the Holy spirit/ 요14:26; 요15:26-27)이시며 ⅱ 진리의 영(the Spirit of truth/ 요16:13-14; 15:26-27)이십니다. 뿐만 아니라 보혜사 성령의 기원은 아버지(성부)께서 성자(예수 그리스도)의 이름으로 보내심 혹은 성자(예수 그리스도)께서 아버지(성부)로부터 제자들에게 보내심(요14:25)에 있습니다. 요한의 성령이해는 '보혜사 진리의 영'에 초점 맞춰져 있다 할 것입니다. 이러한 성령이해는 복음전도사역의 치열한 현장 대신 박해와 이단논쟁으로 약화된 교회(그리스도인)라는 역사적 정황이 전면에 드러나 있기 때문이 아닐까 사료됩니다.

누가와 요한의 성령이해를 대비시키는 이유는 적어도 교회의 역사가 상당히 진전하기까지 기독론과 성령론이 삼위일체론적 기초위에 정립되지 않고 있었다는 신학적 이해가 토대가 되어있습니다. 하지만 이 시대 그리스도인들의 성령이해는 '권능과 진리' 양면 모두를 통합적으로 삶속에서 실현해내는 것이어야 할 것입니다. 문제는 오늘날 우리 한국기독교의 성령이해가 지나치게 성령의 (특별한) 은사(고전12:8-10)에 초점 맞춰짐으로써 성령사역의 초월성과 대중성확보에는 성공한 것처럼 보이지만 성령의 열매(갈5:22-23)라는 성령사역의 내면성과 인격성확보에 실패하고 있다는 사실이지요. 성령의 열매는 근본적으로 교회와 그리스도인의 정체성과 관련된 사역이므로 어쩌면 성령의 은사사역보다 본질적 사역으로 간주될 수 있을 것입니다. 제가 아래에서 잠깐 언급한 바 천주교의 성령운동이 성령의 열매와 관련한 사역이라면 우리 기독교의 성령운동은 아무래도 성령의 특별한 은사중심사역으로 규정할 수 있겠지요. 하지만 이러한 성령이해는 단지 목회적 안목에서 교회현장을 지켜 본 한 사람의 목회자로서의 사견(私見)일 뿐 더 깊은 전문가들의 조언과 비판이 필요한 부분입니다. 〈광장〉논객 여러분들의 자유롭고 활발한 토의가 있었으면 좋겠군요.

"전도만이 살길!!"이라니

(1)

"전도만이 우리의 살 길입니다." 원팔연 총회장의 2011년 신년사 표제입니다. 비장함과 절박함이 묻어납니다. 또 교단을 향한 그 분의 충정과 진정성이 절절이 울려나옵니다. 그러고 보니 그 분은 교단총회장이라는 직무를 교단부흥과 교단성장에 올인하라는 거룩한 소명으로 여기고 있는 듯합니다. 그 분 스스로 회고하듯이 그분은 2010년 한 해 총회차원에서 전도세미나, 전도모범교회, 개인전도왕 시상을 주도했습니다. 뿐만 아니라 그 분은 2011년 한 해도 여전히 "우리 교단의 총역량을 '전도에 집중' 해 줄 것을 당부"하고 있습니다. 어쩌면 그 분에게 이러한 전도현안은 단순히 이벤트가 아니라 그 분의 목회신학이고 기독교이해의 전부인 것처럼 보입니다. 그러기에 그 분은 교회사를 '전도의 촛대이동' 이라는 틀 하나로 요약합니다. 어떤 나라이건 전도가 왕성할 때는 흥하고 전도의 에너지가 떨어지면 쇠했다는 역사철학입니다. 그러기에 예루살렘에서 시작된 전도의 촛대가 우리 한국기독교회에로 넘어왔다는 것이지요. 그 분은 이렇게 단언합니다. "전도는 하나님을 최고로 기쁘시게 하는 일입니다." 다행입니다. 새신자 한 사람이 '동지섣달 꽃 본 듯이' 소중한 열악한 목회현장에서 고군분투하는 우리 같은 작은 교회 목회자들에게는 정말 가뭄끝의 단 비처럼 여겨집니다. 그럼에도 "전도만이 우리의 살 길"이라는 최근 우리 기독교회내 일부 주장들을 문제삼는 것은 결코 총회장의 신년사를 폄하하거나 딴지를 걸려고 하는 의도에서가 아니라 나름대로 이유가 있습니다.

작년 가을 지방회에 2개의 집회가 있었습니다. 하나는 J교회부흥회였고 또 하나는 지방회가 주관하는 '전도부흥회' 였습니다. 저는 시간을 내어 J교회부흥회 중 화요일 오전 집회에 참석했습니다. 강사는 '00나무교회' 창시자 여00목사인데 설교의 내용은 교회(신앙)회복 4단계라는 공식이더군요. 무엇보다 3시간 넘게 설교하고도 모자라 광고시간에 다시 설교를 시작하는 그의 열정에 놀랐습니다. 또 그렇게 설교하고도 한결같은 그의 음성과 음량이 참 부러웠습니다. 저는 이미 3-4년 전부터 설교전후 힘들어지는 음성 때문에 어려움을 겪고 있었거든요. 하지만 예의가 아닌 줄 알면서도 집회종료 전에 먼저 자리를 뜨고 말았습니다. 설교의 내용이야 애초 쉽게 소화될 것으로 생각조차 하지 않았지만 그것보다 더 견디기 어려웠던 것은 설교자의 태도였습니다. 자기확신이 너무 강해 청중에 대한 존중심을 잃어버린 것이 아닌가 염려될 정도였거든요. 별로 새삼스러운 것도 아닌 하나의 성서해석틀을 배타적 성서원리인 것처럼 주장하며 자기도취에 빠져 있는 설교자에게 기대할 것은 아무것도 없었던 것이지요. 어쩌면 신앙적 순수성을 극단화시킨 전형적인 '기독교 원리주의자' 이거나 '기독교적 나르시스트' 로 규정할 수 있을 것입니다. 이런 류의 사람들에게 기존의 모든 교회생활은 모두 부정되거나 전복되어야 하는 대상이지요. 당연히 "전도

만이 살길”이라는 주장은 이런 류의 사람들에게는 아예 무의미한 레토릭
에 불과한 것이지요.

또 하나 지방회가 주관한 ‘전도부흥집회’ 중 주일오후연합예배에 참석
했는데 강사는 김00목사였군요. 안산에서 대단한 목회성공을 거둔 목사라
는데 이 양반은 처음부터 끝까지 ‘성공’ 신화를 전달하고 있더군요. ‘성공
이데올로기전도사’이거나 ‘성공이데올로기 중증환자’로 보이더군요. 전
형적인 ‘기독교 세속주의자’로 규정할 수 있을 것입니다. 이 양반 방식으
로 한다면 이제 해마다 우리 교회당 담벼락에는 “00교회 올해 서울대학교
합격자 0명!!”이라는 현수막이 경쟁적으로 내걸릴 때가 임박했다는 우려
를 하게하는군요. 그런데 이 양반이 지속적으로 주장하는 것이 “전도만이
살 길”이군요. ‘성공이데올로기와 전도의 결합’. 이 기묘한 사태를 도대체
우리는 어떻게 받아들여야 하는 것입니까?

기독교원리주의자들이나 기독교세속주의자(성공주의자)들은 모두 ‘세속화
된 현실교회’를 그 모태로 삼는다는 공통점을 가집니다. 전자는 그것에 대
한 극단적 반동이고 후자는 그것을 극단적으로 강화시킨 것 뿐이지요. 제
눈에는 양자가 모두 정당한 교회론이 약화되었거나 그것으로부터 일탈한
것처럼 보이는군요. 굳이 차이점을 지적한다면 전자는 ‘순수주의’의 깃발
을, 후자는 ‘교회부흥과 성장’의 깃발을 최우선적 가치로 내세운다는 사
실입니다. 하여 저는 지금 최근 “전도만이 살길이다”라고 외치는 우리 교
단 지도자들의 의식이 혹시 기독교세속주의자(성공주의자)들과 같은 뿌리에
놓여있는 것이 아닌가하는 의구심을 제기하는 것이지요. 자칫 ‘세상물정
모르는 철부지’라는 비난을 자초하는 것인지도 모릅니다.

왜 "전도만이 살길이다"라는 방향성을 기독교세속주의자(성공주의자)들과 연계된 것으로 문제삼는 것입니까? 전도는 주님의 지상명령이 아닙니까? 결론부터 말씀드리면 주님의 지상명령인 선교대명으로서의 복음전도가 아니라 단지 방편적(수단적) 교세확장이 교단의 본질적 이념의 자리에 들어와 앉았다고 보기 때문입니다. 마치 지붕위의 호박을 따기 위한 방편에 불과한 사닥다리에 집중함으로써 사람들의 시선을 호박이 아니라 사닥다리에 집중시키는 것처럼 본말전도, 주객전도의 가치혼란이 초래되었다는 말입니다. 기가막힌 역설이자 패러독스입니다. "전도만이 살길이다"라는 명제가 아이러니하게도 오늘날 우리 교회의 정체이유를 근본적으로 드러내고 있다는 뜻입니다. 좀 더 정확하게 말씀드리면 "전도만이 살길이다"라는 명제에는 이시대 교회성장의 침체원인이 역설적으로 적나라하게 드러나 있다는 뜻입니다.

"전도만이 살길이다"라는 명제를 분석해 보겠습니다. 첫 번째 물음은 이 명제에 전제되어있는 주체가 무엇인가라는 문제입니다. 두 번째 물음은 이 명제에 명시되어 있는 '전도'의 외연과 내포가 무엇인가라는 문제입니다. 곧 전도의 내용(contents)을 문제삼아야 한다는 뜻입니다. 첫 번째 물음에 대한 대답을 우리는 쉽게 찾아낼 수 있을 것입니다. 문맥상 '교회'가 정답입니다. "살길"이라는 부분에서 "살길"은 곧 "사는 길"인데 "무엇이 사는가?"라고 물을 때 "교회가 사는 길"이라는 전제가 숨어있다는 말입니다. 하지만 이런 정답을 찾아내는 사람은 아무래도 '세상물정 모르는 철부지'라는 비웃음을 받기 십상입니다. 우리는 좀 더 현실적으로 이 물음에 대답해야 합니다. 여기에서 문제되고 있는 것은 "교회가 사는 길"이 아니라 "교회성장" 혹은 "교세확장"을 지속하는 길입니다. 그것도 오직 우리 교회와 우리 교단의 성장과 부흥이 문제입니다. 그렇습니다. 이 명제에서 전

도는 교회의 정체성회복이아니라 교회성장 혹은 교세확장을 지시하고 있
는 말입니다. 그러기에 한국성결신문은 2010년 12월25일자 1면 '2010년
성결교회' 라는 기획기사에서 "지난 해 신종플루와 경제위기 등 잇단 악재
로 성도의 수와 헌금이 동반감소하는 현상이 뚜렷했지만 올해는 교단차원
의 전도운동으로 교세도 증가했고 교인들의 헌금도 늘어난 것으로 나타났
다"라고 평가하고 있습니다.

  두 번째 물음에 대한 대답은 이렇습니다. 우리가 지금 목숨걸고 주장하
는 '전도'는 당연히 직접전도입니다. 그것도 즉각적인 숫자로 환원시킬
수 있는 양적성장을 담보하는 전도입니다. 당장 교세를 불려주고 헌금해
주는 신자의 확보를 지금 우리는 '전도'라고 부르고 있는 것입니다. 그들
이 진정으로 회개했는지? 혹은 이후 교회안에서 제대로 된 양육을 받을 준
비가 되었는지? 등등에 대한 물음은 애초 아무런 문제가 되지않는 것입니
다. 그러기에 전도와 관련한 이념(신학)의 정립과 방법의 정당성도 하등 문
제가 될 수 없습니다. "수단과 방법을 가리지 않고 교회를 키우는 것"이 지
상과제가 됩니다. 그러기에 오늘날 소위 성공했다는 교회지도자들은 거의
공통적으로 "성공이데올로기와 전도"를 동연적 개념으로 주장합니다. 이
런 주장의 이면에는 추악한 종교권력에의 의지가 은폐되어 있기 마련이지
요. 바로 여기에서 우리는 "전도만이 살길"이라는 주장의 허구성을 봅니
다. 기가막힌 것은 이러한 허구성을 이 시대의 교회지도자들보다 우리의
전도대상인 세상사람들이 먼저 잘 알고 있다는 사실입니다. '진정성의 위
기'를 겪고 있는 한국기독교에 대한 모든 조사결과들이 명백한 증거입니다.

  (2)
  저는 이미 '환타지아(Fantasia)'(활천/2003년 8월호)라는 글제를 통해 우리 교

단의 교세확장과 관련한 비판적 입장을 피력한 바 있습니다.

"……무엇보다도 본인은 유소년 세례법이나 Vision07의 교세확장 배경에는 보다 심각한 우리의 본질적 문제가 내재되어 있는 것으로 여깁니다. 우리의 교회확장이라는 목표에는 '부흥과 전도'로 집약되는 현실적 절박성 외에 과거 한때 우리 교단이 장감성 3대 교단 중 하나였다는 과거 지향적 향수같은 것이 함축되어 있다고 느끼기 때문입니다. 당시 일천한 역사에도 불구하고 교세로나 사회적 영향력에서나 장로교, 감리교에 버금가는 서열3위의 교단이라는 자긍심(pride)은 그러나 또 한편, 현실 안주적이며 패배주의적인 열등의식(complex)의 또 다른 얼굴에 다름 아닌 것입니다. 정신적 가치는 그것이 문화의 영역이건 예술의 영역이건 종교의 영역이건 단순한 수량적 비교로 우열(서열)을 정할 수 있는 것이 아닙니다. 성결교회는 단지 성결교회이기 때문에 충분히 그 고유한 자리가 확증되고 보존되는 것입니다. …이런 시각에서 본인은 이 시대 성결인의 phantasia 즉 창조력 상상력은 성결 그 자체임을 주목하고자 합니다. 성결(성)이란 말 그대로 어느 시대에나 동일한 그 시대의 환타지아이자 상징입니다. '세속적인 세상에서 그리스도인은 가장 신(神)적으로 살아야 하며(ought to), 또 그렇게 살수 있다(can)는 생각' 이야 말로 당대의 가장 위대한 환타지아 이자 혁명적 에너지이기 때문입니다. 그리고 그 환타지아는 감동(사역)자체입니다. 따라서 환타지아로서의 성결은 기독교적 유토피아사상과 비교될 수 있습니다. 그러므로 본인은 성결교회 100주년의 목표인 100만성도 운동이 우리들(당신들)만의 축제가 아니라 성결인 모두와 이 시대를 감동시킬 수 있는 환타지아로서의 성결운동으로 보강되어져야 될 것으로 새깁니다. 그 구체적 지평은 언제나 활짝 열려 있습니다."

　그렇습니다. 우리가 진정한 성결인이라면 작은 교회를 두려워하거나 부끄러워해서는 안됩니다. 우리가 진정 부끄러워해야 할 것은 성결교회의 지도자답게 소신과 진정성을 가지고 살지 못하는 것, 그것 뿐이기 때문입니다.

방성규 목사의 영성 문제
-comtemplatio개념을 중심하여-

1. 들어가는 말

1-1. 방성규 목사와 나

　제가 맨 처음 그를 만났던 것은 1976년 3월 서울신학대학에 입학하고 생활관 생활을 시작할 무렵이었습니다. 폐결핵으로 입학은 허락되었어도 같은 형편인 김일중 목사와 함께 화장실 옆, 춥고 어두운 생활관 416호에서 거의 격리된 생활을 할 때 햇볕 잘드는 405호에 내 동기 윤영철 목사는 1년 선배들과 함께 억지춘향격의 경건생활을 배우고 있었지요. 그때 405호에서 함께 생활했던 경건한(?) 선배들 중에 소녀처럼 찰랑거리는 단발 머리카락을 멋지게 쓸어 넘기던 꽤 이지적인 모습의 선배가 바로 방 목사님이었지요. (나중에 윤 목사에게 확인한 바로는 또 한명 선배는 강준민 목사였다더군요) 1년간 함께 생활관 생활을 했으면서도 무슨 까닭인지 당시 우리는 개인적으로 단 한 번도 대화를 나눈 적이 없었지요. 그 후 저는 2년간의 휴학과 투병생활을 거쳐야 했고 그 사이 방 목사님은 졸업을 했습니다. 그리고 우리는 다시 만난 적이 없고 30여년이 흘러갔습니다.

　참 이상한 것은 벌써 30년이 더 지난 일인데도 저는 가끔씩 방선배의 모습을 아주 선명하게 기억하고 그의 삶에 각별한 관심을 가지고 있었다는 사실입니다. 찰랑거리던 그의 매력적인 머리카락과 함께. 얼핏 전해들은 말로는 그가 미국유학중이고 또 귀국해서 어디에선가 가르치고 있다고 했는데. 그래서 언젠가는 한번쯤 직접 얼굴을 마주하고 서로의 삶과 사역에 대해 이야기할 수 있는 기회가 있으리라고 여겼는데. 그러던 방 목사님의

소식을 구체적으로 접한 것이 바로 그의 부음이라니. 애통하고 애통합
니다.

1-2. 문제제기와 방법론 : 방성규 목사의 영성 그 이념(목표)과 방법에 대하여

고(故) 방성규 목사님 (이후 방 목사님으로 표기함) 추모논문III집에 실릴 원고를
청탁 받았을 때 필자는 감당할 수 없는 짐으로 여겨 많이 사양한바 있습니
다. 하지만 기왕에 그의 추모논문집에 실릴 원고를 집필할 것이면 방 목사
님과 직접 관련된 글을 준비하는 것이 도리라고 생각하였습니다. 따라서
본 연구는 방 목사님이 집중하셨던 '영성'의 문제를 그 이념(목표)과 방법론
을 해명하는 방식으로 그의 진면목을 대면해 보는 것을 과제로 합니다. 우
선 필자는 방 목사님 영성의 정체성을 해명하는 것을 최우선적인 목표로
삼습니다. 이어서 그가 '영성'의 본질에 이르기 위해 제시했던 길들을 그
의 방법론이란 측면에서 해명해 보려고 합니다.

필자는 모두(冒頭)에 그의 영성의 본질이 '하나님 경외' 이자 '하나님 경
험' 이며 그러기에 그의 영성은 필연적으로 이념(목표)이면서 동시에 방법
론이라는 이중적 본성을 전제하고 있고 따라서 그에게 영성이란 순환론적
구조를 지니고 있다는 사실을 지적해 두는 것이 소통을 위해 도움이 되리
라고 생각합니다. 필자는 이러한 그의 영성이해가 근본적으로 '영성함-영
성사유수행' 이기 때문이며 기독교회의 구원론을 구체적인 삶 자체와 관
련시킨 '구원론의 재발견' 으로 이 시대 교회지도자들이 깊이 경청해야 할
신탁으로 여깁니다. 이러한 그의 영성은 소위 '관상' (contemplatio)에 대한
그의 이해와 체험에서 분명히 드러나고 있다고 봅니다. 본 연구의 한계를
미리 적시해 둘 필요가 있습니다. 필자는 방 목사님의 저술과 논문들을 가
능한 정밀하게 이해하고 분석하려고 했지만 그가 제시한 영성과 관련한 1

차 자료들을 직접 대면하여 숙독할 시간을 제대로 얻지 못했고 그러기에 본 연구와 관련하여 필연적으로 점검했어야 할 1차 자료들은 대체로 그의 저술들에서 이미 그에 의해 '해석된' 것들을 검증 없이 수용할 수밖에 없었다는 것을 밝혀 둡니다.

2. 방성규의 영성

2-1. 영성의 정체성(문제)

방 목사님의 부음 후 고인을 기리는 지인들의 추모사들은 한결같이 방성규 목사의 사역을 '영성신학과 사역'으로 규정하고 있습니다.[1] 예컨대 이후정은 "분명히 방성규 목사의 삶이 한국개신교회의 영성의 성숙을 위해 바쳐졌다"라고 헌사한 바 있습니다.[2] 그렇습니다. 적어도 필자가 살펴본 바에 의하면 그 분은 에모리 대학에서 거의 맨 처음 '사막의 수도자들'을 만난 이후 갑작스런 소천에 이르기까지 오직 하나 '영성'이란 별을 따라 삶을 올인한 '영성학자'이자 '영성가'였습니다.

필자는 먼저 방 목사님이 '영성'의 문제를 자신의 평생 과제로 삼게 된 배경을 살펴보려고 합니다. 그가 '영성'의 문제에 거의 운명처럼 직면하게 된 표면적 동기는 아무래도 그의 에모리 대학 박사학위과정으로 볼 수 있겠습니다. 그의 에모리 대학 선배인 이후정은

내가 방 목사를 처음 만난 것은 미국 조지아 주 애틀랜타 시에 위치한 미 연합감리교회에 관계된 명문대학 에모리(Emory) 대학교의 캔들러(Candler) 신학교에서였다. 나는 이미 역사신학 분야에서 박사과정을 하고 있었는데 그는 석사과정을 시작하였다. 그 후 방 목사는 나와같은 역

사신학 분야의 전공을 목표로 박사과정에 지원하게 되었는데 그 당시 주
임교수를 맡게 될 라버타 반디(Roberta C. Bondi)교수는 나와 친하게 지
냈던 터라 그녀와의 대화를 통해 방 목사의 입학에 도움을 줄 수 있었던
것을 기쁘게 기억한다. 방 목사는 시리아 교회사를 전공한 교부학자인 이
반디교수 밑에서 초대 교회 수도원신학 중 특히 광야(사막)교부(desert
fathers)에 관한 연구로 학위를 추구하게 되었다.[3]

라고 회고하고 있습니다. 이 문제와 관련하여 방 목사님도 다음과 같이
술회하고 있습니다.

"사막교부들"(the Desert Abbas)이라는 말을 들은 지 14년의 세월이 지
났다. 막연하게 기독교 초기 역사를 공부하겠다고 무턱대고 미국에 건너
가 첫 학기 기독교 사상사 강의를 통하여 사막에서 영적 훈련하던 이들에
대해 처음 듣게 되었고 이들의 책과 이들에 관한 글들을 통해 사막의 수
도사들을 만나게 되었다. 그 강의를 들을 당시에는 수도원을 중세기의 타
락의 온상으로 생각하고 있었기 때문에 외국에 나가서 수도원을 공부하
려는 의도는 전혀 없었다. 단지 역사공부를 통해 교회의 영적 삶에 도움
이 되는 인물과 학문을 만났으면 좋겠다는 생각만 있었을 뿐이었다. 그런
데 이들에 대한 책을 읽으면서 내가 찾고 있었던 사람들이 바로 이 사람
들이었구나 하는 감탄과 감격이 왔다. 수도원이란 단지 중세기에만 있었
던 것이 아니라 그 이전에도 있었고 또 지금도 있는 운동과 단체로 기독
교 영적 운동의 원천인 것을 알게 되었다. 한국에 있었을 때 한번도 들어
보지 못했던 사람들이 기독교 역사에 있었구나, 그것도 기독교 역사의 영
적 삶의 원천으로 있었다는 사실이 너무 큰 놀라움이고 충격이었다.
(......) 이런 깨달음과 부끄러움이 사막 수도사들과의 만남의 깊이를 더하
게 하였고 이 깊이가 내 신학의 방향, 기독교인으로의 삶의 방향을 근본
적으로 전환하게 만들었다. 이들과의 첫 만남 이후로 이들은 내게 소리없

이, 끊임없이 사막으로 들어오라고 권유해 오고 있다. 이들이 부르는 소리를 들으면서 나는 한 기독교인이 최선으로 사는 것이 무엇일까 두고두고 고민해 오고 있다.[4]

필자는 그의 육성 속에서 특히 그가 경험했다는 '감탄과 감격' 또 '놀라움과 충격'을 주목합니다. 이러한 충격은 학자이자 목사로서 그가 단기적으로 학위의 주제를 결정한 것이라는 이해를 넘어 그의 실존적 문제인 삶과 신학의 방향을 운명적으로 받아들인 일대 사건이기 때문입니다. 이것을 우리는 방 목사님의 '존재론적 현기증' 혹은 '신학적 전회'로 읽어 무리가 없을 것입니다. 이러한 전회는 그의 실존적, 현실적 방향전환만이 아니라 그가 그처럼 사랑하던 한국교회의 현안들을 해소하는 진단이자 처방이기에 더욱 막중합니다. 그는 다음과 같이 회상합니다.

나는 교회사를 연구하면서 가능하면 옛 사람들의 영적인 삶을 연구하고 이들의 영성을 오늘날 어떻게 재현하고 발전시킬 수 있는지에 대한 고민이 내 개인적이며 학문적인 과제라고 늘 생각하고 있었다. 이 과제를 풀어나가기 위해 써야할 시간과 에너지가 만만치 않다는 것을 깨달은 시점이어서 그런지 내게 다가오는 중압감은 실로 큰 것이었다[5]

이러한 예비적 작업을 근거로 이제 논자는 그의 '영성'의 정체를 해명해 보려고 합니다. 그는 일찍이 '영성'이야말로 모든 기독교신학(연구)의 근원(the fundmental sourse)이자 목회사역의 견고하고 영원한 거처(residence)로 천명한바 있습니다.[6]

넓게 말해서 역사, 최소한 기독교역사는 다양한 사회적 조건들을 통해

'변화의 패턴'을 고수해 오고 있다. 세기들을 통해 기독교역사는 끊임없이 영성에 대한 강조로 회귀해 오고 있다. 가끔씩 기독교 신학과 교회론적 운동이 외적으로는 깊이 사회적 책임을 함축하고 있었지만 곧 오직 하나님과의 직접적인 영적 관계를 산출하는 내적 각성에의 초점으로 회귀한다. 기독교 신학이 자랑스럽게 추상적인 형이상학과 그러한 주제들의 논리적, 조직적 연결에 초점맞추던 때에라도 기독교신학은 열정적으로 모든 신학적 연구의 근원(the fundmental sourse)을 추구하고 또 그 원천을 토론하기보다 어떻게 그 원천에 도달할 수 있는 길을 획득할 것인가를 묵상한다.[7)]

영성은 기독교행위의 모든 영역 곧 신학, 훈련, 목회적 돌봄 혹은 다른 사역의 형태들의 견고하고 영원한 거처(요소residence)이다. 따라서 영성에 대한 강조는 어떤 특정한 시대의 일시적 현상이 아니다. 보통 그 원천에로의 회귀는 영성과 밀접하게 관련되어있고 또 대담하게 정체해명되는 것이다. 영성은 사실상 기독교신학의 핵심이자 정체성이고 또 운동으로 드러나는 것이다. 그리스도인들이 그들의 정체성과 방향성을 문제 삼을 때마다 그들은 모든 종교행위와 경험의 원천인 하나님을 향한 열망을 고백하고 또 하나님께로 돌아가야 한다. 최근 몇 십년간 모든 대학과 학문은 영성연구에 대단한 집중을 보여 왔다. 신학의 세속화와 과(過)정치화에 대한 반동으로서이건 혹은 신학적 상상력의 결핍과 고갈 때문이건 영성운동은 신학의 모든 영역에서 수사학적 주목(고려)과 신학적 설득을 증가해 왔다.[8)]

아울러 그는 '영성이란 대체 무엇인가?'라는 원본적 물음에 다음과 같이 자각적이며 최종적인 정의를 내려주고 있습니다.

"영성"이란 말은 '일반적으로 신비주의 신학(mystical theology)이나 수덕적 신학(ascetic theology)을 의미했다가 15-6세기에는 평신도에 반해 성직자들 지칭할 수 있는 말로, 17세기에는 새로운 경건의 형태에 대한 조롱조의 의미로 쓰였다. 최근에는 여러 학자들에 의해 여러 가지 정의를 갖게 되었다. 넓게는 "인간 행위를 유발하는 그 어떤 태도나 정신으로서, 구체화된 종교적 또는 윤리적인 가치를 총칭"하는 말이고, 좀 더 좁게 그 의미를 기독교적으로 축소한다면 "성령 안에서의 삶"이 된다. (이 논문에서) 나는 영성을 다음과 같은 의미로 사용하고자 한다: 영성이란 하나님과의 직접적이고 배타적인 영적 관계를 통해 얻게 되는 신앙적 삶의 특정한 태도나 행동을 형성해주는 정신 구조이다. 다시 말해, 영성이란 하나님과의 직접적인 경험이 만들어내는 정신 구조라는 말이다.[9]

그에 의하면 영성이란 '하나님과의 직접적이고 배타적인 영적 관계를 통해 얻게되는 신앙적 삶의 특정한 태도나 행동을 형성하는 정신 구조' 입니다. 그의 '영성' 에 대한 이러한 규정을 보다 정밀하게 분석할 필요가 있습니다. 여기에서 '하나님과 직접적이며 배타적으로 영적 관계를 형성하는' 신앙적 삶 '이란 도대체 무엇을 지칭하는 것입니까? 그것은 개인입니까? 혹은 공동체입니까? 그가 말하는 직접적이고 배타적인 영적 관계란 또 무엇일까요? 개인이건 공동체이건 '직접적이며 배타적인' 방식으로 획득한 개별적(individual)이며 특수한(specific) 신앙적 태도나 행동이 어떻게 일반적(general)이며 보편적인(universal) 인간의 정신구조를 형성하게 되는 것입니까?

이 물음들에 대한 그의 대답은 이어진 그의 진술입니다.

기독교 영성을 말하면 당연히 그 원천으로 되돌아가는 것을 의미해, Matthew Fox는 기독교 영성을 "세계 내에서의 존재의 뿌리됨"으로 정의

하면서 뿌리로 되돌아갈 것을 권하고 있다. (......) 이즈음에서 영성이 무엇을 의미하는지 정의를 내리는 일이 필요하다. 영성이란 하나님과의 직접적이고 배타적인 영적 관계를 통해 얻게 되는 신앙적 삶의 특정한 태도나 행동을 형성하는 정신 구조를 의미한다. 이 정의에 의하면 수도사 개개인의 차이에도 불구하고 이들 신앙의 태도와 삶의 자세를 묶어주는 공통적 정신 구조가 있다는 것이다. 종교사회학자 피터 버거의 표현대로 이들이 살았던 세계 전체를 덮어주는 어떤 "거룩한 덮개"(The Sacred Canopy)가 있었다는 것이다.[10]

위의 진술에서 필자는 '수도사 개개인의 차이에도 불구하고 이들 신앙의 태도와 삶의 자세를 묶어주는 공통적 정신 구조가 있다' 는 문절을 주목합니다. 종교사회학자 피터 버거의 표현대로 이들이 살았던 세계 전체를 덮어주는 어떤 "거룩한 덮개" (The Sacred Canopy)의 정체를 해명하기위한 단초를 제공하고 있기 때문입니다. 방목사님이 말하고자하는 '공통적 정신구조' 와 '거룩한 덮개' 는 단적으로 '성령 안에서의 삶' 이고 그것은 곧 '완전을 향한 삶(의 열정)' 이며[11] ' 성화(sanctification)이고 또 ' 해소되지 않는 신적 본성을 향한 인간의 끝없는 추구' (닛사의 그레고리Gregory of Nyssa의 말로는 epektasis)로 해명되고 있습니다.[12] 또 다른 한편 이 '거룩한 덮개' 는 박광옥 목사가 그를 추모하면서 정확하게 지적했듯이[13] '하나님 경외' (the fear of God)이자[14] '거룩한 하나님을 경험하는 것' [15]으로 규정됩니다. 이때의 하나님 경험이란 당연히 '신성(神性)' 곧 '거룩성' 을 의미하지요

이 지점에서 필자는 방 목사님의 '영성' 의 특징을 간략하게 정리해 두려고 합니다.

첫째, 방목사님의 '영성' 은 본질적으로 철두철미 구원론적 이해(구원론의

현대적 재발견)를 그 뿌리로 하고 있는 것으로 보입니다. 그는 우리 시대에 '영성' 이란 말이 대두된 배경을 다음과 같이 진술하고 있습니다.

> 영성이란 말이 유행을 타게된 것은 오늘의 영적 빈곤에 대한 반성과 아울러 새로운 21세기를 여는 전망의 핵심 요소이기 때문이다. 현재의 교회의 가르침과 삶이 세상에서 살아가는 데에 역동적 힘을 제공하지 못하고 있다고 진단하는 것이다. '영적 빈곤' 에 대한 여러 가지 자성의 소리를 축약한다면 바로 '믿음과 삶이 함께 가지 않는다' 라는 아픈 고백이다. 해결책으로서의 영성을 말하는 것은 다른 방식으로-새로운 것이든 옛 것으로 되돌아가든- 신앙적 내용을 만들고 이를 현장화하는 훈련을 시도하자는 것이다.[16]

그는 이미 그의 학위논문에서 초기 사막수도사들의 수덕주의 곧 사막영성의 동기와 실천 모두가 '하나님경외' 에서 비롯된 것으로 규명한 바 있습니다. 그는 그의 학위논문 결부에서 이러한 사막영성이야말로 기독교 역사를 관통하는 영적 부흥의 핵심원천으로 규명한 후 다음과 같은 결어를 덧붙이고 있습니다.

> 우리 시대의 영적 파산에 대한 신학적 문제까닭에 나는 구원의 추구에 덕과 감성의 중요성을 다시 강조하고자 한다. 왜냐하면 현대인들은 신학을 단지 텅빈 슬로건으로 여기기 때문에 하나님 경외의 회복과 신앙생활에서 덕성의 재소개는 근본적 의미를 지닌다.[17]

> 사막교부들의 금언집에 나타난 하나님 경외는 수도자들의 구원론적 의식과 하나님의 현존과 심판의 경험을 모두 이해하기 위한 핵심 표현이다. 그들에게 하나님 경외는 다른 모든 수덕의 덕성을 동기부여하며, 앙양하

고, 아치를 만들 뿐 아니라 바로 그 덕성의 가장 실천적인 것으로서 기능한다. 하나님 경외는 구원론적 경외와 목적론적 경외 또 도구적 경외를 함축한다. 수도자들의 구원론적 하나님 경외는 그들의 구원론적 신학의 버팀목이 된다. 이러한 구원론적 경외에 의해 촉발된 하나님 경외는 수덕주의의 목표에로 자라게 된다.[18]

또 그는 이미 우리가 살펴본 것처럼 수도원적 영성을 완전을 추구하는 삶으로 규정한 후 모든 수도사들의 궁극적인 관심(공통된 정신구조)이 "어떻게 하면 구원을 얻을 수 있느냐?"는 질문에서 비롯된 것으로 해명하고 있습니다.[19] 그에 의하면 수도원영성의 원류는 구원론적 질문에 대한 그들 나름대로의 응답이라는 것이고 그것이 바로 '하나님 앞에서의 온전함' 곧 '완전'을 추구하는 삶으로 표출되었다는 것입니다.

둘째, 방 목사님의 영성은 형식적으로 순환론적 구조를 지니고 있는 것으로 보입니다. 이 말은 방 목사님에게 있어 '영성'은 이중적 의미를 가지고 있다는 뜻입니다. 즉 그에게 '영성'은 그 자체 이념이자, 목표이고 또 한편 '영성'은 그에게 '방법론으로서 기능하고 있습니다. '영성'에 대한 그의 논리 혹은 변증이 순환론적 논법을 사용하고 있다는 점입니다. 예컨대 그는 초대교회의 정신구조(mentality)를 해명하기위한 중요한 단서(혹은길)로 '수덕주의와 수도원 운동'을 주목하고 있습니다. 즉 수덕주의와 수도원운동은 교리사가 간과한 초대교회의 정신구조를 보완하기위한 방법론 곧 수단입니다. 하지만 그는 수도원운동과 수덕주의의 정신적 구조를 '영성'으로 해명하면서 곧 이 '영성'을 기초하여 초대교회의 정신구조를 역으로 해명하는 과정을 밟고 있기 때문입니다.

정신세계라고 부르는 mentality가 한 시대를 일관해서 특징짓는 정신의 구조라면 영성 또한 정신의 구조이기 때문에 인간의 정신을 구조적으로 본다는 면에서 동일한 것으로 볼 수도 있다. 그러나 정신세계(mentality)는 보다 포괄적으로 한 시대 전체를 관통할 수 있는 용어로 쓰인다면, 영성은 보다 범위를 좁혀 기독교 안에서도 하나님과의 관계를 바탕으로 해서 만들어지는 경험의 구조를 표현해주는 용어가 된다. 즉 초대교회 시대의 정신세계를 들여다 보는 방법으로 영성의 개념을 사용한다는 것이다. 영성은 정신세계를 들여다보게 만들어주는 도구적 종속적 개념이란 말이다. 왜냐하면 영성이란 개념 외의 다른 개념으로도 초대교회의 정신세계를 들여다볼 수 있기 때문이다.[20]

이러한 그의 논리적 문제는 그의 '영성' 문제의 핵심에 위치하고 있는 소위 '관상' (contem-plation)에 대한 그의 이해에서도 동일하게 반복되고 있습니다. 논자는 그의 영성이 지닌 이러한 특성들이 그가 '영성함' 곧 '영성사유수행' 을 하고 있었기 때문으로 여깁니다.

2-2. 관상(contemplatio)

이미 우리가 살펴본 것처럼 방목사님 '영성의 본질' 은 '하나님 경외' (정확히 여호와 경외이지만 그는 보다 실천적인 측면에서 '하나님의 두려움' 이라고 설명하고 있습니다)이고 그것은 곧 그리스도인과 교회가 '거룩성' 을 지향[21]한다는 뜻으로 규명할 수 있을 것입니다. 인간의 욕망(육성(肉性) 혹은 죄성(罪性))이 필연적으로 지향하는 '세속성' 을 지양하고 '거룩성' 을 지향한다는 것은 곧 '영성' 으로 육성을 극복한다는 뜻이겠지요. '여호와 경외' 라는 사태자체에는 '여호와 외에 어떤 것(존재자)도 경외하지 않는다' 라는 판단이 함축되어 있습니다. 이때 '경외' 라는 개념을 '두려움' 으로 해석하건 혹은 '사랑' 으로 해석하건 그 언어적, 논리적 의미가 달라지지는 않는 것이지요. 하나님을 진정으로 사랑하는 사람은 이 세상 어떤 것도 절대적으로는 사랑할 수 없게 되는 것이니까요. 당연히 이때의 '경외'는 절대적 가치를 말하는 것이고 대비되는 '어떤 것'은 상대적 가치를 의미하는 것이지요. 그러기에 방 목사님도 영성훈련이 제대로 되었는지를 짐작케 해주는 시금석은 어떠한 '대상적인 두려움에서 하나님에 대한 두려움으로 전환되었는가를 보는 것'이라고 적시한 것이지요.[22] 방 목사님의 영성을 '거룩성을 지향하는 본성'으로 정체 해명할 때 그의 영성과 관련된 방법론이 ' 사막(의 수도자들)과 수도원(의 수도승들)'인 것은 너무도 당연한 귀결로 이해됩니다. '사막과 수도원'은 세속성의 뿌리인 세상으로부터 자신을 격리(혹은 의식적인 도피)시킬 수 있는 최적의 장소(공간)였을테니까요. 또 그러한 구별된 장소에서 구별된 거룩성을 수행할 수 있었던 수도자들과 수도승들의 삶의 방식이었던 수덕주의(修德主義)[23]와 신비주의를 역으로 영성이라는 정신구조를 해명하기 위한 방법으로 조명한 것도 거의 필연적인 귀결일 것입니다. 필자는 지금 시간과 지면관계상 그가 지극히 중요하게 다루었던 '사막과 수도원', 또 '사막수도자들과 수도승들의 수덕주의와 신비주의'에 대한 논의를 훌쩍 뛰어 넘어 그가 소위 그의 집중적 연구과제로 삼았던 '렉시오 디비나'(Lectio Divina)를 통해 집중적으로 가르치고 훈련하고자했던 contemplatio 개념을 해명하는 것으로 대신하려고 합니다.

그는 2003년 12월 중순 10박 11일간의 (오대산 줄기) 피아골 수양관 수행을 계획할 무렵 이미 '렉시오 디비나'(Lectio Divina)의 영성이라는 주제의 저술을 염두에 두고 있었던 것으로 술회하고 있습니다.[24] 그의 육성을 직접 들어 보겠습니다.

이론적인 연구과제 가운데 내가 작년부터 집중적인 관심을 가지게 된 것은 '렉시오 디비나'(Lectio Divina)란 옛날 사막 수도원에서 묵상을 중심으로 성경을 읽는 방법이었다. 이 방법은 중세기의 수도원을 거쳐 좀 더 세련되고 전문화되었으나 17세기 이후에는 교회사에서 사라지게 된 성경읽기 방법이다. (......) 이 방법은 다음과 같은 독특한 방법으로 읽는 특징이 있는데, lectio(읽기)-meditatio(묵상)-oratio(기도)-contemolatio(관상)의 순서가 바로 그것이다. (......) 나는 'Lectio Divina'의 방식으로 읽는 성경읽기가 하나님을 경험하지 못하는 한국교회의 영적인 측면에서 새롭게 해줄 수 있는 새로운 대안이라고 생각한다.[25]

방목사님은 '렉시오 디비나'(Lectio Divina)를 네 가지 단계로 설명하면서 meditatio를 묵상, 또 contemplatio를 관상(觀想)으로 번역하고 있는데 이 것은 그가 이미 언급한 바대로 12세기 영국의 카르투시안 수도원 공동체 소속이었던 귀고2세(Guigo II)가 정형화시킨 Lectio Divina의 단계를 답습하고 있기 때문일 것입니다.[26] 지금 필자의 주된 관심은 Lectio Divina의 마지막 단계인 contemplatio입니다. 방목사님은 contemplatio개념을 관상(觀想)으로 번역하게 된 배경을 이렇게 설명하고 있습니다.

contemplatio는 contemplo라는 동사에서 온 여성명사이다. con(함께)과 templum(성소聖所)라는 단어의 합성어로 "함께 성소에 있다"는 어의를 가진다. 이 단어를 우리말로 관상이라고 번역한다. 묵상은 내 이성이나 상상력이 성서의 내용을 대상으로 삼고 생각하는 것이라면 관상은 내가 하나님과 같은 장소에 함께 있는 경험을 하는 것이다. 중세기의 해석 방법 가운데 하나인 신비적(anagogical) 해석이 바로 이 단계에 속한다. (......) 이 단계를 혹자는 신비주의에서 말하는 연합의 단계라고 말하기도 한다.[27]

같은 맥락에서 그는 '관상'을 엑스타시와 구별하면서 '관상' 곧 contem
-platio의 어의(語義)에 충실하게 "관상-contemplatio-theoria"라는 정의(定
義)를 이끌어 내고 있습니다.

「금언」에 보면 많은 수도자들이 기도에서 엑스타시(ecstasy;)를 경험하
고 있다. 엑스타시란 말은 ec와 stasy로 되어있는 두 단어이 합성어이다.
ec는 ex(...로부터)에 해당하고 stasy는 stasis(서다)라는 뜻이다. 이 두 단어
를 합성하면 엑스타시라는 말은 "…로부터 밖에 나가 서 있다"라는 의미
이다. 즉, 자기 자신의 합리적인 이성 체계를 넘어서서 자기의식의 세계
밖으로 나와 서 있는 것을 말한다. 사도 바울이 자신이 몸 안에 있었는지
밖에 있었는지 모른다고 표현한 것이 바로 여기에 들어맞는다. 사막 수도
사들 또한 기도에서 자기의 일상적인 의식세계를 넘어서서 하나님을 대
면하는 경험을 하였다. 아바들은 종종 그런 경험을 통해서 환상을 보고
예언의 말씀을 듣기도 하였다. 사막의 아바들은 기도의 황홀경에서 신비
적인 현상으로서의 환상을 보는 것보다 깊은 관상 그 자체에 들어가는 순
간을 "관상"(영어의 contemplation 혹은 consideration에 해당하는 헬라어
theoria)이라고 하였다.[28]

그렇습니다. 방 목사님에게 '관상'이란 contemplatio이고 theoria입니
다. 하지만 contem- platio와 theoria에 대한 이해에 있어 방 목사님은 자
신의 고유한 신학적 입장을 견지하고 있다는 점에서 주목해야 합니다. 그
가 토마스 머튼(Thomas Merton)을 인용하면서 '관상'이란 "인간의 지적
이고 영적인 삶에 대한 최고의 표현으로... 무엇보다도 원천(하나님)의 실재
에 대한 각성"[29]이어서 "모든 영적 훈련의 목표"라고 규정하고 있는 것이
나 월터 힐톤(Walter Hilton)의『완전의 계단』의 총 주제를 '최고의 관상에 이
르는 길이 무엇인지를 밝히는 것'으로 파악하면서도 책 제목의 이유를 바

로 최고의 관상을 "완전"으로 이해하는 것[30])은 일관된 그의 의중으로 이해해야 할 것입니다. 방 목사님에게 있어 '관상'이란 곧 바로 영성의 본질인 '하나님 경험이자 하나님 경외'의 다른 이름이고 그 정수를 지시하는 말에 다름 아니기 때문입니다. 이미 지적한 바대로 그에게 '영성'은 이념이자 방법론이라는 순환적 고리를 가지고 있듯이 그에게 '관상'은 동일하게 그자체가 목표이면서 방법이라는 독특한 특징을 드러내고 있기 때문입니다. 그가 관상의 신비적 본성을 언급하면서도 또 한편 관상의 '이성적, 윤리적, 성례전적, 예배론적, 삼위일체론적 본성'과 무엇보다 '완전한 사랑'을 강조하는 것[31])은 우연한 것이 아니라는 것이지요. 방 목사님은 이미 관상의 신비주의를 엄중히 경계한 바 있습니다.

> 영적인 것과 육적인 것의 조화와 균형을 이해하지 못하면 동방교회가 말하고 있는 '신화'(theosis)를 잘못 이해하게 된다. 이 신화(deification)를 myth(신화)로 이해하거나 마치 인간이 하나님이 된다는 것으로 과장되게 생각한다. 그러나 동방교회의 신화란 Vladimir Lossky가 설명하듯이 무한한 신적 선함에 참여하여 인간에게 부여된 최선의 삶- 영적이고 도덕적인 삶-을 향하여 추구하는 삶을 말한다. 헬라철학이나 이교적 신비주의에서 말하는 것처럼 인간 안에 있는 내재적 신적 빛(divine spark)을 실현화시키는 삶이 아니라 통전적으로 인간 존재 전체의 삶을 인간적으로 살아가는 것을 말한다.[32])

방 목사님의 "관상-contemplatio-theoria" 도식에 동의하면서도 그 의미를 달리하는 대표적인 인물은 남성현 선생입니다. 그는 애초 렉시오디비나의 기본적인 틀인 lectio-medi- tatio-oratio-contemplatio를 후대의 서방 전통에서 생겨난 것으로 일축하고[33]) contem- platio를 애초 기독교 신비학의 전통에서 찾고 있습니다.

관상기도는 인간의 모든 능력이 정지하는 지점(침묵)에서 하나님의 임재가 더 할 수 없는 방식으로 이루어진다(현존)는 전통적인 기독교 신비학의 가르침이 그 신학적 출발점이다. 인간편의 침묵은 하나님께서 임하시는 통로가 된다. 인간의 감각적, 지적, 정서적 활동이 잠잠해질 때에 다시 말해 자아가 한없이 작아질 때 자아 속에서 하나님의 현존은 한없이 커지게 된다. 이처럼 관상기도는 침묵에서 출발하기 때문에 회중기도 등의 예전적인 기도나 구송기도 경건의 시간 등 자신의 의지가 개입되는 기도와 구별된다.[34]

오늘날까지도 로마 가톨릭 내의 기도는 주로 이성적 기능에 의존하는 '말씀으로 기도하기'(lectio divina 흔히 '거룩한 독서' 라고 함)에 머물러 있다. 우리 나라 개신교전통은 주로 정감적 기도에 집착하고 성서본문을 놓고 기도하는 추론적 묵상은 소위 '경건의 시간'(Quiet Time)정도에 머물러 있다.[35]

남성현에게 관상기도란 '하나님과의 신비적 일치'[36]이고 '일체의 의식작용 심지어는 선과 악의 관념이나 하나님에 대한 관념조차도 초월하는 상태를 말하며'[37] '자아와 세상을 단절하는' 상태[38]이자 '비밀'[39]이며 심지어 '무(無)' 이며 '공(空)'[40]이다. 이러한 상태를 그는 '관상의 단계' 혹은 '정신의 여정' 으로 해명하고 있는데[41] 그가 생각하는 관상은 본질적으로 '신과의 합일' 즉 말 그대로 '테오리아'(theoria)입니다.

기독교 신비신학은 플라톤-플로티누스로 연결되는 플라톤주의 신의 초월과 내재의 철학적 기초의 바탕위에서 생성된다. 플라

톤에 의하면 인간의 본질은 영혼이다 인간의 영혼은 신과 동족성
(syngeneia)을 갖고 있고 바로 이 때문에 영혼은 신 아래에 있는 그
어떤 것에도 만족할 수 없다. 본성적으로 영혼은 감각계를 떠나 영
혼의 본래 고향인 신에게로 회귀하려고 한다. 이런 영혼의 상승의
종국은 신과의 합일이다. 절대자에게로 귀의하는 것을 플라톤은
'테오리아' (theoria)라고 했다.[42]

그는 이러한 테오리아에의 과정 혹은 여정을 플로티누스의 영혼의 플라
톤적 회귀를 기초한 정화(katharsis), 조명(photismos), 완전(teleiosis) 혹은 합
일(henosis)의 3단계로 해명하고 있는데 이것은 달리 자기부정(부인), 영혼의
상승(혹은 자아의 내면으로 깊이 들어감), 합일로도 설명할 수 있는 것이지요.[43]

'관상' 에 대한 방 목사님과 남성현선생의 차이는 결국 theoria의 이해
에서 비롯된 것인데 방 목사님이 소위 귀고(Guigo II)와 힐턴(Walter Hilton)의
노선 즉 서방교회의 전통을 충실하게 계승하고 있다면 남성현은 오히려
닛사의 그레고리오스에게서 시작하여 위-디오니시우스(Pseudo-Dionysius)
를 거쳐 '무지의 구름' 과 에크하르트에게 이르는 노선 즉 동방교회의
deification(신화神化)전통에 충실했기 때문으로 보입니다. 방 목사님은 전
자를 소위 '긍정의 신학' 으로, 후자는 '부정의 신학' (via negativa)이자 "어
두움의 신비주의"라고 규정한 바 있습니다.[44] 이 문제와 관련하여 길희성
은 다음과 같이 첨언하고 있습니다.

서방교회가 아우구스티누스 이래 죄와 속죄의 은총을 강조하는
신학 전통에 서 있는 반면 동방교회는 인간의 유한성-죽음-과 신화
(神化deification)를 강조하는 신학 전통에 서 있다는 것은 잘 알려진

사실이다. 엑카르트의 신학은 아우구스티누스의 영향을 많이 받았음에도 불구하고 오히려 동방교회의 신학처럼 인간의 신화를 강조한다. 그는 인간에 대하여 매우 긍정적인 시각을 가지고 있었으며 인간의 죄악성과 그리스도의 은총을 일방적으로 강조하기보다는 우리 스스로가 하나님의 아들로서 하나님과 하나됨을 이룰 수 있다는 것을 의심하지 않았다. 인간 내면을 파고들며 영혼의 진리를 붙잡는 엑카르트의 영성은 그러나 세계 도피적 영성이 되지는 않는다. 그의 영성에는 인간에 대한 절망도 세상에 대한 혐오도 발견되지 않는다. 중세 스콜라 철학의 영향아래서 형성된 그의 형이상학적 영성은 물론 초시간적이고 초세상적인 영원의 세계를 지향하는 것이 사실이다. 그러나 그는 하나님 안에서 세계를 보며 세계 안에서 하나님을 발견하는 새로운 눈을 제공한다. 하나님과 인간은 물론이요. 하나님과 세계가 떼려야 뗄 수없는 불가분적 관계를 가지고 있으며 그의 영성은 결코 탈세계화되지 않고 비인간화하지 않는 다. 중세적 세계 부정을 넘어서는 그의 영성에서 우리는 오히려 근대적 세속주의와는 다른 차원의 세계와 인간에 대한 긍정을 발견하며 "관조적 삶"(vita contemplativa)과 "활동적 삶"(vita activa) 이 둘이 아닌 건강한 세계 긍정, 부정을 매개로 하는 새로운 긍정성을 발견한다.[45]

2.3. 관상과 관상함

방 목사님의 영성의 이념이자 방법론인 관상 이해는 결국 그의 '관상'을 '관상함'으로 해독할 때 비로소 그 실체가 분명하게 드러나게 됩니다. 왜냐하면 그의 관상은 애초 '관상함' 이자 '관상사유수행' 이기 때문입니다. 그는 "내가 묵상에 관한 글을 쓴다는 것은 내가 '묵상하는 사람' 으로 변화되기를 바라는 마음의 표현이 아니겠는가?"[46]라고 고백하고 있습니다. 또 그는 "이들(사막수도자들)과의 첫 만남 이후로 이들은 내게 소리없이, 끊임없이 사막으로 들어오라고 권유해 오고 있다. 이들이 부르는 소리를 들으면서 나는 한 기독교인이 최선으로 사는 것이 무엇일까 두고두고 고민해 오고 있다"[47]라고 고백한 바 있습니다. 그는 스스로 고백하고 있듯이 '한 사람의 기독교인으로서 최선으로 사는 것이 무엇일까' 를 고뇌하는 수행자였기 때문입니다. 이런 관점에서 필자는 방 목사님의 내린천 발원지 수양관에서의 마지막 날 새벽 관상체험을 좀 더 상세히 살펴보려고 합니다. 그는 관상을 "깊은 묵상 곧 하나님의 불속으로 들어가는 것"[48]으로 의미화하면서 자신의 체험을 다음과 같이 들려주고 있습니다.

하나님의 불에 내 영혼과 마음이 불이 붙어 태워질 때 깊은 묵상이 되는 것이다. 묵상의 끝은 세상을 달관하는 것이 아니라 가슴에 성령의 불이 타오르는 것이다. 가슴이 차고 머리가 찬 묵상이 아니라 하나님의 열기에 견디지 못하여 그 깊이를 알 수 없는 불길에 나를 던지는 것이다. 묵상에서 하나님을 경험하고 기도에서 경험하지만 마지막으로 관상에서 하나님을 경험할 때는 내 기도제목은 아무런 의미가 없어진다. 하나님의 불속에서는 모든 것이 정화되고 새로워진다. 관상이란 하나님을 보는 것이지만 사랑 안에서 보는 것이다. 하나님의 존재를 보는 것이 아니라 사랑의 불이 내 가슴에 타 올라서 하나님의 불에 합쳐지는 것이다. 묵상을 하고 기도를 하는 것에는 내 생각, 의지, 노력, 하고자하는 마음이 있었지만 이제 하나님의 불앞에서는 다 소용없는 것들이다. 태우시는 하나님의 불만 있을 뿐이다.[49]

방 목사님에게 "깊은 묵상 곧 하나님의 불속으로 들어가는 것" 으로 의미화된 관상은 다름 아닌 theoria입니다. 그는 지금 "태우시는 하나님의 불" 앞에 서있는 것이지요. 그가 이러한 기술을 통해 드러내고자하는 사태는 분명 그가 "관상이란 하나님을 보는 것이지만 사랑 안에서 보는 것이다. 하나님의 존재를 보는 것이 아니라 사랑의 불이 내 가슴에 타 올라서 하나님의 불에 합쳐지는 것이다"라고 고백하고 있는 바 그대로의 원(原)사태일 것입니다. 필자는 이러한 방 목사님의 관상기술(觀想記述)이 매우 절제된 '신비주의 영성' [50]이라고 판단합니다.

하지만 필자는 방 목사님의 관상체험의 외연을 매우 조심스럽지만 한걸음 더 확장해보려 합니다. 그분의 영성의 본질인 '하나님의 두려움', '그 거룩성을 경험하는 것'의 의미를 나름대로 부연해보겠다는 뜻입니다. 이미 남성현은 theoria를 '하나님과의 신비적 일치이자 합일'이라고 규정하면서 '일체의 의식작용 심지어는 선과 악의 관념이나 하나님에 대한 관념조차도 초월하는 상태'라고 해명한 바가 있습니다. 이에 더하여 필자는 방 목사님이 가끔씩 아주 조심스럽게 부분적으로 인용하면서도 그 깊이를 애써 외면한 것처럼 보이는 토마스 머턴의 입장을 통해 방 목사님의 관상체험을 기술해보려 합니다. 토마스 머턴의 영성이 특별한 것은 그가 관상을 인간(자신)의 정체성문제와 관련시켜 해명하고 있기 때문입니다. 소위 '거짓 자아와 참된 자아'의 문제입니다. 이때 참된 자아는 '심연의 자아' [51]이며 '실존적 신비 안에 있는 나 자신' [52]입니다. 그의 육성을 직접 들어 보겠습니다.

관상은 이런 외적 자아의 기능이 아니며 또 그런 기능일 수도 없습니다. 관상에서만 깨어나는 초월적인 깊은 자아와 일반적으로 단수일인칭으로 불리는 피상적인 외적 자아는 정반대입니다. 이런 피상적인 '나'는 우리의 진정한 자아가 아니라는 사실을 알고 있어야 합니다. 그것은 우리의 '개체성'이며 우리의 '경험적 자아'

입니다. 그러나 그것은 하나님앞에서 존재하는 참으로 숨겨져있는 우리의 신비로운 인격이 아닙니다. 세상에서 일하고 생각하며 자신의 반응을 관찰하며 자신에 대하여 말하는 '나'가 아닙니다. 그것은 기껏해야 우리 대부분이 죽기전에는 찾지못하는 신비스럽고도 알려지지 않은 '자기'의 흔적, 위장에 지나지 않습니다. 우리의 외적이며 피상적인 자아는 영원하지도 않고 영적이지도 않습니다. 그와는 거리가 멉니다. 이러한 자아는 결국 굴뚝의 연기처럼 완전히 사라지고 맙니다. 그것은 대단히 연약하고 덧없는 것입니다. 관상은 이런 '나'가 사실은 '내가 아니'라는 것을 의식하는 것이고 관찰과 반성의 범주를 넘는, 설명할 수 없는, 알려지지않은 '나'를 자각하는 것입니다.[53]

　관상하는 사람은 '하나님이 무엇인지 더 이상 알 수 없다'는 사실을 알게 되는 고통을 겪게 됩니다. 결국에는 이것이 위대한 얻음이라는 사실을 그는 다행히 알 수도 있고 모를 수도 있습니다. 왜냐하면 '하나님'은 '무엇'이 아니며 '어떤 것'이 아니기 때문입니다. 그것이 정확하게 말해서 관상체험의 본질적 특성 중의 하나입니다. 하나님이라고 불릴 수 있는 '무엇'도 없다는 것입니다. 하나님으로서 '그런 것'은 없습니다. 하나님은 '무엇'도 아니며 '어떤 것'도 아니며 순수한 '누구'이기 때문입니다. 그분은 '당신'이며 그 분 앞에서 우리의 가장 깊숙한 '나'는 순간 깨닫게 됩니다. 그분은 '나는 있다'입니다. 그 분 앞에서 우리는 우리 자신의 가장 진실하고 고유한 목소리로 "나는 있다"하고 공명합니다.[54]

머턴에 의하면 '관상'이란 이처럼 나의 '참된 자아'가 또 다른 한편 '참

된 하나님' 과 하나되는 사태자체입니다. '거짓된 자아' 가 소멸되어야 하
듯이 '거짓된 하나님' 도 소멸되어야 합니다. 당연히 거짓된 자아와 거짓
된 하나님은 학습되고, 표상된 이데올로기이기 때문입니다. 이렇게 거짓
된 나와 거짓된 하나님이 소멸된 자리에 비로소 '나의 정체성에 대한 발견
곧 내가 누구인가에 대한 비밀을 간직하고 계시는 하나님 자신은 나의 창
조주로서 뿐만 아니라 다른 나, 진정한 자아로서 내 안에 사시기 시작하십
니다. 방목사님의 관상체험 곧 '소멸하는 불' 은 어쩌면 남성현이 적시했
고 토마스 머턴이 기술했던 바 바로 "하나님 자신이 진정한 자아로서 내안
에 사시는 " 경험이었을 가능성이 큽니다.

3. 나가는 말

방 목사님은 '기독교인으로 온전한 삶을 살고자 노력하려는 사람들' 과
'영적으로 진실하게 살아가고 싶은 이들' 과 '좀 더 헌신하며 살고자 하는
이들' 과 함께 사막에로의 여정을 제안한 바 있습니다.

나는 내게 익숙해진 문을 닫고 집을 떠나 다시 한번 하나님의 어
루만지심을 경험할 수 있는 곳으로 여행한다. 내가 얼마나 먼 거리
를 여행했느냐는 중요하지 않다. 중요한 것은 내가 순례의 도상에
있다는 것이다. 모든 순례는 언제나 변함이 없는 중심을 향해 문을
박차고 나아가는 것이다.[55]

그에게 '사막 혹은 광야' 는 '성서의 핵심을 관통할 수 있는 주제' 로서
'인간적인 성취의 업적이 없는 곳 '[56]이자 '그 자신 이외에는 아무 것도 되

기를 원하지 않는 사람, 즉 고독하고 가난하며 하나님 외에는 그 누구에게도 의지하지 않는 피조물, 그 자신과 창조주 사이에 어떤 중요한 계획도 끌어들이지 않는 피조물의 필연적인 주거지'[57]이기에 그곳에서는 오직 '하나님만 절대적으로 의지하고 살아야하는 곳'[58]입니다. 그러기에 그에게 '사막에로의 여정'은 곧 모든 '길들여진 것들과의 결별의 삶'이자 '하나님에게로의 비상(飛翔)'이었습니다. 그는 이러한 여정을 '삶의 전환(virtuous transformation)'이라고 부른 것이지요.

사막으로 들어간 사람들의 삶을 한 마디로 표현하면 '길들여진 것들과의 결별의 삶'이라고 할 수 있다. (…) 이 결별은 '도피'(choresis: fliht)이다. 낯익은 곳으로부터 낯선 곳으로 도피, 익숙한 삶으로부터 익숙하지 않은 삶으로의 도피이다. 예정된 인간관계로부터 미지수의 하나님과의 관계로의 전환이었다. (…) 남들에게는 "미친 짓"이거나 "너무한 일"같아 보이는 도피가 이들 수도사들에게는 세상으로부터의 일탈이라기보다는 하나님에게로의 비상(飛翔)이라고 믿어졌다. (……) 수도사들에게 도피란 단지 지리적 장소의 이동이 아니라 기존의 낯익은 삶의 습관과 인간관계의 근본 지렛점을 전환시키는 것을 의미했다. 즉, 지리적 도피(geographical choresis)를 통해서 삶의 전환(virtuous transformation)을 시도하는 것을 의미했다."[59]

하지만 현실적 제반 여건상 '사막에로의 여정'이 자칫 '이상적이지만 비현실적'인 Utopia[60]로 오해될 수 있는 까닭에 방 목사님은 조심스럽게 우선 '영적 사막화'의 방법을 제시하기도 하고[61] 스스로 내린천 수행을 감행하기도 합니다. 필자는 방목사님의 소위 '사막에로의 여정'에서 비록 그

음색은 다르지만 남성현 선생이 지적한 기독교 신비신학에서의 'theoria에의 과정 혹은 여정'이라는 울림을 듣습니다. 12세기 성(聖) 빅토르의 리챠드(Richard of St.Victor)가 '신(神)을 향한 인간정신의 여정'(a Mentis itinerarirum ad Deum-a manual of the soul joureying towards God)[62]을 말하면서 관상을 최종적 단계[63]로 기술한 것은 결국 동일한 사태를 지시하고 있는 것이겠지요. 그러기에 논자는 방 목사님의 내린천 수양관에서의 관상체험을 이러한 순례 여정에서의 출발점이자 목표점으로 자리매김하고 싶습니다. 왜냐하면 방 목사님 스스로 정확히 기술하고 있는 것처럼 "중요한 것은 내가 얼마나 먼 거리를 여행했느냐는 것이 아니라 내가 순례의 도상에 있다는 것이고 또 모든 순례는 언제나 변함이 없는 중심을 향해 문을 박차고 나아가는 것"이기 때문입니다.[64]

(이 졸고는 '기독교영성연구소'의 청탁으로 『모래와 함께 살던 사람들-故 방성규목사추모논문 3집』에 게재된 것입니다.)

■ 주

1) 방성규, 『불이 되어 타오른 관상일기』(서울: 기독교영성연구소, 2007), 159-182쪽 참조.

2) 이후정, "한국개신교회의 영성과 웨슬리 영성목회", 『모래와 함께 살던 사람들 - 방성규 박사 추모 논문1집』(서울: 기독교영성연구소, 2008), 30쪽.

3) 같은 책, 30쪽.

4) 방성규, 『모래와 함께 살던 사람들의 이야기』(이레서원: 서울, 2002), 11-13쪽.

5) 같은 책, 20쪽.

6) Seongkyou Bang, "Rediscovery of the Fear of God: A Study of *The Sayings of the Desert Fathers*" (Graduate School of Arts and Sciences, Emory University, 1999), pp. 1-2.

7) Ibid., p. 1.

8) Ibid., pp. 1-2.

9) 방성규, "초대교회 역사연구의 방법론적 시도", 『모래와 함께 살던 사람들-방성규박사 추모 논문1집』(서울: 기독교영성연구소, 2008), 25쪽. 위의 인용에서 고딕체는 강조를 위해 필자가 변형시킨 것임.

10) 방성규, "초기 수도원영성에 있어서의 덕목의 삶", 『모래와 함께 살던 사람들 - 방성규 박사 추모 논문2집』(서울: 기독교영성연구소, 2009), 23-24쪽.

11) 같은 책, 25쪽.

12) 같은 책, 같은 곳.

13) 방성규, 『불이되어 타오른 관상일기』, 165-6쪽.

14) Seongkyou Bang, "Rediscovery", p. 239.

15) 방성규, "성서해석과 읽기에 대한 역사적/실천적 이해", 『教授(論文集』7집(2003년 가을), 195쪽.

16) 방성규, "초기 수도원영성에 있어서의 덕목의 삶", 『모래와 함께 살던 사람들 - 방성규 박사 추모 논문2집』, 22쪽.

17) Seongkyou Bang, "Rediscovery", p. 247. 이 문제와 관련하여 토마스 머턴은 다음과 같이 천명하고 있다. "궁극적으로 개개인이 얼마나 도덕적이며 영적으로 건강한지에 사회의 구원이 달려있다면 관상은 매우 중요한 기준가운데 하나이기 때문이다. 관상은 성화(聖化)와 밀접한 관계가 있다." (*Thomas Merton, The Ascent to Truth*. 서한규 역, 『십자가의 성요한과 진리의 산길』, 서울: 바오로딸, 2009, 23쪽.)

18) Seongkyou Bang, "Rediscovery", pp. 239-240.

19) Ibid., p. 25.

20) 방성규, "초대교회 역사연구의 방법론적 시도", 『모래와 함께 살던 사람들 - 방성규 박사 추모 논문1집』, 26쪽.

21) 지향 혹은 지향성(intentio? Intentionaität)은 브렌타노(F.Brentano)가 찾아낸 주요한 개념으로서 '의식은 ~에 관한 의식'이라는 중요한 본성을 가진다. 브렌타노의 지향성은 Thomas Aquinas의 intentio와 달리 '지향적 내재'나 '지향적 관계'로 사용되고 있다. 후설은 브렌타노의 지향성개념을 그의 현상학에서 '의식의 지향성'으로 탐구한다.(Herbert Spiegelberg, 최경호, 박인철 공역, 『현상학적 운동』, 서울: 이론과 실천, 1991, 70-140쪽 참조. 특히 141-4까지를 주목하라. (하지만 본 연구에서 필자는 가능한 철학적 개념과 논리를 배제하고 있으며 단지 '지향성'의 구조 혹은 '관계' 개념을 차용하였다.)

22) 방성규, 『관상일기』, 37-38쪽 참조.

23) 수덕주의를 (asceticism, '금욕주의' 보다는 '수덕주의'라고 번역하는 것이 보다 더 자연스럽다. 왜냐하면 asceticism을 만들어낸 헬라어의 a[skhsij는 '훈련'을 의미하고 이 훈련을 통해 도덕적/신앙적 덕목을 함양한다는 뜻을 가지고 있기 때문이다) 가지고 있어서 모든 삶의 바탕은 훈련을 중심에 두고 있기 때문이다. 기독교영성연구소, "메살리나", 추모논문2집 51쪽.

24) 방성규, 『관상일기』, 20쪽.

25) 같은 책, 21-22쪽.

26) 방성규, "성서해석과 읽기에 대한 역사적/실천적 이해", 『教授(論文集』7집, 184쪽. 방 목사님은 귀고의 Lectio Divina를 '성서를 통해 하나님을 경험하기'라는 실천적 안목에서 이미 Lectio(읽기)-meditatio(묵상)-scientia(연구)-factum(실행)-oratio(기도)-contemplatio(관상)-praecatio(설교)의 7단계로 확장하여 제시한 바 있다(같은 책, 190-4 쪽 참조).

27) 같은 책, 193-4쪽 참조. 굳이 철학적 시각에서 그의 언어변용을 재음미해 본다면 meditatio는 "주·객 도식"의 지평에서의 명상입니다. 주관(Subject)이 객관(Object)을 소재(장애물)로 묵상하는 방식입니다. 말그대로 묵상하는 내가 "내 아래로(sub)" 묵상의 장애물을 "던져넣는 (ject)" 방식의 명상(meditation)인 것이죠. 하지만 contemplatio는 "주·객 일여"에서의 명상 곧 관조(觀照)입니다. contemplatio는 말 그대로 내가 묵상의 대상과 "함께(con)'" 신성한 곳(사원/temple)"에 있는 것이고 관조theoria는 theomene에서 온 말로서 말 그대로 theo(하나님)와 meno(함께 머문다)한다는 뜻입니다. contemplatio와 theomene 혹은 theoria는 정확히 일치하는 개념이지요. 사유와 인식, 인식과 존재, 사유와 수행이 일치하는 명상입니다. 하여 필자의 소견에는 meditatio는 〈명상〉으로 contemplatio는 〈관조〉로 번역하는 것이 좋았겠다고 여겨지는군요. (하지만 필자는 최근 이미 '관상'이란 용어는 우리 기독교 영성 신학자들만이 아니라 천주교 영성운동가들에게도 광범위하게 사용되고 있는 것을 확인한 바 있습니다.)

28) 방성규, 『모래와 함께 살던 사람들의 이야기』 213쪽.

29) Thomas Merton, *New Seeds of Contemplation* (New York: A New Directions Book, 1961), p. 1.

30) 방성규, "활동적 삶(active life)과 관상적 삶(contemplative life)의 갈등과 조화: 14세기 영국 신비주의자 월터 힐튼(Walter Hilton)의 『완전의 계단』에 관한 소고", 『교수논문집』8호(한영신학대학교, 2004년 11월), 151쪽.

31) 예컨대 그가 힐튼의 신비주의를 '사랑의 신비주의이자 빛의 신비주의' 일 뿐 아니라 '긍정의 신학' 이라고 해명하는 "활동적 삶(active life)과 관상적 삶(contemplative life)의 갈등과 조화: 14세기 영국 신비주의자 월터 힐튼(Walter Hilton)의 『완전의 계단』에 관한 소고", 148쪽)을 참조하거나 그의 다른 논문 "Lectio Divina의 역사와 의의" 중 contemplation 부분을 참조하라.

32) 방성규, "메살리안 운동이 초기 수도원 운동에 끼친 영향", 『모래와 함께 살던 사람들』 - 방성규 박사 추모논문2집??, 61쪽.

33) 남성현, "관상기도 전통에 대한 소고(小考)," 『모래와 함께 살던 사람들 - 방성규 박사 추모논문1집』, 147쪽.

34) 같은 책, 144-5쪽.

35) 같은 책, 146-7쪽.

36) 같은 책, 146쪽.

37) 같은 책, 145쪽.

38) 같은 책, 같은 곳.

39) 같은 책, 157쪽.

40) 같은 책, 164쪽.

41) 같은 책, 150쪽.

42) 같은 책, 148-9쪽. 서양철학사를 통해 전승된 형이상학적 명상의 계보를 간략히 요약하면, "내 말에 귀기울이지 말고 로고스에 귀 기울이라"고 충고한 전설적인 헤라클레이토스는 그만두고라도 본격철학의 시조인 플라톤의 경우부터 언급해보지요. 그가 남긴 30 여 편의 대화록 중에 최고, 최장편인 『국가편』에서 그는 "생멸계로부터 되돌아 나와 영혼이 존재의 본질을 관조theomene할 수 있게 하는 가장 민첩하고 효과적인 기술, 영혼을 전향시키는 기술" 또는 "진정한 철학에로 영혼을 상승시키는 전향" 혹은 "영혼자체를 생멸계로부터 진리와 본체에로 의 전향" 등등의 비유를 들고 있는 바 여기서 말하는 관조는 철학적 성찰을 의미하며 이러한 성찰에 이른 결정적인 비약 또는 도약이 바로 영혼의 전향임은 물론입니다. 우리의 영혼에는 깨달음의 잠재력 즉 본각(本覺)이 선재하며 이 잠재능력을 깨우치는 것이 〈상기(想起)anamnesis인 바 이것을 실현하는 통로가 명상인 것입니다.   아리스토텔레스는 그의 『형이상학』에서 "사유와 사유대상이 동일한 경우" 또는 "사유가 사유의 사유"인 경우를 신적사유에 대등한 최고의 사유 즉 관조theoria로 규정하는데 이 관조가 형이상학적 성찰 또

는 최고명상입니다. 이것은 바로 신의 "활동"이나 "생명"에 해당되는 것이며 인간은 다만 극히 짧은 시간에만 이러한 지복상태에 들어갈 수 있을 뿐이라는 것입니다. 그에게는 철학자의 〈관조(명상)의 삶〉이 최고의 삶이지요. 로마의 스토아학파 Marcus Aurelius황제가 남긴 그 유명한 『명상록』은 그리스본이나 라틴어본 모두〈자기 자신에게로 되돌아감〉으로 표제되어 있습니다. 어거스틴은 "밖으로 나가려하지 말고, 너 자신 안으로 돌아가라. 진리는 속사람안에 자리하고 있다"라고 충고합니다. 여기서 〈안에 거주하는 사람〉이란 플라톤이 말하는 〈내재하는 영혼의 잠재력〉이나 원효의 『대승기신론』에서 말하는 〈본각本覺〉에 다름 아닐 것입니다. 명상은 바로 이 내재적 사람에 돌아가 거기서 진리를 관조하려는 상기(想起)이외 별다른 행위가 아닌 것입니다. Thomas Aquinas가 "〈명상meditatio〉을 오성(悟性)의 저급한 〈관상(觀想)〉cogitatio과 은혜롭게 계시된 이성의 최고활동인 〈관조(觀照)〉contemplatio의 중간태로 보는 것도 결국 명상에 〈세간적 사유로부터 선험적 사유에로의 전환〉이라는 전향을 인정한 것이겠지요. 그는 실로 관조를 그 완전태에 있어서는 아리스토텔레스의 관조보다도 일층 고차적 정신능력으로 간주하는 것 같습니다. 그것은 "신(神)을 그 고유한 존재에서 직관하는 것으로서 내생에서나 황홀경에서만 가능한 일"이라는 것입니다. 이와 같이 명상은 세간적 반성에서 선험적 반성을 거쳐 궁극적 존재의 명증적 직관에까지 고양시키는 사유수행입니다.

43) 같은 책, 148-9쪽.

44) 이 문제와 관련하여 방성규의 "활동적 삶(active life)과 관상적 삶(contemplative life)의 갈등과 조화: 14세기 영국 신비주의자 월터 힐튼(Walter Hilton)의 『완전의 계단』에 관한 소고"와 "성서해석과 읽기에 대한 역사적/실천적 이해"를 참조하라.

45) 길희성, 『마이스트 엑카르트의 영성 사상』(서울: 분도출판사, 2008), 12-3쪽.

46) 방성규, 『관상일기』, 41쪽.

47) 방성규, 『모래와 함께 살던 사람들의 이야기』, 13쪽.

48) 같은 책, 89쪽.

49) 같은 책, 같은 곳,

50) 그러기에 머턴은 "신비관상은 어느 은총처럼 그리스도를 통해서 온다. 관상은 영혼안에 그리스도의 생명을 가득 채우는 것이며 무엇보다 그리스도의 신비를 초자연적으로 깨닫는 것이다"라고 밝혀주고 있다(서한규 역, 『십자가의 성 요한과 진리의 산길』, 29쪽).

51) Thomas Merton, *New Seeds of Contemplation*, p.11.

52) Ibid., pp. 8-9.

53) Ibid., p. 7.

54) Ibid., p. 13.

55) 방성규, 『모래와 함께 살던 사람들의 이야기』 14쪽.

56) 같은 책, 15-6쪽.

57) 같은 책, 27쪽.

58) 같은 책, 28쪽.

59) 같은 책, 71-75쪽 참조.

60) 이상향을 말하는 영어 단어 Utopia는 헬라어의 o?(not)와 tophos(place)의 합성어로 '아무 곳에도 존재하지 않는 장소(Nowhere no place)'이거나 혹은 eu(good)와 tophos(place)의 합성어로' 행복과 완전성의 지역, 장소 '로 번역되는 말이다. 박호강, 『유토피아 사상과 사회변동』(대구: 대구대학교출판부, 1998), 8쪽.

61) 방성규, 『모래와 함께 살던 사람들의 이야기』, 17-8쪽.

62) Ernst Bloch, *A Philosophy of the Future*, New York: Herder and Herder, 1970, p. 66.

63) Ibid. "Even in the case of Richard of St. Victor, the stages were called carnal 'cogitatio', inner *'meditatio'' and spiritual 'contemplatio'.*" 인간의 여정은 그것이 종교에서처럼 신(神)을 향한 것이건 현상학에서처럼 내면을 향한 것이건 그것은 본질적으로 동일한 사태를 지시하고 있는 것처럼 보인다. 이런 관점에서 어거스틴(Augustinus)과 루소(Rousseu)의 『고백록』이나 괴테(Goethe)의 『파우스트』 또 헤겔(Hegel)의 『정신현상학』도 모두 인간정신(혹은 의식)의 여정으로 읽는 블로흐의 관점은 정당한 것으로 여겨진다.(Ernst Bloch, *A Philosophy of the Future*, pp. 38-66 참조.)

64) Ibid., p. 8. 부연하는 원문은 다음과 같다: "*Homo semper tiro*: man is always a biginner; the world is a venture; and man's part is to give it light."

■ 참고문헌

길희성, 『마이스트 엑카르트의 영성 사상』. 서울: 분도출판사. 2008.

박호강, 『유토피아 사상과 사회변동』. 대구: 대구대학교출판부. 1998.

방성규. 『모래와 함께 살던 사람들 - 방성규박사 추모논문1집』. 서울: 기독교영성연구소. 2008.

───. 『모래와 함께 살던 사람들-방성규박사 추모논문2집』. 서울: 기독교영성연구소. 2009.

───. 『모래와 함께 살던 사람들의 이야기』. 이레서원: 서울. 2002.

───. 『불이되어 타오른 관상일기』. 서울: 기독교영성연구소. 2007.

───. "성서해석과 읽기에 대한 역사적/실천적 이해". 『敎授(論文集』 7집. 한영신학대학교.
　　　2003년 가을.

───. "활동적 삶(active life)과 관상적 삶(contemplative life)의 갈등과 조화: 14세기 영국 신
　　　비주의자 월터 힐튼(Walter Hilton)의 『완전의 계단』에 관한 소고". 『교수논문집』 8집.
　　　한영신학대학교. 2004년 11월.

Bang, Seongkyou. "Rediscovery of the Fear of God: A Study of The Sayings of the Desert
　　　Fathers". Graduate School of Arts and Sciences. Emory University. 1999.

Spiegelberg, Herbert. 『현상학적 운동』. 최경호 · 박인철 공역. 서울: 이론과 실천. 1991.

Bloch, Ernst. A Philosophy of the Future. New York: Herder and Herder. 1970.

Eckhart, Meister. The Man from whom God Hid Nothing. 안소근 역. 『그에게는 아무것도 감추
　　　지 않았다』. 서울: 바오르딸. 2005.

───. Passion For Creation : The Earth-Honoring Spirituality of Meister Eckhart. 김순현 역. 『마
　　　이스터 엑카르트는 이렇게 말했다』. 왜관: 분도출판사. 2006.

Merton, Thomas. Seeds of Contemplation. Connecticut: Our Lady Gethsemani Monastery. 1940.

───. The Ascent to Truth. 서한규 역. 『십자가의 성요한과 진리의 산길』. 서울: 바오르딸.
　　　2009.

───. The Life and Holiness. 남재희 역. 『삶과 거룩함』. 서울: 생활과 성서사. 2002.

───. The New Man. New York: The Abbey of Gethsemani. 1961.

───. The Sign of Jonas. 오지영 역, 『토머스 머튼의 영적 일기』. 서울: 바오르딸. 2008.

───. Peace in the Post-Christian Era. 조효제 역. 『머튼의 평화론』. 왜관: 분도출판사. 2004.

───. New Seeds of Contemplation. New York: A New Directions Book. 1961.

───. What is Contemplation?. 오무수 역. 『명상이란 무엇인가?』. 서울: 가톨릭출판사.

제 5 부

정용섭목사의
설교비평에 대한 논쟁들

정용섭 목사의 설교비평에 대한 비판적 이해:
기독교적 모더니스트의 해체담론

1. 들어가면서

정용섭 목사님(이하 정목사님으로 약칭하여 표기함)의 설교비평 모음집 『텅 빈 설교 꽉 찬 설교』(서울:기독교서회, 2006. 이하 『설교』로 약칭하여 표기함)가 출판된 지 꽤 시간이 지났습니다. 무심한 탓에 『설교』로 인한 파장의 중심에서 벗어나 있던 본인이 새삼스레 논란의 중심으로 진입하게 되는 이유는 이러합니다.

첫째, 제 주변의 상당 수 젊은 목회자들이 정목사님의 설교비평의 정체성에 대해 당혹과 우려를 토로하고 있기에 그들의 설교 사역에 조금이나마 기여를 하고 싶다는 어쩌면 주제넘은 바램이 있었으며

둘째, 정목사님 스스로 『설교』 머릿말에서 그의 설교비평작업과 관련하여 《신학과 교회의 철저한 소외 또는 모종의 은밀한 결탁에 기인한》 객관적으로 평가될 만한 담론의 장이 형성되어 있지 않다"라고 토로하고 있기에, 본인의 시도가 《침묵의 카르텔》을 깨는 단초가 되기를 희망하기 때문입니다.

정목사님의 설교 비평의 정체성을 미리 논자의 입장에서 정리해 두는 것이 독자들의 이해를 돕는 데 유익할 것으로 생각됩니다.

논자는 정목사님의 설교비평의 목표(혹은 이념)는 《진리 논쟁》이며 그 방법론은 《해체 담론》으로 판단합니다. (논자가 단순히 해체론 혹은 해체이론이 아니라 해체 담론이라고 표기하는 까닭은 '설교'라는 특수한 영역을 문제 삼고 있기 때문입니다.) 또 그의 진리론은 Logos중심주의 즉 모더니즘적 사유구조와 고유한 존재체험에

기초하고 있다고 이해합니다.

논자는 이러한 관점에서 우선 정목사님이 지난번 연대 루스 채플에서 발제한 설교 비평과 관련한 세 가지 논제를 본인의 논의를 위한 축으로 삼되 (정목사님은 세 가지 논제를 ①설교 비평의 정당성 문제 ②설교 비평의 기준 문제 ③설교 비평의 대안 문제로 제시한 바 있습니다) 지면관계상 세 가지 논제 모두를 곧 바로 설교비평의 정체성 문제로 통괄하여 해명하려고 합니다. 논자는 오늘 우리의 논의를 위하여 『설교』를 1차 자료로 하되 정목사님의 『인문학적 기독교 읽기 기독교를 말한다』(서울:한들, 2001. 이후 『기독교 읽기』로 약칭하여 표기함)를 주요한 참고 자료로 채택합니다. 그 외 그분의 교계 신문들과의 인터뷰 기사들과 설교 비평의 본격적 장을 연 「기독교 사상」(이후 「기상」으로 약칭하여 표기함) 2006년 10월호를 참조했습니다. 하지만 「활천」에 격월로 실리고 있는 설교 비평 자료들은 논자의 관점에서 볼 때 정목사님의 설교비평의 원본적인 자료들이라기 보다 기술적(technical) 자료들로 여겨 제외했습니다.

2. 정목사님의 설교비평의 정체성-그 이념과 방법에 대하여

2-1. 정목사님의 설교 비평의 본성(이념) : 진리논쟁

우선 정목사님은 『설교』 머리글에서

"필자가 보기에 한국의 명망가 설교자들에게 나타나는 가장 결정적인 문제는 성서 읽기의 아마추어리즘이다. 그들은 미국 근본주의의 특징인 평신도 성서주의에 머물러 있다. 성경공부 동아리 수준에서 한 발자국도 진보하지 못한 상태에서 청중들을 쥐락펴락할 수 있다는 게 참으로 신기하게 보인다. 성서 읽기의 가벼움과 과도한 열정은 결국 설교의 왜곡을 야기한다. 오늘 우리의 설교현장이 신앙의 본질과 거리가 먼 혼합주의적

요소로 인해 심각하게 오염되었다고 말해도 지나치지 않을 것이다. …나
의 설교 비평은 바로 그것을 밝혀보려는 작은 노력이다"

또 정목사님은 2007년 1월 14일 〈들소리신문〉과의 인터뷰에서 "한국교
회 설교의 특성을 단적으로 《성서읽기의 아마추어리즘》"으로 규정하고
그 원인을 "성서를 피상적으로 또는 규범의 차원에서만 접근할 뿐이지 영
적인 세계로 들어가지 못하기 때문"이라고 규명했습니다. 또 극복대안으
로 ①역사비평과 ②조직신학 및 ③인문학 공부를 강조하고 있습니다. 이
어서 그는 설교가 하나님의 말씀으로 선포되기 위한 필수적 조건으로

"첫째, 설교는 성서 텍스트에 근거해야 합니다. 많은 경우에 설교자들
은 성서보다는 자신의 주관적인 신앙경험에 치우치고 있습니다. 둘째, 성
서 텍스트를 해석해야 합니다. 성서 텍스트를 문자의 차원에서만 추종한
다면 그건 결국 죽은 말씀이 되고 맙니다. 말씀이 살아나려면 성서의 지
평과 오늘 독자의 지평의 결합하여 새로운 지평으로 나아가야 합니다. 가
다머가 말하는 《지평 융해》가 바로 그런 차원이지요. 셋째, 설교는 생명
의 리얼리티를 확보해야 합니다. 여기서 말하는 생명의 리얼리티는 하나
님이 창조한 생명의 가장 본질적인 사건을 가리킵니다. 그것을 확보하기
위해서 위에서 말한 인문학적 소양과 조직신학 공부는 필수적입니다"

라고 주장하고 있습니다. 얼핏 그의 설교비평이 '성서읽기의 아마추어
리즘'과 참된 해석학의 문제를 겨냥하고 있는 것처럼 보입니다. 하지만 그
의 의중은 보다 심층적인 것으로 드러납니다. 정목사님이 최초로 본격적
인 설교 비평을 시작한 것은 「기상」의 설교 비평 특집, '한국교회 대표적
설교자 16인의 설교비평' 중 《이동원, 하용조 목사의 설교》에 대한 비평에
서 입니다. 그곳에서 정목사님은

"…나는…그들의 설교 현장만 놓고 볼 때 그들이 성서를 심도있게 해석할 줄 모른다는 게 내 대답이다. 이는 곧 그들이 비록 단기간에 교회를 부흥시켰는지는 몰라도 성서해석에서만은 아마추어리즘을 벗어나지 못한다는 말이다. 아마추어는 아무리 다른 재주가 많아도 역시 그 한계를 벗어날 수 없다"(「기상」,78)

고 비판합니다. 이어서 그는

"~때문에 그들의 설교는 하나님 존재의 신비와 그 말씀의 깊이를 구도자처럼 천착하는게 아니라 그 말씀을 단순히 절대적 규범으로만 받아들임으로써 결국 청중들의 영성을 풍요롭게 하기 보다는 황폐화하는 방향으로 나갈 뿐이다"

라고 못 박아 버립니다. 심지어 그는 "그들을《아직 진리의 길에 들어서지 못한》열광주의적 근본주의자의 어리석음"(「기상」,83)으로 조롱(?)함으로써 그의 설교비평이 본질적으로《진리논쟁》임을 드러냅니다. (마치 불가의 무문관에서 見性한 입문자 혹은 禪師가 아직 입문하지 못한 문외한을 대하는 태도처럼 보입니다.)

설교 비평의 본질이 진리 논쟁이라는 그의 주장과 관련한 그의 생각을 좀 더 들어볼 필요가 있습니다.

"만약 '꿩 잡는 게 매' 라는 논리가 설교에도 적용된다면 내가 할 말은 없지만 설교는 대중성보다는 진리의 성격이 우선하기 때문에 (나는)그런 논리를 받아들일 수 없다. 이들은 대중성을 얻기 위해서, 설교의 지평을 끊임없이 가벼운 신앙적 담소거리로 확대 재생산하고 있다. 이것은 지난날 부흥회와는 약간 무늬를 달리 하지만 실제로는 기독교 신앙의 우민화에 불과하다 하나님의 말씀이 노출과 은폐의 방식으로 담지하고 있는 그

생명의 깊이와 리얼리티를 외면하고… 우리의 예상을 뛰어넘어 다가오
시는 하나님의 통치에 마음을 열기보다는 단조로운 절대 규범과 가벼운
종교적 감상주의에 안주함으로써 종교적 자기만족에 머물고 말 것이다.
더 나아가 이런 설교에 물들게 되면 외면적으로는 영적 에너지가 보충되
는 것 같은 포즈를 취하겠지만, 《역사의 신비》앞에서는 한 편으로 너무나
무기력하고 다른 한편으로 지나치게 독선적인 사람들이 될 것이다."(기상,
06.04, p.82)

　　위의 인용들에서 논자는 정목사님의 설교비평이 진리 논쟁일 뿐아니라
그의 방법론이 해체담론임을 확인합니다. 그는 위의 인용들에서 '대중성
과 진리성, 기독교신앙의 우민화와 생명의 깊이와 리얼리티, 절대규범과
하나님의 통치' 를 날카롭게 대비시키며 전자에 대한 후자의 우월성을 강
하게 주장하고 있습니다. 즉 그의 설교비평은 후자를 통해 전자를 해체하
는 방식인것이며 이러한 점에서 그는 니체나 데리다류의 어둠의 해체론이
아니라 하이데거의 존재론적 해체론을 따르고 있는 것으로 보입니다. 이
때 후자는 당연히 그의 진리론의 내용이자 설교비평의 준거가 됩니다. 심
지어 그는 하이데거의 해체론 패러다임을 인용하여 기존의 설교자들이
(혹은 전통적 기독교)가 《존재 망각》이 아닌 《하나님 망각》속에서 설교하
고 있다고 지적하며(『설교』, 113) 또 페터 아이허의 경구를 인용하며 교회는
"교회의 실상을 보고서 교회에 불성실해진 신자들을 다시 얻기 위해서 자
신을 부정해야 한다" 라고 주장합니다.(『설교』, 240)

3-2. 설교비평의 방법론: 해체담론

3-2-1. 그의 사유구조 1: 모더니즘

바로 이 지점에서 논자는 정목사님이 어째서 '성서읽기의 아마추어리즘'을 성서 Text에 대한 해석부재로 규정하고 정당한 해석을 위해 '역사비평과 조직신학과 인문학'이라는 도구(tools)를 제시하는지 그 의중을 살펴보려고 합니다. 우선 그는 성서 Text를 "어떤 하나의 표면적인 사실전달이 아니라 종말론적인 지평에서 해석되어야 할 하나님의 구원론적 언어사건이자 존재론적 세계"(『설교』, 180)로 이해합니다. 이러한 그의 Text 이해는 소위 기존 강단설교자들이 text를 절대규범으로 이해하는 것을 '독단이자 도그마'로 규정하게 됩니다. 이러한 독단을 깨뜨릴 수 있는 도구는 《과학적, 객관적》소통의 세계를 열어주는 역사비평과 인문학의 길이며 그 축적된 체계로서의 조직신학인 것입니다. 이러한 해체담론은 그가 소통하고자 하는 주 대상이 누구인가를 해독하면 더욱 분명해집니다. 그는 우선 소위 《우민화 되지 않은, 의식이 깨어있는 지성인들》(『설교』, 101-102)을 주목합니다. 그들은 '하나님의 구원역사에 깨어있는 의식으로 참여하려는 사람들'(『설교』, p.204)이자 '교회의 실상을 보고서 교회에 불성실해진 신자들'이며 또 '신앙에 대한 새로운 욕구를 지닌 사람들'(『설교』, p.240)입니다.

또한 그들은 그가 『기독교를 말한다』 머리말에서 "일방적인 믿음이 아니라 이해를 전제로 한 기독교 신앙이 필요한 사람들"에 정확히 일치합니다. 바로 이 지점에서 논자는 정목사님의 설교 비평(진리 논쟁)의 기준을 《이해를 전제로 한 기독교 신앙》으로 해독합니다. 이런 시각에서 논자는 그의 설교비평의 패러다임이 기본적으로 logos 중심주의 혹은 모더니즘적 전통위에 뿌리하고 있다고 여깁니다. 그가 소위 '대안문제'와 관련하여 《예전과 교회력》을 주목하는 것은 모더니즘적 사유구조로서의 《이성, 주체, 체계》라는 도식에 정확히 상응하는 것이 아닐까 여깁니다.

이 지점에서 논자는 정목사님이 가끔씩 차용하는 철학적 개념들과 사유체계를 정돈해 둘 필요를 느낍니다. 그가 가끔씩 차용하는 후서얼의 현상학이나 하이데거의 현상학적 존재론 혹은 가다머 철학적 해석학이 그의 설교비평에 어떤 연관을 지니고 있는 것일까요? (논자의 시각에서 그는 아직 '존재적과 존재론적 혹은 현상론과 현상학' 개념들의 차이를 정확히 이해하거나 사유하고 있는것 같지는 않습니다.)

모든 자연적 태도를 괄호치고(판단중지/ epoche) 현상학적 환원을 거친《사태 그 자체》로서의 현상학적 자아가 구성(창출)해 내는 의미체로의 세계를 기술(descriptive)하는 현상학이나 존재와 존재자의 차이에서 비롯되는 존재사유가 동근원적, 상호공속적인 존재와 시간개념을 넘어 그 둘을 포괄하는 화육(Er-eignis)개념에 이르기까지 철두철미 해석이 아니라 기술하는 하이데거 존재론적 사유는 이시대 한국 철학계의 원로들인 신오현 선생이나 김형효선생이 이미《절대심학》이자《깨달음의 영역》으로 규명한 바 있고 또 가다머의 〈철학적 해석학〉도 비록 존재론적 사유에 인식론적 틀을 매개하려고 시도하고 또 나름대로 해석학의 신기원을 열었다고 평가되지만 기본적으로 그의 철학적 해석학은 기존 딜타이류의 해석학과 달리《주객도식을 넘어선 선험적 지평》이 전제되어 있습니다. 이런 시각에서 논자는 정목사님이 거듭 가다머의《지형융해》를 (자신의) 설교비평을 위한 논거로 삼는 것을 매우 의아스럽게 여깁니다.

설령 존재론적으로 정당하게 사유되었다 할지라도 논자의 시각에서 볼 때 그러한 사유자체가 어떻게 성서 text 해석에 곧 바로 적용될 수 있는 지는 여전히 의문입니다.

2-2-2.설교비평의 두번째 사유구조: 존재체험 혹은 영적 頓悟

바로 이 지점에서 논자는 정목사님의 진리론이 기초하고 있는 또 하나의 핵심적 사유구조인 '신비체험 혹은 존재체험' 을 주목합니다. 이문제와 관련하여 논자는 그의 설교비평의 준거이자 진리논쟁의 기반인《신비와 리얼리티》의 개념이 정확히 무엇을 뜻하는지를 해명하려고 합니다. 그의 글쓰기가 이미 경지에 이르러 다양하게 변양하는 그의 언어의 숲에서 길 잃어버리기가 쉽겠지만 그가 때때로 독자들을 위해 남겨둔 암호와 같은 표식들을 따라가다 보면 환하게 트이는 큰 길이 열릴 수도 있을 것이라고 믿기 때문입니다.

정목사님에게서《신비와 리얼리티》라는 개념은 무엇을 뜻하는 것입니까? 그는 심지어 '존재와 구원과 생명의 신비' (『설교』, 94) 혹은 '신학의 신비' (『설교』, 56)를 주장하기도 합니다. 이 문제와 관련해 그는 "신비라는 말은 어떤 궁극적인 실체가 은폐되어 있다는 의미이다. 생명은 그 리얼리티가 우리가 숨겨져 있다는 점에서 신비이다" 라고 밝혀줍니다(『설교』, 30). 일반적으로 리얼리티 reality 개념은 '형이상학적 실재' (실체 substance가 아니라) 로 번역되는 말로서 흔히 현상 appearance, 관념 ideal, 상대 relative, 약정 conventional에 대립하고 존재 onto에 대비되는 경우로 사용되곤 합니다. 하지만 정목사님은 이 말을 '궁극적 실체' 로서 후서얼의 '사태자체' 를 지시하는 개념으로 사용하고 있는듯 합니다. 문제는 이 reality가 존재, 구원, 생명, 신학 등의 신비로 변용할 때 필연적으로 '역사와 일상' 의 신비로 드러나게 되는 데 이때의 신비는 언제나《은폐와 비은폐》《은닉과 드러냄》방식으로 또《종말과 현재와 창조》의 변증법적 지평으로 열려간다는 것입니다. 그러기에 그는 "신앙의 신비는 역사의 신비이며"(『설교』, 30) "일상의 신비"(『설교』, 30)라고 말하고 그는 자주 "종말론적으로 열려있는 하나님의 구원"(『설교』, 163), "창조와 종말의 영성에 천착하는 설교"(『설교』, 101), '일상의 이면과 내면, 그 너머를 응시하는 사람' (『설교』, 45) '일상에 가득 찬 은총과 삶의 거룩함' (『설교』, 44) 등으로 다양하게 표현하고 있습니다. 그의 육성을 들어보십시오.

"~ 종말론적인 하나님 나라와 그 통치가 어떻게 역사내재와 초월의 변
증법적 방식으로 우리에게 다가오고 있는지 생명과 존재의 신비 가운데
서 투쟁하면서 살아갈 뿐이다."(『설교』, 100).

(하이데거는 이미 기존의 진리들을 해체하고 존재의 진리를 주장할 때
aletheia 개념을 은폐와 비은폐로 해명했고, 신학적으로도 하나님 나라는
'이미(already)와 아직(yet)'의 긴장 혹은 변증법적 운동으로, 또 계시(revealat
-ion, apotcalypse)자체가 이미 열림과 닫힘의 관계 속에 해석되고 있습니
다.) 그는 이러한 신비를 '인간의 경험과 언어와 열정까지 모두 폐기되는
궁극적 세계'(『설교』,264)로서 '모든 삶을 영적인 현실성 reality에 집중시키
는'(『설교』,270) '구도자적 치열성''(『설교』,42)으로《영적 돈오》(『설교』,280)를 통해
체득하는《신학적 영성》(『설교』,263)으로 해명하는 것입니다. 이러한 신비이
해를 통해 그의 모더니즘적 사유는 중세철학 이후의 소위 신앙과 지식(이
해) 논쟁에서의 '신앙 지식일치론'을 넘어 '신비를 꿰뚫어보는 지성'으로
정체해명 될 뿐 아니라 "실체론적 형이상학이 아니라 과정 철학적 근거위
에 놓여있다"는 그의 진리(하나님)론(『기독교를 말한다』,191)이 비로소 구체적
내용을 얻게 되는 것입니다. 하지만 이러한 철학적, 영적, 선적 깨달음(체험)
자체가 무엇이었든지 그 자신 진리론의 핵심내용임에도 불구하고 비평이
라는 논리적 학문적 담론에서 '신비'라는 이름으로 포장된 채 남겨져 있
는 것은 납득하기 어렵습니다. 철두철미 학문적 개념과 논리로 명증하게
소통할 수 없다면 그 신비는 이미 더 이상 신비일 수 없고 또 다른 '독단'
이 되고 말겠기 때문입니다. 이것이 바로 소위 성철과 하이데거의 차이이
기도 합니다.

3. 정목사님의 설교비평에 대한 비판

3-1. 케리그마의 왜곡-구원론의 문제

바로 이 지점에서 논자는 정목사님에게서 소위 그가 진리논쟁으로 배제하고 해체해 버린 '기존의 기독교 혹은 강단설교자들' 과 결정적으로 구분되는 케리그마의 문제 특히《죄론과 은총론》을 지적하려고 합니다. 이 문제는 곧 그의《기독론과 구원론》의 문제이기도 합니다. 그는 김기석목사 평전에서 원초적 케리그마로서의 예수그리스도의 십자가와 부활, 재림이 기독교신앙의 토대임을 표명하고 또 그것을 '원초적 구원사건' 이라고 규정합니다.(『설교』,52) 또 '인간의 위대함과 비참함의 두 세계'(『설교』,46-47)를 진지하게 인정하기도 합니다. 하지만 논자의 눈에는 그가 단지 김목사와의 차별성의 드러내기 위한 방편으로 기능하고 있는 것으로 보입니다. 우선 그의 육성을 직접 들어보겠습니다. 그는 하용조목사의 설교를《근본주의적 강해설교》로 규정하고 그 특질을《청교도적 도덕주의 혹은 기독교근본주의의 독단》으로 규명(『설교』,322-331) 한 후에

> "한국강단에서 선포되는 죄에 대한 설교는 신학적 인간론에서 근본적
> 인 문제를 안고 있는데 하나는 죄의 숙명주의이며 다른 하나는 그 죄의
> 추상화이다"(『설교』,323)

라고 주장합니다. 심지어 이러한 사태를 "병적 현상" 으로 규정합니다.(『설교』,323) 또 『기독교를 말한다』에서 그는

> "기독교 신앙의 한 복판에 또아리를 틀듯이 자리 잡고서 신자들의 의식

을 훼손시키고 있는 죄론은 성서기자들의 확고한 생각이라기 보다는 중세기의 역사적 상황이 생산해낸 교리에 불과한 것이 아닐까 생각된다... 이 죄론은 역시 정치적 필요에 의해 강화된 교리일 가능성이 많다는 것이다. 황제나 교황의 권위가 유지되려면 민중들의 절대적인 순종을 받아내야 했다. 이를 위해서는 원죄보다 더 요긴한 방도가 없을 것이다... 어릴 때부터 이런 원죄론에 의해 교육받고 세례 받은 사람은 혁명을 일으킬 수 없다"(p.226)

라고 강조합니다. 심지어 그는

"사실 인간의 죄 문제는 죄 자체가 문제가 아니라 그 죄가 은총과 자유의 세계까지 허물어버리는데 있다. 성서의 중심 주제는 인간을 사랑하고 용서하시는 하나님이다. 그것이 은총이며 이 은총에 기초해서 죄의 현실을 극복할 수 있다. 하나님은 인간이 죄의식에 묶여 지내는 것이 아니라 사랑하고 투쟁하고 용서하고 변혁해 나가도록 돕는다. 이 사실이 복음의 핵심이다. 예수는 도덕적으로 살라고 말하기 보다는 용서 받았다는 사실을 알렸다"(『기독교를 말한다』, 229.)

라고 죄론은 원천적으로 은총론을 강조하기위한 방편으로 규정합니다. 논자의 시각에서 볼 때 정 목사님의 《죄론》은 소위 마르크시즘과 프로이트식의 종교비판으로서의 이데올로기론과 (심리적)투사론에 기초하고 있는 것으로 보입니다. 논자는 정 목사님의 《죄와 은총사이》에 심각한 논리적, 사실적 왜곡과 오류가 숨어 있는 것을 지적하려고 합니다. 분명 논자는 2000년 기독교회사는 죄의 문제를 이데올로기로서 혹은 깊은 인간이해가 결여된 천박한 교리체계로서 왜곡해 온 부분이 있음을 인정합니다. 하지만 '죄와 악' 의 문제가 개인과 세상을 파괴할만한 근원적 비극의 실

재(reality)가 아니라면 은총도 구원도 결국 '근원적 허위' 일 수밖에 없다는
엄연한 현실이 드러나고 맙니다. 성서기자들의 원초적 의중이 《죄론이 아
니라 은총론》이라는 주장은 "은총의 빛 아래서 죄의 그림자가 더욱 짙다"
는 자기 고백적 의미이지 은총까닭에 죄 문제가 과장되었다는 뜻은 결코
아닐 것입니다. 원시기독교 공동체의 원초적 신앙고백이 '예수 그리스도'
이고 이 경우 《그리스도》라는 절대개념은 인간 죄의 문제가 《절대문제》임
을 전제하고 있기 때문입니다. 이런 시각에서 논자는 정 목사님의 설교비
평이 배제한 소위 이 시대 강단 설교자들은 거의가 예수 그리스도의 "복음
과 은총의 빛"아래서 자기 자신의 죄악을 보고 사도 바울처럼 십자가 위에
《자신과 세상을 못 박는》, 佛家적으로 표현하면 《한번 크게 죽은(大死)》사
람들이며 그들의 성서해석은 어떤 성서 본문이건 그들 자신이 '몸으로 ,
삶으로' 직접 체득한 《깨달음(예수 그리스도)의 해석학》이자 《인간 마음의
해석학》임을 상기시켜 드리고 싶습니다.

3-2. 권력담론으로서의 설교비평

논자는 이 지점에서 시각을 조금 바꾸어 애초 본격적 설교비평의 진원
이었던 「기상」 2006년 10월호를 주목해야 한다고 생각합니다. 주간 서진
환씨는 소위 본격적인 《설교 비평의 선언문》으로 여겨지는 권두언 '직지
의 두려움' 에서 작금의 한국 교회를 '이기적이고 보수적인 집단' 으로 규
정하고 설교비평의 정당성을 주장하고 있습니다. 또 유경재목사는 한국교
회 강단을 '폐쇄된 성역화' 로 규정하며 '설교로 포장된 이데올로기' 를 설
교비평의 주요원인으로 지목합니다. 논자는 한국 교회 강단의 문제점과
관련하여 「기상」이 지적한 기왕의 문제점들이 하필이면 이 시점에서 이러
한 전격적인 모습으로 드러나게 된 실제 동기가 무엇인가를 묻고자 합니

다. 다시 「기상」10월호로 되돌아가 보겠습니다. 서진환씨는 권두언에서 "교회는 이기적이고 보수적인 집단으로 비쳐지고 있다고 개탄한 후에《보수적=비도덕적》이라는 도식을 공공연히 드러내고 있고, 유경재 목사도 "한국 교회는 사회의 개혁에 항거하는 보수적 세력에 편입되어 역사의 진보를 훼방하는 세력으로 전락하고 말았다"라고 주장하고 있습니다. 역시《보수적=반 개혁적=반 역사적》이라는 등식이 표출되고 있습니다. 이런 시각에서 볼 때 논자는 「기상」의 원초적 설교 비평의 의도가《권력담론》이라는 의구심을 지을 수 없습니다. 굳이 푸코의 이론을 인용하지 않더라도 모든 담론은 그 자체가 권력담론일 수밖에 없습니다. 어쩌면 한국 교회에 만연한 소위 치유, 상담, 가정사역 등과 유사한 또 하나의 종교상품이 아닌가 하는 의구심도 지울 수 없습니다.

이런 시각에서 논자는 정목사님의 소위 '지성적 신앙'은 십자가에 못박힌 하나님(아들)이라는 복음의 paradox를 스캔들로 치부해버리던 바울 당시 아테네의 주류 지성들을 위한 취향이거나 또 그들에게 알리바이를 제공하는 분파주의적 권력담론 일 가능성을 배제할 수 없는 것입니다. 특히 그가 글쓰기의 품격과 관련하여 '깨끗한 용모에 단정한 화장을 곁들인 귀부인'(『설교』, 30)을 표상하는 방식에서 그의 의도와 상관없이 오히려 원초적 욕망이 배제된 작위적 여성성을 읽어냅니다. 그것은 어쩌면 전형적인 중산층 브루조아의 허위의식의 은폐장치이거나 계급적 이데올로기의 표상일 수 있겠기 때문입니다. 따라서 논자는 그가 가끔씩 드러내는 '소통불가의 답답함'은 진리논쟁에서 비롯된 것이라기보다 그의 인간적 취향에서 비롯된 것으로 해독하고 싶은 것입니다.

사족 한 마디: 스승 카르납을 계승하면서도 극복한 신실용주의 창시자인 콰인은 논리실증주의의 두 가지 공리인 ① 분석 판단과 종합 판단의 논

리적 구분과 ② 프로토콜 문장(명제)을 두 가지 독단으로 규명한 후, 형이상
학과 자연과학의 구분 자체가 무의미하다고 선언했습니다. 주 안에서 지
천명을 사는 우리의 삶에서 신학과 인간학, 보수와진보, 주술적인 것과 역
사적인 것이 과연 그처럼 날카롭게 구별 될 수 있는 것일까요?

(「활천」, 2007년 9월호)

기독교적 모드니스트의 신학적 영성
-정용섭목사 -

   정용섭목사님의 설교집 『그날이 오면』(하양:다비아책, 2008 /이후 바로 면수를 표기
함)이 나왔습니다. 목회하고있는 샘터교회에서 샘터교회성도들을 청중으
로 한 주일공동예배설교이고 본래 철두철미 원고설교하는 분이니 설교집
에 실린 설교 한편 한편을 현장설교로 읽어 무리가 없을 듯 싶군요. 우선
책의 형식이 교회력에 따른 52편의 설교로 구성되어있고 교회력의 기준은
성자,성령,성부의 삼위일체론에의해 분류되어 있군요. 굳이 교회력에 따
른 설교집을 견지하는 이유를 그는 다음과 같이 밝혀 주고 있습니다.

   "주일공동예배에서 교회력이 얼마나 중요한 지는 굳이 설명하지 않겠
   습니다. 한국교회의 강단이 교회력을 무시하고 있다는 건 설교자 자신만
   이 아니라 교회공동체의 영성을 위해서도 불행한 일입니다. 편식이 건강
   을 해치듯이 교회력을 벗어나 설교자 구미에 맞는 성서본문에 치우치는
   것 역시 영적 건강을 해치는 게 아닐는지요."(머리말)

   적어도 그에게 교회력은 우리가 일반적으로 쉽게 생각하는 '형식적인

틀'이 아니라 복음의 핵심내용인 성 싶군요. 설교의 내용은 철두철미 본문 자체에 집중하는 본문설교이고 설교의 주대상을 '무언가를 알고 믿으려는 사람들'(109)과 '현대지성인들'(182) 혹은 '생각이 있는 사람들'(126)로 분류한다는 점에서 소위 지성적 설교로 분류할 수 있겠는 데 ,그런 유형의 설교들이 흔히 빠져드는 현학적이거나 수사학적 비틀기가 거의 없다는 점에서 설교의 완성도가 높다고 판단되는군요. 참을 수 없을 만큼 가볍고 또 철저히 길들여져 있는 이 시대의 설교자들을 깨우는 죽비소리로 읽어 무리가 없어 보입니다.

52편의 설교가 언제나 《본문-해석-의미》라는 기본틀에 시종일관 집중하고 있다는 점에서 모범적인 설교의 전형으로 강추하고 싶군요. 모든 설교가 동일한 틀을 유지하고 있지 않느냐고요? 농담이시겠지요. 오늘 우리들의 강단이 정말 최소한이라도 그랬다면 정목사님같은 분이 아직 50대의 나이에 한국교회를 향한 설교집을 출판하게되는 부담을 스스로 떠맡을 리가 없었겠지요. 저같은 사람은 죽었다 다시 깨어나도 이러한 설교의 긴장을 유지하기 어려울 듯 하군요.

깊이와 열림의 영성

저는 정목사님의 설교집의 핵심을 《철두철미 케리그마를 겨냥하는 깊이와 열림의 해석학》으로 규정하고 싶군요. 그는 머리말에서 "문제는 우리가 성령으로 감동된 성서텍스트의 놀라운 세계로 얼마나 깊이 들어갔느냐에 있습니다"라고 선언합니다. 또 그는 "성령이 함께 하십니다"라는 설교에서 다음과 같이 지적합니다.

"어떤 사람은 말씀에 대한 열정은 있지만 깊이 들어가지를 못합니다. 매일 성경을 품에 안고 다니기만 하지, 실제로는 마음을 열고 읽지 않는 사람처럼 말입니다. 성령은 우리의 영혼 깊숙한 곳에서 말씀으로 인도하기 때문에 우리는 말씀의 깊이로 들어가게 됩니다. 학생들이 모르던 수학 문제를 풀어가면서 수학의 깊이로 들어가듯이, 우리도 모르던 말씀의 깊이를 알아 가면서 성령과 더욱 깊은 관계로 들어갑니다."(227)

이미 그는 "한국교회 대표적 설교자 16인의 설교비평" 중 이동원, 하용조목사설교비평에서 "나는 …그들의 설교현장만 놓고 볼 때 그들이 성서를 심도있게 해석할 줄 모른다는 게 내대답이다. …때문에 그들의 설교는 하나님존재의 신비와 그말씀의 깊이를 구도자처럼 천착하는 게 아니라 그 말씀을 단순히 절대적 규범으로만 받아들임으로써 결국 청중들의 영성을 풍요롭게 하기보다는 황폐화하는 방향으로 나갈 뿐이다" ①라고 진단함으로써 "깊이(와 신비)"의 영성을 천명한 바 있습니다.

그 깊이로 들어가기 위해서는 설교의 근본적인 방향전환, 소위 패러다임 쉬프트가 일어나야 합니다. 그는 이러한 깊이의 영성을 위해 설교자의 관심이 청중으로부터 성서텍스트로 전환해야 한다고 주장하지요. 이러한 패러다임 쉬프트를 그는 '회심' (혹은 전회/conversion)이라고 표현하네요. 그만큼 본질적일 뿐 아니라 어렵다는 뜻이겠지요. 그러기에 그는 예언자들의 신탁과 동일한 경험이 설교자들에게서 일어나야 한다고 주장하는 것이지요. 그에게 패러다임쉬프트는 테크닉이 아니라 설교행위의 본질이며 설교자의 자기정체성이라는 뜻입니다. 그런데 그는 "두려움과 하나님 찬양"이라는 설교에서 예수그리스도안에서 하나님을 경험한 사람들의 두려움의 본성을 다음과 같이 진술합니다.

"하나님의 사랑을 조금이라도 맛 본 사람은 두려워합니다. 왜 그런줄

아시나요? 그 깊이를 알 수 없기 때문입니다. 그렇습니다. 하나님은 깊습니다. 그의 사랑도 우리가 헤아릴 수 없을 정도로 깊습니다. 그의 구원행위도 우리가 예측할 수 없을 정도로 깊습니다. 그러니 우리가 두려워 하지 않을 수 없습니다."(252)

즉 그는 성서 텍스트를 통해 하나님 경험이 일어나야 할 것을 지시하고 있는 것이고 이러한 하나님 경험의 본성을 하나님 경외로 읽는 것인 데 그에게 있어 하나님 경외(敬畏)는 곧 하나님의 깊이를 경험하는 것이지요. (252) 그에게 "깊이"는 곧, 하나님사랑이고 하나님의 구원행위이자 더 근원적으로 하나님나라이고 마침내 하나님 그 분으로 구체화됩니다. 이것을 그는 "신비" 혹은 "성서언어가 가리키는 근원적 생명의 세계"라고 부릅니다. 설교자들이 이 깊이에 한 번 눈이 열리면 "하나님 경외"는 저절로 이루어지는 것이지요. 그런데 설교자들에게 이러한 깊이에 대한 경험은 성서텍스트를 매개로 이루어지며 이때 깊이는 언제나 성서본문의 '원의미(源意味)' 이자 '진리'로 드러나는 것이지요. 당연히 설교자들은 성서본문의 깊이를 열어가기위해 성서텍스트에 집중해야 할 것입니다.

그러면 이러한 깊이의 해석학(解釋學)을 위해 설교자들이 유의해야 할 과제는 무엇일까요?

그는 "누가 내 어머니인가?"라는 설교에서 "성서텍스트의 깊이를 포착하려면 우리는 본문을 더 포괄적으로 읽어야 합니다"라고 주장합니다. '성서를 더 포괄적으로 읽는 것'은 도대체 어떻게 성서를 읽는 것일까요? 그는 "포도주사건의 실체와 의미"라는 설교에서 "성서본문이 말하려는 핵심메시지를 포착할 수 있는 영성"을 말합니다 또 그는 "마리아의 영성"이라는 설교를 통해 "마리아는 참 좋은 몫을 택했다. 그것을 빼앗아서는 안된다"는 문절에서 '숨어있는 영적인 세계에 집중할 줄아는 영성' 을 기독교영성의 핵심으로 지적합니다. "숨어있는 영적인 세계는 곧 '인간의 궁극적 세계' 이기 때문입니다. 그러기에 그는

"아무도 이것을 우리에게서 빼앗지 못합니다. 거꾸로 그이외의 것은 모두 빼앗길 수 있습니다. 우리의 젊음도 사회적 업적도, 가족도 말입니다. 우리에게도 마리아처럼 그 누구든 그 어떤 힘이든 빼앗기지 않는 영적인 현실이 풍요로와 지기를 바랍니다."(306-307) 라고 결론내리는 것이지요.

그에게 있어 '영성 혹은 영적' 이란 말은 "단순히 표면적인 것이 아니라 심층적인 세계를 이해하는 것"(79)입니다. 이러한 영성을 그는 "열림의 사건" 으로 표현하는 데 "열림"은 크게 두 부분으로 설명되는군요. 첫째, 진리 혹은 신비자체가 "닫힘과 열림"의 변증을 통해 설교자와 관계를 맺으며 (이사태를 그는 설교자의 하나님 경험이라고 부르네요) 둘째, 설교자는 성서 본문(텍스트)을 포괄적으로 읽어 본문의 핵심메세지를 포착해 설교를 통해 청중에게 열어 주어야 한다는 것이지요. 그는 자주 설교를 통해 본문이 열려져야할 것을 주장하고있습니다. 이러한 "깊이를 열어주는 작업"을 그는 "해석" 이라고 부릅니다. 그는 "말씀을 수호하라"는 설교를 통해

"성경을 깊이 아는 사람들은 결국 예수 그리스도를 믿게 됩니다. 그것이 참된 지혜입니다. 이대목을 약간 이상하게 생각할 사람들이 있을 겁니다. 모든 유대인들은 성경을 어렸을 때부터 익혀 왔는데 왜 예수 그리스도를 믿지 않는지 모르겠다고 말입니다. 성경을 읽는다고 해서 모든 사람들이 그 깊이에 무조건 도달하는 건 아닙니다. 예수님의 공생애 중에도 성경박사인 서기관들은 예수님을 받아들이지 않았습니다. 그들은 모든 사람들에게 존경을 받을 정도로 유식한 사람들이었지만 성경의 중심을 알지 못했

습니다. ……문제는 그것을 바르게 알아야하며 ,이를 위해서는 해석할 줄
알아야 한다는 것입니다. 그 해석의 힘은 곧 기독교 교리를 정확하게 아는
것입니다. 그 교리의 중심은 예수그리스도입니다."(432-433)

라고 성서본문의 깊이를 포착하는 성서해석의 중요성을 놓치지 않는군
요. 문제는 그의 해석이 "교리의 중심으로서의 예수그리스도"라는 기초
위에 서있다는 것이고 이러한 사태를 그는 "케리그마"(209)라고 부르는 것
이지요. 그에게 해석이란 청중들로하여금 성서텍스트라는 언어사건을 통
해 그언어체계가 지시하는 실재(實在/reality)인 하나님 그분을 경험하게하
는 것이지요. 그는 이미 그의 설교비평을 통하여 한국강단의 가장 큰 오류
를 성서가 '해석되지 않는' 것으로 규정하고 성서읽기의 아마추어리즘과
성서의 도구화를 질타했었지요.

해석학의 방법론-질문하기

그의 성서해석의 출발점(단초)은 '질문하기' 입니다. 그는 "누가 내 어머
니인가?'라는 설교에서 "설교는 예수님에게서 발생한 하나님나라를 주제
로 해야 한다. 그것을 우리는 '케리그마라고 한다' 라고 명시한 후 그의
방법론과 관련하여 "말씀을 읽고 공부한다는 건, 바로 텍스트에 대해서 정
확하게 질문하는 방법을 배운다는 것과 같다"고 밝혀 줍니다.("성령이 함께 하
십니다"/221) 또 그는 "실패의 길을 가자"라는 설교에서 질문의 중요성을 이
렇게 요약합니다.

"...이런 질문을 왜 하냐고, 그냥 믿기만 하면 되지 않느냐고 생각할 사
람 도 있을 겁니다. 예, 그냥 믿고 싶은 사람은 그렇게 믿으면 됩니다. 그
러나 생각이 있는 사람이라면 질문하는 것도 좋습니다. 이런 질문은 우리
의 믿음을 약화시키는 것이 아니라 훨씬 깊은 곳으로 끌어들이기 때문입

니다."(126)

그의 설교에서 '질문하기'는 설교의 진행, 즉 청중과의 소통방식일 뿐
아니라 그의 해석학의 본질을 드러내고 있는 핵심어가 됩니다. 그는 본문
을 통해 먼저 일상적 해석을거친 일상적 의미를 제시합니다. 그리고 '질
문'을 통해 그 제시된 의미를 해체(deconstruction)한 후 더 심층적 질문을
통해 본문자체의 의미를 해명해 나가는 방식(본문이 열리는 길)을 반복합니다. '
질문하기'는 그에게 있어 마치 소크라테스의 '산파술'처럼 해석학의 방법
(Methode)으로 기능합니다. 말그대로 Methode는 희랍어 meta+hodos, 즉'
길따르기'라고 볼때 그의 '질문하기'는 기존의 본문을 해체하는 무기일
뿐 아니라 그 자신의 고유한 '성서해석학'즉, 성서언어가 지시하는 궁극
적 실재로서의' 하나님 나라, 더 근원적으로는 '하나님 자신'을(에게로) 지시
하는(안내하는), 신비를 드러내는 손가락이 되고 있는 것이지요. 당연히 그의
손가락이 지시하는 내용은 그의 해석학의 구조인 '역사비평과 조직신학,
또 인문학' 혹은《인문학적 성서읽기》가 되겠지요. (저는 이미 그의 해석학의 구조
를 "기독교적 모드니즘" 이라고 규정한 바 있습니다.②)

신학적 영성은 곧 신학함(theologieren)의 영성

이것을 그는 "신학적 영성(神學的 靈性)"이라고 부르는군요. 우리는 이 지
점에서 그의 "신학적" 영성의 의미를 새겨둘 필요가 있겠군요. 이미 우리
는 그가 '숨어 있는 영적인 세계에 집중하는 것이 기독교영성'이라고 규
정한 것을 기억하고 있습니다. 그러기에 그에게 "영성"이란 '숨어있는 세
계를(숨어있지 않게) 드러내는 것이 됩니다. 문제는 이처럼 숨겨져있는 세계는
'성서언어체계'라는 성서텍스트에 의해 은폐되기도하고 때로는 노출되
기도한다는 것이지요. 당연히 성서텍스트를 해석하는 작업자체가 바로 이

러한 숨겨진 세계를 드러내는 과정이 아닌가요? "그렇지않다"는 것이 그의 대답입니다. 그는 이미 "단순한 신학공부나 성서읽기를 통해서가 아니라 예언자들과 같은 근원적 하나님 경험"을 설교자의 정체성이라고 천명한 바 있습니다. 또한 그는 "(하나님 말씀을)단순히 절대적 규범으로만 받아들이는 해석자들과 (하나님 말씀을 통해)하나님존재의 신비와 그말씀의 깊이를 구도자처럼 천착하는 해석자들"을 날카롭게 구별하고 있습니다. '예언자들과 같은 근원적 하나님 경험 '과 ' (하나님 말씀을 통해)하나님존재의 신비와 그말씀의 깊이를 구도자처럼 천착하는 '설교자의 신학적 영성을 저는 "신학함 (theologieren)"으로 이해합니다. 제가 군이 그의 ' 신학적 영성 '을 "신학" (Theology) 혹은 ' 신학을 학습함(theologisieren) '이 아니라 ' 신학함" 이라고 표기하는 까닭은 너무 분명합니다. '신학' (Theology) 이란 말그대로 신(神 /Theo)에 관한 학(學/Logos)입니다. 하지만 인간에게 있어 신(神)이란 언제나 방편적 표상이기에 신학이란 자칫 표상할 수없는 그 분에대한 인간의 표상체계일 수 밖에 없는 것이지요. 기존의 설교자들은 신학을 '신(神)에대한 완결된 지식체계' 로 표상합니다. 이러한 사태를 그는 "하나님말씀을 절대규범으로 받아들이는 것" 으로 이해하고 있군요. 그들은 하나님말씀의 깊이를 아예 '눈치채지도 못하는' (81)어리석은 사람들 혹은 성서읽기의 아마추어들입니다. 하지만 '신학함' 이란 '성서언어 혹은 신학' 이라는 언어(지식)체계를 넘어 "지금 이 자리, 바로 나자신에의해 지속되는 신학적 수행" 입니다. 무슨 말인 지 모르겠다고요? 하이데거는 그의 『형이상학입문 』에서 "철학은 우리가 철학할 경우에만 있다. 철학은 철학함(philosopieren)이다" 라고 규정했고 그의 충실한 해석자였던 '오이겐 핑크' (Eugen Fink)는 그의 『 유고(遺稿)』에서 다음과 같이 철학의 정체성을 해명합니다.

"철학의 본질규정은 철학의 가장 고유하고 항구적인 주제이다: 철학은 철학자체의 규정에서 완성된다. 철학이 수행을 통하여 그 고유한 현실성을 실현했을 때에야 비로소 이러한 철학의 현실성의 본질을 개념적으로 파악해서 철학자체를 그 고유한 전체성에서 드러나게 하는 모험이 마침내 성공할 수있을 것이다. 그러므로 철학은 세계내에 주어져있는 것이 아니라 유일하게 그현실성을 철학적 수행을 통하여 비로소 확보하는 것이기 때문에 시작에서부터 철학의 본질을 규정하는 것은 불가능하다. ......〈철학이 전통을 통하여 미리 주어져 있다 함〉은 가장 위험한 가상이다. 역사적으로 주어져 있는 것은 오직 철학설(Philosophem)일 뿐 철학자체는 아니다. 제 아무리 고귀한 전통일지라도, 철학전통이 철학적 모색을 통하여 철학의 본질을 일구어낸 철학자체를 대체할 수없고 또 그와같은 작업을 면제할 수도 없는 법이다. 과거 철학의 위대한 뜻은 오직 어떤 고유한 철학의 생동적인 정신에서부터 과거철학을 부흥시키는 힘을 통해서만 생동적일 수있다. 오직 우리 스스로 철학을 현실적이게 만들 때에만 우리는 과거의 철학학설들에서 그 소리를 알아들을 수 있다, "③

철학이 "세계내에 미리 주어져 있는 것이아니라 유일하게 그 현실성을 철학적 수행을 통해 비로소 확보하는 것이기에, 어떤 고유한 생동적인 정신으로부터 철학을 생동적으로 만드는 과제는 오직 우리 스스로 철학을 현실적이게 만들 때 뿐" 이라는 철학규정(정체성 해명)은 단적으로 "철학의 원천은 본각(本覺)이며 철학적 사유의 목표는 본각을 가동시키는 시각(始覺)" 이라는 뜻입니다.. 존재자표상을 넘어 존재사유 곧 진정한 형이상학만을 철학이라고 말하는 하이데거의 경구를, 계시사건을 단초로하는 신학에 그대로 적용하긴 어렵다해도 '철학함과 신학함' 의 기본원리는 설교자들이 여전히 새겨들어야 할 지평일 것입니다.

제가 보는 견지에서 그의 신학적 영성은 성서텍스트의 해석에 있어 단순히 언어세계와 사실(경험)세계의 2분법적 사유속에 들어가 있는 것이 아니라 그 두 세계의 관계를 원천적으로 주목하고 있습니다. 저는 그의 해석학 혹은 신학이 시종 ⅰ"생명 혹은 구원"을 소유가 아니라 존재의 관점에서 풀어내고 있는 것과 ⅱ 기존의 신학이 전래의 형이상학적 전통위에서 성서와 신학사이의 긴장을 표상적으로 쉽게 처리함으로써 신앙의 원사실성(성서시대의, 성서언어체계를 창출해내었던 신앙인들의 생생한 삶 자체)을 상실(망각)해버린 것과 달리 언어와 신학(의 손가락)을 넘어 원래의 생생한 성서신앙의 세계를 드러내기(열기)위해 집중한다는 점에서 높이 평가받아야 할 것으로 여깁니다.

쉬운 이야기를 애써 어렵게 비틀고 있다고요? 아닙니다. 이 문제는 정목사님에게 오직 "하나의 진리문제" 곧 케리그마로 인식되어 있거든요. 이러한 세계를 그는 '신비'라고 부르는 것이지요. (기존의) 신학이란 언어체계의 세례를 받은 설교자들은 반성없이 "구원"이란 문제조차 모종의 '주고 받을 수있는 무엇'으로 이해하곤 하지요. '예수 그리스도를 믿음으로 이미 구원은 받았으니(소유했으니) 그이후에는 순종하여 복을 받아야 한다거나', '구원론과 기독교윤리학의 이분법' 혹은 '중생과 성결의 단계구분'같은, 그저 신학적 표상(表象)에 불과한 이데올로기를 지극히 자명한 것으로 이미 전제하고 설교한다는 뜻입니다. 하지만 그에게 오직 단 하나의 과제는 여전히 "구원(생명)"문제입니다. 구원이란 개념을 "생명"으로 바꾸어 보십시오. 생명이란 어떤 경우에도 주고받을 수 있는 무엇일 수없으며 그러기에 그 생명은 종말에 나타날 궁극적 생명에 참여한 현재의 긴장으로 설명될 수밖에 없는 것이겠지요. 이 시대 우리 강단의 모든 오류의 뿌리에 구원론의 오류, 즉 구원을 소유라고 생각하는 데서 비롯되었다는 그의 진단은 그의 설교의 원류입니다. 그는 이러한 구원론의 문제를 '구원문제에 있어 하나님의 배타성 혹은 인간의(義)의 무력함 '으로 설명하곤하지요.

비신화화에서 성서적 리얼리즘에로

그런데 그의 신학적 영성은 그의 신학적 입장이 너무 강하게 드러난다는 점에서 우려를 갖게하는군요. 이러한 성서해석 (혹은 설교비평)은 지지자의 결집력을 극대화시킬 수 있겠지만 "내 입장은 당신과 다르다"는 항변의 부메랑으로 되돌아 올 가능성이 항상 열려있기 때문입니다. 그는 설교자들이 성서 텍스트의 신비로 들어가지 못하는 이유를 ① 성서본문의 신화적 세계관을 뚫고 원래의 의미를 포착하는 힘의 결핍과 ② 청중(의 욕구에)들에 대한 집중 때문으로 진단하는군요. 첫 번째 논제는 그의 해석학의 내용인 모드니즘적 성서해석의 본성과 관련되어있고. 소위 "비(탈)신화화 작업"으로 구체화되고 있군요. 두번째 논제는 "성서본문과 하나님을 향한 집중"이라는 설교자의 전회가 원래의 의도와 달리 자칫 청중과의 소통경시 혹은 구체적인 인간의 소외로 귀결될 수 있다는 우려지요. 그의 "인문학적 성서읽기"가 현대판 토미즘(토마스주의)의 경향을 보이는 것은 우연한 것이 아닌 듯싶군요.

우선 첫 번째 논제부터 논의해 보겠습니다. 그는 "두려움과 하나님 찬양"이라는 설교에서 자신을 이신론자(理神論者)가 아니라고 주장한 후

"저는 성서말씀을 그대로 믿습니다. 성서는 살아있는 하나님 말씀입니다. 다만 저는 성서가 말하려는 핵심이 무엇인가를 알아야 한다고 생각합니다. 예컨대 "뱀을 쥐거나 독을 마셔도 아무런 해도 입지 않을 것"(막 16:18)이라는 말씀을 사실로 믿는 게 능사는 아닙니다. 나인에 사는 과부의 아들이 죽어서 공동묘지로 가는 중간에 예수님을 만나서 다시 살아 났다는 이

이야기가 무엇을 말하는 지 알고 믿어야 한다는 것입니다. 무조건 믿는 믿음이 아니라 바르게 믿는 게 믿음이니까요. 이건 성서를 의심하기 때문이 아니라 성서가 고대인들의 세계관을 그대로 담고 있기 때문에 어쩔 수 없는 일입니다."(250)라고 말합니다. 또

"성서기자들이 보도하는 기적이야기는 그야말로 'Sign',즉' 표징 '입니다. 그것이 어떤 것을 가리킨다는 것입니다. 기적은 달을 가리키는 '손가락' 입니다. 중요한 건 손가락이 아니라 달인 데도 불구하고 사람들은 자꾸 손가락에 매달립니다. 무슨 말을 하는 지 감이 잘 안 잡힌다고 생각할 사람이 있을 겁니다. 성서가 말하는 걸 그대로 믿으면 되지 거기서 왜 손가락과 달이야기를 하는지 모르겠다고 말입니다. 그러나 성서언어가 가리키는 근원적인 생명의 세계로 눈을 돌리지 않으면 우리는 성서 안으로 들어갈 수가 없습니다 "("포도주사건의 실체와 의미"/74) 라고 그의 고유한 모더니즘적 성서해석의 정당성을 주장하는군요.

하지만 그의 성서읽기는 '신화(적인 것)의 재해석과 실존(본래)적 의미' 를 중요시하는 해석구조를 견지한다는 점에서 불트만의 '비신화화' 를 차용한 것이라는 혐의를 벗어날 수 없을 것같군요. 이러한 그의 모드니즘적 해석학은 소위 '기적설화' 를 재해석하는 과정에서 그 전모를 드러냅니다. . 그는 "다비다 쿰" 이라는 설교에서 도르가의 소생을 심층적으로 질문하면서 "이런 질문의 답을 찾으려면 '믿어, 안 믿어?' 하고 억박지르지 말고 성서본문을 좀 더 깊이 이성적으로 해석해야만 합니다. 기독교신앙이 진리라고 한다면 믿음만이 아니라 이성으로도 설득이 가능해야 합니다 '"라고 주장합니다. 그러면서 도르가의 소생그자체가 중요한 것이 아니라 소생이야기를 통해 전달되는 다른 의미 즉 그런 능력의 예수님이 이제 이방인에게

주님으로 받아들여 진 사실 자체가 중요하고 "오늘 이 시대의 언어로 하나님의 생명사건을 해명하는 것이 중요하다"(195)고 주장합니다.

"성서의 기적이야기는 고대인들이 이해할 수 있는 방식으로 하나님의 구원통치를 설명하는 것이라는 사실을 모르는 데서 기인하는 어리석음입니다. ……성서를 기록하고 있는 사람이나 그것을 받아 볼 사람이나 모두 미숙한 고대인들의 세계관 안에서 살았습니다. 그들은 예수 그리스도에게서 일어난 하나님 나라를 고대인들의 관점으로 설명할 수 밖에 없었습니다. 하나님의 구원통치를 가장 분명하게 설명할 수 있는 사건은 각종 질병의 치유, 축귀, 여러 종류의 초자연적 기적들,그리고 특별한 경우에 죽은 자의 소생입니다"("다비다 쿰"/192-193)

그러기에 그는 도르가의 소생을 "누가는 예수가 그리스도라는 사실을 전하기 위하여 그 당시 신화적 세계관에서 출현한 도르가의 소생이라는 전승을 말하고 있을 뿐입니다."라고 결론 내립니다. 그가 이처럼 기적을 재해석하는 이유는 무엇일까요? 직접 들어보시지요.

"축귀, 병치유, 기적사건에 관심을 두는 사람들은 오늘의 현실 역사 앞에서 무기력합니다. 고대의 신화적 세계관에 머물러 버림으로써 결국 탈역사주의에 빠져들고 맙니다. 비유적으로 설명해서 어떤 아이가 이미 중학생이 되었는 데도 여전히 유치원 아이처럼 산타클로스 할아버지를 실제로 기다린다면 문제가 있는 것과 같습니다."(194)

그는 기적을 중히 여기는 사람들을 '주술적인 방식으로사는 사람들' 혹은 '탈역사적인 사람들', 또 '유치원 아이같은 유치한 사람들' 로 규정하는군요.(194) 이성의 계몽이 필요한 아직 미숙한 사람들이란 뜻이겠지요. 이러한 유형의 해석은 그의 설교 곳곳에서 만날 수 있습니다. "야훼의 불"에서 그는 갈멜산의 기적을 ˚자연적인 번개˚현상으로 설명하더니(240-241) 광야생활중 이스라엘이 먹었던 만나와 메추라기도 역시 자연의 선물로 해석하는군요.(242) "예수님에게 나타난 하나님의 영광"에서는 제자들의 변화산 경험을 실제적 사건이 아니라 예수의 공생애에 나타나신 하나님의 현현이라는 메타포로 해석했군요.(112) 이러한 방식의 해석은 "포도주 사건의 실체와 의미"라는 설교에서 '물이 포도주로 변한 표적을 신화의 차용으로 해석하는 부분에서 그 절정을 이룹니다.

"물로 포도주를 만들었다는 이야기는 기독교의 성서에만 나오는 게 아니라 이미 그리스 신화에도 나옵니다. C.K. 바레트의 설명에 따르면 디오니소스 신은 포도나무를 발견했을 뿐 아니라 물을 포도주로 변화시킬 능력이 있었다고 합니다. 이런 기적들은 디오니소스 예배에서도 일어났습니다. 기원 전 5세기의 고고학 연구에 따르면 이런 연구들이 나왔습니다. 요한복음 공동체는 이런 신화들을 잘 알고 있었을 것입니다. 그들이 신앙하는 예수 그리스도를 설명하기 위해서 이런 신화를 차용했다는 말입니다."(72)

그러면서 그는 본문을 통해 성서가 말하려고하는 핵심메시지는 "이렇게 예수께서는 첫번째 기적을 갈릴레아 지방 가나에서 행하시어 당신의 영광을 드러내셨다. 그리하여 제자들은 예수를 믿게되었다는 것"이라고 결론을 내립니다. 또 그는 이어서 "첫번째"기적의 아르케를 '근원적인, 일차적인'이라는 뜻으로 해석하여 포도주사건은 예수님이 공생애에서 첫번째 행한 사건이라는 데 의미를 두기보다는 그것이 본질적인 사건이라는 데 의미를 두는 것으로 읽고 있습니다. 결국 이 본문의 핵심적 의미는 하나님의 영광이 예수 그리스도에게 현시되었고 제자들이 믿었다는 사실이 중요할 뿐이라고 결론을 내리는군요.

요한복음은 이미 널리 알려져 있는 대로 예수께서 행하신 많은 이적중에서 요한의 신학(전승)에 적합한 7개의 이적을 배치해 "예수께서 하나님의 아들이시며 그리스도이시다"는 것을 증언하고 있는 복음서입니다. 요한복음 2장의 '포도주 이적'은 그중 주님의 초기사역과 관련된 중요한 자료이고요. 정목사님이 말하고 있는 것처럼 "제자들이 예수를 믿게된 동기와 하나님의 영광이 드러난 것"에 원초적 초점이 있다는 것은 너무도 당연한 지적입니다. 하지만 요한공동체가 그 목적을 위해 사도적 전승이 아니라 희랍의 신화를 차용했다는 해석은 아무래도 도(度)가 지나쳤다는 느낌이군요. 어쩌면 요한복음 1장의 '로고스론'과 연계된 희랍적 사유로 이해하셨는 지도 모르겠습니다. 그런 유형의 해석이 왜 없겠습니까? 어디 C. K..바레트뿐이겠습니까? J.Estin Carpenter는 떨어진 포도주를 유대주의라는 오래된 포도주(the old wine of Judaism)라고 기적의 비유적 성격(the parabolic nature of miracle)을 주장했고, 불트만은 아예 "이이야기는 '의심할 것없이'(zweifellos) 이교신화에서 왔다"고 단언했지요.④ 하지만 이러한 주장들은 어디까지나 단지 하나의 가설일 뿐이라는 사실입니다. 본문을 해석하는 다양한 방식들 중에서 굳이 이러한 방식의 해석틀을 유일한 진리로 여기는 그의 해석구조가 문제라는 뜻입니다.

이러한 해석구조는 성서 텍스트 자체가 길을 열고 해석자는 고요히 그 길을 안내하는 자리에 서있는 것이 아니라 성서해석자의 의도가 성서 텍스트의 길을 왜곡하는 자리에 올라가 있는 형국이군요. 본문 중에서 정목사님도 "요한복음 공동체는 이런 신화를 잘 알고 있었을 것입니다."라고 가정합니다. 그런 가정은 사실일 수도있고 그렇지 않을 수도 있는 것이지요. 그런데 그는 갑자기 어떤 논증도 없이 그 가정을 진리로 여기며 포도주 이적은 희랍신화의 차용이라고 단언해 버립니다. 소위 선결문제요구의 오류(fallacy of begging the Question) 이지요. 저는 기적 현상에만 심취하거나 오해 혹은 왜곡하는 것에대한 그의 경고에는 충분히 공감할 수있습니다. 하지만 기적 그자체를 "그렇게 중요한 것이 아니라"(73)는 그의 생각에는 동의하기 어렵군요. 또 "기적을 중요한 것으로 여기는 사람들은 주술적이며 탈역사적이고 고대의 미신적 세계관속에 사는 계몽되지않은 사람들"이란 주장도 터무니없다고 생각되는군요. 당연히 정목사님처럼 '이성'의 빛으로 성서를 합리적 소통의 틀로 읽어내는 사람들에게 중요한 것은 오늘 그 본문이 내게 어떤 의미가 있는가?의 문제일 것입니다. 하지만 기적 혹은 상징없이 인생의 궁극적 관심이자 사태인 종교,혹은 신앙의 의미를 새길 수 있는 사람들이 과연 얼마나 될까요? 우리는 '이해'의 터위에 세워진 신앙의 길을 따르는 사람들을 존중하지만 그 길만이 유일한 (진리의) 길이라고 주장하는 사람들을 지지하는 것은 어려운 일일 것입니다.

　사람들이 진리를 인지할 수 있는 것은 논리적 (이성적)길만 있는 것이 아닙니다. 전통적으로 진리인식과 전달의 방법에는 "경험/ 이성/ 직관"의 3가지 길이 있었지요. 특히 종교적 진리문제에는 "언어를 통한 직관, 또는 언어화된 체험의 세계에대한 직관"의 가능성 곧 "논리적 직관"⑤을 중요하게 인정하고 있기도 하고요. 조금 더 부연한다면 관찰, 응용, 체험의 경험적 방법, 생각, 추리, 논리의 이성적 방법, 명상, 기도, 수행의 직관적 방법은 서로 협력하여 종합적인 진리판단을 가능하게 한다는 뜻입니다. 어느 한 가지 방식이 다른 방식에 대해 우열의 관계가 아니라 서로 통전적으로 교통하는 것이지요. 더욱이 인생의 궁극적 관심사로서의 형이상학 혹은 종교적 진리문제에 있어 '이성'의 틀이란 매우 허약한 것입니다. 가령 하이데거가 프라이부르그대학 교수취임 강연에서 "형이상학(形而上學)이란 무엇인가?"라는 주제로 저 유명한 '무(無)의 형이상학'을 강연했을 때 카르납은 그의 '논리구문론(logical syntex)'의 관점에서 특히 하이데거의 "무(無)가 무화(無化)한다"(Das Nichts selbst nichtet)라는 문장이 논리적 형식을 위반하는 사이비문장이므로 무의미하다고 비판했습니다. 하지만 카르납은 하이데거의 "무의 형이상학"이 서있는 선험적 혹은 존재론적 지평이 실증주의 경험론의 형식논리법칙인, '동일률/모순률/ 배중률'의 틀로서는 애초 해명불가라는 사실을 전혀 이해할 수 없었던 것이지요. 또 불가(佛家)의 출세간적 제일의제(大道)는 이른바 "(세)속제.제2의제"의 차원 인 '4구분별(4句分別)' ⑥의 틀로는 애초 해명불가능하기에 '무문(無門)' 이라는 역설적,억지방편적 표현으로 언표(지시)할 수밖에 없는 것이고요. 이런 시각에서 정목사님의 모드니즘적 성서해석은 첫째, 성서적 리얼리즘의 심각한 훼손이라는 점과 둘째, 하나님 경험의 지평을 '이성'이라는 틀안으로 축소했다는 점에서 심각한 오류를 함축하고 있는 것으로 보입니다. 인간이해와 진리인식에 있어 치명적인 결점을 내포하고있다는 뜻입니다.

깊이의 영성에서 넓이의 영성에로

이제 우리는 두 번째 논제인 성서언어가 지시하는 근원적 생명세계를 은폐하는 또 하나의 기제인 "청중에의 집중문제"를 살펴 보려고 합니다. 그는 설교자가 성서본문이 아닌 청중에게 집중하는 행위를 '대중추수주의'(포퓰리즘)로 규정합니다. 그는 "예레미야의 소명"이라는 설교에서

"제가 지난 몇 년 동안 진행한 설교비평 작업에서 젊은 설교자들에게 하고 싶었던 말은 두가지입니다. 하나는 성서 텍스트에 충실한 설교를 하

라는 것이며 ,다른 하나는 대중추수주의(포퓰리즘)에 빠지지 말라는 것입니
다. 포퓰리즘은 바로 사람에 대한 두려움에서 나오는 것입니다."(90)라고
주장하고 있습니다. 맞습니다. 설교자가 청중의 욕망체계에 영합하는 것
이나 청중을 두려워하는 것은 포퓰리즘을 넘어 '우상숭배' 에 해당되는
것이지요.. 정목사님은 이미 '머리말' 에서 설교자들이 '성서 텍스트에
집중하는 것' 이야말로 "깊이와 열림의 영성"을 위한 핵심으로 선언한 바
있습니다.

"청중을 성서 텍스트와 만나게 하는 게 중요한데 어떻게 성서 텍스트에
만 집중할 수 있겠는가,하는 반론이 가능합니다. 그러나 성서 텍스트가
바르게 선포되기만 한다면 자연히 청중과의 만남은 일어날 수밖에 없다
고 생각합니다. 좋은 나무가 좋은 열매를 맺는다는 예수님의 가르침은 존
재가 행위를 규정한다는 말씀입니다. 그렇습니다. 설교자의 영적 촉수는
청중이 아니라 하나님께 맞춰져 있어야 합니다. 그런 방식으로는 청중들
의 흥미를 끌 수 없다는 걱정도 내려놓아야 합니다. 청중들과의 만남은
우리의 몫이 아니라 진리의 영이신 성령의몫입니다. 문제는 우리가 성령
의 감동된 성서 텍스트의 놀라운 세계로 얼마나 깊이 들어가느냐에 있습
니다. 이런 점에서 설교는 기본적으로 예언자들의 신탁과동일한 경험에
서 시작되어야 합니다."

'성서 텍스트와 하나님께 집중하라' 는 그의 명제는 너무도 공명이 커서
우리는 단지 이러한 원리를 이처럼 유려하게 표현해내는 그의 언어적 광
휘앞에 경의를 표하는 것외에 할 말을 잊게 되는군요. 그럼에도 이러한 명
제의 진리성을 다시 검증하는 이유는 아무래도 이러한 유형의 주장들이
대개 사실적 진리이기보다 선언적 진리에 가깝더라는 경험적 방어센서가
작동하고 있기 때문입니다. "성서 텍스트가 바르게 선포되기만 한다면 자
연히 청중과의 만남은 일어날 수밖에 없으며... 또 청중들과의 만남은 우리

의 몫이 아니라 진리의 영이신 성령의 몫"이라는 그의 주장은 사실에 부합하는 진리일까요?

이 문제와 관련한 그의 대답은 "좋은 나무가 좋은 열매를 맺는다. 곧 존재가 행위를 규정한다"입니다. 과연 그런 것입니까? 주님은 "좋은 나무가 좋은 열매를 맺는다"(마7:17 ;눅6:43)고 말씀하시지만 역으로 "열매로 그들을 안다"라고도 말씀하십니다. '존재가 행위를 규정한다' 라는 명제가 참이라면 꼭 같은 논리로 "행위가 존재를 규정한다"는 명제도 참입니다. 순환논리라는 뜻입니다. 오히려 "열매를 보아 나무를 안다"는 명제가 주님의 의도에 가까운 원의미일 가능성이 많습니다. 왜냐하면 주님은 '열매' 의 문제가 아니라 종교지도자들의 '외식' 을 문제삼고 있기 때문이지요. 그런데 그는 이러한 순환논리의 한 면만을 인용해 '성서 텍스트와 하나님께 집중하라' 는 그의 명제를 예증하는 근거로 삼고 있습니다.. 애초 그의 사유구조가 '청중을 종속적 가치' 로 여기고 있다는 혐의를 벗어나기 어려운 이유입니다.. 또 "성서 텍스트가 바르게 선포되기만 한다면"이란 가정자체가 이미 "바른 선포"라는 모종의 가치를 전제하고 있는 데, 이 땅의 어떤 해석도 해석자의 주관에서 자유로울 수없다는 것은 해석학의 기본이지요. 게다가 사도 바울은 고린도교회와의 갈등속에서 "내가 너희 를 젖먹이로 여긴다"고 고백했고 또 "내가 어릴 때는 생각하는 것이 어린아이와 같았다"고 회고했는 데 청중(과 설교자 자신)의 형편과 처지를 부지런히 살피는 것은 성서 텍스트에대한 집중과 함께 설교자의 막중한 책무인 것입니다. 즉 설교자는 그들의 욕구에 영합하기위해서가 아니라 소통과 섬김을 위하여 청중에게 집중해야 한다는 것이지요. 성서 본문을 매개로 하나님께 집중하는 것과 청중에게 집중하는 것 어느 한쪽이 다른 한쪽을 배제할 수 없고, 또 할 수도 없는 양날개라는 뜻입니다. 당연히 설교자에게는 예언자의 신탁경험과 함께 '사도적 전승과 교회(공동체)의 영성에 대한 정치한 이해'가 필수적이라는 뜻입니다. 저는 이러한 영성을 "넓이의 영성"
으로 부르고 싶군요.

그는 "하나님나라와 그리스도인"이라는 설교에서 "하나님나라는 하나
님 스스로가 일으키는 하나님의 생명운동입니다"(277)라고 주장합니다. 자
명한 명제같지만 이러한 진술도 동어반복(totology)이거나 분석판단에 불과
합니다. 만에 하나 이러한 명제가 의미가 있다해도 이러한 명제는 '하나님
나라의 역동성(dynamic)과 인간자유와 책임의 영역'을 현저히 훼손하는 비
성서적 진술일 가능성이 많아 보입니다. 우선 이러한 진술이 도대체 우리
의 일상언어에서 어떤 의미가있는 지 우리는 전혀 검증할 수 없습니다. 그
가 그처럼 중요하게 지시하는 깊이(신비) 자체가 무엇인지 전혀 그 내용을
알 수 없다는 뜻입니다. 당연히 이러한 추상적 신비 이해가 과연 우리영성
의 궁핍함을 풍성하게 채워줄 수 있을 것이라는 어떠한 가능성도 불분명
합니다. 대개의 경우 청중은 역사의 종말에 드러날 궁극적인 생명사건보
다 '죽음 혹은 존재자의 無化'를 통해 내삶으로 돌입해들어오는 종말을
훨씬 생생하게 경험하는 법입니다. 내삶자체가 역사이며 종말사건이라는
것이지요. 그러기에 그들은 지금 "기도하며 회개하라"는 설교에 응답하며
카타르시스를 느끼고 결단할 수 있는 것이고요. 그의 설교 어디에도 회개
를 촉구하는 설교가 없는 것, 심지어 회개라는 말자체가 그의 설교집에서
단 한 번도 나타나지 않는 것은 결코 우연한 것이 아닙니다. 조금 거칠게
말한다면 그의 해석학에는 '눈앞의 구체적이며 생생한 인간'이 증발해버
린 것으로 보입니다. 불완전하고 또 구원(생명)사건에서 철저히 무력한 '바
로 그 죄인'과 소통하기위해 눈높이를 맞추어 친히 찾아오셨던 '바로 그
하나님'을 신비라는 추상속으로 유폐시켜버렸기 때문입니다.

인문학적 성서읽기에서 형이상학의 향기에로

더 근본적인 문제가 있습니다. "좋은 나무가 좋은 열매를 맺는다"는 말씀을 "존재가 행위를 규정한다"로 해독하는 그의 신학적 영성 곧 그의 신학함의 해석학은 결국 '존재와 행위'를 주객도식의 이분법으로 읽어내고 있습니다. 단지 존재를 행위의 상위개념으로 여길 뿐이지요. 비록 그가 "물이 포도주로 변한 사건"을 존재론적 변화로 주장하고 있긴 하지만(75) 그에게 있어 "존재론적" 혹은 "존재" 개념은 여전히 '주/객도식' 안에 머물러있음이 분명해 보입니다. "주/객도식"이란 주관(Subject)이 객관(Object)을 소재로 인식하는 방식입니다. 말그대로 인식하는 내가 "내 아래로(sub)" 인식의 대상을 "던져넣는(ject)" 방식 혹은 인식하는 주체인 내가 "내앞에" (Vor) 인식의 대상을 "세워놓는"(stellung) 방식인 것이죠. 표상(Vorstellung)이라는 뜻입니다. 이러한 표상 혹은 표상체계를 우리는 이데올로기라고 부르는 것이고요. 하지만 '존재론적'이란 말은 '존재적'이란 말과는 하늘과 땅만큼의 차이를 가지는 말입니다. '존재론적'이라는 말은 말 그대로 《주/객, 생/사, 유/무, 심/신, 경험/선험》의 모든 구별(분별)이 사라진 세계(?)를 지시하는 말이기 때문입니다. 하이데거의 무(Nichts)의 형이상학이나, 조주의 무자화두는 바로 '존재론적' 지평을 지시하고 있으며 이때 '무(無)'는 천길 낭떠러지위에서 뛰어 내리는 것과 같은 '단절' 없이는 결코 열리지 않는 깨달음의 세계입니다. 하이데거의 존재론을 '현상학적 존재론' 혹은 '존재론적 현상학'이라고 부르는 이유는 기존 의 존재론(형이상학)과 전혀 다른 존재론, 하이데거자신의 표현대로 '존재와 존재자의 차이'를 나타내기 위한 것입니다. 존재자표상이 아닌 존재사유 즉 진정한 형이상학인 것입니다.

제가 그의 '인문학적 성서읽기'를 소위 토미즘(토마스주의)의 현대판 아류로 보는 까닭도 바로 여기에 근거하고 있습니다. 인문학은 인문학 고유의 길이 있습니다. 인문학은 결코 인문학외의 어떤 것을 위한 수단이 될 수 없다는 뜻입니다. 인문학의 궁극은 언제나 《존재론적 인간론》을 지시하고 있기 때문이지요. 그러므로 저는 그의 신학함의 영성이 인문학적 성서읽기를 넘어 진정한 형이상학의 향기로 가득 채워지기를 진정으로 바랍니다.

① 〈기독교사상〉 2004년, 10월호, 78

② 김종두, "기독교적 모드니스트의 해체담론" 〈활천〉 2007년 9월호,

③ Eugen Fink, VI. Cartesianishe Meditation.Teil 2, Ergänzungsband. Texte aus dem Nachlass Eugen Finks (1932) mit Anmerkungen und Beilagen aus dem Nachlasse Edmund Hussels (1933/34). Husserliana Documente, Band II / 2. Heraus. Von Guy van Kerckhoven (Dortrecht / Boston /London: Kluwer Academic Publisher. 1988). S.11. "Die Bestimmung des Wesens der Philosophie ist ihr eigenestes und ständiges Thema: sie vollendet sich in der Bestimmung ihrer selbst. Erst am Ende, wenn die Philosophie in der Durchführung ihre eigene Wirklichkeit realisiert hat, mag das Wagnis gelingen, das Wesen dieser ihrer Wirklichkeit begrifflich zu erfassen und so sie selbst zu eigentlichen Ganzheit zu bringen. Weil also die Philosophie nicht in der Welt vorgegeben ist, sondern einzig ihre Wirklichkeit erst gewinnt in der philosophische Tat, ist eine

anfangliche Wesenbestimmung derselben unmÖglich
.......Diese Vorgegebenheit der Philosophie durch die
Tradition ist der gefahrlichste Schein. Historisch
vorgegeben sind einzig die Philosophem, nie
Philosophie. Kein noch so erwürdige Tradition kann
die philosophierende Erarbeitung des Wesens der
Philosophie ersetzen und ersparen. Die grossen
Intentionen der vergangenen Philosophie werden
nur lebendig in der Kraft ihrer Wiedererweckung aus
dem lebendigen Geiste einer eigenen Philosophie.
Nur wenn wir selbst die Philosophie wirklich sein
lassen, sind wir imstande, ihre Stimme aus
denvergangenen Philosophem zu vernehmen.

④ Leon Morris, The Gospel according John,(Grand Rapids: Eerdmans Publishing Co.1984), 175

⑤ 황필호,『종교철학11강좌』(서울: 철학과 현실사, 1987),114-115

⑥ 〈4구분별〉이란 1)단순긍정, 2) 단순부정, 3)긍정종합(단순긍정+단순부정), 4) 부정종합(단순긍정의 부정+단순부정의 부정)의 4종의 진술형식을 말한다. 예컨대 〈구자불성유무(拘子佛性有無)〉에 대해서 진술할 경우 : 1)"개에게는 불성이 있다"; 2) "개에게는 불성이 없다"; 3)"개에게는 불성이 있기도 하고 없기도 하다"; 4) "개에게는 불성이 있는 것도 아니고 없는 것도 아니다"의 4가지 언표방식이 존재하는 바, 이를 불교논리는 1)유(有) 2) 무(無) 3) 유무구(有無俱) 4)비유비무(非有非無) 줄여서 "有, 無, 俱, 非"의 "4句" 또는 "四句文"이라 부른다. 이 4구분별은 전통적인 아리스토텔레스 형식논리학의 진술법칙에 부합되

는 것으로서, 1)은 진술의 긍정성을, 2)는 부정성 또는 차이성을 주장하는 것으로서 결국 동일률(同一律)이며 3)은 동시에 긍정과 부정을 종합하는 주장으로 모순률(矛盾律)에 위배되는 것이며 4)는 긍정과 부정을 동시 부정하는 것으로서 양자택일해야할 모순관계를 둘다 부정하는 억지주장으로서, 모순관계의 중간을 배제해야한다는 배중률(排中律)을 위배하는 것이다. 그러나 불교의 논리는 엄격하게는 저 4구문의 절대진리성을 모두 부정하여 이른바 〈4句超過〉나 〈超出四句〉를 표방하지만, 실제상황논리에서는 모순률과 배중률까지를 포함하여 4구모두를 일면적인 진리로 받아들인다. 이것이 이른바 〈방편설(方便設)〉의 취지이다. 다시 말하면 제1의제에서는 4구를 초출하고, 제2의제에서는 제1의제의 원칙을 내실적으로는 견지하면서 상황적으로는 4구를 모두 수용하는 관용을 보인다. 이러한 논리적, 상황적 역설을 "모두 옳고 모두 그르다(皆是皆非)"거나 "모두 일리 있다(皆有道理)"로 표현한다. (「기독교사상」,2008년11월)

정용섭목사님의 설교비평에 대한 에필로그
정목사님의 논평에 대한 답변(1) / 탈신화화에서 성서적 리얼리즘에로

이미 유효기간이지나 창고에 재고품으로 던져져 먼지가 쌓여가는 '설교비평'이라는 상품을 꺼집어내 먼지를 털고 어떻게하면 진열상품으로 만들 수 있을까를 살펴보고 있는 중입니다. 혹여 저의 이러한 노력이 광장논객 여러 분들께 지루하고 하품나는 변명으로 들려서 "이제 좀 그만 해라. 많이 했다 아이가"라는 경책을 들을까 염려되는군요. 기독교의 진리, 순정성을 지키기 위한 노선투쟁으로 읽을 수 있었으면 좋겠는데요.

제가 〈기상〉에 올린 글은 원래 비판적 측면보다 정목사님의 설교집을 받아 들고 누군가는 그 분의 설교에 대한 비평을 해 줘야 설교비평가로 자리매김된 그 분에 대한 예우라고 생각했기 때문입니다. (이 시덥잖은 의무감이 정목사님과 저의 길을 결정적으로 갈라 놓는 경계선이기도 하지요.) 어떤 잡지의 편집 책임자에게 제 뜻을 전했더니 "설교비평 그것 이미 끝난 것 아닙니까"라고 시큰둥하게 반응하더군요. 그런 수모에도 불구하고 글을 완성한 것은 '설교비평에 빚진 자' 로서의 부채의식이 있었기 때문이지요.

기왕에 기존의 잡지지면을 빌려 발표된 글이면 제글에 대한 불만이나 오류는 당연히 그글이 발표된 잡지지면을 통해 재비판되는 것이 순리라고 생각되는군요. 〈글쓰기의 진정성〉을 가지고 제글의 문제점을 구체적으로 짚어주고 교정해준다면 얼마든지 그 지도에 감사할 수있을 것이고 혹여 납득이 되지않으면 다시 제 생각을 보충해서 발표하거나 제 능력이 미치지 못한다면 다른 전문가들의 도움을 받을 수도 있지 않겠습니까?

제가 참 의아하게 여기는 것은 사리가 이렇게 분명한 데 왜 그런 쉬운 과정이 아니라 자신의 충성스러운 지지자들에게 자신을 해명하는 방식으로 제 글을 왜곡할까 하는 점입니다. 제가 교회내에서 소통자체가 어려운 자연과학의 언어로 글쓴 것이 아니라 익숙한 인문학과 종교적 언어로, 신학과 철학의 언어로 자기명증적으로 쓴 글을, 더욱이 서로 낯선 사이가 아니라 수십 년 간 함께 소통해 왔던 꽤 절친한 사람의 글을, 제가 전혀 관심조차 가지고 있지 않던 그들만의 on Line에서 그처럼 쉽게 왜곡하고 있더라는 말입니다. 이런 사람(들)이 낯선 언어와 문화, 더욱이 아득히 먼 과거의 문서들인 성서를 자신들만이 원의미로 해독한다고 주장한다는 것이 '신비' 라는 생각이 들지 않습니까?

(지방회내의 어떤 동료목사가 모(某)사이트에 접속해 보라고 귀띔해 주기 전까지 저는 정말 이러한 소통방식이 있을 수있다는 생각 자체가 없었던 철부지였던 게지요.)

이미 말씀드렸지만 그들은 〈활천〉에 실린 제글을 멋대로 왜곡했습니다. 진리논쟁과 권력담론이 상충된다는 주장은 제글에 대한 이해자체가 얼마나 자의적이었는가하는 사실을 드러냅니다. 푸코에 대한 비판도 그들의 무지를 적나라하게 드러내는 증거입니다. 인문학적 성서읽기를 한다는 사람들이라면 푸코에 대한 억지소리를 하기 전에 최소한 그들 중에 누군가는 김형효선생이 쓴 "구조주의의 사유체계와 사상"이라는 안내서라도 읽고 제 의도를 헤아려 보아야 하는 것 아닐까요? 〈기상〉에 실린 제 글에 대한 비판도 동일합니다. 적어도 글쓴이가 적대적 의도를 가지고 쓴 일방적 글이 아니라 (비록 재주와 능력이 모자라 글쓰기의 논리와 방식에 문제가 있을 수 있겠지만) 진정성을 담아 쓴 소통을 위한 글이라면 글쓴이의 성의를 생각해서라도 글쓴이의 의도를 말 그대로 피상적으로가 아니라 그들의 관용어인 "심층적으로" 읽어 내기위해 성의를 다해야 하는 것 아닙니까?

전, 후반의 논리자체가 모순된다거나 철학적 사유와 신학적 사유의 불균형에서 비롯된 설득력없는 내공부족이라는 비판은 그들 방식으로 "진정성이 없는 정서적인 비판"으로 보여도 "그럴 수도 있겠거니"하고 넘어갈 수 있겠습니다. 제가 교리문답수준의 신학적 틀속에 빠져 신학적 사유를 하지 못한다라는 지적은 신학을 학부과정밖에 공부하지 않은 "너 자신을 알라"는 의미심장한(?) 지적으로 겸허하게 수용할 수 있겠습니다. 하이데거의 존재사유를 오토같은 신학자가 제 멋대로 "신비주의"라고 해석한 것 (정목사님이 자주 사용하는 비유처럼 아마9급의 기력밖에 안되는 사람이 이세돌의 기보를 자기 멋대로 해석한다고 해서 그것 자체가 문제될 것은 없겠지만 그 해석을 곧이곧대로 믿고 이세돌 앞에서 떠벌린 사람은 우물안 개구리로 간주될 뿐이겠지요)을 철석 같이 믿고 오토의 이야기를 토대로 자의적 결론을 내리는 오만함도 "무지한 사람들의 특권이거니" 하고 넘겨 버릴 수 있겠습니다.

　하지만 자신은 2천 년 기독교의 중심사상과 대화하고 있다면서 다른 사람의 논지를 폄하하는 것은 참 기가 막히는 오만이군요. 제가 진리를 독점한 것처럼 시건방을 떠는 사람들을 용서할 수없는 '소피스트'로 규정하는 이유가 여기에 있습니다. 예컨대 제가 쓴 글중 "탈신화화에서 성서적 리얼리즘에로" 부분을 볼까요. 그의 논평입니다.

　　"저는 성서적 리얼리즘을 확보하기 위하여 최선을 다하고 있는 데 그걸 훼손시킨다고하니 어안이 벙벙할 뿐이지요. 탈신화화는 저의 성서해석에서 하나님의 현실세계로 들어가는 입구일 뿐이거든요. 하나님의 경험을 이성의 틀안으로 축소했다는 것 은 더더욱 말이 안됩니다. 그게 이상하군요. 내가 이성의 한계를 늘 말하고 있고 특히 모드니즘의 이성도구주의를 벗어나야 한다고 주장했는 데 왜 그걸 못보는 지 모르겠어요."

　저는 이미 정목사님의 해석학을 "신학함의 영성"으로 규정한 바 있습니다. 하나님의 현실세계에 대한 이해가 저와 다르다 할 지라도 그 세계를 지향하는 그의 신학적 영성의 본질을 정확히 지적한 것이지요. 그런데 "그것을 못본다"고 서운해 하는 것은 '황당함 그 자체'군요, 문제는 그 세계로 들어가는 입구인 "탈신화화"에 있습니다. 그는 탈신화화를 위해 이성에 절대적으로 의지하고 있습니다. 그가 지향하는 하나님의 현실세계(그것이 설령 불분명하다해도)는 분명히 이성만능의 세계가 아닙니다. 하지만 그 세계로 들어가기 위한 입구는 철두철미 이성주의에 의존하고 있다는 말입니다. '신비와 이성' 사이에 '신학적 영성" 외에 그의 설교비평과 설교집 어디에도 다른 출입구가 없다는 뜻입니다. 기존의 설교자들이 "문자주의"의 오류속에 빠졌다고 매도하고 조자룡 헌칼쓰듯 그들의 설교를 무차별적으로 해체하던 무기가 "탈신화화"와 이성이었는 데 엄연한 사실을 편리하게도 왜곡하는군요. 제가 쓴 글에서도 저는 분명하게 "이러한 해석구조는 성서 텍스트자체가 길을 열고 해석자는 고요히 그길을 안내하는 자리에 서 있는 것이 아니라 성서해석자의 의도가 성서 텍스트의 길을 왜곡하는 자리에 올라가 있는 형국이군요."라고 지적한 바 있습니다. 이것은 제가 자의적으로 조작한 사태가 아니라 그의 설교 전반을 관통하는 자기 자신의 주장입니다. 그것을 인정하지 않는 것은 자기의식의 착오이거나 분열일 뿐입니다. 오죽하면 어떤 목사님이 "두 신(神)을 섬긴다"고 비판했겠습니까.

  "성서적 리얼리즘"에 대한 보충설명은 외견상 불필요한 것으로 보이는 군요.(사실 이문제도 서로간 상당한 토의가 필요한 지 모릅니다.) 하지만 그분과 저사이에 성서적 리얼리즘을 확보하기위한 길 자체가 확연히 다릅니다. 그는 신화적 틀을 벗겨내야 성서의 원의미 혹은 하나님의 현실세계로 들어갈 수있다고 생각합니다. 하지만 저는 그 신화 속으로 들어가야 성서의 원의미에 도달할 수있다고 생각합니다. 굳이 이름한다면 '동(同)신화화'입니다. 그는 탈신화화의 도구로 〈이성〉에 의지합니다. 하지만 저는 동신화화의 길로 〈심충적 인간이해〉를 제시합니다. 저의 소견에 "탈신화화"는 성서해석에 있어 결정적 오류가 있는 신학입니다. 의미중심의 신학이기 때문입니다. 인간은 의미를 추구하는 존재자이지만 인간이 의미는 아닙니다. 의미이전에 "생생한 삶"이 먼저입니다.

  예컨대 〈기적〉이야기를 살펴 보겠습니다. 기적이야기는 단순한 주술적

이야기가 아니라 인간 고통과 비극에 관여하시는 하나님의 눈물의 흔적입
니다. 그 것이 전쟁이건, 폭력이건, 질병이건 빈곤이건 인간의 고통에 참
여하시는 하나님의 방식이고 한계상황(비극)속의 인간이 갈망하는 구원의
표상입니다.. 신화의 언어체계만이 아니라 그 언어체계를 있게한 고통(비극)
하는 인간과 그 인간을 구원하시는 하나님의 역사라는 뜻입니다. 그것은
개별적이거나 특수한 사례일 뿐 '신학의 일반성'에 위배된다고 주장하지
마십시오. 인간 고통의 문제를 외면한 구원과 신학은 제 생각에는 아무런
의미가 없어 보이거든요. 한계상황속의 인간 그것은 근원적 비극성인 데
이 비극성은 인간일반의 보편성입니다. 제가 자주 청중을 종속적 가치로
여기지 말라고 주장하는 것은 하나님의 신비에 집중하라는 목사님의 주장
을 이해하지 못해서 자기 모순에 빠진 것이 아니라 목사님의 탈신화화신
학이 "인간심연에 대한 이해"를 지극히 피상적으로 접근한다는 염려의 표
현입니다. 인간의 고통의 문제에 집중하지 못하면서 하나님의 신비에 집
중하라는 주장은 거대한 허위의식외에 아무것도 아닙니다.

정목사님의 논평에 대한 답변(2) /
인문학적 성서읽기에서 형이상학의 향기에로

예비적 이해

제가 〈기상〉에 올린 글에서 비판적 입장에서 쓴 부분은 i 탈신화화에서
성서적 리얼리즘에로 ii 깊이의 영성에서 넓이의 영성에로 iii 인문학적 성
서읽기에서 형이상학의 향기에로 이상 3부분으로 구성되어 있습니다. i
에서 저는 정목사님의 이성중심적 성서해석-탈신화화-을 전인적 해석으
로 그 외연을 확대해 줄 것을 권고했고 ii 에서 하나님께 대한 집중과 청중

에의 집중은 양날개임을 지적하면서 그 분이 상용적으로 사용하는 예언자적 영성과 함께 사도적 전승과 교회(공동체)의 영성에 집중해야 할 것을 권고했습니다. 불충분하지만 ⅰ과 ⅱ의 부분은 이미 "논평에 대한 답변"(1)에서 1차 논의가 된 것으로 여기고 "답변"(2)에서는 인문학적 성서읽기의 문제를 잠깐 논의하려고 합니다.

이 문제를 논의하기전에 한 가지 그분의 오해를 교정하고 싶군요. 저는 단 한 번도 그에게 '이성도구주의에 빠졌다'고 지적한 적이 없다는 사실입니다. 설령 제가 그 분에게 "신화화에서 성서적 리얼리즘에로" 사유의 패러다임을 확대해 주기를 권고했지만 저는 단 한 번도 "당신의 이성주의가 틀렸다"고 말한 적이 없었다는 뜻입니다. 이성은 종교의 2가지 근본적인 오류인 ①위선(혹은 허위의식)과 ②광기(狂氣)에서 종교의 건강성을 지키는 보루이기 때문입니다. 저는 이미 말씀드린대로 정목사님류의 〈지성적 설교와 신학〉을 이 땅의 어느 누구보다 소중히 여기는 사람들 중 한 사람입니다. 단지 저는 〈기상〉의 글에서도 말씀드린 것처럼 "이성적 신앙을 가진 사람들을 한없이 존중하지만 이성적 신앙만이 유일한 진리라고 주장하는 사람들에게 동의하기는 어렵다"고 지적한 것 뿐이지요.

인문학적 성서읽기에 대한 논평에 대하여

각설하고, 인문학적 성서읽기에 대한 정목사님의 논평입니다. "그가 나를 토미즘의 아류로 평했다는 건 계시와 이성을 종합하려고 했지만 역부족이었다는 뜻입니다. 나는 그런 걸 시도하지 않았는 데 그에게 그렇게 비쳤다니 할 말이 없지요. 저는 꾸준히 2천년 기독교 신앙의 중심과 대화하고 있었을 뿐인데요."

저는 정목사님이 제 글을 제대로 읽지 않거나 혹은 제대로 읽으려 하지 않는다"고 생각합니다. "하나님께만 집중한다"라는 명제가 이미 그 분들에게 기존의 교회들과 차별된 자신들의 정체성을 위한 이데올로기로 고착되고 있는 흔적들이 나타나고 있기 때문입니다. 이런 경우 "하나님께만 집중한다"라는 명제는 자칫 소통불능의 배타적 원리주의로 작동하게 되겠지요. 저는 이러한 사태를 매우 우려하고 있고요. 제가 그의 '인문학적 성서읽기'를 토미즘의 현대판 아류라고 규정하고 그의 인문학적 성서읽기가 "형이상학의 향기로 가득 채워지기를" 기원한 것은 사실입니다. 우선 그분의 '인문학적 성서읽기'에 대한 저의 진술을 직접 보시지요. "......제가 그의 '인문학적 성서읽기'를 소위 토미즘(토마스주의)의 현대판 아류로 보는 까닭도 바로 여기에 근거하고 있습니다. 인문학은 인문학 고유의 길이 있습니다. 인문학은 결코 인문학외의 어떤 것을 위한 수단이 될 수 없다는 뜻입니다. 인문학의 궁극은 언제나 《존재론적 인간론》을 지시하고 있기 때문이지요. 그러므로 저는 그의 신학함의 영성이 인문학적 성서읽기를 넘어 진정한 형이상학의 향기로 가득 채워지기를 진정으로 바랍니다."

그런데 정목사님은 토미즘의 현대판 아류라는 저의 규정을 "계시와 이성을 종합하려고 했는 데 역부족이었다"는 뜻으로 읽으셨군요. 그리고 이어서 "나는 그런 걸 시도하지 않았는 데 그에게 그렇게 비쳤다니 할 말이 없지요."라고 제 글에 대한 근본적 불편함을 내비치는군요. 제 대답도 이것입니다. "저도 전혀 그런 생각을 하지 않았는데 참 뜻밖의 반응을 대하는군요." 이러한 오해는 어디에서 비롯된 것일까요? 토미즘과 인문학에 대한 오해에서 비롯된 것이라는 것이 저의 대답입니다.

정목사님이 토미즘을 "계시와 이성의 결합(종합)"으로 본 것은 정당하니다. 저도 동일한 생각입니다. 정목사님의 '인문학적 성서읽기' 도 합리적 신앙을 지향한다는 점(이러한 신앙은 당분간 우리 시대의 종교적 트랜드로서 각광받을 것입니다)에서 그 본성을 넓은 의미에서 "계시와 이성"의 결합으로 읽을 수 있겠군요. 하지만 제소견으로는 〈인문학의 도구화〉라는 단 한 가지 공통점외는 토마스 아퀴나스와 정목사님의 사이에 어떠한 연관도 없어 보이는군요. 비록 인문학에 대한 그분의 생각에 제가 동의하긴 어려워도 저는 토마스 아퀴나스를 2천년 기독교회사에서 가장 탁월한 신학자요 당대 제일의 인문학자이자 언어학자였다고 평가합니다. 더욱이 그는 우리와는 품격자체가 다른 경건한 신앙인이었다는 사실도 지적해야겠군요. 미심쩍은 부분이 있다해도, 그는 소천 3개월 전(1273년 12월 6일) 미사중의 신비체험-그리스도의 발현-후 "내가 여태껏 쓴 모든 것은 내가 본 것, 곧 나에게 계시된 것에 비하면 짚북세기처럼 보인다"라는 고백과 함께 절필하고 그 후부터는 오히려 죽음을 소원하게 되었다는 증언을 남겼지 않습니까?

그런데 저는 정목사님에게서 인문학과 관련된 어떠한 주목할만한 정보를 얻을 수 없었습니다. 후서얼의 현상학을 인용하지만 현상학에 대한 정치(精緻)한 이해는 커녕 현상학의 중요한 학문적 이념인 "엄밀한 학(學)"에 대한 이해조차 제대로 되어있지 못했고요. 하이데거를 인용하지만 전혀 하이데거적이지 않은 정목사님류의 왜곡된 하이데거를 일방적으로 재생산하고 있군요. 김영민선생류의 '언어학의 식민지개념' 이나' 서구추수주의 '개념을 차용한 듯한' 강단의 식민지개념 '이나 '대중추수주의(大衆追隨主義)' 개념정도외에 어디에서도 인문학에 대한 고유한 흔적을 찾아볼 수 없었다는 뜻입니다. 사정이 이러한데 정목사님의 '인문학적 성서읽기' 가 계시와 이성의 결합이라니요. 가당치도 않은 말씀이군요. 제가 의도한 바는 정목사님이 인문학의 아마추어이면서 인문학을 도구화시키고 있다는 사실 즉, 〈인문학의 도구화〉를 걱정했던 것 뿐이지요.

　인문학과 관련된 정목사님의 가장 근본적인 오류는 그가 '인문학' 이란 개념자체를 거의 자명한 개념으로 사용한다는 점입니다. (흔히 '인문학의 위기' 라는 말을 사용하지만 실상 이러한 논의는 인문학을 통해 생계와 명성을 얻어왔던 사람들이 그들의 상품시장이 축소되는 것을 염려한 것일 뿐 진정한 인문학과는 아무런 상관이 없군요.. 왜냐하면 인간이 스스로 자신의 존재의미를 묻는 한 인문학은 언제나 "거기에" 살아 작동되고 있겠기에 말입니다.) 말이 나온 길에 이 문제를 짚고 넘어 가야할 듯하군요. 그분은 그의 글쓰기에서 가장 핵심적인 개념들을 거의 자명한 것, 혹은 겨우 '사전적 의미' 정도로 여기는 오류를 자주 범하고 있습니다. "존재론적"이란 개념," 인문학적"이란 개념, "신비"라는 개념들을 전혀 스스로 정의하지 않는다는 뜻입니다. 여러분은 "하나님의 현실세계"라는 말의 뜻을 제대로 이해하십니까? 그 말속에 어떤 언어적 의미(referance)가 있습니까? 이렇게 중요한 개념들을 아무런 정의나 반성없이 애매모호하게 사용하는 그의 언어변용은 그의 글 전체에서 부지기수로 만납니다.

인문학이란 무엇인가?

　'인문학' (Humanitics)이란 말그대로 '인간에 대한 학' (science of human being)입니다. 하여 인문학을 규정하기위해서 우리는 2개의 과제앞에 서게 되는 데 하나는 '학(學)' 의 본질이고 또 하나는 '인간의 본질' 입니다. 우선 학의 본질을 살펴 보겠습니다. 학 science으로 번역된 영어 science나 그에 대응하는 불어 'science' 나 독어 'wissenschaft' 가 모두 라틴어 'scientia' 에서 유래하며 이 모두는 희랍어 episteme의 번역어이고 episteme 는 영어의 'knowledge' , 더 정확히는 'philosophical, scientific knowledge' 를 의미하는 말입니다. 원래 이 말은 플라톤이 그의 『동굴의 우화』에서

'존재와 인식의 4단계설'에서 최후의 단계인 'episteme', 즉 사유를 통하여 궁극적 실재인 이데아를 인식하는 것을 의미하기 때문에 가설적 지위를 전제한 소위 현대과학적 의미의'과학적 지식'을 의미하는 것은 물론 아닙니다. 오히려 '이데아를 인식함', 혹은 '궁극적 존재의 절대적 인식'으로서의 'episteme'는 희랍적 의미에 있어서 '관조함'(theoria)이지요. 어떤 이는 episteme가 science(분과학문/과학)로 번역되는 과정 자체가 서양철학,서구형이상학의 몰락을 의미한다고 개탄하지만 실제로 하이데거의 존재물음은 science의 원래적 의미를 복원하고자 하는 시도로 읽어도 무리가 없을 것입니다.

또 하나'인간의 본질'을 문제 삼을 때 인문학은 말 그대로 '인간이란 무엇인가? 라는 인간정체성을 문제삼습니다. 칸트가 자신의 논리학강의 「편람」에서 철학은 1. 나는 무엇을 알 수 있는가? 2. 나는 무엇을 행할 수있는가? 3. 나는 무엇을 바랄 수 있는가? 4. 인간이란 무엇인가?라는 네가지 물음을 중심으로 돌고있다고 제시한 후에 형이상학, 윤리학, 종교의 물음은 결국 마지막 물음인 인간학의 물음에서 해소된다고 본 것은 인간의 정체성문제를 문제삼을 때 흔히 인용되는 상용귀절입니다.

그런데 인문학적 인간이해는 필연적으로 어떠한 전제나 편견없이 오직 인간자신이 인간 자신을 문제삼는 방식을 취합니다. 신(神)과 교회의 권위를 거부하고 희랍적 사유세계를 복원하고자했던 르네상스운동이나 데카르트의 '방법적 회의'는 인문학의 원래적 의미와 관련해 중요한 단서가 됩니다. 또 20세기의 3대 철학저술로 하이데거의 "존재와시간", 루카치(Georg Lukacs)의 "역사와 계급",카르납의"논리적 세계구축"을 지목할 때 우리는 단순히 20세기 3대 철학운동으로서 현상학적 존재론, 논리실증주의, 사회철학비판운동을 이해할 뿐아니라 20세기의 인간이해가 '의식', '언어', '사회'로 분화되었음을 이해하게 된 것이고 그러한 인간이해의 끝이 어떠했는 가를 주목하게 된다는 뜻입니다.

문제는 인간정체성해명을 문제삼을 때 인문학은 필연적으로 형이상학의 문제를 뚫고 나가야 한다는 것입니다. 흔히 자명한 진리인 것처럼 회자되는 소위 포스트모더니즘조차 인문학의 근본적 문제앞에서는 '거인의 어깨위에 올라 탄 난쟁이' 신세를 면할 수 없는 것이지요. 하여 철학사는 인간해명과 관련된 형이상학적 흔적으로 읽어 무리가 없을 것입니다. 이 말은 설령 반형이상학적 인간이해조차도 형이상학적 투쟁을 통해 성립될 수 밖에 없다는 뜻입니다. 저는 이미 인문학의 궁극을 〈존재론적 인간론 혹은 견성(見性)〉이라고 규정한 바 있습니다.

이런 측면에서 저는 정목사님이 설교비평에서 한국교회의 대다수 설교자들을 '성서읽기의 아마추어리즘과 성서의 도구화'에 빠져있다고 비판하신 꼭 그대로 목사님은 '인문학의 아마추어리즘과 인문학의 도구화'라는 오류속에 빠져있다고 비판할 수 있을 것입니다. 목사님은 또 이러한 설교자들을 '성서읽기의 아마추어'라고 규정했지만 인문학의 아마추어들은 '궤변론자(詭辯論者)'로 규정됩니다. 궤변론자(Sopist)는 철학자(Pilosopher)와 꼭 마찬가지로 지혜(Sophia)를 다루는 전문가- 현자(賢者)-로 존중받아야 함에도 궤변론자로 폄하되는 까닭은 그들이 다루는 지혜(혹은진리)가 진정한 형이상학이 아니라 처세술이며 그들의 방법론이 논증 혹은 수사학이었기 때문입니다. 모든 논증(argument)은 그 본성상 무한경쟁과 적자생존 법칙의 지배를 받게됩니다. 또한 이러한 논증은 O.J.Simson사건변증에서 입증된 것처럼 논증의 내용(진리성)과는 전혀 상관없이 배심원들을 설득할 수 있는 기술(technic)인 것이며 당연히 논증자 개인이나 그들 집단의 이익에 봉사하게 되는 것입니다. 한문문화권에서 철학을 현학(玄學)으로 표기하지만 궤변론자를 현학(衒學)으로 표기하여 구분하는 것은 진정한 의미에서의 철학과 궤변학의 차이를 정확히 이해하고 있었다는 증거입니다.

(《광장》, 2008년 11월)

제 6 부

사유가 있는 풍경
그리고 샤갈님과의 대화

은사(恩師)에 대하여(1)

모처럼 따로 준비된 저녁식탁에서 스승은 문득 내게 "목사님은 참 복받은 사람입니다"라고 말문을 여셨지요. 당혹해하는 내게 스승은 곧 "하이데거를 만났지 않습니까?"라고 덧붙이셨습니다. 과연 나는 스승의 말씀처럼 하이데거를 만난 것일까요? 스승을 만난 지 어언 20년이 지났지만 스승은 늘 내가 목사이기 때문에 오히려 진정한 철학을 할 수 없을 것을 염려하곤 하셨지요. 하긴 하이데거 본인조차 이미 그의 『형이상학입문』에서 '철학적 신학' 따위에 희망을 거는 사람들과 경향에 대해 "철학은 원래의 기독교 신앙에게 다만 미친 짓일 뿐이다"라고 설파한 적이 있었지요. '하이데거를 만난 것' 과 '신앙적 안목에서 미친 짓' 사이에서 나는 벌써 20여년의 철학수행을 지내고 있습니다. '진정한 철학' 과 '진정한 신앙' 의 일치라는 제3의 길을 찾으며.

스승은 평생 "철학이란 무엇인가?"라는 철학의 정체성해명에 천착하신 특별한 분이고 한국철학사적으로는 철학의 정체성문제야말로 철학의 본령임을 증명한 최초이자 유일한 철학자로 자리매김된 분입니다. 그분은 철난(發心: age of reasen)이래 50여년에 걸친 험난한 求道旅程(行脚: itinerarium mentis ad Deum) 을 常獨步.常獨行하신 후 2002년 겨울 동화사에서 스님들을 대상으로한 강의를 마치고 파계사입구 찻집에서 제자와 차 한잔을 마신 후 파계사일주문을 나설 때 계곡을 씻어 불어오는 눈바람속에서 한 순간 홀연히 철학입문을 이루었다고 하시지요.

　　스승은 제도권에서의 마지막 저술 『원효에세이-반야와 해탈의 현상학』 (민음사, 2003)를 출간하신 후 제자들에게 자신의 구도여정을 다음과 같이 회고하셨지요.

　　"나의 대학철학수업이 시류에 민감하게 실존철학입문으로 시작한 것도 사춘기를 따라 용출한 형이상학적 갈구의 자연스런 출구였을 것입니다. 그러나 내가 박사과정을 거의 마쳐갈 즈음 십수 년에 걸친 Heidegger-Sartre 연구가 점차 그 신선미를 잃어감에 따라 나의 여정은 이제 새로운 길로 접어들게 되었습니다. 끝없는 형이상학적 모색으로 말미암은 정신적 피로를 회복하여 가열찬 재도전을 준비하기 위한 철저한 논리, 언어적 훈련이 필요했던 게지요. 그러기에 분석철학의 본고장인 미시간에서 언어분석적인 훈련도정에 혼신의 힘을 쏟으면서도 항상 중단된 현상학적 탐구를 염두에 두었고, 결국 『사르트르의 자아개념』으로 학위논문을 마감했을 것입니다. 이것으로 나의 서양철학 일변도의 수업시대도 그 막을 내렸던 것입니다. …… 미국에서 혹독한 훈련에 다져지면 질수록 점점 더 뚜렷하게 나 자신의 민족적 소명의식이 내 발길을 힘차게 잡아끄는 것을 생생하게 감지할 수 있었습니다. 모국어를 통해서 나의 철학을 내면화하고, 나의 정신적 뿌리에서부터 철저하게 세례받고 다시 태어나고 싶은 열망이 온 마음에 가득 채워짐을 환희롭게 받아들였습니다.……그러기 위해서는 내가 고국으로 돌아가 대뜸 생경한 한문전텍스트에 몰입하기 전에, 우선 서양인의 학문에 투영된 중국고전철학사상을 유형론적, 방법론적으로 일별해 보는 것도 하나의 출발일 수 있겠다는 생각에 미치자 나는 귀국을 잠시 유보하고 서양식 동양학(Orientalism)에 입문하기로 작심했습니다. 이것이 내가 미시간대학 〈차이나 센터〉를 무대로 두 번째 대학원 과정을 밟게된 동기입니다. ……1976년 한국에서 첫 학기 강의가 시작되면서 나는 동양고전공부에 심취하는 틈틈이 홀로 수소문해가며 명찰(名刹), 대덕(大德)을 행각(行脚), 순례(巡禮)하는 것으로 새로운 출발을 서서히 준비해 갔습니다. 그해 여름이 가기 전에 이미 나는 이미 경봉, 성철 양대 선사와 깊은 대담을 끝낼 수 있었습니다. 그때 이래 줄곧 나는 유, 불, 도가의 고전에서 심층적인 철학적 메시지를 읽어내려고 무척이나 고되고 고독한 사색의 길을 천명으로 따르며 부지런히 걸어 왔습니다. 그리고 이러한 4반세기의 구도행각은 한국역사의 독보적 철학자 원효를 사사함으로 그 대장정의 결말에 도달하게 되었습니다. 불교의 모든 교의는 물론 유, 불, 도의 대종(大宗)을 화쟁(和諍)하고 회통(回通)한 원효사상을 통해 동.서 철학을 확연하게 관통할 수있게 된 것은 필생의 나의 철학수업에 내려진 참으로 크나큰 축복이 아닐 수 없습니다.......나는 〈철학의 학문적 정체성 해명〉을 나의 필생의 사유과제로 충실하게 봉행해 왔습니다. 이제 나는 이 과제를 철학적 인식 양식으로 완전 명료하게 해소할 수있는 처지의 행운아로 거듭 태어났습니다. 그 대단원의 결론은 아주 간단.명료합니다. 마치 현대서양철학의 최고봉인 대선사(大禪師) Wittgenstein(1889-1951)이 그의 세기적 고전에 붙인 「서문」의 말미를 장식한 명언처럼 말입니다. 즉 유학, 도학, 불학, 철학의 원천은 본각(本覺)이며 철학적 사유(형이상학)의 목표는 이 본각을 가동시키는 시각(始覺)이외 다른 아무것도 아니라고 말입니다. 이것은 하이데거의 프라이부르크대학 교수 취임강연의 결어이기도 합니다. 철학적 실천(思惟修行-禪那-dhyana)은 본래 무위(無爲), 무득(無得)의 자연(自然), 자유(自由), 자재(自在), 여래(如來)임이 자명하기 때문입니다. 일체의 철학언설은 절대자명성이기에 불가설(不可說).불능설(不能說)인 바 언어도단(言語道斷), 심행처멸(心行處滅), 불가사의(不可思議)의 불립문자(不立文字)를 문자화하는 역설(逆說)입니다."

은사(恩師)에 대하여(2)

　지난 연말 성탄인사차 잠깐 선생님댁을 방문했더니 선생님은 여전히 서재에서 홀로 작업하시다가 저를 맞으셨습니다. 일흔을 훌쩍 넘긴 선생님은 지금 심한 척추협착증을 앓고 계시기 때문에 자주 허리를 펴주는 운동과 치료가 필요한데 온갖 치료책이 무용하되 철봉에 매달리는 운동이 최선의 치유책이라네요. 선생님의 허리병은 책상에 너무 오래 앉아 있었기 때문에 생긴 병이래지요.

　게다가 40여년 전 미국 유학시절에 발병한 당뇨를 '약을 복용하면 머리가 흐려지고 흐려진 머리로는 진정한 학문을 할 수 없다' 는 이유로 오직 운동과 식사요법만으로 조절해 오셨으니 그분의 정신력은 가히 초인적이라고 평가할 수밖에 없지 싶네요. 결국 작년 세계철학자대회에 논문발표를 하셔야 하는데 당뇨와 허리때문에 참석하실 수 없었지요. 하긴 선생님은 이미 오래전에 김재권 선생류의 과학, 심리철학은 제대로 된 철학이 아니라고 폄하하셨으니 세계철학자대회 자체에 큰 관심이 없었지만 그래도 마지막으로 이런 자리를 빌려서라도 진정한 형이상학에 대한 선언을 하고 싶어 하셨고 또 발제논문을 대회유인물에 실어 두셨더랬지요.

　햇볕 잘드는 선생님의 책상위에는 지금 하이데거전집들이 진열되어 있고 선생님은 지금 자신의 철학구도여정의 마지막 저술을 위해 혼신을 쏟아 붓고 계십니다. 선생님은 지금 하이데거를 소위 스피노자의 〈영원의 상아래〉처럼 완벽하게 소화된 큰 눈으로 정리하는 마지막 과제를 마무리하고 계십니다. 선생님의 50여 년에 걸친 철학정체성 해명은 결국 그 분의 은퇴강연「禪佛學과 21세기 철학」으로 결실했기 때문에 우리는 그분의 마

지막 저술이 비록 다시 하이데거에 집중하고 있지만 하이데거를 축으로
동,서양철학을 회통하는 아마 한국철학사에 전무후무한 역작을 내놓으시
리라고 기대하고 있습니다.

그런데 선생님의 책상위에 진열되어 있는 하이데거의 전집 중 아무 책
이나 집어 펼쳐보면 거의 모든 책들이 너덜너덜할 만큼 치열하게 소화되
어 있는 것을 보고 놀라게 되지요. 특이한 것은 책 맨 뒤편에 그 책을 읽은
날짜들이 기록되어 있는데 60년대에서 시작된 기록들이 최근까지 이어지
고 있고 그 모든 책들을 최소한 4-5번씩은 읽은 흔적을 볼 수 있지요. 하이
데거전집만이 아니라 동, 서양 철학사에 주요한 저자들과 저술들을 거의
모두 이런 방식으로 소화하시고 그때마다 써 내신 논문들은 모두 이땅의
철학도들에게 권위있는 텍스트가 되었다는 뜻입니다.

그분의 집중력과 공부량은 너무 엄청나기 때문에 현역에 계실 때나 지금
이나 어떤 젊은 학자들도 감히 그분의 열정과 공부량을 따라갈 수 없는 것
이지요. 지금도 선생님은 하루 거의 4-5시간 이상을 주무시지 않고 집중해
서 공부하고 계신다니 우리 젊은 제자들이 감히 얼굴을 들 수 없군요. Ph.D
혹은 Th.D.학위 하나 받는 것으로 공부가 끝나버리곤 하는 우리 목사님들
이나 신학대학선생님들의 공부는 그래서 늘 아쉬움이 남는 것이지요.

은사(恩師)에 대하여(3)

선생님이 성철스님을 만났을 때 꽤 재미있는 일화가 있었다지요. 76년
당시 성철은 해인사 백련암에 머물고 있었는데 성철은 자신을 보러오는

사람들에게 어김없이 먼저 3천배를 요구했다지요. 그해 여름 명찰, 대덕순례를 시작하신 선생님과 일행 두어 분이 백련암을 향해 올라갈 때 스님 한 분(이분은 당시 성철을 시종하던 원택이라네요)이 아래서 일행을 향해 "어어~ 거기 들어가면 안됩니다" 라고 소리치며 3천배를 요구했고 선생님 일행은 매우 당혹하고 난처한 입장에 처했는데 성철이 직접 나서 3천배 없이 독대를 허락했다네요. 선생님과 성철이 독대하여 대담할 때 성철이 선생님께 "여기 있어야 할 사람이 왜 거기있느냐"고 했다지요. 그리고 시봉하던 원택을 시켜 당시 구하기 어려웠던 일본 불교서적들을 구해 선생님께 전달했다 하네요. 선생님은 가끔 아주 가까운 제자들에게 그때 일을 기억하곤 했는데 제 생각에 그때 선생님과 성철이 대담한 내용은 아마 '절대심' 곧 "돈오(頓悟)"라고 여겨지는군요.

　　말이 나온 길에 원택이 남긴 성철이야기 중 〈최잔고목(摧殘枯木)〉의 비유를 소개하고 싶군요. "부러지고 썩어 쓸데없는 나무막대기는 나무꾼도 돌아보지 않는다. 땔나무도 되지 않기 때문이다.불 땔 물건도 못되는 나무막대기는 천지간에 어디 한 곳 쓸 곳이 없는, 아주 못쓰는 물건이다. 이러한 물건이 되지 않으면 공부인(수행자)이 되지 못한다. 공부인은 세상에서 아무 쓸 곳이 없는 대낙오자가 되지 않으면 안된다. 오직 영원을 위하여 모든 것을 다 희생하고, 세상을 아주 등진 사람이 되어야 한다. 누구에게나 버림받는 사람, 어느 곳에서나 멸시당하는 사람, 살아나가는 길이란 공부하는 길밖에 없는 사람이 되어야 한다. 세상에서뿐만 아니라 불법 가운데서도 버림받은 사람, 쓸데없는 사람이 되지 않고는 영원한 자유를 성취할 수 없는 것이다." 『성철스님 시봉이야기2』(115쪽)

　　성철은 스스로 "쓸모없는 사람" 또 "못된 인간"으로 자처하면서 수행자들을 위한 최잔고목(摧殘枯木)이 되었던 것이지요.

최경호이야기(1)

(1)

세상은 그를 '재야철학자'로 불렀지만 우리는 그를 '이 시대의 선사(禪師)'라고 불렀고 세상은 그의 시(詩)를 이해불가한 난해시로 규정했지만 우리는 그의 시를 '이시대의 진정한 선시(禪詩)'라고 불렀다.

(2)

어제 불교서적을 전문적으로 출판하는 '경서원' 대표 이규택님과 전화 통화를 했군요. 최근 갑작스럽게 우리 곁을 떠난 재야철학자 최경호선생의 죽음과 관련해 그분의 마지막 근황을 듣고싶었기 때문이지요. 이규택님은 제게 최경호선생의 마지막 모습과 관련해 "그가 장자(莊子)관련 원고뭉치를 들고 출판해 달라고 찾아 왔는데 최근 내 눈이 너무 나빠져 도저히 그의 악필, 난필 원고뭉치를 읽어 낼 기력이 없어 그에게 그 원고를 어디에서건 입력을 좀 해오라고 부탁하고 돌려 보낸 것이 그의 마지막 모습이었다"고 기억해 주네요..

자기가 알기로 작년 10월경 안양 어느 병원에서 그의 가족들에 의해 장례되었을 것이라고 첨언해주고요. 또 이규택님은 최경호의 대표작인 『현상학적 지평에서 규명한 선(禪)』(2002)이 경서원에서 출판된 배경을 이렇게 회고해 주네요.

"어느 날 최경호가 그 악필, 난필의 원고를 들고 나를 찾아왔는데 도저히 그 원고를 알아 볼 수 없어 '출판불가'라는 판단을 하고 있었는데 마침 서울대 심재룡선생이 자기를 방문했기로 최경호이야기를 했더니 출판해 주는 것이 좋겠다고 권해서 출판하게 됐노라"고.

최경호는 경서원을 찾아오기 전 이미 민음사를 비롯한 몇몇 출판사를 찾아가 출판을 의뢰했는데 번번히 거절당했다지요. "맨 처음 그의 원고를 읽을 때는 암호해독처럼(?) 너무 힘들었는데 그것도 자꾸 하다 보니 웬만한 것은 다 알아보게 되었고 또 그의 원고가 그처럼 난삽한 이유가 (그는) 한 번 머릿속에 섬광처럼 떠오른 깨달음을 원고지에 옮길 때 거의 받아적기 (dictation)하듯 했기 때문일 것"이라고 이해하고 있네요. 그것이 인연이 되어 최경호의 책들을 계속해서 경서원에서 출판하게 되었노라고 말씀하더군요.

(3)

'노동속에 활짝 피어난 철학자 최경호' (2004년 5월13일 조선일보 토요 책마당에 실린 이한우 기자의 책소개)

부끄러운 고백에서 시작한다. 2월 초에 나온 한 권의 책에 관한 고백이다. 제목을 보는 순간 너무 어렵다는 생각에 한 줄 소개도 하지 못한 800쪽 짜리 책이다. 최경호 지음 '존재에서 규명한 선(禪)' (2004) 무지 또는 무심함을 일깨워준 것은 경북대 철학과 신오현(申午鉉) 교수가 보내온 한 통의 이메일. "한국 철학의 역사에 획기적인 신기원을 이룩한 대작으로 평가받아 마땅할 것입니다." 동료 학자에게 인색하기로 정평이 나 있는 우리 학계에서 원로교수가 박사학위도 없는 재야학자의 저서에 흥분에 찬 목소리로 이렇게 메일을 보냈다는 것부터 사건이다.

　책을 찾아내 저자 소개를 읽는다. '최경호는 현상학을 연구하다가 선에 관심을 두면서 거기에 몰입하다. 2001년 여름 작업 현장에서 일을 하다가 선과 존재라는 주제를 붙잡아 마음을 가다듬고는 그 해 겨울부터 글쓰기 작업에 들어가 이 책을 완성하다.' 이게 전부였다. 저서목록에는 '죽어서 다시 태어난 바람아' 등 시집 3권도 포함돼 있었다.

　수소문 끝에 만난 최씨는 말을 심하게 더듬고 있었다. 최씨의 후배인 서울대 철학과 이남인(李南麟) 교수가 의사소통을 도왔다. 71년 서울대 전기공학과에 입학했던 그는 시를 쓰기 위해 1년 만에 중퇴하고 73년 다시 서울대 철학과에 입학했다. 그러나 큰 시련이 닥친다. 원인 모를 언어장애가 온 것이다. "79년 석사과정에 입학하는 데 전제조건이 붙었어요. 언어 교정을 받으라는 것이었지요." 두 달간 교정을 받았지만 효과가 없었다. 박사과정에 들어가고 싶었지만, 이 문제 때문에 불가능했다. 20년 전 한국학계는 그랬다. 박사를 하는 것은 교수가 되려는(학자가 아니라!) 준비였고, 강의를 하기에 어려움이 있는 사람은 아예 들어오지도 말라는 것이었다. "언어 교정을 받아 보니 그게 결국은 마음을 억제하는 훈련이었습니다. 문제는 마음을 억제하다 보니 자유롭게 사고할 수가 없더라는 겁니다. 저는 그때 자유로운 사고를 선택했습니다."

　지금 그는 아무렇지 않게 이야기하지만 이 선택으로 인해 그에게는 '재야(在野)' 학자라는 딱지가 붙게 됐다. 당장 생활고가 찾아왔다. 90년대 초부터 건설현장에서 막노동을 시작했다. 지금도 한양대 산학기술관 신축 현장에서 일하고 있다. '노동하는 철학자' 다. "봄 여름에 일하고 가을부터는 수고를 씁니다." 말 그대로 그는 손으로 원고를 쓴다. "컴퓨터 안 해요.

컴퓨터를 치면서 생각을 할 수 있을까요?" 새벽에 글 쓰고, 낮에는 노동하고, 밤에는 책 읽고 잠든다. 2년 전에 첫 저서 '현상학적 지평에서 규명한 선(禪)'이란 책을 냈고 이번이 두 번째 저서다.

첫 책이 말 그대로 자신의 선 체험에 대한 현상학적인 서술이었다면 이번 책은 하이데거의 존재론을 통해 다시 한번 선 체험을 학술적으로 풀이하려고 시도한 것이다. 단순한 해설이 아니라 하이데거 철학의 극복을 겨냥했다. 하이데거는 인간을 뜻하는 현존재(Dasein)에 집착했기 때문에 무아(無我)의 경지로 나아가지 못했다는 것이다.

철학 교수의 꿈은 완전히 접은 것일까? "책을 쓰고 나면 정신적 피로가 극에 달합니다. 그때 한 6개월 막노동하고 나면 육체는 힘들지만 정신적 스트레스는 완전히 사라집니다. 노동 안 했으면 지금까지 건강을 유지하지 못했을 겁니다. 강단에 서는 것은 사양합니다."

공사장 동료들도 그가 철학을 위해 막노동하는 걸 안다. "이번에 책 나왔을 때 동료들이 '나도 고등학교 나왔으니 철학책 읽을 수 있다'고 해서 주변에 돌렸는데 아무 반응이 없대요." 인터뷰 내내 자리를 함께 했던 이남인 교수는 "선을 주제로 현상학적 기술(記述)을 충실하게, 밀도 있게 해 나간 '탁월한' 저작"이라고 말했다.

(4)

우리가 볼때 위의(3) 이한우기자의 최경호기사는 대단히 문제가 많은 기사였습니다. 원래 재야철학자 최경호를 맨 처음 주목한 것은 우리 형이상학 공부모임이었습니다. 당시 우리는 은사이신 신오현(申午鉉)선생님을 모시고 하이데거를 중심한 선;불학(禪;佛學)과 중용을 공부하던 중 계명대 안세권선생이 학교도서관 구석진 곳에서 최경호의 『현상학적 지평에서 규명한 선(禪)』을 발견하고 혹여 도움이 될까 해서 신선생님께 전달했고 선생님은 정밀하게 검토하신 후 "한국 철학의 역사에 획기적인 신기원을 이룩한 대작"으로 평가하신 것이지요. 선생님은 그때 최경호를 스피노자나 비트겐쉬타인같은 선사로 규정하셨지요.

이어서 최경호의 『존재에서 규명한 선(禪)』이 출판되었을 때 선생님은 그 책의 〈서평〉을 쓰고 싶다는 뜻을 안세권선생을 통해 조선일보 이한우기자에게 통보한 것인데 이(李)기자는 기자의식을 발동하여 선생님의 서평이 아닌 자신의 독점인터뷰기사를 게재하게 된 것이지요. 이(李)기자 자신이 철학전문기자이기도 했으니까요. 하지만 한국철학계와 진정한 철학을 꿈꾸는 형이상학도들을 위해서는 그때 신(申)선생님의 〈서평〉이 실리는 것이 훨씬 의미있었을 것이라는 진한 아쉬움이 있군요. 최경호는 그 이후에도 거의 매년 한 권씩 선(禪)과 관련한 대작들을 써냈는데 제 생각에는 아무래도 초기의 두권이 그의 대표작이라고 여겨지는군요.

지난 정초 신선생님댁에서 가까운 제자들 몇몇이 신년 하례로 모였을 때 안세권선생이 최경호선생의 갑작스런 부음을 전해주더군요. 〈현상학회〉관계자를 통해 전해 들었는데 자신도 자세한 정보는 가지고 있지 않다고요. 우리 모두의 마음이 한순간 애틋해 졌지만 그의 철학과 저술들은 우리 모두에게 소중히 기억될 것입니다.

최경호이야기(2)

언젠가 우리 월요철학모임(형이상학교실) 강의시간에 스승은 자신의 최근 꿈 이야기를 진지하게 개현했습니다. 그분의 반복되는 꿈내용은 철학적 깨달음 즉 禪的 깨달음-선정-의 세계였습니다. 일찍이 데카르트가 방법적 회의의 한 단계로 '꿈의 가설'을 제시했지만 철학자들의 꿈이야기는 그 자체로 철학적 담론입니다. 그러고보면 재야철학자(현상학자) 최경호의 대작 『현상학적 지평에서 규명한 禪』이나『존재에서 규명한 禪』은 그의 특별했던 禪체험(존재경험)에서 비롯된 것입니다.

그는 그의 선체험을 이렇게 묘사합니다.

"…몸은 전혀 움직일 수가 없었는데도 나의 몸은 자연스럽게 맑은 햇살 속으로 스며들어가 햇살과 하나로 춤추듯 하나가 된 상태에서 영원함을 그 영원한 실재를 보았던 것이다. 이것은 객관적으로 바라본 햇살이 아니라 하나가 된 상태에서 바라본, 죽음을 넘어선 상태에서 하나가 된 실재를 보았던 것이다. 나는 몸을 전혀 움직일 수 없었지만 열린 문 사이로 바라보이는 나무가 그냥 바라보이는 대상으로서의 나무가 아니라 나의 몸이 거기 타고 앉아있는 나무, 타고서 바라보는 나무, 몸과 하나가 되어 바라보는 나무로서 다가왔다. 전혀 몸을 움직일 수 없었는데 나의 몸은 이미 새로운 차원에서 다가온 존재를 타고서 그 존재의 생생함을, 그 존재가 지닌 속성으로서의 不生不滅, 常住不滅을, 그 존재밝음 등을 명백히 체험했던 것이다. 또한 몸이 머무는 자리가 곧 주체 즉 無我의 자기로서의 '나'의 자리가 되어 있음을 보았던 것이다…" ("존재에서 규명한 선" p.16)

그것이 철학적 실재(reality)경험이건 불교적 선(禪)체험이건 인간의 체험인 한 또 한 개인의 개별적 경험이 아니라 인간일반의 보편적 경험인 한 그러한 체험의 해명과 전이는 그리스도인인 우리에게도 피할수 없는 과제로 드러납니다. (역으로 그것이 인간의 체험인 한 성서적 하나님 체험과 그 증언의 무더기들을 그들도 결코 회피할 수 없습니다. 비록 범주의 차이를 인정하더라도). 그분들이 결코 동의하지 않겠지만 목회자로서의 저의 견해는 이러합니다. 철학적 실재경험이건 선체험이건 그들의 체험은 결국 '절대성'의 영역을 지향하며 그들의 자기이해는 철저히 '절대아' 즉 신적 자아를 드러내고 있다는 점에서 창세기 창조기사중 '하나님의 형상'(imago Dei)대로 지음받은 인간이해와 정확히 상응한다는 것입니다. 신학자들이나 설교자들이 어떤 방식으로 해석하건 '하나님의 형상'은 곧 '신성'이고 그것은 곧 불멸성(immortality)이기 때문입니다. 기독교 형이상학(가령 신학)이 '죄와 구원'의 틀로서 인간을 해명하고 있지만 구원의 본질은 영생 곧 인간의 신성(불멸성)회복입니다.

인간구원의 본질이 인간신성의 회복이라는 제 주장은 부활증언에서 더욱 확실해집니다. 우리가 이미 잘 알고 있듯이 예수부활에 대한 증언의 무더기 중 특이한 것은 누가복음과 사도행전이 부활하신 예수께서 제자들과 함께(혹은 보는중에) 음식을 드셨다고 기록하고 있다는 것입니다(눅24:10,행40:41). 요한복음도 디베랴 바닷가에서 제자들을 찾아오신 부활의 주께서 친히 조반을 준비하시고 제자들에게 떡과 생선을 주셨다고 기록하고 있습니다(요21:13).

하지만 요한복음에는 예수께서 직접 음식을 드셨다는 증언은 생략되었습니다. 특히 사도 베드로가 경건한 이방인 백부장 고넬료의 집에서 설교할 때 "우리가 부활하신 주를 모시고 음식을 먹었다"(행10:40-41)고 증언한 사실은 예수부활의 정체해명을 위한 중요한 단서로 취급되어야 합니다.

베드로가 그 자리에서 사실을 왜곡하거나 거짓증언을 해야 할 필요가 전혀 없었기 때문입니다.

사도바울은 후에 예수부활의 정체를 "신령한 몸"(a spiritual body, 고전 15:44)으로 해명합니다. 이 때의 신령한 몸은 "육의 몸"(a physical body, 고전 15:44)과 날카롭게 대비되는 개념으로서 육의 몸이 욕되며 썩으며 약한 것(15:42-43)임에 비해 신령한 몸은 썩지 않으며 강하며 영광스러운 것(15:42-43)으로 진술됩니다. 한 걸음 더 나아가 사도바울은 흙에 속한 첫사람 아담의 형상과 하늘에 속한 마지막 사람 예수 그리스도의 형상을 대비하며 신령한 몸을 "하늘에 속한 자의 형상"(15:49)이라고 단언합니다. 명백히 인간의 죽음(mortality)과 불멸성(immortality)에 대한 해명입니다.

단적으로 철학에서 인간의 근원적 정체성 해명을 문제삼을 때 주요한 출구이자 오랜 과제인 '심신이론'(mind-body theory)적 관점에서 사족한다면 신령한 몸은 "몸이 곧 마음이고 마음이 곧 몸인 상태"로서 "心卽身이요 身卽心"(심즉신이요 신즉심)인 지평을 지칭하는 것입니다.

샤갈님과의 대화

(아래의 글들은 〈광장〉의 '만우객담방'에서 '샤갈'이라는 필명을 가진 P목사님(P목사님은 독일에서 종교학으로 학위를 받았다)과 철학적 주제로 담론한 것을 P목사님의 양해를 받고 옮긴 것입니다.)

우문현답을 기대하며...

만우 목사님의 깊이있는 형이상학 강의를 따라가려니, 제 자신의 지적 능력의 한계를 실감하게 됩니다. 두 편의 좋은 글도 꼼꼼히 읽기에는 눈도 맘도 술렁거려 제대로 읽지 못했습니다. 그럼에도 목사님의 말씀이 더 듣고 싶어서 어리석은 질문을 드려봅니다. 제 자신이 잘못 이해하고 있다면 수정을 해 주셔서 바른 길로 이끌어 주십시오.

= 훗설의 에포케와 현상학적 직관은 정말 가능한가요?

제가 이해한 바로는, 훗설의 에포케와 현상학적 직관이란 어떤 대상에 대한 우리 자신의 "일체의 선입견"을 배제하고 "사태 자체"를 그대로 꿰뚫어보고 기술하는 것을 학문의 목적으로 삼고 있다고 생각합니다. 마치 엑스레이가 우리 인간의 외적인 것을 뚫고 지나가서 뼈만 그대로 추스려 드러내듯이, 어떤 대상에 대한 잡다한 생각들, 사념들에서 벗어나 오히려 대상 그 자체가 우리 자신에게 "그대로" 드러나게끔 해야 한다는 것이지요.

그런데, 저는 과연 훗설의 이런 생각이 "현실적"으로 가능할까 하는 의구심을 가져 봅니다. 물론 이와 더불어 "선"의 무념무상의 세계에도 (그 체험의 극치에 이르지 못한 자가 품을 만한) 의심을 던져보고요. 과연 한 인간이 자기 자신이 가진 "눈"과 "귀", 그리고 "입"을 배제하고서 사태 자체를 그대로 "보고" "듣고" "말할 수" 있을까 하는 것이지요. 다시 말하면, 아무도 자신의 눈을 빼놓고서는 무엇을 볼 수 없다는게 제 생각의 출발점입니다. 인간이 인간인 한, 주객분열지를 극복할 수 없다고 하는 견해입니다.

일단, 여기까지 목사님의 생각을 다시 한번(이미 말씀하셨겠지만) 들어보고 싶습니다.

샤갈님!

가장 '후서얼' 적으로 표현하면 샤갈님이 서 계신 자리(사유틀)야말로 전형적인 '자연적 태도' 이군요. ㅎㅎㅎ 플라톤의 '동굴의 비유' 에서처럼 이미 동굴밖 찬란한 빛의 세계를 본 사람이 동굴로 되돌아가서 동굴안 동료들에게 그 세계를 설명하면 '미친 놈' 소리밖에 들을 수 없겠지요.

샤갈님이 서 계신 '주객도식론' 은 제 눈에 '실체론적 자아론' 을 기초하고 있는 것으로 보이는데 이미 영국의 (고전적) 경험론자, '흄' 에 의해 완벽하게 부정된 것이지요. 굳이 부연한다면 흄은 "실체 substance 는 지각의 집합으로 구성되어 있다" 는 존재론적 현상론 ontological phenomenalism 을 주장했지요.

Wittgenstein도 Tractatus Logico-Philosophicus 서문에서 "도대체 말할 수 있는 것은 분명하게 말해질 수 있으며, 말할 수없는 것에 관해서는 침묵을 지켜야 한다" 라고 적시한 후 결구에서 다시 "말할 수 없는 것에 관해서는 침묵을 지켜야 한다"고 반복했지요. B.F.McGuiness가 『논고』의 신비주의를 논하면서 비트겐쉬타인의 '신(神)과 세계의 일치'를 스피노자의 '신(神) 즉 자연 Deus, sive Natura'과 같은 뜻으로 해석했듯이 Wittgenstein과 스피노자는 두분 모두 엄격한 의미에서 선사(禪師)들이거든요.

(저도 우선 여기까지만 해 두는 것이 좋겠군요. 샤갈님의 다음 질문이 기대되는군요. 매우 즐거운 마음으로.)

샤갈 2009-07-09 23:00:50

목사님, 고맙습니다. 쓰신 답변을 세 번 정도 천천히 읽고서야 "자연적 자리" "동굴 안"과 "밖"의 세계에 대한 언급이 무슨 뜻인지 알게 되었습니다. 그리고 무엇보다도 데이빗 흄의 인용을 읽으면서 무슨 말씀을 하시는지 더 분명하게 알게 되었습니다. 제 나름으로 목사님의 말씀을 이해한다면, 제가 가진 주객도식의 사유틀은 "주체" 또는 "실체"를 전제로 하고 있다는 말씀이시지요? 즉, 보고 있는 "나"라는 존재의 실체와 보여지는 대상으로서의 "그것"의 실체가 "봄"이라는 사건 "이전"에 이미 "전제"되어 있지 않느냐는 물음이시지요? 네, 그렇습니다. 제 자신은 지금 철저히 주객도식의 틀 안에서 묻고 있습니다.

만약 제가 옳게 이해했다면, 저는 동굴 안에 아직 갇혀 그림자와 실체를 분간하지 못하는 자로서, 다음과 같이 묻고 싶습니다: 동굴 밖에서 태양 아래 참된 실재의 세계를 보고 있는 "나"란 도대체 존재하는 실체인가? 아니면, 어디에도 존재하지 않는 "무"인가? "나"라는 실체가 존재하지 않는다면, - 제 식으로 하자면, 나의 눈이 없다면 - 어떻게 내 밖의 것을 "있다" "없다" 판단할 수 있을까요? 어떻게 "사태 자체"에 근접할 수 있을까?

목사님의 답변을 통해 한 걸음 한 걸음 더 정진할 수 있으면 하는 바람으로 감히 질문을 드립니다.

샤갈님!

작년 서울에서 개최된 '제22회 세계철학자대회'에서 논의된 철학의 제 문제들이 올해 Philosophy and Culture시리즈로 발간되었습니다. '형이상학'은 Philosophy and Culture 5권-Comparative Philosophy, Metaphysics, Epistemology, Practical Philosophy, Traditional Korian Philosophy-중, Volume 2로 발간되었는데 모두 11편의 article로 편집되었군요. 5권 모두 '한국철학'에 대한 다양한 방식의 작업이고 자리매김이란 점에서 주목할만한 결과물로 평가할 수 있겠군요.

제2권 『형이상학』의 맨 첫 논문은 고형곤선생님의 「Heidegger's Prese -nce of Being of Zen」인데 고형곤선생님은 한국철학의 제1세대 형이상학자로서 전 국무총리 고건씨의 선친이지요. 그분을 기억하는 제자들의 이야기에 의하면 전형적인 선비형 철학자이자 형이상학자이셨더군요. 그분을 맨 처음에 배치한 것은 의미있는 일로 보이는군요.

그 다음 배치된 논문이 신오현선생님의 「Direct Pointing to the Heart of Metaphysics: In Defens of Heidegger's Existential Metaphysics in the Spirit of the Mature Zen of Chinese Buddhism」이군요. 한국철학계에서 그분의 역할과 자리가 크다는 뜻이지요.

Direct Pointing to the Heart of Metaphysics이란 말은 말그대로 〈직지심(直指心)의 형이상학〉이란 뜻이지요. 그런데 7번째 배치된 김재권선생의 「The Mind-Body Problem at Century's Turn」은 그 분량만으로 볼 때 다른 논문의 2배정도 되는군요. 신선생님의 원래논문분량이 김선생님정도의 분량이었는데 〈준비위〉측의 부탁으로 억지로 그 논문을 줄이시느라 논문작성 할 때보다 더 힘들어 하시던 모습을 기억하는 저에게 김선생님은 특혜를 받았다는 생각을 지울 수 없군요. 아마 그분이 해외에서 활동하며 세계적인 철학자로 존중받고 있는 점을 평가한 것으로 보이는군요.

샤갈님!

제가 지금 어쩌면 님의 현안과 전혀 상관없는 이야기를 끄집어낸 이유는 김재권선생의 「The Mind-Body Problem at Century's Turn」와 신오현선생의 「Direct Pointing to the Heart of Metaphysics」에서 〈Mind와 Heart〉의 차이를 지적해 드리고 싶기 때문입니다. 샤갈님이 '주객도식의 눈'을 말하면서 '사태자체'로 가는 길을 물으셨는데 그 길은 〈눈〉을 통해서가 아니라 〈마음〉을 통해서 가는 길이고 〈눈으로 보는 길〉이 아니라 〈마음으로 깨닫는 길〉입니다. 이때 마음은 김재권식의 〈Mind〉가 아니라 신오현식의 〈Heart〉이고 김재권이 서있는 터가 '합리적' rational, '논리적' logical 〈물리주의〉 physicalism 즉, 〈과학철학 혹은 심리철학〉이라면 신오현이 서있는 터는 철두철미 '선험적', '존재론적' 형이상학입니다. 당연히 '경험적이고 상대적 마음'인 김재권식의 〈Mind〉가 과학의 대상이지만 '선험적이고 절대적 마음'인 신오현식의 〈Heart〉는 그자체 존재사유인 것이고 '현상학적 직관'입니다. 님이 서계신 〈안과 밖〉이 공간이건 상태이건 애초 그러한 범주자체가 소멸된 세계인 것이지요.

(이 경우 후서얼의 '현상학적 직관'은 초기에는 '지성적 직관'으로 스피노자의 〈3종지 (種知)〉에 비견될 수 있다면 후기 그의 〈생활세계〉에서는 하이데거의 〈존재이해〉로 해명할 수 있을 것입니다. 굳이 억지로 설명해야 할 경우에 한해서 말입니다.)

샤갈 2009-07-13 07:50:28

목사님, 마인드와 하트의 구분에서 큰 깨달음을 얻었습니다. 목사님과의 우문현답이 감사하고 즐겁습니다. 목사님께서 〈마음의 눈〉을 이야기하시니 우리가 가진 〈두 눈〉과는 다른 〈제3의 눈〉을 언급하신다는 생각을 하게 되었습니다. 그리고 〈제3의 눈〉은 어쩌면 〈신앙의 눈〉, 〈영적인 눈〉이라고 해도 되지 않을까 생각도 해 보았고요.

그런데, 이 〈신앙의 눈〉과 관련해서 제겐 늘 어려운 문제가 하나 있습니다. 이 신앙의 눈, 영적인 눈, 제3의 눈을 통해 말하는 것이 주객분열지의 눈에서 볼때는 〈때로는〉 어처구니 없는 〈주장〉이 되곤 한다는 것이지요. 다른 말로 하면, 일반적인 〈상식〉을 거스리는 〈주장〉이 〈신앙의 눈〉이라는 논법을 통해 거침없이 쏟아지곤 한다는 것이지요.

이럴 경우에, 〈마음의 눈〉 〈신앙의 눈〉을 객관적으로 판단할 수 있는 방법은 없는지요? 〈마음의 눈〉 〈신앙의 눈〉이 지나치게 주관화될 수 있는 위험이 있는 것은 아닌지요? 어떻게 하면, 〈마음의 눈〉 〈신앙의 눈〉이 감히 하나님까지도 볼 수 있는 〈청결한 마음〉의 눈이 될 수 있을까요?

샤갈님!
만우와의 문답이 도움이 된다 하니 참으로 다행이군요. 하지만 이사람 만우가 형이상학강의를 할만큼 대단한 인물이 못된다는 것을 다시 한번 환기시켜 드리고 싶군요. 그저 〈서당개 3년 풍월〉이지요.

〈만우객담방〉을 시작하면서 〈형이상학〉이란 주제는 '날선 의식'으로 발심(發心)한 사람이 평생 진정한 학문과 수행을 거쳤다 할 지라도 그 눈이 열릴까 말까할 정도로 힘겨워서 『사유하는 도덕경』을 집필한 김형효선생조차도 그 책의 서문에서 "철학은 이 세상을 불변적 도(道)의 모습에서 증득하게하는 지혜의 탐구와 직결된다고 여겨진다. 그런 의미에서 이 졸저도 그런 길닦기의 조그만 안내서로서 참여하고 싶어 하는 간절한 마음을 표현하고 싶으나 그러려면 반야 지혜의 눈이 나에게 열려 있어야 한다. 그러나 나에게는 안타깝게도 아직 그것이 열려있지 않다"라고 소회를 밝히고 있지요.

"제 생각에 지금껏 이땅에서 출간된 '노자와 도덕경' 연구서 중에 김형효선생님의 저술에 비견될 만한 것이 없었다고 여겨지지만 저는 그분의 담백한 자기 고백이 수사학적 겸양이 아니라 실제적 진실이라고 여깁니다"라고 지적했던 것을 기억해 주셨으면 좋겠군요.

샤갈님이 이번에 제기하신 물음은 외견상으로는 ①제가 앞서 말씀드린 〈마음의 눈〉을 '제3의 눈' 혹은' 신앙의 눈 '으로 읽어도 되겠는지의 문제와 ②또 그렇게 될 때 필연적으로 나타나는 주관성의 문제를 어떻게 해결할 수 있겠는가? 하는 문제로 요약할 수 있겠군요.

님이 제기하신 문제에 대한 대답을 드리기 전에 저는 우선 님의 질문을 교정해 둘 필요를 느끼는군요. 샤갈님이 계속 〈눈〉을 말씀하고 있고 또 제가 말씀드린 heart를 〈마음의 눈〉으로 읽으셨는데 저는 〈마음의 눈〉을 말씀드린 적이 없었군요. 제가 말씀드린 heart는 결코 '무엇 무엇을 보기위한' 통로나 도구나 기관이 아니라 그 자체 천지창조전의 마음이고 주객분열이전의 마음 즉 주객일여입니다. 불가식으로 표현하면 '부모미생전(父母未生前)의 나' 이고 그러기에 내 마음이 micro cosmos이고 우주가 macro cosmos인데 micro cosmos 와 macro cosmos가 둘이 아니라 하나인 그런 마음이기에 이런 마음을 '절대심'이라 부르는 것이지요. 선험적, 존재론적 heart가 자칫 주관화될 가능성은 애초 불가능하다는 뜻입니다. 후설현상학은 실제로 많은 사람들에게서 소위 〈유아론(唯我論)과 독단론(獨斷論)〉이라는 비판을 받았습니다. 타자(他者)와의 문제나 세계와의 관계도 단골메뉴였지요. 하지만 이러한 비판들 모두가 현상학에 대한 오해일 뿐이지요.

데카르트의 Cogito가 철두철미한 '방법적회의'의 결과였듯이 그 Cogito를 더 근원적으로 철저하게 물어간 '현상학적 자아'는 말그대로 절대자명성이기 때문입니다. 당연히 이러한 형이상학은 주객도식의 범주인 주관, 객관의 기준으로 평가할 수 없는 것입니다.

님이 제기한 〈제3의 눈〉과 관련하여도 교정해 두어야 할 것이 있다고 여겨지는군요. 인식론적 입장에서 전통적으로 3가지 '눈'이 있었지요. '자연의 빛, 이성의 빛, 은총의 빛'이 바로 그것인데 이때 빛(lumen)은 곧 눈으로 읽어 무방하겠지요. '자연의 빛'은 Lumen naturale로서 (이때의 자연은 physis가 아니라 natura입니다) 인간의 감각지중 시각과 관련된 빛이고 '이성의 빛'은 인간의 감각지가 불완전하다는 반성에서 단초된 지성적 빛이라면 '은총의 빛'은 인간의 내면 곧 인간이성의 한계에서 비롯된 제 3의 빛으로 간주되곤 했지요. 님이 '제3의 눈'을 '신앙의 눈' 혹은 ' 영적인 눈'으로 규정(전환)하고자 하는 논리적 기반이 불분명하다는 뜻입니다.

하지만 님이 제기하신 '신앙의 눈' 혹은 ' 영적인 눈'이 현실적으로 이데올로기화 할 수 있다는 것과 그때 이러한 이데올로기를 제어할 '객관적 기준'은 어디에도 없다는 우려에는 충분히 공감하고 있습니다. 종교(신앙인들)가 흔히 빠져드는 오류가 〈위선과 광기〉인데 〈이성과 전통〉은 성서 해석학과 정당한 신앙생활을 위한 중요한 나침반이지요.

끝으로 샤갈님이 제기하신 마지막 물음 '제3의 눈' 과 하나님을 뵐 수 있는 〈청결한 마음〉과의 관계는 어쩌면 아래의 유비에서 찾아볼 수 있지 않을까요?

존재론적 형이상학의 눈이 열리려면 모든 자연적 태도를 에포케하고, 무(無)를 물어야하는 것처럼 '인간(땅)의 나라' 가 아닌 '하나님나라' 는 땅의 나라가 내게 덧입혀준 모든 가치체계를 배설물처럼 버리는, 영적 혁명에서부터 시작되는 것이겠지요. 님이 〈가난한 자의 복음〉방에서 제기하신 '가난한 자의 눈으로 재해석한 산상수훈' 은 바로 땅의 나라가 우리에게 덧입혀 준 모든 가치체계, 곧 이데올로기를 근본적으로 해체하고 전복하는 스승 예수의 방법론이자 이념아닌가요?

샤갈 2009-07-15 13:37:51

목사님, 고맙습니다. 여름날 모기처럼 귀찮은 질문만을 되풀이하는 것처럼 보이시겠지만, 개인적으로는 목사님께 많은 것을 배우고 있으며 또 이로 인해 마음이 즐겁습니다. 목사님께서 말씀하시는 〈마음〉이 무엇인지 〈감〉만 잡고는 있습니다. 나와 너의 분열지가 초극화된 〈차원〉이겠지요. 개체로서의 "나" 가 아니라, 브라흐만과 아트만이 하나임을 자각하는 〈대아〉의 경지일 수도 있겠고요. 〈불쏘시개〉가 곧 〈부처〉임을 자각하는 단계일 수도 있겠다고 생각합니다. 성서의 표현대로 한다면, 아버지와 내가 〈하나〉라고 하신 그 차원이겠지요. 우리 눈에 보이는 - 그래서, 본다고 하니 오히려 소경이라는 꾸지람을 들을 수밖에 없겠지만 말입니다 - 존재는 분명 몸을 가진 한 인간일 뿐인데, 그래서 아버지를 보여달라고 하는 것인데, 예수님께서는 아버지와 내가 하나인데, 어찌 아버지를 보여달라고 하느냐고 되물을 수 밖에 없으시겠지요. 앞서 목사님께서 말씀하신 "동굴 밖"에서 진리체험의 차원이겠지요.

그런데, 저의 궁금증은 이것이 도대체 몸을 가진, 한 인간에 불과한 초라한 나에게 어떻게, 언제, 어떤 방식으로 일어날 수 있느냐 하는 것입니다. 목사님께서 언급하신 세 가지 눈과 유사하게 루터는 〈노예의지론〉 말미에 자연의 빛, 은총의 빛, 그리고 영광의 빛을 언급하지요. 자연의 빛은 이성적이고 합리적인 단계를 뜻하고, 은총의 빛은 자연의 빛에서 볼 때는 〈역설〉 〈모순〉에 속하는 것을 신앙으로 수용하는 것을 의미하지만, 여전히 풀리지 않는 수수께끼를 그대로 담고 있는 형태이지요. 그러나 영광의 빛 안에서는 모든 것이 자명해진다고 말했습니다. 다만, 우리는 아직 영광의 빛에 들어가지 못한 셈이지요.

그렇다면, 제 생각에는 주객의 도식을 초극한 차원은 영광의 빛 속에서 일어날 사건일텐데, - 저는 이를 종말론적 차원으로 이해하고 있습니다 - 이것이 1) 오늘날 지금 여기에서 어떻게, 어떤 방식으로, 어떤 계기들을 통해 일어날 수 있으며, 또한 일어난다고 하더라도, 2) 그것을 어떻게 "언어화" 또는 "표현"될 수 있을까 하는 고민입니다.

사실, 저의 이런 고민은 지난 번에 언급한 사이비 체험들 때문입니다. 오래전 유행했던 천국체험의 유행들이 오늘날도 간헐적으로 이야기되곤 하는데, 모두 이런 주객도식의 틀을 벗어난 "신비적"인 것이라고 떠벌리고 있기 때문입니다. "상식"의 눈이나 "이성"의 잣대로 보아서는 도무지 판별할 수 없는 "초월적인" 사건이라고 말하면서 말입니다. 요즘은 보통 이빨이 금이빨로 변하는 일도 있다고 하니 신기하기만 하지요. 그래서 들여다 보면 그대로 인데, 이때, 그 분들이 하는 말이 "믿음의 눈"을 뜨지 못해서 그렇다고 합니다. 어쨌든, 제 말로 바꾸면 제3의 눈 (목사님께서도 아시겠지요. 제가 말한 제3의 "눈"은 그저 언어적인 표현일 뿐, 우리의 두 "눈"과는 다른 차원을 지시하고 있다는 것을) 이 과연 어떻게 몸에 붙은 두 "눈"을 〈배제〉하고 존재할 수 있는지, 궁금할 따름입니다.

초라한 질문에 빛이 나게 해 주실 현답을 또 기다리겠습니다.

샤갈님!
샤갈님이 이번에 제기한 물음은 주객도식을 초극한 차원은 영광의 빛 속에서 일어날 사건일텐데, - 저는 이를 종말론적 차원으로 이해하고 있습니다 - 이것이 1) 오늘날 지금 여기에서 어떻게, 어떤 방식으로, 어떤 계기들을 통해 일어날 수 있으며, 또한 일어난다고 하더라도, 2) 그것을 어떻게 "언어화" 또는 "표현" 될 수 있을까? 하는 고민이군요.

님의 현실경험으로 제기된 시한부종말론이나 알파사역 혹은 금이빨사역은 애초 우리의 형이상학과는 아무런 상관도 없으니 언급할 가치조차 없는 것이지요. 인간의 감각적인 경험안으로 하나님을 끌어들이고자하는 종교행위는 인간욕망에 영합한 포퓰리즘이고 우상숭배일 뿐이지요. 천박한 한국기독교의 현주소를 적나라하게 보여주는 가슴아픈 증거들입니다. 하나님을 고약한 무인가 치과의사나 광대로 만들어놓고도 부끄러워하지 않는 이땅의 교회지도자들에게 경멸을!

샤갈님의 물음에 답하기 전에 형이상학과 관련한 샤갈님의 '자기(인간)이해'를 주목해야 할 듯하군요. 샤갈님의 물음이 〈도대체 몸을 가진, 한 인간에 불과한 초라한 나〉라는 자기(인간)이해를 전제하고 있기 때문입니다. (진정한)형이상학은 샤갈님과 같이 〈도대체 몸을 가진, 한 인간에 불과한 초라한 나〉라는 '현실적(상식적) 인간이해'로는 애초 소통이 불가능한 세계인 것이지요. 당연히 루터의 〈영광의 빛〉과 같은 종말론적 시간이해나 인간이해와는 애초 다른 세계이기도 하고요. 《존재론적 휴머니즘》혹은 〈존재론적 인간이해〉에는 종말론 자체가 없는 것이지요. 경험과 선험이, 일상과 종말이 둘이 아니라 하나인 사태자체의 목자이거든요.

(진정한)형이상학의 인간이해를 위해 하이데거의 Brief uber den Humanis -mus 에 나타난 〈존재론적 휴머니즘〉을 잠깐 소개해 드려야 할 듯하군요. 하이데거는 Brief uber den Humanismus 에서 먼저 "우리는 어떻게 휴머니즘이란 말의 의미를 회복할 수 있습니까?"라는 보프레의 질문을 단초하여 그의 고유한 《존재론적 휴머니즘》을 해명합니다. 우선 그는 휴머니즘이란 〈인간의 인간다움 Humanitas〉이자 〈인간의 본질을 지시하는 것〉으로 규정한 후에 플라톤과 아리스토텔레스 이래 사르트르에 이르기까지 기존의 모든 휴머니즘이 존재자적 형이상학 범주위에 근거하고 있음을 폭로합니다. 소위 기존의 모든 휴머니즘이란 어떻게 변용하든 결국 existentia 와 essentia의 이분법의 표상이자 《존재와 존재자의 차이》를 망각한 형이상학일 뿐이라는 것이지요. 예컨대 전통적으로 인간을 규정하는 방식 곧, 〈인간은 — 동물이다〉라는 도식으로는 진정한 인간의 본질을 드러낼 수 없다는 뜻입니다. 이미 〈인간=동물〉이라는 인간이해가 전제되어 있기 때문입니다. 이러한 인간이해 혹은 형이상학은 결국 인간을 허무주의로 이끌며 인간역사의 몰락이라는 위기를 초래하는 것입니다.

하여 하이데거의《존재론적 휴머니즘》은 시원적이며, 인간의 본질(존엄성)을 최고의 단계로 고양합니다. 그는 인간이 〈존재의 진리 안에〉또 〈존재의 밝음 안에〉들어가 있음을《탈-존(EK-sistenz)》이라고 부르고 인간은 오직 그의《탈-존》안에서만 고유한 본질유래를 보존하며 오직《탈-존》의 역운에 관여하기 때문에《인간은 존재의 이웃이자 목자》라고 부르는 것입니다.

이러한 시원적인, 〈존재론적 휴머니즘〉혹은 〈존재론적 인간이해〉를 위해 그는 Dasein이란 말을 사용하기도 했지요. 중요한 것은 그는 새로운 말을 만들어내기보다 기존의 개념에 전혀 새로운 자신만의 의미를 부여하곤 했지요. 그래도 오해와 왜곡이 있을 것같은 경우에는 자신만의 말을 만들어내기도 했지만 그런 경우에도 그 말의 용처를 엄격히 구별하곤 했지요. 하이데거에게는 불가의 선(禪)이나 노자의『도덕경』혹은『중용』에는 없는 〈철학의 개념과 논리(말길)〉가 있기 때문에 그만큼 중요한 형이상학자이고 구별된 선사(禪師)인 것이지요. Heidegger에게 있어 physis, aletheia, logos, ethos는 모두 사태자체를 지시하는 원어(原語/Urwort)로서 원천적으로 동일한 말들입니다. '사태자체와 〈탈-존〉과 시원적 언어' 를 말그대로 〈사유〉하는 것이 진정한 형이상학이란 뜻이기도 하지요.

샤갈 2009-07-20 00:12:06

목사님 저의 어리석은 질문에 늘 성의있는 대답을 주서서 감사합니다. 덕분에 하이데거의 사유를 조금씩 다른 각도로 이해할 수 있게 됩니다. 잠시 시간을 두고서 하이데거의 글 한 조각이라고 읽어야겠습니다. 한 조각이라도 읽고나서 다시 궁금한 점을 질문드리겠습니다.

날이 많이 덥네요. 비도 많이 오고요. 어리석은 자 다시 궁금증을 가지고 찾아뵙겠습니다. 그동안 평안하시길 기도합니다.

샤갈님!

우문(愚問)이라니 당치도 않은 말씀입니다. 우문이 아니라 '정직한 물음' 이지요. 아주 오래전에 저도 얼핏 스승께 물었더랬지요. "〈존재사유〉란 인간지성의 오만(傲慢)아닐까요?" 한참 후에 스승은 단호하게 말씀하셨지요. "아닙니다." 오래전 그 문답을 먼 시간이 지나 지금 제가 샤갈님과 반복하고 있는 것이지요.ㅎㅎㅎ

스승은 늘 제가 목사이기에 제대로된 철학을 못할 것을 염려하셨지요. 저도 그 부분 늘 스승께 죄송스럽고요. 하지만 저는 평생 예수의 제자요 그리스도의 종으로서 살다 가고 싶군요. 비록 최말석의 제자요 비천한 종일지라도. 그러면서도 스승은 지난 5월 저를 불러 철학자대회 논문집필자에게 제공된 Philosophy and Culture , volume 2, 3권중 1권을 제게 주셨지요.

샤갈님!

당분간 재충전 하시는 동안 샤갈님께 〈철학함〉의 화두를 드리고 싶군요. 존재자표상을 넘어 존재사유 곧 진정한 형이상학만을 철학이라고 말하는 하이데거의 경구를, 계시사건을 단초로하는 신학에 그대로 적용하긴 어렵다해도 '철학함과 신학함' 의 기본원리는 샤갈님같이 신실한 인문학도들이 여전히 새겨들어야 할 지평으로 사료되는군요.

하이데거는 그의 『형이상학입문 』에서 "철학은 우리가 철학할 경우에만 있다. 철학은 철학함(philosopieren)이다"라고 규정했고 그의 충실한 해석자였던 '오이겐 핑크' (Eugen Fink)는 그의『 유고(遺稿)』에서 다음과 같이 철학의 정체성을 해명합니다.

  "철학의 본질규정은 철학의 가장 고유하고 항구적인 주제이다: 철학은
철학자체의 규정에서 완성된다. 철학이 수행을 통하여 그 고유한 현실성
을 실현했을 때에야 비로소 이러한 철학의 현실성의 본질을 개념적으로
파악해서 철학자체를 그 고유한 전체성에서 드러나게 하는 모험이 마침내
성공할 수있을 것이다. 그러므로 철학은 세계내에 주어져있는 것이 아니
라 유일하게 그현실성을 철학적 수행을 통하여 비로소 확보하는 것이기
때문에 시작에서부터 철학의 본질을 규정하는 것은 불가능하다. ......〈철
학이 전통을 통하여 미리 주어져 있다 함〉은 가장 위험한 가상이다. 역사
적으로 주어져 있는 것은 오직 철학설(Philosophem)일 뿐 철학자체는 아니
다. 제 아무리 고귀한 전통일지라도, 철학전통이 철학적 모색을 통하여 철
학의 본질을 일구어낸 철학자체를 대체할 수없고 또 그와같은 작업을 면
제할 수도 없는 법이다. 과거 철학의 위대한 뜻은 오직 어떤 고유한 철학의
생동적인 정신에서부터 과거철학을 부흥시키는 힘을 통해서만 생동적일
수있다. 오직 우리 스스로 철학을 현실적이게 만들 때에만 우리는 과거의
철학학설들에서 그 소리를 알아들을 수 있다, "

  철학이 "세계내에 미리 주어져 있는 것이아니라 유일하게 그 현실성을
철학적 수행을 통해 비로소 확보하는 것이기에, 어떤 고유한 생동적인 정
신으로부터 철학을 생동적으로 만드는 과제는 오직 우리 스스로 철학을
현실적이게 만들 때 뿐"이라는 철학규정(정체성 해명)은 단적으로 "철학의 원
천은 본각(本覺)이며 철학적 사유의 목표는 본각을 가동시키는 시각(始覺)"
이라는 뜻입니다. 존재자 표상을 넘어 존재 사유 곧 진정한 형이상학만을
철학이라고 말하는 하이데거의 경구를, 계시사건을 단초로하는 신학에 그

대로 적용하긴 어렵다해도 '철학함과 신학함'의 기본원리는 설교자들이 여전히 새겨들어야 할 지평일 것입니다.

샤갈 2009-07-21 11:01:37

목사님, 감사합니다. 바쁘신 가운데 좋은 글을 올려주셔서 해갈의 기쁨을 누립니다. 저도 언젠가부터는 신학은 곧 질문이라 생각했습니다. 아우구스티누스나 안셀름의 명제 fides quaerens intellectum (이해를 추구하는 신앙)에서 가장 중요한 단어는 이해나 신앙이 아니라, 바로 이 둘을 연결해 주고 있는 quaerens라고 생각했습니다.

질문이야 말로, 지금까지 없던 것을 현존하게 하는 힘이며, 없던 것 자체만이 아니라, 없던 것의 주변까지도 밝혀 조명하고 있기 때문입니다. 아울러, 베를린 대학 철학부의 교수였던 바이셰델의 책, [철학자의 신]을 통해 철학도 역시 질문이라는 사실을 확인했습니다.

어쩌면 신학과 철학은 "질문"이라는 점에서 길동무가 아닌가 생각합니다. 물론 기나긴 사유의 여행에서 오는 고달픔과 고뇌를 오직 자기 자신에게서만 해소할 수 있는 철학과는 달리, 신학은 "성서"와 교리" 전통"이라는 두 샘물에서 목을 축일 수 있다고 생각합니다만, 궁극적으로 신학도 자신의 궁극적 해답을 "얼굴과 얼굴을 맞대고 볼" 종말론적 지평에서 기대할 수밖에 없다면, 그리고 그 종말론적 해답을 단지 현재 속에선 부분적으로 "선취" 할 수밖에 없다면, 신학과 철학의 질문-여행은 끝이 없다고 해야 옳을 듯합니다.

철학이 존재사유라면, 신학은 신앙사유라고 이름붙일 수 있겠습니다. 신앙사유의 궁극적 핵심은 역시 하나님 사유라고 할 수 있겠죠. 존재와 하나님을 동일시 할 수 있을지는 모르겠지만, 유비적인 것이 없다고 할 수는 없을 것입니다. (한결음 더 나아간다면, 이 점에서 저는 하나님을 신비라고 할 수 있지만, 신비를 하나님이라고 부르는 것에는 다소 조심스러운 입장입니다.) 하이데거의 존재와 신앙의 하나님은 모두 "존재자"가 되어서는 안 됨에도 우리는 늘 주객도식의 인식과 습관 속에서 하나님을 하나의 대상으로 전락시켜 버리는 착오를 겪는 듯합니다. 이 과정에서 하나님을 그 무엇보다 더 높이고자 하는 신앙절대주의는 종종 하나님을 존재자의 하나처럼 우상화시켜 버리는 어리석음을 범하면서도 그것을 알지 못하곤 하는 듯 보입니다.

존재사유-질문과 하나님 사유-질문은 서로 완전히 분리될 수도 동일시 될 수도 없는 사유의 길 위에서 특별한 "길동무"가 될 수 있지 않을까 생각합니다. 양자가 모두 대답을 추구하지만, 대답은 항상 다시 질문의 소용돌이 속에서 해체되고 새로운 길을 열어놓는 디딤돌의 구실 외에 다른 무엇을 하지 못하는 것도 두 사유의 길이 교차하는 지점이리라 생각합니다.

그런데, 문제는 질문은 우리에게서 나오지 않는 것이라고 생각합니다. 참된 질문이야말로 우리를 당혹케 하고 위험케 하고 어쩔줄 모르게 하는 것인데, 이 질문의 시원은 결코 우리 자신이 아니라는 생각입니다. 우리는 어쩌면 질문의 매개(medium)일 뿐인 듯합니다.

내 존재를 뒤흔들고 깨우고 각성시키는 존재-질문은 나 밖의 사건에서, 나 밖의 붙잡을 수 없는 그 어떤 무엇에게서 오는 것이 아닌가 합니다. 이런 면에서 성서는 하나님을 "질문하시는 하나님"으로 묘사하고 있습니다. 아담아 내가 어디 있느냐? 네 아우 아벨은 어디 있느냐? 인간을 찾으시는 하나님은 질문을 던지시는 하나님이며, 동시에 이 질문과 함께 질문에 부딪힌 인간실존을 뒤흔드는 분이라고 생각합니다.

어떤 면에서 기도의 시간이란 이런 하나님의 질문하심을 듣는, 마음에 담는, 감내하는 시간이라고 할 수 있겠죠. 질문에 사로잡히는 가장 수동적인 시간이겠지요. 존재자를 향한 눈을 닫고 닫혀진 세계가 열리는 존재사건을 경험하는 시간이겠지요. 스스로를 당황케 하고 뒤흔들며 거짓 자아를 깨뜨리고 참 나가 일어서기를 기다리는 시간이겠지요.

글이 길어졌습니다만, 이런 점에서 저의 생각이 목사님께서 앞에서 소개하신 글과도 큰 얼개에서는 "비슷"하지 않을까 생각합니다.

아직 시간을 내지 못해 (앞에서 말씀드린대로) 하이데거의 글 조각 하나 읽지 못했지만, 목사님과의 대화를 통해 하이데거의 "현재화된 종말론"(종말론이라는 표현이 하이데거에겐 어울리지 않겠지만, 불트만식으로 이해한 제 표현입니다) 또는 종말이 이미 드러와 자신을 비추고 있는 현존의 중요성을 읽게 됩니다. 존재자들이 노닐고 있던 그 바탕이 갑자기 지진처럼 무너지고 일어나는 존재사건을 다시 회상하게 됩니다. 하이데거의 이런 존재사건을 저는 신학적으로는 틸리히의 계시사건, 하인리히 오트의 성스러움의 경험 등, 어떤 면에서는 지극히 서구적인 착상으로 읽고 있었습다만, 목사님을 통해 선불교적인 시각에서도 접근이 가능하고 어쩌면 더 적실하다는 느낌을 받았습니다. 아뭏튼 공부를 더 하고 찾아뵙겠습니다. 이번 여름에 하이데거의 작은 소책자라도 하나 읽어보려고 합니다. 더운 여름 건강하십시오.

샤갈님!
제가 올린 〈철학함과 신학함〉의 원리에서 금방 "quaerens 와 신앙(하나님)사유, 질문하시는 하나님"을 읽어내시는 님의 인문학적 내공에 감탄을 금할 수 없군요. fides quaerens intellectum라는 명제에서 quaerens가 핵심이라고 읽을 수 있는 분이 우리중에 있다니 깜짝 놀랐습니다. 맞습니다. quaere(o), quaerens가 핵심이지요.

'신학함' 이란 '성서언어 혹은 신학' 이라는 언어(지식)체계를 넘어 "지금 이 자리, 바로 나 자신에의해 지속되는 신학적 수행" 이거든요. 저는 이것을 〈기독교(적) 형이상학〉으로 부르고 싶군요. 내 존재를 뒤흔들고 깨우고 각성시키는 존재물음과 존재자를 향한 눈(표상)을 닫고 닫혀진 세계가 열리는(大智) 존재사건을 '질문하시면서 찾아오시는 하나님 경험' 과 유비하신 안목은 탁월한 것입니다. 독일어 Geschichte(역사), Geschick(운명)란 말이 꼭 같이 고대 독일어 schicken(보내다, 섭리하다)에서 파생된 말이지요.

재충전하면서 하이데거를 읽으시겠다니 다시 뵐 시간이 기다려지는군요. 놀랄만한 성취가 있으리라 기대되고요. 나의 일상을 여지없이 허물며 〈질문하며 찾아오시는 하나님〉과 나와의 관계를 하이데거는 Da-sein(현존재 혹은 터있음), In-der-Welt-sein(세계 내 존재), Ex-sistentz(탈-존)등으로 해명하고 있지요. 이때 Da-sein(현존재 혹은 터있음), In-der-Welt-sein(세계 내 존재), Ex-sistentz(탈-존)에서 Da나 Welt는 경험적 시간-공간범주에서의 〈 '거기' 나 '세계' 〉가 아니라 선험적 공간이자 세계이며, 존재와 인간이 서로 부르고 응하며 놀이하는 자리 곧 '존재론적 우주(론)' 이지요. Physis입니다.

당연히 Ex-sistentz(탈-존)에서 Ex는 경험적 시간-공간범주에서의 〈이곳에서 저곳으로〉 혹은 〈(인간의) 몸안에서 어떤 다른 몸밖으로〉 이동하는 것이 아니라 〈열림 Lichtung〉 이자 〈초월 Transzendenz〉사건입니다. 이때

Lichtung은 '빛'이 아니라 '열림'이고 '빈터/트임'입니다. 님이 사용하신 '열리는' 혹은 '열림'이란 말속에 하이데거를 읽는 중요한 열쇠가 있다는 뜻입니다.

샤갈 2009-07-28 21:06:22

잘 지내셨는지요. 만우 목사님의 시원한 글을 기다리는 독자들을 위해 제가 우매한 흔적이라도 남겨야 할 듯해서 글을 올려봅니다. 예전에 써 놓았던 글입니다. 일본의 선불교학자이며 근대철학의 대부인 게이지 니시타니의 글을 읽으면서 나름대로 생각했던 것을 이리저리 꿰어본 단출한 글입니다. 하이데거의 사유를 선불교적 사유와 연관시켜 이해하고 계신 만우 목사님께서 적절한 코멘트를 해 주십사 하는 생각으로 올렸습니다.

1. 서구에서 현대성의 가장 큰 특징 중 하나는 무신론이다. 무신론은 단순히 신이 없다는 종교적인 의미로 이해될 것이 아니라, 인간존재가 의지하고 기대고 자리잡고 있는 근원적인 터전이 상실되었음을 의미한다. 이제 현대인은 바닥없는 땅 위에 서 있다. 한없이 꺼져내려갈 터 위에 서 있는 그의 실존은 불안하다.
2. 불안과 더불어 그는 고독하다. 터전이 사라졌기에, 교통할 수 있는 근거도 없다. 그는 오직 홀로, 위도 아래도, 옆도 없는 허무한 공간에 서 있다.
3. 그래서 자유롭다. 그래서 그는 주체가 된다. 자기 자신이 자기 자신의 주인이 된 것이다. 홀로 서 있는 고독한 실존은 불안하지만, 자유로운 주체로서 살아간다. 아니, 그렇게 살아가야 하는 운명에 처해 있다.
4. 이렇게 처해 있는 운명, 그것이 하이데거가 말한 "내던져짐"이며, 서구 형이상학의 "역운"이다.
5. 달이 차면 다시 기울듯이, 서구형이상학의 완성에 형이상학의 종말이

있다. 절대자로서의 신은 이제 인간주체의 투사물로 판정받고, 모든 만물의 최종근거였던 신은 이제 주체로서의 인간에게 자리를 내 주어야 했다. 니이체의 말대로 "신은 죽었다." 아니, 진실로 "우리가 그를 죽였다."

6. 신이 살해된 자리에, 신의 무덤 위에 홀로 서 있는 인간에겐 무한한 자유가, 제약없는 자유가 운명처럼 던져졌다. "신이 없다면 우리는 무엇이든 할 수 있다."는 도스트예프스키의 말은 철저히 자유롭도록 저주받은 인간의 운명을 말해준다. 인간은 이제 뭐든지 스스로 선택해야 한다. 동시에 어떤 행동의 근거를 자기 밖의 무엇에서 찾을 수가 없다. 인간은 "그냥" 할 뿐이다.

7. 이 철저하고 무한한 자유는 새로운 가치 형성을 위한 허무(虛無)의 공간이다. 이제 인간은 이 자유를 어떻게 다스려야 하는지를 묻게 된다. 신 없이 어떻게 신의 나라, 평화와 정의와 자유의 나라를 이룰 수 있을지를 묻게 된 것이다. 신없이 홀로 선 인간의 자유의 카오스에서 어떻게 코스모스를 이룰 것인가를 인간은 묻게 되었다.

8. 게이지 니시타니는 신의 죽음과 함께 열려진 인간의 주체성이 비록 무를 말한다고 하지만, 이 때의 무는 절대무가 아니라, 인간이 딛고 설 수 있는 새로운 바닥의 역할을 한다고 본다. 즉, 신이라고 하는 절대적 발판이 붕괴된 곳에 인간은 다시금 자기자신의 주체성을 발판으로 깔아 놓은 것이다. 마치 허무의 공간에 서 있는 듯하지만, 철저히 자기자신에게 폐쇄된 자기독백적 주체성이 무(無)라는 이름을 하고 있을 뿐이다. 불교적인 입장에서 볼 때, 이것은 다름아닌 자기집착의 산물이다. 이는 단견공(斷見空)일 뿐 절대공(絶對空)은 아니다.

9. "싸르트르처럼 자기 존재의 근저에 무가 있다고 볼 때, 그것은 자기에게 근저가 없다는 말이나, 거기에서는 '근저가 없다(無)'라는 무(無)가 오히려 벽처럼 서서 가로막아 일종의 근저가 되고, 근저가 있다(有)는

것으로 바뀐다.(즉 무에 얽매이게 된다.) 절대공은 참으로 바닥이 없으며 거기에서는 하나의 꽃도 돌도 구름도 우주도 삶도 죽음도 바닥이 없이 현전한다. 진실한 자유는 이렇게 바닥이 없으나 싸르트르가 말하는 자유에는 아직 속박이 있다. 싸르트르의 자유에는 자아의 투사가 말뚝처럼 박혀 있어서 거기에 자기가 매어져 있다고 할 수 있다. 그것은 또 다른 대상에 '집착' 하는 입장이다. 그것은 자유라고 할 수 있는 입장이긴 하나 그 자유는 보다 근원적으로 보건대, 도리어 가장 깊은 속박이다."

10. 니시타니는 여기서 한걸음 더 나아가, 이러한 무신론적 주체성의 주장이 유신론적 입장에 서서 인간의 주체성을 이야기 해 왔던 기독교 신학이 고려해야 되는 제일과제라고 말한다. 그는 서구의 사상사는 기독교의 메시지가 지향했던 신 앞에서의 인간의 복종과는 반대의 길을 걸어와서 이제 무신론에 정착했는데, 그 근원이 오히려 기독교 자신의 메시지에 있지 않느냐고 묻는다.

"기독교는 근대의 무신론을 단순히 배제해야 할 대상으로 보아서는 안 된다. 또 그렇게 보여질 수도 없다. 그것은 오히려 자신의 새로운 전개를 향한 매개로 받아들여져야 한다."

"어쨌든 근대인이 기독교로부터 괴리되는 방향으로 달려왔다는 사실은 기독교의 어떠한 점에 문제가 있었기 때문일까."

11. 역설적으로 니시타니는 인간의 죽음, 즉 실존적 자아의 죽음을 말한다. 주객의 대상적 인식에 머물러 있는 자아, 그 자아의 죽음에서 참된 자유가 있다고 본다. 기독교의 하나님은 바로 그 자아의 죽음을 초래케 하는 분이시다. 그는 주체로서의 자아에 대해 하나의 대상으로 객체화되어 생각되어서는 안된다. 신의 편재성은 자아의 죽음에서 일어난다. 주체로서의 내가 죽을 때, 신은 모든 곳에 현존하게 된다. 이것은 신앙의 역설이다. 신앙은 무에서 유를 보고 유에서 무를 보는 역설의

논리이다. 절대타자이신 하나님과 구별되는 현존의 세계에서 초월자를 만나는 역설이다. 다시금 초월자를 만난 그 현존의 세계는 다시금 그저 무신적인 세계일 뿐이다. 신을 만나는 나는 이미 실존적으로는 죽어버린 나이다. 그렇기 때문에 신은 더 이상 대상이 아니다. 신은 나의 죽음 안에서 자각되며 현존한다.

샤갈님!
짊어지지 않아도 좋을 짐을 짊어지고 계시는군요.
파란치님(〈광장〉의 오랜 논객 중 한 분으로 시인이자 목회자인 L목사의 필명이다)투로 말씀드리면 "쓸데없는 의무감에 짓눌려 사는 것은 만수무강에 지장을 초래한다" 뭐 그런 말이 있대지요. ㅎㅎㅎ

제기하신 문제자체가 심중한데 그 문제와 소통하기 위해 등정해야할 봉우리들이 많군요. 가령 교토학파, 니체, 토스토에프스키, 사르트르, 등 어느 것 하나 만만한 봉우리가 없군요. 답글이 늦은 것은 제가 사적(私的)으로 분주했기 때문이기도 했지만 님이 제기하신 문제를 도대체 어느 수준에서 어디까지 논의해야할 지 가늠하기가 어려웠기 때문이었군요. 〈광장〉의 독자들이 철학전문가들이 아니라 거의 목회자들인데 이러한 논의가 과연 그분들에게 유익한 것인지 확신도 없었고요.

우선 샤갈님이 "니시다의 글을 읽으면서(샤갈님) 나름대로 생각해본 글"이라고 했는데 어디까지가 님의 생각이고 어디까지가 니시다의 텍스트인지 정확히 구별되지 않는군요. 얼핏 단상(斷想)1-7까지와 11을 님의 생각으로 단상8-10은 니시다의 텍스트로 읽을 수 있겠고 단상의 주제는 (현대의 무신론적 형이상학의 터에서) 〈기독교 형이상학의 회복을 위한 단초

정도로 새겨 좋을 듯 하군요. 어쩌면 〈무신론적 주체성과 기독교적 주체성〉의 문제로 환원시켜도 큰 무리는 없을 듯 하고요.

　니이체의 "신은 죽었다" 혹은 "우리가 그를 죽였다"라는 명제에서 신(神)을 서구형이상학의 근거로 읽으신 것과 주체성을 자유와 관련시킨 님의 안목은 탁월한 것입니다. 인간존재의 주체성의 영역은 곧 자유의 영역이지요. 하지만 〈실존 혹은 주체성의 자유〉와 관련된 문제는 님이 집중하고 있는 것처럼 〈무신론〉의 문제에서만 비롯되는 것이 아니라 님이 단상11에서 적시하고 있는 것처럼 〈실존적 죽음〉과도 필연적인 관계를 가지고 있습니다.

　니시타니가 인간의 죽음, 즉 실존적 자아의 죽음을 말하고 이때 실존적 자아의 죽음을 '주객의 대상적 인식에 머물러 있는 자아'로 규정하고 그 자아의 죽음에서 참된 자유가 있다고 본 것은 바로 이러한 사태를 정확히 지적하고 있는 것이지요. 예컨대 사르트르가 인간의 존재에서 사물적, 동물적인 요소를 모두 제거하고 진실로 인간적인 존재로 확보한 최후의 핵심은 〈실존(實存)〉이었지요. (사르트르의 '실존'은 니시타니가 위에서 언표한 '실존'과 격이 다른 것으로 구별해야 합니다.) 인간의 가장 인간적인 차원인 실존은 (심리적 존재인 自我와 구별되는) 〈자기(自己)〉로서 (自意性과 구별되는) 〈自發性〉에 의해서(自體同一性identite'과 구별되는) 〈自己同一性 ipse'ite'〉을 (타성이 아니라) 〈초월〉의 방식으로 확보하는 (존재자가 아니라) 〈존재가능성〉이며 이러한 자유의 가능성을 (불순반성이 아니라) 〈순수반성〉에 의해서 스스로 확인하며 존재하는 것이지요. 사르트르의 '인간존재론'을 〈자유의 현상학〉으로 부르는 까닭이지요.

*자작나무님(〈광장〉의 대표적 논객이자 목회자인 P목사님의 필명이다)이 쉽게 풀어달라

고 하신 -자신을 위한 것이 아니라 타인을 위한 배려이겠지만-부탁대로 조금 쉽게 풀어내면 〈인간이 무엇인가?〉를 묻는 인간의 정체성self-identity 문제와 관련하여 심리적, 과학적, 실증적 인간이해의 뿌리 곧 주객도식의 자아론은 인간이 자연의 일부분이라는 인간이해에 닿아 있고 이러한 인간이해는 어떠한 경우에도 인간이 생물학적, 사회구조적 인과율causality에서 자유로울 수 없다는 전제가 깔려있는 것이지요.

니시타니가 '싸르트르의 자유를 여전히 자아의 투사' 로 읽고 심지어 그것을 〈집착〉이라고 규정한 것은 사르트르의 〈존재와 무〉가 본질적으로 선험적 인간이해이긴 하지만 하이데거식으로 표현하면 여전히 〈존재자표상〉에 머물러 있다고 생각했기 때문입니다.

사족: 샤갈님이 니시타니의 "싸르트르처럼 자기 존재의 근저에 무(無)가 있다고 볼 때, 그것은 자기에게 근저(根柢)가 없다는 말이나, 거기에서는 '근저가 없다(無)' 라는 무(無)가 오히려 벽처럼 서서 가로막아 일종의 근저가 되고, 근저가 있다(有)는 것으로 바뀐다"라는 텍스트를 인용하셨는데, 그 문절의 뜻을 이해 못할 바 아니지만 '존재의 근저에 〈무(無)가 있다〉' 는 표현은 '존재의 근저가 〈무(無)다〉' 로 교정되어야 할 듯하군요. 〈 '있다' 혹은 '이다' 〉라는 말 자체가 이미 〈존재〉를 전제하고 있기 때문에 자칫 무(無)를 존재자로 표현하는 방식은 조심해야 한다는 뜻이지요.

이땅에 이미 사르트르연구회가 결성되어 있음에도 사르트르의 〈존재와 무〉를 철두철미 철학적으로 소화해 낼만한 사람이 얼마나 될까? 의심스럽군요. 사르트르를 이해하려면 쉘러의 〈철학적 인간학〉, 후서얼의 〈현상학적 자아〉, 하이데거의 〈존재사유〉 모두에 정통해 있어야 하거든요. 사르트르의 무는 우리가 쉽게 생각하는 그런 의미에서의 무가 결코 아니거든요.

채광수 목사 2009-08-01 09:27:04

하하‥ 만우선배님과 샤갈님의 대화가 무척 흥미 진진하게 기대가 됩니다. 저는 오늘 일일취업안내소에서 구직자중 심리학과 출신이 있어서 대화를 나누던중 허무주의에 사로잡혀서 이야기하는 도사(자칭)를 만났습니다. 그의 논리는 인생이란 허무하다 이거더군요. 군대에 빽을 써서 들어갔는데 그곳에 가니 더 큰 빽을 써서 들어온 놈이 자신을 괴롭히더라. 호랑이를 잡으려고 쫓아다니면 안잡힌다. 힘만들고 그놈이 올때까지 기다리면 잡힌다. 그러니 일거리도 찾으려고 애쓸 필요없다. 가만히 기다리면 언젠인가는 오게 돼있다. 뭐 이런 식이죠. 그러니 인생이란 것이 잘되려고 애쓸 필요없다하는 것입니다.

뭐 이런 류의 이야기는 불교적 사유와 인도의 종교적 사유에서 우리가 흔히 듣던 이야기들인데 이 친구가 이런 류의 이야기를 하면서 우리 가족들을 홀리고 있더라구요. 가뜩이나 패배의식과 삶에 지쳐있는 사람들을 향해서 말입니다. 그래서 제가 그것은 허무주의 사상이요. 라고 정식 반박을 하면서 기독교적인 정신의 희망을 이야기 해주었답니다.

지금 부산은 이런 류의 이야기가 먹히는 환경입니다. 아무튼 두분의 대화가 너무나도 흥미 진진합니다. 예화도 들어 주시면서 이야기 해주시면 더 좋겠습니다.

만우0808 2009-08-05 22:40:10

<만우객담> 방의 지우들께

샤갈님과의 문답중에 자작나무님, 참사랑님, 채광수목사님, 파란치님이 메모를 남겨주셨네요. 너무 너무 감사합니다. 샤갈님과의 문답에 집중할 필요가 있어 여러분들이 남긴 의미 있는 메시지에 제대로 된 답글을 올릴 수 없었군요. 널리 양해를 구합니다.

채광수목사님은 사르트르, 까뮈, 키에르케고르의 실존과 하이데거에 대한 나름대로의 사색을 언급하셨는데 성의있는 소통을 못해드려 특히 죄송하고요. 님의 바램대로 올가을 대구 동성로와 계대 교정을 함께 거닐며 교유할 수 있기를 기대합니다. 계대성서캠퍼스는 가을에 사색하기 좋은 공간이기도 하지요.

님이 사르트르의 『구토』, 『실존주의는 휴머니즘이다』를 읽으셨다니 놀라운 일이군요. 『구토』는 가장 철학적인 문학작품으로 사르트르의 데뷔작이고 『실존주의는 휴머니즘이다』는 사르트르철학의 가장 통속적인 해설이자 강연이지요. 사르트르는 평생 오직 하나 <인간이란 무엇인가?>라는 물음, 곧 <인간의 본질> 해명에 전념했던 지성의 거인이었지요.

인간의 주체성, 개체성에 착안하여 인간의 내면적 본질구조를 해명한 것이 『존재와 무』로(1943)로 집대성되었고 그 사회성, 역사성에 입각하여 외면적 관계구조를 분석한 것이 『변증법적 이성비판』(1960)으로 집대성되었지요. 사르트르는 전자에서 경험주의 심리학에 도전하여 현상학적 방법으로 <의식>의 선험적인 주체성을 확보했고 후자를 통하여 실증주의 사회학에 도전하여 변증법적 방법으로 <실천 praxis>의 역사적인 주체성을 변증하였지요.

님이 이미 읽으셨다는 『구토』는 난해하기로 유명한 소설이지요. 사르트르의 『구토』는 인간이 경험하는 모든 존재자들이 언제나 '거기에 그렇게' 일정한 의미와 가치와 역할과 질서를 가지고 있는 듯 보이지만 다시 한번 적나라하게 그것들과 정면으로 대면하면 지금까지 우리가 그것들에게 부여한 확고한 실상은 무너져 내리고 제멋대로 빙글빙글 돌거나 흐물흐물 녹아 내리거나 징그럽게 엉금엉금 기어다니는 듯이 느껴질 수 있다는 것이지요.

〈도대체 왜 저들(神을 포함한) 존재자들이 우리가 늘 그렇게 부르는 대로 일정한 존재자들이어야만 하고 아무것도 아닌 것은 아닌가?〉라는 형이상학의 근본 문제를 제기할 때 우리는 현기증을 느끼지 않을 수 없다는 뜻입니다. 사르트르는 『구토』를 통해 생리학적 의미의 구토는 〈형이상학적, 존재론적 구토〉에 근거하고 있다는 사실을 주장하고 있는 것이지요. 『존재와 무』(1943)가 "원치않는 전쟁에 동원되는 경우에도 최악의 경우에는 자살이라는 선택이 있는 한 인간은 자유롭다"는 사르트르의 자유의 현상학의 절정이라면 『변증법적 이성비판』(1960)에서 사르트르는 실존주의와 마르크스주의의 합류를 선언합니다. 그의 후기사상을 〈네오 마르크시즘〉 혹은 〈신실존주의〉로 부르는 까닭이지요.

사르트르와 까뮈와의 관계는 사르트르의 평생반려자인 보브와르의 소설 Les Mandarin에서 사르트르와 까뮈 사이의 논쟁을 소설적으로 묘사한 바 있으며 사르트르와 키에르케고르와의 관계와 관련하여 사르트르는 키에르케고르 탄생150주년 경축행사의 하나로 1964년 4월 21일에서 23일까지 파리에서 열린 유네스코주최 국제 토론대회에서 「개체적 보편」이란 제목으로 키에르케고르에 대한 재해석을 시도하였습니다.

이 강연에서 그는 〈인간은 역사적 제약하에 있는 한 보편성을 갖지만 , 또 한편 부단이 주어진 역사를 초월하는 점에서는 유일한 개체 즉 자기존재로서의 실존이다〉라는 명제를 특히 강조하였지요. 키에르케고르의 실존은 사르트르를 통해 비로소 실존주의로 고양된 것으로 보아 무리가 없을 것입니다.

(이 토론에는 사르트르외에도 마르셀, 야스퍼스,하이데거, 발 Jean Wahl, 골드만 Lucien Goldmann, 보프레 Jean Beaufret등 저명한 철학자들이 각각 키에르케고르에 관한 논문을 발표하고 집단 토의를 가졌으며 그 내용은 1966년 갈리마르사(社)가 Kierkegaard vivant 이란 토론제목 그대로 출판했지요.)

샤갈 2009-08-09 21:05:38

만우 목사님, 그동안 평안하셨는지요. 간간히 광장에 들어와 짧은 토막글을 남기고 가곤 했습니다만, 하이데거 한 줄이라도 읽고 질문을 드리겠다는 그 약속을 차일피일 미루다가 이제야 고개를 내밀어 봅니다. 하이데거는 제겐 여타의 철학자들과 마찬가지로 탐독하고 숙독해야 겨우 알아들을 수 있을 듯한 난해한 인물이지만, 탐독/숙독할 시간적, 공간적, 심리적 여유를 찾지 못하고 지내는 형편입니다.

오늘은 예전에 읽었던, 이미 잘 알려진 글로 제 물음을 드리고자 합니다. "..... 그것은 곧 〈형이상학은 존재-신론이다.〉라는 말이다. 신학이 그리스도 신앙의 신학이든 철학의 신학이든, 이러한 신학을 그것의 근원적인 유래로부터 경험하고 있는 사람이라면, 그는 오늘날 사유의 영역에서 신에 대하여 침묵하는 것이 좋다. 그 까닭은, 형이상학의 존재-신론적 성격이 (앞으로의) 사유를 위해서는 의문스러운 것이 되었기 때문이다. "(하이데거/ 신상희 옮김, [동일성과 차이], 46-47.)

제가 올바로 이해했다면, 하이데거는 기존의 형이상학의 궤적을 따라가는 신학을 거부하면서도 이러한 형이상학에 대한 저항의 단초를 찾고자 "어떻게 해서 신은 철학 속으로 들어와 문제로 등장하는 것일까?"(47)라는 물음을 던지는 듯 보입니다.

이러한 하이데거의 생각을 따라 기존의 형이상학의 틀 안에서는 신적인 신(참으로 신인 신)을 사유할 수 없다고 한다면, 과연 하이데거에겐 형이상학 없는 신학은 어떻게 가능한지 묻고 싶습니다. 만우 목사님께서도 염두에 두셨지만, 광장의 논객들이 거의 모두 목회자이기 때문에 이 문제는 상당히 중요하게 취급되어야 하지 않을까 생각합니다. 우리는 항상 하나님을 모든 사건의 근거내지는 원인으로 이해하는데 익숙한데 - 저는 이런 생각이 형이상학적 신론의 출발점이며 귀결점이라고 봅니다. - 하이데거는 이러한 신관에 대해 반감을 표시하고 있지만, 그렇다고 소위 무신론을 주장하려고 하지도 않습니다. 기존의 유신론과 무신론을 넘어가는 제3의 길을 하이데거는 어떻게 그리고 있는지요?

되돌아 써 놓은 글을 보니, 질문이 어눌하기 짝이 없는데 넓은 아량으로 이해해 주시기를 바라며 이번에도 우문현답을 기다립니다.

만우0808   2009-08-11 22:51:17

샤갈님! 하이데거의 저술들은 샤갈님만이 아니라 저에게도 언제나 숙독하지 않으면 열리지 않는 난공불락의 성채입니다. 어제 모처럼 스승을 저녁식탁에 모셨는데 스승은 지금도 "하이데거의 글들을 읽으려면 선사(禪師)들의 선정(禪定)같은 상태에 들어가야 한다"고 하시네요. 이해가 아니라 그속에 〈풍덩〉 뛰어 들어가야 한다는 뜻이지요. 스승은 특히 철학(수행)깨나했다는 사람들이 쉽게 주객도식을 넘어선 사유, 주객일여, 존재와 사유의 일치 등등을 말하지만 그들 대부분이 '사기꾼들'인 것을 경계하셨지요.

샤갈님이 제기하신 물음은 얼핏 외견상 "하이데거에게 있어 (진정한) 형이상학 없는 신학은 어떻게 가능한지?" 또 "기존의 유신론과 무신론을 넘어가는 제3의 길은 무엇인지?"로 요약할 수 있겠군요. 제 생각에 이러한 물음은 〈하이데거의 형이상학에서 전통적 신학 혹은 기독교신앙의 가능한 자리가 어디인지?〉혹은 〈전통적 신학 혹은 기독교신앙의 입장에서 하이데거의 형이상학을 어떻게 수용 또는 극복할 수 있겠는지?〉의 물음으로 환원될 수 있을 듯 싶고요. 이러한 물음에 대한 대답은 아무래도 샤갈님이 제기한 "어떻게 해서 신은 철학 속으로 들어와 문제로 등장하는 것일까?"라는 샤갈님의 하이데거해석을 단초로 삼아야 할 듯 하군요.

(1) '형이상학' 이란 말의 기원과 의미

'형이상학' 이란 명칭은 『주역』「계사(繫辭)」상전(上傳)(12)에서 언급된 "형이상자 위지도 형이하자 위지기(形而上者謂之道形而下者謂之器)"에서 유래된 것으로 알려져 있습니다. '형이상학' 이 '형이상자에 관한 학문' 이라면 그리고 '형이상자' 가 '도(道)' 를 지칭한다면 '형이상학' 은 결국 '도에 관한 학문' 즉 '도학' 으로 지칭될 수 있을 것입니다. 이에 비해 '형이하학' 은 '기학(器學)' 이며 도구적 이성이 추구하는 '기술지(技術知)' 즉 '실증과학' 혹은 '분과학' 을 지칭하는 것이지요.

또 한편 '형이상학' 으로 번역된 희랍어 'Metaphysik' 은 'metaphysica', 정확하게는 'meta ta physica', 더욱 정확하게는 'ta meta ta physica' 이지요. 주목해야 할 것은 'metaphysica' 는 'ta meta' 와 'ta physica' 의 합

성어이기에 당연히 '원-어Urwort' 가 아니라는 뜻입니다. 'metaphysica'
의 참뜻을 이해하기 위해서는 'meta' 와 'physica' 의 뜻을 해독해야 한다
는 것이지요.

널리 알려져 있듯이 'ta meta ta physica' 라는 말은 아리스토텔레스 사후
(死後) 그의 '유고(遺稿)' 를 정리하던 과정에서 〈제일철학prote philosophia〉
에 관한 내용들이 '자연학Physik' 부분 다음에 편집됨으로써 말그대로
'자연학 다음 ta meta ta physica' 으로 분류되고 또 그렇게 불려진 것이지
요. 이때 'ta meta' 는 원래 (자연학의) 다음에daneben, (자연학의) 뒤편에
hinter라는 뜻이었지만 'ta meta ta physica' 가 라틴어 'metaphysica' 로
번역되는 과정에서 'meta' 의 의미는 '이후post' 에서 '초월trans' 의 의미
로 한정되어 사용되어 버렸던게지요.

Physis와 관련해서는 하이데거가 희랍 전래의 '자연학 episteme
physike' '은 원래 ' 자연적인 것의 총체 ta physica ' 즉 자연자체 physis에
대한 'logos' 곧 ' physiologos' 였으나 아리스토텔레스에 의해 '자연학
'이 〈제일철학 prote philosophia〉으로 변모한 사실을 주목하고 원-어' 로
서의 'physis' 를 독창적이고 근원적으로 재해석하여 'physis' 를 단순히
'Natura' 가 아니라 '화육' 혹은 '존재자 전체의 자기 형성적 섭리sich
selbst bildende Walten des Seienden im Ganzen' 로 번역, 해명한 것을
단지 지적해두는 것으로 대신해야겠군요.

(2) 형이상학과 존재론의 관계
아리스토텔레스의 〈제일철학〉은 본래 '존재자로서의 존재자' 를 다루
는 학문 즉 존재자를 '그 자체로서' 그리고 '그 전체성에서 ' 묻는 학문입

니다. 이때 〈존재자전체 ta physica〉를 묻는 물음은 그 '보편성' 과 '원인성' 을 묻는 것이고 존재의 보편성을 묻는 것은 존재를 존재자이게하는 〈존재자성 Seiendheit, ousia〉을 묻는 것이며 이러한 물음에 종사하는 학문이 존재론입니다. 이를테면 실체, 속성, 관계, 양상 등등의 다양한 범주에 관한 논의가 그 대표적인 과제이지요. 존재자 그 자체를 그 전체성에서 묻되 그 원인성을 묻는 것은 결국 최종적, 궁극적 원인으로서 부동(不動)의 동자(動者), 혹은 자기원인으로서의 신(神)을 묻는 물음이고 이러한 물음에 종사하는 제일철학은 신론(神論) 곧 신학(神學)인 것이지요. 서구의 전통적인 형이상학이 〈존재-신론〉이며 이러한 형이상학은 샤갈님이 아래 니체의 "신(神)은 죽었다"라는 명제에서 신(神)을 단순한 신앙의 대상으로서만이 아니라 서구 형이상학의 근거 Grund 로 읽었을 때 이미 정리된 것으로 보이는군요.

하이데거가 『존재와시간』에서 수행한 〈기초존재론 Fundamentalontol -ogie〉은 쉽게 말해 '형이상학의 정초작업' 혹은 '형이상학의 근거를 묻는 일' 을 목표하고 있는 〈형이상학의 형이상학〉 혹은 〈메타-형이상학 meta-metaphysik〉으로 읽어 무리가 없을 것입니다.

(3) 〈하이데거의 형이상학에서 전통적 신학 혹은 기독교신앙의 가능한 자리가 어디인지?〉 혹은 〈전통적 신학 혹은 기독교신앙의 입장에서 하이데거의 형이상학을 어떻게 수용 또는 극복할 수 있겠는지?〉

하이데거의 형이상학은 이미 서구의 전통적 '존재-신론' 을 〈존재망각〉으로 규정했기에 〈하이데거의 형이상학에서 전통적 신학 혹은 기독교신앙의 가능한 자리가 어디인지?〉의 물음은 저절로 대답이 된 것으로 여겨

도 좋을 듯 하군요. 하이데거에게 샤갈님이 제기한 바, 제3의 길은 애초 불
가능한 것이지요. 저도 20여 년 이상 이 과제를 해결하기위해 집중하고 있
는 중이고요. 하지만 이미 제가 아래에 올려드린 2편의 논문중 〈하이데거
와 카르납〉의 논쟁에서 적시한 것처럼 담론은 언제나 담론을 넘어 실천과
관련된다는 점을 다시 한번 환기시키고 싶군요. 하이데거의 〈존재사유〉
는 단순한 지적 유희가 아니라 우리가 지금 당면하고 있는 모든 현안들에
대한 근원적 진단이고 처방이기 때문입니다. 하이데거는 지금 우리가 겪
고있는 온갖 문제들의 근본원인이 결국 〈존재망각〉으로 인한 인간의 〈작
위〉라고 진단하고 또 처방하고 있기 때문입니다.

　샤갈님의 물음에 대한 대답을 위한 하나의 작은 단서로서 하이데거의 〈
최후의 신(神)〉을 주목해 줄 것을 당부하고 싶군요. 하이데거의 〈최후의 신
〉을 굳이 전통적 기독교시각으로 해석하기에는 무리가 있겠지만 어떤 하
이데거해석자는 신(神)을 존재자로 표상하고 그 표상된 신(神)의 이름으로
저질러지는 온갖 인간의 욕망체계에 함몰된 기독교가 아닌 원래의 진정한
신(神)으로 읽어보려고 시도하곤 했었지요. 하이데거가 언급한 〈최후의 신
(神)〉은 결국 〈최초의 신(神)〉이고 어쩌면 표상되지 않은 진정한 〈그분〉인
지도 모르니까요.

샤갈 2009-08-12 11:17:31
　만우 목사님께서 주신 답변에 감사하며 제 감사의 뜻을 Angelus Silesius
의 시로 감히 대신합니다. God is a pure no-thing,

   concealed in now and here:

   the less you reach for him,

   the more he will appear.

파란치와의 대화

(이 글은 역시 〈광장〉의 대표논객 중 한 분인 파란치님과의 짧은 담론을 옮긴 것입니다.)

만우님께

에크하르트 애기나 인문주의자들 애기 또는 아리스토틀이나 아퀴나스 애기들이 더불어 말하고 있는 영성, 신성, 신의 내재성이 우리- 어거스틴의 절대 타자로서의 하나님에 더 많이 익숙한 - 들에게 불경의 경지처럼 여겨져서 감히 더 깊이 드려다 볼 엄두도 못냅니다.

깊은 물을 그 시퍼렇게 깊은 물을 이무기가 들어 앉아 딴 세상을 짓고 있을 법한 산속의 깊은 물을 차마 외경심을 가지고 드려다만 보다가 결국은 명주실 몇 타래 풀어도 그 끝에 닿지 못한다더라는 전설적인 애기로 슬거머니 마무리 짓고 말던 꼴 하고 닮아 있지요.

그 시퍼렇고 깊은 물이 그렇게 칼칼한 맛을 줍니다만은 그거 탐내다가 이무기한테 잡혀 먹히지 않을지요. 우리 대빵 예수님은 여성 영웅- 숭실대 교수 구미정의 표현 - '수가댁' 더러 네 속에서 생수의 샘이 터져라 ! 그러셨지요. 그 속에서 생수 터진 자리가 에크하르트가 일러내거나 들어 앉으려고 하는 또는 말씀하신 칼 융이 인정하는 인격적 내재성이나 또는 관상이나 명상을 통해 무엇인가를 추구하는 주체로서의 내면의 어떤 것과 말짱 다 같은 것이어야 하는지 아니 같자고 하는 작위인지. 그게 당최 궁금하다는 말씀입니다.

그거 자꾸 들여다 봐도 이무기가 안 잡아가요?. 이성은 그 한계를 어디다 규정해야 하나요? 자꾸 꾸물대는데 어거스틴은 이무기 되게 무서워하게 만드는데. . . . . 그 대답 일러줄 이는 조선 팔도에 만우님 뿐이십니다. 잘 일러 주십시오. 제게 10년도 넘게 써온 茶罐이 있어요. 그 꼭지를 밥쟁이가 설거지하다 깨 버렸어요. 그래도 찍 소리 못하고 새로 하나 사 왔는데요. 거기다 새로 우린 보이차가 가을을 가득 담아다 주네요

파란치님

파란치님이 들여다보고 있다는 마치 이무기가 살고 있을 것같이 시퍼렇고 깊은 물은 님의 '심리적 이중성' 을 극명하게 드러내고 있는 것으로 보이는군요. 정통신앙과 인문학적 향기사이의 극과 극의 갈등말입니다. ㅎㅎ ㅎ 원래 이무기나 용(龍)의 개념이 인간의 망상이듯이 님의 심리적 두려움 자체도 단지 망상일 뿐인 듯 싶군요. 불가(佛家)에서는 번뇌(煩惱)의 뿌리를 정(情)으로 망상(妄想)의 뿌리를 지(知)로 간주한다지요. 그들 방식으로 말씀 드리면 "아는 것이 많아서 망상도 깊은" 것으로 보이는군요. ㅎㅎㅎ

파란치님의 심리적 이중성을 융의 분석심리학으로 표현하면 의식과 무의식의 대극성((Gegensäzlichkeit)의 한 유형인데 이러한 대극성을 '자기' (das Selbst)의 〈자기원형(Selbstarchetypus)〉적 기능인 보상기능과 초월기능을 통해 합일하고 초월하는 것이 바로 저 유명한 융의 〈자기실현〉이지요. 온전한 치유입니다. 이때 '자기' (das Selbst)개념은 당연히 '일상의 나' 이자 '경험적 나' 인 〈자아(Ego)〉와 구별되는 '본래적 나' 이자 '선험적 나' 인데 이러한 '자기' (das Selbst)는 당연히 의식초월적(bewusstseinstranszendent) 존재이기에 절대지(絕對智 absolutes Wissen) 혹은 절대의식성(absolute

Bewusstheit)을 그 본성으로 하게 되지요.

　조금 상세히 말씀드리면 자기의 절대의식성이란 자아의 상대적 의식성 즉 분별성과는 달리 무분별성의 평등일여(平等—如)를 드러내는 그야말로 상대(相對)를 끊어버리는 초월성(Transzendentalitat) 곧 절대성을 그 특징으로 한다는 뜻이지요. 이 초월성은 〈원형(Archetypus)〉의 초월기능에 의해 일어나는데 융의 '집단무의식'(das kollektive Unbewusste)개념은 〈때로 초개인무의식(das überpersönliche Unbewusste) 혹은 비개인무의식(das unpersönliche Unbewusste)으로 표현하기도 하는데〉 원형에서 비롯된 것이고 모든 원형은 중심원형인 〈자기원형(Selbstarchetypus)과 관계하고 그것에로 귀일하기 때문에 자기원형 혹은 '자기'로 대표되는 것이지요.

　원형 그 자체는 누미노제(das Numinose)를 지닌 '자연의 빛'(lumen naturae)으로서 의식으로는 파악할 수 없는, 우리들 내부에서 스스로 작용하고있는 어떤 것(etwas in uns selber Wirkendes)인데 단지 체험할 수 있을 뿐이지요. 요컨대 융의 분석심리학은 철두철미 "인간이 무엇인가?"의 정체해명을 핵심으로 하고 있는데 융은 인간의 본질을 〈정신의 전체성 혹은 전일성〉으로 해명하고 이 신비한 전일성을 '자기'(das Selbst)개념으로 설명하고 있는 것이지요. 융의 정신치료는 결국 인간의 '자기'(das Selbst) 전일성을 회복시키는 것을 목표하고 있다는 것이지요.

　프로이트의 무의식이 개별적, 억압적 본성을 지녀 어찌보면 감당할 수 없는 '괴물'처럼 간주되는 것과 달리 융의 무의식은 보편적, 선험적 본성을 지녀 선험적 자기의, 자기실현의 길을 열어놓은 것이지요. 프로이트의 무의식을 '본능론'으로 융의 무의식을 '본성론'으로 구별하는 이유이기

364　이정표(里程標)

도 하고요. '도그마' 아니냐구요? 도그마가 아니라 과학적 판단이지요. 프로이트학단의 황태자였던 융이 프로이트와 결별하게 된 분수령이기도 하고요.

또 한편 Meister Eckhart의 思辨的 神秘主義 사유구조는 크게 3가지 기반을 가지고 있는 것으로 알려져 있지요. 신플라톤주의로부터 획득한 〈일자(一者)로서의 존재〉, 아퀴나스로부터 비롯된 〈존재로서의 신(神)/esse est Deus〉과 아퀴나스의 신학적 기반인 아리스토텔레스의 〈개별자의 본질로 나타나는 보편자 즉,이데아〉 그리고 바로 Eckhart의 고유한 사유구조인 '존재의 선험주의' 입니다. 핵심은 그의 '존재 선험주의' 이고 다른 기반은 어쩌면 종속적인 요소일 가능성이 많아 보이는군요. '존재의 선험주의' 는 곧 '자아의 선험주의' 와 동일한 표현이기 때문입니다. 그러기에 Eckhart의 '일자(一者)와의 합일' 은 "더 나은 자아에 이르는 길" 이고 〈존재로서의 신(神)과 신성으로서의 인간 영혼〉이 하나 되는 사유인 것이지요. 그의 신비를 단순히 누미노제나 엑스타시가 아닌 더 근원적인 인간이해가 본질이라고 주장하는 이유입니다.

파란치님! 파란치님의 내적 갈등에 답을 줄 사람이 조선팔도에 만우밖에 없다는 표현은 많이 심하다는 생각이 드는군요,ㅎㅎㅎ 어거스틴이나 아퀴나스도, 칼빈이나 루터나 웨슬레도, 이명직이나 조용기도 한 시대를 주님의 손에 쓰임받은 종들일 뿐이지요. 그분들의 삶과 사유가 때때로 우리의 스승이고 이정표일 수 있겠지만 진정한 내 자신의 삶은 내 스스로 그 길을 열어가는 것이지요. 자기 자신이 자기 자신의 가장 본질적 스승이고 도반이며 이정표여야 한다는 뜻입니다. 배움의 길에 우리 형편이 허락하는 만큼 열심히 배우고 닦아야 하겠지만 어떤 경우에도 그분들의 생각이

나 저술속에 묶여있지 말라는 뜻이기도 하고요.

단지 저는 아래 글 어디에선가 고백했던 것처럼 가장 말석의 제자일 지라도 스승 예수의 제자로서 가장 어리석고 못난 종일지라도 존귀하신 그리스도의 종으로서 살다 가고 싶은 것이고 그러기에 제 자신이 스스로 오직 한분 제 스승이시며 주님이신 예수 그분께 붙어있기를 소원하는 것이지요.